Die Meute

HERLINDE KOELBL

Die Meute

MACHT UND
OHNMACHT
DER MEDIEN

KNESEBECK

Die Meute

Manchmal glaubt man, die kleine Welt der Medien, in der man arbeitet, zu kennen. Und stellt fest, dem ist nicht so. Zwanzig Jahre arbeite ich schon als Fotografin für Magazine und Zeitungen. Allerdings war ich immer frei, nie in eine Redaktionshierarchie eingebunden. Vielleicht ist das einer der Gründe, warum ich noch so vieles neu gesehen und entdeckt habe, als ich in Berlin mit den Dreharbeiten zu dem Film *Die Meute – Macht und Ohnmacht der Medien*, auf dem auch dieses Buch basiert, begonnen habe.

Dass »Politiker eitler als andere Menschen« sind, wusste ich bereits von Renate Schmidt aus einem Gespräch für das Buch *Spuren der Macht*. Aber dass dies auch auf viele Journalisten zutrifft, war mir neu. Ist es die Nähe zur Macht, dieses vermeintliche Teilhaben, Wichtigsein, das ihre Eitelkeit hervorbringt? Dieser Frage bin ich in vielen meiner 58 Interviews nachgegangen und musste immer wieder feststellen: Die Eitelkeit ist auch die Achillesferse der Journalisten. »Es gibt sicherlich den Versuch der Korruption durch die Befriedigung der Eitelkeit«, sagt *ARD*-Chefredakteur Hartmann von der Tann und meint damit die ganz subtilen Versuchungen: in einen besonderen Zirkel eingeladen zu werden oder mal ein Glas Wein mit einem Politiker trinken zu dürfen. »Politiker versuchen Journalisten durch persönliche Nähe, durch Zuwendung von Aufmerksamkeit zu bestechen. Da gibt es genügend Kollegen, die sich dadurch geschmeichelt fühlen«, bestätigt auch Peter Kleim von *RTL*. Kai Diekmann von *Bild* spricht gar von einem journalistischen und politischen »Teppichhandel«.

Eitelkeit ist sicherlich eine Eigenschaft, die Politiker und Journalisten verbindet. Aber es muss mehr sein, sonst würden die Journalisten manche Demütigung und Verachtung, die sie gelegentlich erfahren, nicht aushalten. Was ist also dieses Bindeglied zwischen Journalisten und Politikern? »Die Macht!«, antwortet Giovanni di Lorenzo, Chefredakteur des *Tagesspiegel*. »Sie ist faszinierend an sich, beängstigend auch, und ich glaube, dass viele, gerade gute Journalisten, auch einen ausgesprochenen Machtinstinkt und Machtwillen haben und dass da eine gegenseitige Anziehung da ist. Ich glaube, dass sich der Typus Politiker und der Typus Journalist in ihrer psychologischen Struktur manchmal sehr ähnlich sind.« Auch Jürgen Leinemann vom *Spiegel* sieht diesen Willen zur Macht: »Die politischen Journalisten – die wirklichen politischen Journalisten, die dem richtig verfallen sind –, die sind schon genauso im Geschäft wie die Politiker auch. Die wollen es wissen, die wollen mitreden.« Mit dem Abstand des Chefredakteurs, bei dem »das fließende Blut nur noch gerührt ankommt«, reflektiert es Martin E. Süskind unbefangener: »Man ist fasziniert von der Macht und wird gleichzeitig immer wieder abgestoßen davon, dass man sich faszinieren lässt.«

»Haben Journalisten überhaupt Macht?«, fragte ich den Regierungssprecher Uwe-Karsten Heye. »Das denken einige«, antwortete er, »sie haben Einfluss, aber keine Macht.« Und Kurt Kister von der *Süddeutschen Zeitung* meint: »Man kann manchmal durch eine Geschichte über einen Politiker Veränderungen dergestalt hervorrufen, dass der, über den man berichtet, Schwierigkeiten bekommt. Wenn man Macht aber so definiert, dass Journalisten am politischen Entscheidungsprozess teilnehmen, überwiegt die Ohnmacht bei weitem.« Ludger Reuber dagegen zieht aus 16 Jahren Erfahrung als Ministeriumssprecher das Fazit: »Der Journalist sitzt immer am längeren Hebel. Er hat gewissermaßen das letzte Wort. Und wenn er Wut im Bauch hat, wenn er sich rächen will für irgendwas, dann fließt das, ob er es will oder nicht, in seinen Kommentar ein. Man kann als Politiker oder als Ministerium zwar mal eine kleine Strafaktion starten, aber letztlich zieht man immer den Kürzeren.«

Auch wenn die Versuchung manchmal groß ist: Politik zu machen oder Macht auszuüben, sei nicht ihre Aufgabe, da sind sich alle Journalisten einig. Doch wie steht es, wenn Zeitungen sich auf »sich aufbauende Trends draufsetzen« und ihnen dadurch »einen unheimlichen Push geben« (Udo Röbel, *Bild*), ist das nicht Einflussnehmen oder Politikmachen? Eindeutig gibt es ein gewisses »Schwarmverhalten« und somit auch eine automatische Trendverstärkung. Man schaut nach, welches Thema die Agenturen vorgeben oder was die Kollegen machen. Keiner möchte »völlig falsch liegen« (Armin-Paul Hampel, *ARD*). »Herdenproblem« nennt es Hartmann von der Tann: »Einer macht ein Thema auf, ein anderer liest es, hört es, sieht es, greift es auf, und dann ergibt sich so etwas wie eine Lawine.«

Das klingt, als sei Journalismus mehr ein Naturereignis. Ist die Presse in dieser Situation noch fähig, ihre Funktion als »vierte Gewalt im Staat« auszuüben? Roger de Weck widerspricht dem mit Vehemenz: »In Wahrheit ist die Wirtschaft die vierte Macht im Staat.« Auch Ludger Reuber beklagt, »wie sehr die Wirtschaft über die Medien in das politische Geschehen eingreift«, und kritisiert, wie wenig dies von der Presse thematisiert werde. Nicht zu unterschätzen ist auch der Machtzuwachs der PR-Agenturen. »In Deutschland haben wir 40.000 Journalisten und 20.000 PR-Leute«, sagt Hans Leyendecker von der *Süddeutschen Zeitung*. Immer mehr werden kleine Redaktionen ausgedünnt, und so schleichen sich die wohlpräparierten, schon griffbereiten Artikel mit den kleinen Werbebotschaften in die Zeitungen.

Ist der Journalist frei in seinem Schreiben, kann er sich über Sympathien, Freundschaften hinwegsetzen, wenn es um die Sache geht? »So wie Pferde die Sporen bekommen, damit sie über Hürden gehen, muss ich mir manchmal selber auch die Sporen geben, Dinge zu schreiben, die dem Betreffenden unangenehm sein werden. Aber ich muss es schreiben, sonst gerät man in ein Verhältnis der inneren Abhängigkeit, und das wäre verheerend«, ist die Maxime von Karl Feldmeyer (*F.A.Z.*). Er ist schon lange im Geschäft und hat sich ein paar Regeln als Gerüst gegeben. Auch diese: »Schreibe nie etwas, was du demjenigen, über den du es schreibst, nicht mit gutem Gewissen ins Auge sagen könntest.« Hans Leyendecker muss als Enthüllungsjournalist ein Netz von Informanten pflegen. Doch was tut er, wenn einer von ihnen selbst einmal in eine Affäre gerät und er darüber berichten muss? »Man muss den Leuten klarmachen: Wenn es ernst wird, wird es ernst, ganz egal, wie nah man sich ist. Dann schreibt man das, auch wenn es wehtut.« Allerdings hat er Zweifel, ob man sich immer von all dem, was vorher war, lösen kann.

Der Umzug der Regierung von Bonn nach Berlin hat in dem Beziehungsgeflecht von Politikern und Journalisten manches verändert, auch im Verhältnis der Journalisten untereinander. Durch die Vielzahl der Personen, die jetzt alle in der Hauptstadt mitmischen, dreht sich das Karussell der Medien in einer Geschwindigkeit, »die zum Rausfliegen schnell ist« (Klaus Peter Schmidt-Deguelle). Es herrscht ein »mörderischer Konkurrenzkampf« (Dieter Schröder), ein Druck, der in den Verlagen und Sendern von oben nach unten an alle weitergegeben wird. Die Jagd nach exklusiven Nachrichten hat so überhand genommen, dass Ministersprecher Andreas Michaelis »am Morgen zehn Anrufe von zehn Journalisten bekommt, und alle zehn sind der Meinung, es ist ihre exklusive Geschichte«. Meist geht es »nicht mehr darum, was man hat, sondern dass man überhaupt etwas hat« (Wolfgang Herles, *ZDF*), weshalb die Politiker in Berlin auch viel mehr Möglichkeiten haben, etwas loszuwerden.

Auffällig ist gegenüber Bonn eine Tendenz zur Boulevardisierung, die ihren Grund auch in der medialen Tradition Berlins mit seinen vielen Boulevardzeitungen hat. Der Journalismus ist in Berlin »sehr viel wilder, bilderreicher und skandalträchtiger geworden«, sagt Jürgen Leinemann vom *Spiegel*. Und der Gesellschafts-Profi Honza Klein von der *Berliner Morgenpost* stellt fest: »Gerade hier in Berlin kann man beobachten, dass die politischen Veranstaltungen gesellschaftlich werden und die gesellschaftlichen Veranstaltungen politisch, weil sich die Gesellschaftsszene mit der Politikszene immer mehr vermischt.« Deshalb habe ich meine Interviews auch auf diesen Bereich ausgeweitet.

Bei politischen wie bei gesellschaftlichen Ereignissen sind heute viel mehr Fotografen und Kamerateams anwesend. Das Geschiebe und Gedränge ist enorm. Wenn die Fotografen stundenlang vor einer Tür warten, wirken sie wie ein »Rudel Löwen vor einem großen Gitter, und hinter dem Gitter liegt viel Fleisch, und alle lauern darauf, bis irgendwann dieses Gitter aufgeht« (Honza Klein). Doch diesen Eindruck erwecken die Bildjournalisten nur unfreiwillig. Oft sind die Termine von den Veranstaltern schlecht organisiert und finden ohne Absperrungen in viel zu kleinen Räumen statt, und zuvor müssen sich 40 Fotografen auch noch gleichzeitig durch eine 75 Zentimeter breite Tür zwängen, wie Thomas Imo beklagt. Er ist einer der Sprecher der Parlamentsfotografen, die sich sehr als eigene Gruppe sehen – als »eingeschworene Kaste«, wie es die *Spiegel*-Bildredakteurin Christiane Gehner nennt.

Bestimmt ist diese starke Gruppenidentität nötig, um gegen das schlechte Image als »Meute« ankämpfen und es aushalten zu können, dass Pressefotografen in der Medienhierarchie weit unten angesiedelt sind. Die Bildredakteure, die »keine Treue kennen«, wie Christiane Gehner zugibt, wünschen sich »pflichtbewusste, eilfertige, serviceorientierte Fotografen«, am liebsten junge Leute, die »alles machen, was man will«. Und von den schreibenden Journalisten werden die fotografierenden Kollegen oft wie »Underdogs« behandelt. Gehner kommentiert das kühl: »Der General in seiner perfekten Uniform, die ihn erst zum General macht, hat auch kein enges Verhältnis zu seinem Schneider. Es ist tatsächlich so, dass Fotografen

häufig als Schneider und Friseure behandelt werden. Aber das ändert sich allmählich. Die Politiker wissen ganz genau, wie wichtig Bilder sind, und verhalten sich dementsprechend.«
Über die Wichtigkeit des Bildes sind sich tatsächlich alle einig: »Eine Nachricht, die keine Bilder hat, ist keine Nachricht«, konstatiert Wibke Bruhns. Politiker drängen geradezu ins Fernsehen, »es ist ein absolutes Muss« (Ludger Reuber), da sie damit Millionen von zukünftigen Wählern erreichen und vor allem ihr Gesicht bekannt machen. Dadurch sind Fernsehjournalisten für viele Politiker wichtiger als ihre schreibenden Kollegen. Fernsehen hat für sie den Vorteil, dass sie direkt, so wie sie aussehen und reden, gesendet werden. »Wenn ein Politiker mit mir spricht«, sagt Kurt Kister, »und ich schreibe eine Geschichte über ihn, ist er bis zu einem gewissen Grad meiner Art der Sicht ausgeliefert. Deswegen mögen Politiker generell das Fernsehen lieber als die Presse.«
Dem steht entgegen, welch großes Gewicht viele Journalisten noch immer dem geschriebenen Wort geben. Das musste ich erfahren, als ich den Beteiligten meine Interviews zum Autorisieren vorlegte. Es gab vereinzelte Versuche, den Text komplett umzuschreiben – so wie es hin und wieder die Referenten der Politiker probieren. Oder es wurde ein wunderbarer Satz, der eine bestimmte Eigenschaft des Interviewten deutlicher hervortreten ließ, gestrichen. Mein Einwand, dieser Text wird auch im Film zu hören sein, wurde abgetan mit den Worten: »Da versendet es sich.« Fernsehen scheint wichtig zu sein für die emotionale Erinnerung an eine Person, aber nicht so sehr für den Inhalt, für den sie steht. Im Buch dagegen, sagte man mir, »ist das jederzeit nachlesbar«. Und: »Ich weiß doch, was die Kollegen daraus machen, das wird dann immer zitiert.« Das Wissen um die Möglichkeiten des eigenen Handwerks machte manche Journalisten sehr vorsichtig. Einige haben damit bereits schmerzhafte Erfahrungen gemacht – schmerzhaft durchaus in einem körperlichen Sinne. Gegenstand der Presse und der öffentlichen Kritik zu sein, erlebte Udo Röbel als »ganz furchtbar«. Ich habe wochenlang Magenschmerzen gehabt, ich war wütend, weil sich niemand für meine Sicht der Dinge interessiert hat.« Dass nicht genau hingehört, falsch zitiert oder »Ehrabschneidendes« über ihn geschrieben wurde, erlebte auch Herbert Riehl-Heyse von der *Süddeutschen Zeitung*. Sein Fazit: »Man verliert dieses Urvertrauen in den Journalismus und in die Wahrheitsfindung« und erkennt, »dass man im Laufe der Jahre ziemlich viel Unsinn geschrieben und mit Sicherheit vielen Leuten Unrecht getan und Unheil gestiftet hat.« Riehl-Heyse wünscht »jedem Journalisten, dass ihm das mal passiert, damit er sich wenigstens hineinversetzen kann in Leute, die pausenlos beurteilt werden.«
Kritik ernten Journalisten oft auch von den Politikern. Helmut Schmidt nannte sie Wegelagerer, Helmut Kohl sprach von Schmierfinken. Bundespräsident Rau findet, es gebe zu viel Krawall und Geschrei im Journalismus. Noch viele nicht sehr schmeichelhafte Bezeichnungen habe ich im Laufe meiner Interviews für den Film und das Buch gehört. Trotzdem sprechen fast alle vom »schönsten Beruf«, vom »Glück, dabei zu sein« und am Puls des Zeitgeschehens zu sein. Dennoch fordert der Beruf seinen Preis. Kurt Kister fasst dies sehr treffend zusammen: »Man kann in diesem Job langsam ausbrennen, weil er sehr zeitintensiv ist, weil man sich als Journalist mit diesem Job sehr identifiziert, und wenn man dann das Gefühl hat, irgendwas nicht so gut zu machen, geht das sehr schnell an den Kern der Persönlichkeit. Man kann Schwierigkeiten im Privatleben kriegen, weil man nie zu Hause ist. Man kann sich, wie manche Kollegen, irgendwelchen Rauschmitteln von Alkohol über Zigaretten bis sonst wohin ergeben.«
Die Begeisterung bleibt, auch wenn die Ansprüche, Ideale und Illusionen, mit denen viele den Beruf begonnen haben, etwas reduziert wurden. »Lass dich nicht korrumpieren, lass dich nicht von den Zynikern verderben«, ist ein Ratschlag an junge Kollegen von Hans Leyendecker. »Versuche nicht immer der Schnellste zu sein, der Ehrgeizigste mit den größten Ellbogen«, rät Herbert Riehl-Heyse und betont, man brauche doch einen großen Schuss Humor: »Den wünsche ich jedem, denn sonst hältst du es gar nicht aus.« Sein Resümee über die Journalisten: »Sie sind genauso wie alle anderen Menschen auch, manche sind klüger, manche sind doofer, manche haben charakterliche Mängel – nur dass wir mit unseren Defiziten mehr Schaden anrichten als andere Leute.«
Mehrere Monate habe ich in Berlin für diesen Film und das Buch bei politischen Ereignissen recherchiert und viele Interviews geführt. Manche der Gesprächspartner waren eine große Bereicherung, manche beeindruckten durch die Souveränität ihrer Reflexionen. Und wieder stellte ich fest, die schönsten Dinge in diesem Beruf sind für mich, auf Entdeckungsreisen zu gehen und den eigenen Horizont zu erweitern.

Herlinde Koelbl, Juli 2001

Die Interviewpartner

Zeitungsjournalisten
Christian Bauschke, *Die Welt* 66
Wibke Bruhns 89
Kai Diekmann, *Bild* 111
Karl Feldmeyer, *F.A.Z.* 51
Georg Gafron, *B.Z.* 83
Gunter Hofmann, *Die Zeit* 121
Katja Keßler, *Bild* 179
Erik Kirschbaum, amerikanischer Journalist 145
Kurt Kister, *Süddeutsche Zeitung* 10
Honza Klein, *Berliner Morgenpost* 168
Jürgen Leinemann, *Der Spiegel* 35
Hans Leyendecker, *Süddeutsche Zeitung* 187
Giovanni di Lorenzo, *Der Tagesspiegel* 26
Bascha Mika, *taz* 135
Frank Rafalski, *dpa* 42
Herbert Riehl-Heyse, *Süddeutsche Zeitung* 73
Patricia Riekel, *Bunte* 172
Udo Röbel, *Bild.de* 108
Dieter Schröder, *Berliner Zeitung* 153
Martin E. Süskind, *Berliner Zeitung* 100
Roger de Weck 174

Fernsehjournalisten
Sabine Christiansen, *ARD* 56
Ulrich Deppendorf, *ARD* 80
Peter Hahne, *ZDF* 161
Armin-Paul Hampel, *ARD* 116
Wolfgang Herles, *ZDF* 139
Hanni Hüsch, *ARD* 99
Maybrit Illner, *ZDF* 60
Volker Jacobs, *n-tv* 104
Peter Kleim, *RTL* 127
Friedrich Küppersbusch, TV-Produzent 40
Ulf-Jensen Röller, *ZDF* 87
Hartmann von der Tann, *ARD* 29
Patricia Vortkamp, *RTL* 166
Carl Weiss 183

Fotografen
Tim Brakemeier, *dpa* 148
Marc Darchinger 48
Thomas Imo 18
Nicole Maskus 124
Ute Rademacher 178
Stephan Schraps 171
Marco Urban 68
Alexander Völkel 95

Kameraleute
Inke Berth 33
Pierre Bouchez 185
Fred Brück, *SAT.1* 106
Jörg Gerresheim 159
Jörg Rohne 131
Christian Rymell, *RTL* 133

Regierungs-/Pressesprecher, Ministerberater
Uwe-Karsten Heye, Regierungssprecher 77
Andreas Michaelis, *Auswärtiges Amt* 142
Ludger Reuber, ehem. Pressesprecher 21
Klaus Peter Schmidt-Deguelle, Ministerberater 115

Bildredakteure
Christiane Gehner, *Der Spiegel* 71

Bundespressekonferenz
Tissy Bruns 15

Fotohistoriker
Enno Kaufhold 97

Medienwissenschaftler
Siegfried Weischenberg 63

Online-Journalisten
Markus Deggerich, *Spiegel Online* 155

Kurt Kister

Jg. 1957, ist seit 1983 Redaktionsmitglied der *Süddeutschen Zeitung*. Von 1991–96 war er Korrespondent in Washington, danach leitender Redakteur im Aussenpolitischen Ressort. Seit 1998 arbeitet er als Leiter der *SZ*-Parlamentsredaktion zunächst in Bonn und seit 1999 in Berlin.

Herr Kister, hat Bundespräsident Rau Recht, wenn er kritisiert, dass es im Journalismus heute viel zu viel Krawall und Geschrei gibt?
Geschrei und Krawall gehören irgendwie zu unserem Beruf, auch zum Beruf eines politischen Journalisten in Berlin. Hier waren Geschrei und Krawall anfangs wirklich lauter als in Bonn. Es hat eine Zeitlang gedauert, bis man sich gesettled hatte. Außerdem ist die Konkurrenzsituation hier erheblich schärfer, was auch zu mehr Geschrei und Krawall führte.

Wie macht sich diese verschärfte Konkurrenz bemerkbar?
Zum Teil durch Kleinigkeiten: Ein Politiker sagt einen Halbsatz, ein Kollege greift ihn auf, die Agentur zieht ihn hoch, plötzlich entsteht aus einem Halbsatz ein Thema und aus diesem Thema Politik. Das ist in Berlin deutlich anders als in Bonn. Dann merkt man die größere Konkurrenz auch daran, dass hier auf einer wichtigen Pressekonferenz 20 Kamerateams aufkreuzen, während es in Bonn vielleicht noch zehn waren. Hier gibt es einfach wesentlich mehr schreibende und sendende Kollegen, viel mehr Medien. Es ist eine gespanntere Atmosphäre. Ja, ich glaube, Spannung ist das richtige Wort: Es ist wesentlich mehr Spannung drin.

Die Politiker nehmen das Fernsehen heute viel wichtiger als die Printmedien. Finden Sie das ungerecht?
Schon der verflossene Bundeskanzler Helmut Kohl hat das Fernsehen immer wichtiger genommen. Fernsehen hat für Politiker den Vorteil, dass sie genau so gesendet werden, wie sie aussehen und wie sie reden. Sie werden, abgesehen davon, dass sie gekürzt werden, nicht selektiert. Wenn ein Politiker mit mir spricht, und ich schreibe über ihn eine Geschichte, dann ist er bis zu einem gewissen Grad meiner Art der Sicht ausgeliefert. Deswegen mögen Politiker generell das Fernsehen lieber als die Presse. Andererseits ist man als schreibender Journalist, was die Informationsmöglichkeiten angeht, immer noch besser dran ist als die Kollegen vom Fernsehen. Die müssen immer mit der ganzen Technik anrücken und, wenn sie etwas journalistisch verwerten wollen, die Kamera und das Mikrophon auf den Politiker richten. Ich dagegen kann mich mit einem Politiker in die Ecke stellen und in aller Ruhe unter vier Augen mit ihm reden.

Ich habe den Eindruck, Fernsehleute verbringen die meiste Zeit damit, irgendwo herumzustehen und darauf zu warten, bis endlich eine Tür aufgeht. Wie ist das bei Ihnen?
Warten ist wirklich ein erheblicher Teil gerade des Parlamentsjournalismus. Sicherlich ist das bei den Fernsehkollegen oder den Fotojournalisten besonders ausgeprägt. Die müssen darauf lauern, dass da irgendwo ein Politiker rauskommt und die richtige Geste macht oder den richtigen Satz sagt. Aber auch wir müssen immer wieder bei Terminen vor der Tür stehen und darauf warten, bis der Bundeskanzler aus dem Bündnis für Arbeit kommt oder der Fraktionsvorsitzende aus der Fraktionssitzung.

Stört es Sie, wenn Journalisten deshalb als Wegelagerer bezeichnet werden?
Nein, es stört mich nicht. Denn was macht der Wegelagerer? Er lauert und wartet auf die günstige Gelegenheit. Das ist auch eine Definition von Journalismus.

Sie sagten, Sie selektieren beim Schreiben. Wie viele Wahrheiten gibt es denn in Ihren Berichten?

Untersuchungsausschuss Schäuble

Ich bemühe mich sicherlich immer, so nahe an der Wahrheit zu sein, wie es nur geht. Auf der anderen Seite ist das Erkennen von Wahrheit sehr, sehr subjektiv. Das heißt, das, was ich in einer Reportage, in einer Nachricht für die Wahrheit halte, mag der, über den ich schreibe, als völlige Verzerrung empfinden. Ja, der Journalist sollte der Wahrheit verpflichtet sein, aber es ist im täglichen Betrieb oft ein schwieriges Unterfangen, nach der Wahrheit zu suchen.

Wenn nun der andere Ihre Darstellung als Verzerrung der Wahrheit empfindet und Sie angreift, wie reagieren Sie da?

Das kommt auf die Art des Angriffs an. Einen körperlichen Angriff habe ich glücklicherweise noch nie erlebt, aber es kommt natürlich vor, dass ein erboster Anruf beim Chefredakteur erfolgt. Dann muss man eben das Vertrauen des Chefredakteurs haben. Es kann auch sein, dass man persönlich von dem Politiker angerufen wird, dann versucht man ihm zu erklären, warum man es so geschrieben hat. Es kommt auch vor, dass Politiker einen schneiden, nicht mehr einladen und von gewissen Informationen abschneiden. Damit muss man dann irgendwie umgehen, zum Beispiel, indem man sich die Informationen vom nächsten Politiker besorgt. Und Politiker neigen dazu, über kaum etwas anderes so schlecht zu reden wie über die Kollegen.

Das heißt also, wenn Politiker Sie schneiden, dann schneiden sie sich ins eigene Fleisch?

Im Grundsatz ja. Ich glaube, ein Politiker, der wirklich versuchen würde, einzelne Medien oder einzelne Kollegen von Informationen abzuschotten, wird damit nicht erfolgreich sein, denn da entwickelt sich auch ein Solidarisierungseffekt unter den Kollegen. Ich kenne kein Beispiel, wo einer das wirklich durchgehalten hat, vielleicht mit Ausnahme des ehemaligen Bundeskanzlers Kohl – aber der war ein Sonderfall.

Es gibt ja auch den gegenteiligen Fall, dass Politiker bestimmte Redaktionen und Sender mit Exklusivnachrichten besonders hofieren.

Das kommt vor. Selbstverständlich gibt es Medien, die aufgrund der Art der Kommentierung einen gewissen Vorzug bei bestimmten Politikern oder einer Regierung genießen. *Die Welt* zum Beispiel hat Kopf und Herz relativ nahe an der Union, meine Zeitung dagegen, die *Süddeutsche*, hat keine großen Schwierigkeiten, gute Informationen aus der rot-grünen Regierung zu bekommen. Auch da findet eine Selektion vonseiten der Politiker statt. Und sicherlich neigen Politiker, die sich auf längere Zeit von einer Zeitung, einem Sender oder einem einzelnen Journalisten verfolgt glauben, vielleicht zu Recht dazu, den zu bestrafen. Aber wie ich schon sagte, der Erfolg einer solchen Bestrafung ist langfristig nicht sehr groß.

Altkanzler Kohl hat Journalisten bestraft, indem er sie auf seinen Dienstreisen nicht hat mitfliegen lassen. Wie ist es bei der jetzigen Regierung?

Also, die versuchen auch, hin und wieder zu selektieren. Das hängt sehr davon ab, wer gerade irgendwohin fliegt.

Aber Kohls Journalistenfeindlichkeit ist nicht zu vergleichen mit dem, was es heute gibt. Er hat eben die Erfahrung gemacht, dass viele Journalisten 16 Jahre lang jedes Jahr geschrieben haben, Kohl sei kaputt, es habe überhaupt keinen Zweck mehr, und er hat immer wieder gewonnen, jede Wahl. Da kam er relativ bald zu dem Schluss, ich, Kohl, habe Recht, und die Journalisten haben Unrecht, und entsprechend hat er die Journalisten behandelt. Ich glaube, er hat Journalisten verachtet, und ich glaube, diese Verachtung ist durch die CDU-Affäre noch stärker geworden. Bei Schröder ist das anders. Schröder hat nicht umsonst den zu Tode zitierten Titel des »Medienkanzlers«. Er weiß mit Journalisten umzugehen, es macht ihm gelegentlich sogar Spaß.

Wie funktioniert das heute bei solchen Reisen?

Wenn der Kanzler wegfährt, gibt es eine gewisse Anzahl von Journalisten, die ihn begleiten. Das hängt davon ab, wie lange die Reise dauert und wie groß das Flugzeug ist beziehungsweise wie viele andere mitfliegen. Wenn eine große Wirtschaftsdelegation dabei ist, haben nicht mehr sehr viele Journalisten Platz. Da wird dann schon ausgesucht, sozusagen wer die Wichtigen sind.

Und Sie haben das Glück, bei den Wichtigen zu sein?

Ja, die Zeitung, für die ich arbeite, ist wichtig, und ich bin der Berliner Büroleiter. Insofern bin ich wichtig – zumindest solange ich diesen Posten innehabe.

Wer sitzt grundsätzlich am längeren Hebel – Politiker oder Journalisten?

Ich glaube, keiner. Jeder braucht jeden. Politiker und Journalisten, zumal hier in Berlin, haben ein symbiotisches Verhältnis zueinander. Manchmal ist es auch ein parasitäres Verhältnis, sowohl von der einen als auch von der anderen Seite, aber grundsätzlich ist es so, dass Öffentlichkeit heute so sehr Teil von Politik ist, dass die Politiker uns genauso brauchen, wie wir sie brauchen. Einerseits bleibt unser Spannungsverhältnis bestehen, andererseits sind wir aufeinander angewiesen.

Was finden Sie besonders anziehend an dieser Politiker-Journalisten-Beziehung, und was finden Sie eher abstoßend?

Zum einen ist es für mich ganz generell sehr interessant, dort zu arbeiten, wo die wichtigen Personen die Politik machen. Alle Journalisten sind extrovertiert, und viele sind sehr eitel. Es ist natürlich außerordentlich anziehend, wenn man mit dem Bundeskanzler im kleinen Kreis zum Essen geht oder der Außenminister einen auf der Straße grüßt. Letzteres kann auch abstoßend sein, wenn man sich vor Augen hält, dass es nicht um den Menschen, sondern nur um die Funktion geht. Man ist Funktionsträger und nicht Sympathieträger. Ein Großteil der Nähe, die Politiker zu einem pflegen, ist rein funktionsgebunden. Das heißt in meinem Falle: Ich bin der Büroleiter der *Süddeutschen Zeitung*, und solange ich das bin, sind die erstaunlichsten Leute freundlich zu mir. Wenn ich übermorgen nicht mehr Büroleiter bin, dann werden sie zu meinem Nachfolger freundlich sein. Parlamentsjournalismus verführt auch leicht dazu, dass Journalisten glauben, sie wären wichtig für die Politik. Auch da muss ich sagen, das sind sie bis zu einem gewissen Grad, aber das einzelne Individuum spielt keine Rolle. Der Bundeskanzler ist als Individuum wichtig für die Politik, der Büroleiter der *Süddeutschen Zeitung* aber nicht.

Was halten Sie von den Regierungssprechern? Die haben ja nichts anderes im Sinn, als Ihnen eine Person oder eine Nachricht zu verkaufen.

Es gibt da sehr geschickte Leute, die durch die selektive Streuung von Informationen ihren Minister oder auch den Bundeskanzler sehr gut verkaufen. Es gibt andere, die glauben, die beste Strategie sei, zu mauern und nichts zu sagen. Die machen es in aller Regel nicht so gut. Generell ist es so, dass die Sprecher von Regierung und Ministerien und die Parlamentsjournalisten ein noch ausgeprägteres Spannungsverhältnis haben als vielleicht Journalisten und Politiker. Denn diese Sprecher sind einerseits ja ausschließlich dazu da, um auf uns zu reagieren oder, im weiteren Sinne, für uns und mit uns zu arbeiten, und andererseits wissen wir Journalisten, dass sie auf der anderen Seite sind. Sie tun das nicht, weil sie uns nett finden, sondern sie wollen uns etwas verkaufen. Da muss man als Kunde vorsichtig sein.

Gehört das auch zum Verkaufen, wenn zum Beispiel der Regierungssprecher freundschaftlich den Arm um Sie legt?

Das kann zum Verkaufen gehören. Aber man darf als Journalist nicht der Illusion erliegen, das sei persönlich.

Wie fühlt man sich bei dieser Form der körperlichen Nähe?

Das ist eine Frage der Persönlichkeit. Ich bin nun nicht sehr touchy-feely, das heißt, ich schrecke eher ein bisschen zurück vor solchen Dingen, aber, Gott im Himmel, es gibt eben Leute wie den Regierungssprecher, die anders sind, und da muss man sich darauf einstellen. Es gibt üblere Dinge, die einem widerfahren können in Berlin.

Nämlich welche?

Man kann angelogen werden von Politikern oder Sprechern. Man kann in diesem Job langsam ausbrennen, weil er sehr zeitintensiv ist, weil man sich als Journalist mit diesem Job sehr identifiziert, und wenn man dann das Gefühl hat, irgendwas nicht so gut zu machen, geht das sehr schnell an den Kern der Persönlichkeit. Man kann Schwierigkeiten im Privatleben kriegen, weil man nie zu Hause ist. Man kann sich, wie manche Kollegen, irgendwelchen Rauschmitteln von Alkohol über Zigaretten bis sonst wohin ergeben. Es gibt genug Möglichkeiten, dass es einem hier schlecht geht.

Einer Ihrer Kollegen beklagte, dass auch viele Politiker ein Alkoholproblem haben, dass aber trotzdem fast niemand über dieses Thema schreibt.

Es ist die Kumpanei der Krähen. Die eine hackt der anderen kein Auge aus. Ich nehme an, dass die Zahl der trinkenden Journalisten, prozentual gesehen, nicht wesentlich niedriger ist als die Zahl der trinkenden Politiker. Sowohl Politiker als auch Journalisten sind generell sehr anfällig, was den Alkohol angeht. In meinem Beruf war es früher vielleicht mehr als heute üblich, dass man gesoffen hat. Das hat sich ein bisschen geändert mit dem Generationswechsel, aber, wenn man sich hier den Arbeitsablauf anguckt, der oft mit Abendterminen zu tun hat, wo man zusammensitzt und einen Wein oder sonst was trinkt, dann ist das sicherlich eine Art von Tätigkeit, die für Leute, die generell suchtgefährdet sind, schwierig ist.

Was haben Politiker und Journalisten noch gemein?

Beide sind ständig in Gefahr, Fehler zu machen. Und Politiker wie Journalisten haben das Problem, dass ihre Fehler sehr schnell öffentlich werden. Wenn Sie als Finanzbeamter eine Akte falsch bearbeiten, bemerkt das nur der Mensch, den diese Akte betrifft. Wenn ich eine Nachricht schreibe, in der eine Falschinformation steht, weil ich gepennt habe oder weil mich einer angelogen hat, dann merken das am nächsten Tag eine Million Leser.

Gibt es, abgesehen von der Trinkfestigkeit, zwischen der jungen Generation und der Ihren auch einen Unterschied in der journalistischen Arbeit?

Menschen, die wie ich 20 Jahre im Beruf sind, haben natürlich immer den Eindruck, die Jüngeren wissen wenig und können nichts und lesen nichts. Das haben die Generationen meiner Vorgänger über uns gesagt, und wir sagen es jetzt über unsere Nachfolger. Es hat sich speziell in Berlin ein Generationswechsel ergeben. Es sind viele der älteren Kollegen nicht mit von Bonn hierher gekommen oder sind ausgeschieden, das heißt, das Pressekorps in Berlin hat sich im Vergleich zu Bonn deutlich verjüngt. Da sind natürlich auch viele Kollegen dabei, die manches noch nicht so routiniert draufhaben wie ihre Vorgänger in Bonn. Junge Leute haben eine andere Art und Weise, mit Dingen umzugehen. Zum Beispiel mit der Technik. Ein 28-jähriger Kollege benutzt den Computer selbstverständlich nicht nur als Schreibmaschine, so wie ihn viele meiner Generation noch benutzen, sondern auch als Zentrale für Informationen und zum Austausch von Botschaften. Vor allem das Internet hat unsere Arbeit ja erheblich verändert. Man kann heute im Internet viele Dinge recherchieren, die man früher mühsam telefonisch erfragen musste oder gar nicht recherchieren konnte.

Wird es irgendwann vielleicht nur noch eine Internet-Zeitung geben?

Ich glaube, die nächsten 20 Jahre, solange ich noch aktiv im Beruf bin, wird die gedruckte Zeitung eine ähnliche Rolle spielen wie heute. Wenn aber die zweite Generation derer, die es gewohnt ist, mit dem Computer zu arbeiten und am Computer zu lesen, mal 30 ist, dann kann es sein, dass die Nachfrage nach bedrucktem Papier ganz generell, und damit auch der Zeitung, erheblich geringer wird.

Können Sie sich vorstellen, dass die Wahl 2006 auch durch das Internet entschieden wird?

Ob entschieden, weiß ich nicht. Beeinflusst ganz bestimmt, denn es wird 2006 noch mehr Menschen als heute geben, die das Netz als primäre Informationsquelle nutzen, das heißt, Informationen werden nicht mehr nur durch andere Medien vermittelt, sondern direkt aus dem Netz geholt, wie es in Amerika schon der Fall ist. Bis Wahlen durch Informationen im Netz entschieden werden, wird es in Deutschland aber noch ein bisschen dauern, unter anderem auch deswegen, weil die meisten Politiker in hohen Positionen im Prinzip den Computer auch nur als Schreibmaschine benutzen.

Wie groß ist der Einfluss der Presse, etwas zu verändern? Hat ein Journalist Macht?

Das kommt sehr auf den Umstand an. Man kann manchmal durch eine Geschichte über einen Politiker Veränderungen dergestalt hervorrufen, dass der, über den man berichtet, Schwierigkeiten bekommt. Da haben die Medien in unserem System eine große, manchmal missbrauchte Macht. Wenn man Macht aber so definiert, dass Journalisten am politischen Entscheidungsprozess teilnehmen, überwiegt die Ohnmacht bei weitem. Ich glaube nicht, dass Journalisten Politik ernsthaft beeinflussen können, indem sie zum Beispiel in einem Leitartikel fordern, Nordkorea nicht anzuerkennen. Da funktioniert Politik anders. Ich glaube auch nicht, dass es die Aufgabe von Journalisten ist, Macht auszuüben. Und wer von unseren Kollegen unter der Ohnmacht leidet, der sollte sich überlegen, ob er nicht vielleicht Politiker werden will. Ich denke immer noch, auch wenn dies ein bisschen wie eine Phrase klingt, dass es unsere erste Aufgabe ist, zu zeigen, was geschieht, und nicht, daran mitzuwirken, dass was geschieht.

Sprechen sich Journalisten manchmal untereinander ab, um sozusagen ein Thema zu lancieren?

Das wird uns von Politikern immer wieder vorgehalten, dass es eine Kampagne der Presse gäbe. Ich persönlich habe es noch nie erlebt, dass ein Kollege einer anderen Zeitung an mich herangetreten wäre und gesagt hätte: »Lass uns doch den oder den rauf- oder runterschreiben!« Zwischen den Medien abgesprochene Kampagnen sind sehr, sehr selten. Aber es gibt durchaus Kampagnen einzelner Medien – etwa die Benzinpreis-Kampagne der *Bild* –, bei der eine Redaktion versucht, ein Thema zu puschen, indem es relativ konstant Tag für Tag vorgetragen wird. Wenn eine solche Kampagne den Nerv trifft, dann kann es sein, dass speziell der Bundeskanzler darauf reagiert. Das ist die Macht der Presse, besonders der *Bild* und des Springer-Konglomerats.

Die Zeitungslandschaft konzentriert sich immer mehr in ein paar wenigen Konzernen. Führt das nicht zu einem Verlust der Meinungsvielfalt?

Noch gibt es ja ziemlich viele Regionalzeitungen, die in der Hand von regionalen Verlagen sind. Ich persönlich habe bei der *Süddeutschen Zeitung* jedenfalls noch keinen Einfluss des Verlages auf unsere redaktionelle Linie gespürt. Aber sicherlich ist die Konzentration schädlich, wenn ein Verlag, der mehrere Zeitungen besitzt, eine politische Message verkaufen möchte. Zeitungen, die demselben Verlag gehören, können natürlich leichter auf eine Linie gebracht werden. Dazu braucht dieser Verlag allerdings auch die willigen Chefredakteure.

Vielleicht ist das Diktat von oben ja gar nicht nötig? Wie ein Medienwissenschaftler behauptete, gibt es unter Journalisten auch so eine Art vorauseilenden Gehorsam.

Ich glaube, in erster Linie spielen bei Journalisten die eigenen politischen Überzeugungen eine Rolle. Die Art, wie man über Dinge denkt, wird im Zweifelsfalle wesentlich mehr beeinflussen, wie man arbeitet, als die Anweisungen des Chefredakteurs. Es kommt meines Wissens relativ selten vor, dass irgendein Chefredakteur sagt, der Fall Kohl ist so und so zu kommentieren. Aber es stimmt schon, wie in jeder anderen Branche gibt es auch bei uns diesen vorauseilenden Gehorsam, das Gefühl, man dürfe dieses und jenes vielleicht nicht so deutlich sagen, weil der Chefredakteur dann möglicherweise böse sein könnte. Das ist nicht spezifisch für den Journalismus, aber es kommt vor.

Schreiben Sie als Journalist für den Leser oder um die Anerkennung Ihrer Kollegen zu bekommen?

Et et, wie der Lateiner sagt. Wir alle sagen natürlich, wenn man uns fragt, wir schreiben für den Leser. Aber selbstverständlich schreiben wir auch häufig um die Anerkennung der Kollegen – oder auch der Politiker. Und nicht zuletzt schreiben wir für uns selber. Wie gesagt ist der Journalismus ein Beruf von eitlen Menschen, und den eigenen Namen groß in einer auflagenstarken Tageszeitung zu lesen, befriedigt die Eitelkeit. Ja, ich schreibe auch für mich.

Gibt es außer der Befriedigung der Eitelkeit noch andere Gründe, Journalist zu werden?

Jetzt könnte ich die übliche Antwort geben: abwechslungsreicher, spannender Beruf, bla bla bla. Der Journalismus verbindet für mich die Möglichkeit, im weiteren Sinne politisches Interesse und Engagement zu verwirklichen, mit der Möglichkeit, das zu tun, was man gerne macht, nämlich schreiben. Der schreibende Journalist unterscheidet sich vom Schriftsteller, glaube ich, dadurch, dass er Gebrauchsliteratur, Tagesliteratur produziert, aber irgendwo auch den Anspruch hat, hin und wieder mal ein gutes Stück zu machen, das dann möglicherweise ähnlich befriedigend sein kann wie der erste kleine Romanband. Viele von uns sehen sich in erster Linie als Dienstleister, die Nachrichten produzieren, aber in vielen von uns wohnt irgendwo auch der versteckte Künstler. Zu guter Letzt bin ich auch deshalb Journalist geworden, weil es einer jener Berufe ist, in denen man das, was man gerne macht, damit verbinden kann, dass man auch noch Geld verdient.

Sie schreiben manchmal sehr kritisch über die Regierung. Ernten Sie dafür auch mal ein positives Echo von der Gegenseite?

Von der Opposition? Ach Gott, ich bin immer dann relativ zufrieden, wenn mir aus der Union vorgehalten wird, ich sei ein Schröder-Knecht, und mir die Schröder-Leute vorhalten, ich beleidige den Bundeskanzler. Dann, denke ich, ist es irgendwo vielleicht richtig. Es gibt erstaunlich wenig direkte Reaktionen von Politikern auf Dinge, die man schreibt. Man wird selten direkt angerufen oder angesprochen. Aber man kann an der Art und Weise, wie Politiker mit dem Journalisten umgehen, sofort ablesen, ob und wie man wahrgenommen wird.

Kränkt es Sie, wenn Sie kritisiert werden?

Um Gottes willen, nein. Es würde mich kränken, wenn ich nicht kritisiert würde, denn dann müsste ich das Gefühl haben, ich mache es zu vielen zu recht. Ich glaube, Kritik ist ein unabdingbarer Teil von Journalismus. Man muss aber nicht Kritik üben um der Kritik willen, auch wenn es da Kollegen gibt, die guten Journalismus in erster Linie dadurch definieren, dass er aggressiv und konfrontativ ist. Ich glaube das nicht. Aber wenn ich mal aufhören würde, im weiteren Sinne kritisch zu schreiben, hinterfragend, dann wüsste ich, dass ich vielleicht aufhören sollte zu schreiben.

Was würden Sie einem jungen Journalisten mit auf den Weg geben?

Er soll eine anständige Ausbildung machen, das heißt studieren, ein Volontariat machen oder eine Journalistenschule besuchen, und dann soll er versuchen, bei dem Medium unterzukommen, das am meisten seinen Neigungen entspricht. Er soll sich darauf einstellen, dass es in der Zukunft immer mehr Arbeitsplätze geben wird, die nicht dem klassischen Berufsbild des Journalisten entsprechen. Es wird immer mehr Kollegen geben, die im weiteren Sinne Dienstleistungsjournalismus machen und in den elektronischen Medien arbeiten, vom Fernsehen bis hin zum Internet. Der klassische Printjournalismus wird sicherlich nichts mehr werden.

Welche ethischen Regeln würden Sie einem jungen Kollegen mitgeben?

O Gott! Ich glaube nicht, dass ein Journalist andere ethische Regeln haben sollte als ein Mensch überhaupt. Ich könnte jetzt sagen, er sollte der Wahrheit verpflichtet sein, er sollte versuchen, seinen Mitmenschen, selbst wenn er über sie schreibt, nichts Böses zu wollen. Er sollte sich, was jetzt speziell für Parlamentsjournalisten gilt, stets bewusst sein, dass er eine Funktion ausübt, und nicht der Versuchung erliegen, zu glauben, er mache Politik.

Können Sie sich vorstellen, wie das ist, einmal selbst ins Medienfeuer zu geraten?

Ja, es ist gelegentlich, in kleinen Zusammenhängen, auch über mich geschrieben worden. Da liest man jeden Halbsatz sehr genau und fragt sich, wie der Kollege das wohl meint. Wenn ich mir dann vorstelle, ich schreibe jeden Tag über Herrn Schröder, Frau Merkel, wen auch immer, dann kann man sich manchmal schon ein bisschen zurücklehnen und sagen: »Ja, ja, wir Journalisten tun sicherlich den Politikern gelegentlich ziemlich üble Dinge an, weil wir über sie schreiben und sie dabei vielleicht als Menschen verletzen.« Das geht in der Hektik des Geschäfts sehr häufig unter.

Tissy Bruns

GEB. 1951, ARBEITETE FÜR DIE *TAZ*, DIE *WOCHENPOST* UND DEN *TAGESSPIEGEL*. HEUTE IST SIE BEI DER *WELT* UND SEIT 1999 VORSITZENDE DER BUNDESPRESSEKONFERENZ.

Frau Bruns, Sie sind Vorsitzende der Bundespressekonferenz. Können Sie beschreiben, was das bedeutet?
Um Missverständnisse zu vermeiden, muss man bei der Bundespressekonferenz immer zuerst sagen, was sie nicht ist. Wir sind keine staatliche Einrichtung, sondern ein freiwilliger und unabhängiger Zusammenschluss von derzeit etwa 900 Journalisten, die für Zeitung, Fernsehen, Hörfunk und neuerdings auch für Online-Dienste über Bundespolitik berichten.

Welche Aufgabe hat die Bundespressekonferenz?
Wir veranstalten Pressekonferenzen, laden die wichtigsten Politiker ein, vom Kanzler über die Fraktionsvorsitzenden und Minister bis hin zu Gewerkschaftsführern. Seit dem Umzug nach Berlin fühlen wir uns auch dafür zuständig, dass in der politischen Berichterstattung die Qualität gewahrt wird. Wir setzen bestimmte Standards und versuchen, dass diese auch eingehalten werden.

Einige Ihrer Kollegen sagen, zurzeit sei alles erlaubt. Welche Regeln gibt es denn noch?
Im Moment haben wir tatsächlich einen Zustand, in dem alles erlaubt ist. Beim Umzug nach Berlin sind das alte Netzwerk, die Gewohnheiten, die Sitten und Gebräuche, die in Bonn sehr eingefahren waren – sicher auch zu eingefahren waren –, alle verloren gegangen. Und um neue Sitten und Gebräuche ringen wir noch. Das ist eine ganz schwierige Sache, weil hier in Berlin, für die meisten völlig überraschend, eine sehr laute, sehr grelle Medienlandschaft über uns hereingebrochen ist.

Wie geht es denn zu in Berlin ohne neue Sitten und Gebräuche?
Wir hatten hier einen sehr heftigen Anfang. Beide Seiten, Politiker und Journalisten, waren richtig stinksauer aufeinander. Wir Journalisten hatten den Eindruck, die Politiker inszenieren sich vor den schönen Berliner Kulissen mit ein paar kurzen Statements. Aber wenn die kritischen Fragen kommen, dann schlagen sie sich schnell zu den Hinterausgängen durch und entschwinden. Und die Politiker, glaube ich, hatten umgekehrt von uns den Eindruck, dass die Journalisten jede Distanz verlieren. Als werde diese große Nähe, diese dichte Verwobenheit zwischen Politikern und Journalisten, die es in Bonn gab, jetzt durch eine quasi körperliche Nähe der Kameras, die direkt in die Gesichter der Politiker blicken, ersetzt. Und sie hatten den Eindruck, dass hier jede Frage gestellt und aus dem Zusammenhang gerissen werden darf – kurzum: dass wir Journalisten einfach völlig übergriffig sind. Gegenseitiges Misstrauen, das war der Start in Berlin.

Und wie ist es jetzt?
Die Dinge sind noch im Fluss. Aber ich glaube, es gibt die wachsende Einsicht, dass wir uns, beide Seiten auf ihre Art, gemeinsam darum bemühen müssen, wie die politische Diskussion zwischen Bevölkerung und Politik auch in Zukunft noch geführt werden kann und nicht nur immer diese zersplitterte, fragmentarische, schlagzeilenhafte, in Richtung Sensationen gehende Wahrnehmung von Politik stattfindet. Es ist eine Zeit des Übergangs, die sehr an die Jahre von '45 bis '55 erinnert.

Sie sagten, die Politiker würden sich heute nur noch inszenieren wollen. Welche Gründe gibt es für diese Entwicklung?
Die Dominanz des Bildes vor dem Wort ist heute ganz übermächtig geworden – und ganz unumkehrbar. Die Menschen sehen heute viel mehr Bilder als früher. Jeder Politiker, der sich in diesem großen Schlachtengemälde kenntlich machen will, muss von seiner Person sehr viel mehr herzeigen, als das Konrad Adenauer machen musste. Da ist es natürlich nahe liegend, dass inszeniert wird.

Man gibt und macht ein Bild von sich. Aber am Beispiel unseres Medienkanzlers Gerhard Schröder sehen wir auch, dass Inszenierung zwar tauglich ist für den Wahlkampf und um Kanzler zu werden. Aber um den Leuten eine Rentenreform zu vermitteln, sind offenbar ganz andere Wege und Mechanismen nötig. Man konnte an Schröder sehr schön beobachten, wie froh er war, als sich in seinem zweiten Regierungsjahr das ganze Licht der Öffentlichkeit auf die Union richtete und er mit seinen Ministern in aller Ruhe das Handwerkszeug lernen konnte. Und er ist damit ja noch nicht am Ende. Politiker müssen sich in dieser Medienwelt tatsächlich andere Fähigkeiten aneignen.

Zum Beispiel welche?

Während die Journalisten nach einer Pressekonferenz früher einen halben Tag überlegen konnten, wie sie die Informationen aufarbeiten, wird die gleiche Pressekonferenz heute direkt vom Fernsehen in die Wohnzimmer übertragen, in Zukunft auch noch per Internet. Das bedeutet, die Politiker sprechen viel mehr direkt zum Publikum. Sie müssen vereinfachen und versuchen, dass das, was sie zur Rente oder zum Haushalt sagen wollen, in drei, vier gängigen Begriffen und drei, vier damit verbundenen Bildern bei den Leuten ankommt.

Wird das Internet womöglich das Medium der Zukunft?

Ich bin da eine sehr große Kulturoptimistin. Ich glaube, dass das Internet keines der bisherigen Medien überflüssig machen wird, dass aber alle Medien sich durch das Internet beeinflussen lassen werden. Ich finde es etwas eigenartig, dass im Moment alle Medien wie das Kaninchen auf die Schlange auf das schnelle Internet gucken und sich davon auch dieses Tempo aufzwingen lassen. Diesen Wettlauf muss jede Zeitung auf die Dauer verlieren. Trotzdem gibt es eine Beschleunigung auch bei den Zeitungen, die heute nicht mehr eine Ausgabe, sondern zwei produzieren. Wir können bis um elf Uhr abends fast die ganze Zeitung noch einmal erneuern, zumindest große Teile davon. Ich glaube, es wird sich in den nächsten Jahren neu auspendeln, welches Medium welchen Platz einnimmt. Fernsehen und Internet werden die schnelle Information vermitteln, während die Zeitungen viel stärker Wert auf Hintergrundberichte legen müssen.

Sie sagten vorhin, dass Bilder heute eine viel größere Rolle spielen. Ist der Zuschauer vielleicht noch voyeuristischer geworden als die Medien?

Nein, die größten Voyeure, die es gibt, das sind schon die Medienmacher, die berufsmäßigen Betrachter. Der Zuschauer, also der Bürger und Wähler, kann ja der Politik in seinem Leben nur einen begrenzten Raum geben, ohne deshalb gleich unpolitisch sein zu müssen. Man hat einen Beruf, man hat Kinder, man hat Hobbys. Mit dem kleinen Raum auszukommen, der dann noch für Politik bleibt, das müssen sowohl die Politiker als auch die Medien lernen. Wir müssen akzeptieren, dass 300-Zeilen-Artikel mit langen Einstiegen und breiten Erörterungen nicht mehr das sind, wofür der Bürger Zeit hat. Auch wenn wir darüber jammern, Tatsache ist, dass wir, die Medienmacher, in erster Linie dafür verantwortlich sind, diese Sachen so zu machen, dass die Bürger sie auch wahrnehmen. Natürlich haben wir im Moment eine Tendenz der Verflachung, aber wir sind in dieser Dynamik nicht nur die gehetzten Hasen. Wir müssen lernen, dass uns eine endlose und zügellose Konkurrenz untereinander nichts nützt. Wir müssen dabei bleiben, dass wir zu einem guten Teil unsere Arbeit als gemeinschaftliches Gegenüber der Politikmacher verstehen und uns Informationen in gemeinsamer Arbeit beschaffen statt nur mit den Ellbogen.

Ist das nicht nur eine schöne Illusion?

Nein, weil wir alle spüren, dass man mit dieser bedingungslosen Konkurrenz ganz schnell ans Ende kommt. Uns interessieren eigentlich nur noch Informationen, die wir exklusiv haben, nicht die, die eigentlich da sind. Das wissen die Politiker natürlich auch. Was dabei herauskommt, wenn ein Politiker weiß, dass er an einem Tag von 50 verschiedenen Medien 50-mal dasselbe gefragt wird, das kann man sich ganz leicht ausrechnen. Je exklusiver wir alle sein wollen, desto mehr Flachsprecherei werden wir ernten. Politik und Medien spielen da zurzeit ein Pingpong-Spiel und treiben sich gegenseitig immer mehr ins Flache. Aber man merkt schon: Wir kommen an einen Punkt, an dem es dann die Gegenbewegung geben wird und wieder mehr der Zusammenhang dargestellt wird.

Pingpong spielen Politiker und Journalisten ja auch im gegenseitigen Brauchen und Benutzen.

Ja, das ist eine komische Abhängigkeit. Die Politiker haben dabei ein bisschen den schwarzen Peter. Wir dürfen die Politiker in allem kritisieren, und die Politiker müssen immer sagen, sehr gut, das ist Ausdruck von Pressefreiheit, auch wenn sie sich innerlich grimmig ärgern. Andererseits sind wir ja keine Dichter, die eigene Werke schaffen, sondern verarbeiten nur den Stoff, den uns die Politik selbst bietet. Insofern sind wir ganz und gar von der Politik abhängig.

Inwieweit fließt denn heute noch die politische Haltung eines Blattes in die journalistische Arbeit ein?

Ich glaube, dass das viel weniger der Fall ist als früher. Die Medienlandschaft ist, genauso wie die großen Parteien, nicht mehr säuberlich nach Lagern sortiert. Die *Bild* ist gegen jede Regierung, wenn es ums Benzin geht, aber ansonsten kann man da heute auch Gutes über den sozialdemokratischen Kanzler lesen. In der *F.A.Z* gab es Texte, die die doppelte Staatsbürgerschaft oder schwule Ehen befürwortet haben. Diese Auflösung der Lager ist aber auch eine Quelle der Unsicherheit und für Journalisten heute eher ein Problem, als dass der Chefredakteur erzwingen will, was einer zu schreiben hat. Ich glaube, dieses Problem haben nicht mehr sehr viele Kollegen.

Immer mehr Zeitungen und Magazine gehören großen Konzernen. Wie sehen Sie deren Einfluss auf die Medienlandschaft?

Immerhin sind es noch mehrere Konzerne, und keiner von denen überwölbt die anderen, zumindest nicht in der Zei-

Präsidiumssitzung

tungslandschaft Berlins. Sowohl Holtzbrinck als auch Gruner & Jahr und Springer unterhalten in Berlin Tageszeitungen, und es gibt hier sogar einen regelrechten Zeitungskrieg. Problematisch finde ich dabei, dass sich die Grenze zwischen der unabhängigen Redaktion und dem Verlag, der für die wirtschaftliche Seite und die Anzeigenkunden zuständig ist, immer mehr auflöst. Das war aber schon immer eine etwas fiktive Trennlinie, denn kein Redakteur kann Lohn und Brot verdienen, wenn eine Zeitung anzeigenfrei ist. Wir wissen natürlich auch alle, dass es bei jeder Lokal- oder Regionalzeitung und auch bei großen Zeitungen passieren kann, dass der Großunternehmer am Ort zum Chefredakteur oder Verlagschef geht und sagt: »Wenn noch mal so über den Betriebsrat in meinem Hause berichtet wird, dann schalte ich bei euch keine Anzeigen mehr.«

Wo lösen sich die Grenzen zwischen unabhängiger Berichterstattung und Kommerz noch auf?

Ganz kleines Beispiel: Wir gewöhnen uns jetzt alle an, am Ende der Artikel einen einschlägigen Internethinweis zu geben. Wenn man das aber mal empirisch überprüfen würde, dann würde man in ganz vielen Fällen Internethinweise finden, die direkt in die gewerbliche Werbung für ein Produkt oder zu irgendeiner Firma führen. Diese Grenzen zwischen dem Gegenstand, über den geschrieben wird, und der Werbung sind viel fließender geworden, ähnlich wie beim Privatfernsehen, wo die optische Trennlinie zwischen dem Nachrichtenblock und der direkt anschließenden sachlichen Kurzwerbung für irgendein Versicherungsunternehmen für den Zuschauer auch kaum wahrnehmbar ist.

Heißt das, die Journalisten bauen absichtlich Werbung in ihre Artikel ein?

Nein, das ist keine Absicht, sondern eine Folge des Zeitdrucks. Der Artikel muss schnell geschrieben werden. Der Redaktionsschluss droht. Und jetzt ist eben angesagt, dass man immer ein »www« dahinter setzt. Da ist man oft einfach in Verlegenheit und nimmt das Nächstbeste. Sie haben gerade über die innersten, gefährlichen Machtkämpfe der CDU geschrieben, und dann, weil es eben schon zehn Minuten nach Redaktionsschluss ist, greifen Sie zur einfachsten Lösung: die Internetadresse der CDU. Aber wozu denn eigentlich ein kritischer Artikel, wenn der Leser hinterher die Seite anklicken soll, auf der die CDU sich selbst im schönsten Licht darstellt? Das ist kein Zusatzgewinn, im Gegenteil.

Es gibt heute zwar immer mehr Journalistinnen, die steigen aber nur sehr selten in die Top-Etagen auf. Woran liegt das?

Der Zustrom von Frauen ist tatsächlich so groß, dass man rein statistisch schon nicht mehr von einem Männerberuf reden kann. Im politischen Journalismus aber ist es noch immer so, und ebenso in den höheren Etagen. Ich glaube, das Grundübel ist, dass Frauen keine Tradition und kein Vorbild in der Wahrnehmung der öffentlichen Rollen haben und dass sie die Männer auch nicht einfach nachahmen können. Womit sich Frauen vor allem schwer tun, ist die Kunst, gleichzeitig zu konkurrieren und Seilschaften zu bilden. Das haben Frauen noch nicht gelernt. Da müssen wir bei den Männern besonders genau hingucken, wie die das machen.

Thomas Imo

Jg. 1968, arbeitete als Sport- und Agenturfotograf. Seit 1993 ist er als freier Fotograf selbstständig.

Herr Imo, was empfinden Sie, wenn in der Zeitung mal wieder von der Meute die Rede ist, die Jagd auf Politiker oder Prominente macht?
Es ärgert mich, weil da nur ein altes Klischee aufrechterhalten wird.

Warum haben die Pressefotografen so einen schlechten Ruf?
Weil wir immer in der ersten Reihe stehen. In den Nachrichten sieht man die Kameraleute und die Fotografen, aber nie die schreibenden Journalisten. Außerdem werden die Fotografen immer über einen Kamm geschert. Es gibt Sportfotografen, Politikfotografen, Lokalfotografen, Paparazzi und viele andere, aber es heißt immer pauschal: die Fotografen. Und wenn mal schwarze Schafe darunter sind, sind wir immer gleich alle die Schuldigen.

Im Fernsehen gewinnt man den Eindruck, die Kameraleute und Fotografen würden die Politiker bedrängen. Täuscht das?
Unser großes Problem ist, dass wir auf eine gute Organisation angewiesen sind. Wenn der Raum zu klein ist, wie beim Parteispenden-Untersuchungsausschuss mit Kohl, dann sind da doppelt so viele Leute drin, wie er eigentlich aufnehmen kann. Oder wir müssen vor einer Tür Aufstellung nehmen, die 75 Zentimeter breit ist und durch die dann gleichzeitig 40 Leute hindurch müssen. Wenn die Politiker bereits im Raum sind, sieht das natürlich so aus, als würden wir uns jetzt alle auf sie stürzen. Aber das könnte man auch anders machen, zum Beispiel, indem wir vorher in den Raum dürfen und uns in aller Ruhe aufstellen können und dann erst die Akteure hereinkommen.

Sie verdanken Ihrer Meinung nach Ihr schlechtes Image also nur der schlechten Organisation?
Ja, weil wir immer nur reagieren können. Oft wird uns vorher erzählt, wie toll alles organisiert ist, und wir kriegen einen Ablaufplan, aber hinterher ist dann alles ganz anders und der Raum viel zu klein und das Licht schlecht. Deshalb machen wir jetzt auch Lobbyarbeit und versuchen, mit den verantwortlichen Leuten zu reden, um die Situation für die Fotografen zu verbessern.

Wie könnte die Situation denn verbessert werden?
Zum Beispiel, indem die Zahl der Fotografen auf die der Parlamentsfotografen beschränkt wird. Versuchen Sie mal, bei der Olympiade oder in Wimbledon als Fotograf eine Akkreditierung zu bekommen. Die würden Ihnen was husten, weil Sie da nicht bekannt sind! Eine Akkreditierung beim Bundespresseamt beziehungsweise Bundestag bekommt aber jeder, der einen Presseausweis hochhält und sich auf die Pressefreiheit beruft. Deshalb verhandeln wir nun mit dem Bundespresseamt, dass die nicht jeden gleich behandeln, sondern dass es da schon ein paar Unterschiede gibt. Bei uns tauchen oft Leute auf, die sonst keine Parlamentsberichterstattung machen und sich dementsprechend benehmen. Und dann hinterlassen sie zum Teil verbrannte Erde, weil sie am nächsten Tag nicht wiederkommen müssen. Wir dagegen müssen uns anständig benehmen, sonst könnten wir uns bald einen anderen Job suchen.

So anständig sieht das aber meist gar nicht aus, sondern eher wie ein einziges Geschiebe im Pulk der Fotografen und Kameraleute.
Jeder versucht halt von Anfang an, eine gute Ausgangsposition zu bekommen, aber vor allem in einem zu engen Raum können ja nicht alle in der ersten Reihe stehen. Das bisschen Geschiebe ist halb so wild. Wir haben ein gutes Verhältnis untereinander und sprechen uns ab, wie man eine Linie aufbaut, wenn zum Beispiel keine Kordel da ist. Denn wenn jeder nach vorne geht, wird der Winkel immer enger, und am Ende kriegt nur noch einer ein Bild. Wenn wir aber alle gemeinsam zwei Meter zurückgehen, dann

kriegen zehn Leute ein Bild. Das klappt nicht immer, aber sehr oft. Probleme gibt es vor allem, wenn Fotografen dazukommen, die das nicht gewohnt sind. Gerade hier in Berlin sind bei Bundespolitikterminen auch oft noch viele Lokalfotografen dabei. Die wissen dann nicht, wie man sich in der Bundespolitik benimmt und schieben die Leute hin und her. Oder wenn der Kanzler aufs Land fährt und da auch die Lokalfotografen dazukommen, da glauben Sie, Sie sind im falschen Film. Nur weil nach zehn Jahren mal wieder der Kanzler zu ihnen kommt, meinen die dann, jetzt hätten sie den Vorrang, und tun so, als wären sie alleine da, nur weil sie das nicht kennen, wie man sich arrangiert, wenn noch andere Fotografen da sind.

Ihre Termine bestehen hauptsächlich aus Warten. Wie fühlt man sich, wenn man vor einer Tür steht und nur darauf lauert, dass endlich etwas passiert?
Man ist ja nie alleine, und es geht unter den Kollegen eigentlich relativ lustig zu. Das Problem ist, dass man nach zwei, drei Stunden Warten innerhalb einer Sekunde von Null auf Hundert durchstarten muss. Da entsteht manchmal sehr viel Hektik, weil die Kameras vielleicht am anderen Ende des Raumes stehen oder weil manche Leute gerade draußen beim Rauchen waren. Zum Durcheinander kommt es vor allem dann, wenn der Termin für 14 Uhr angekündigt war, aber dann passiert es doch schon um viertel vor.

Erleben Sie das als großen Stress?
Nein. Ich mache das ja schon seit fast zwölf Jahren. Da hat man Routine. Mich bringt gar nichts mehr aus der Ruhe.

Freut es Sie als Fotograf, dass sich heute viele Politiker so gerne selbst inszenieren?
Nein, denn man sieht es den Bildern an, wenn da einer eine Show abzieht. Am liebsten sind mir die Politiker, die sich normal geben. Das werden dann die besten Bilder, und mit diesen Politikern kommt man auch am besten klar.

Sie brauchen die Politiker für Ihre Bilder. Brauchen die Politiker auch die Fotografen?
Ja, es ist ein Spiel auf Gegenseitigkeit. Ein Politiker, der nie fotografiert wird, wird von seinem Wahlkreis nicht wahrgenommen. Das haben die Politiker immer im Hinterkopf. Sie meckern zwar oft, wenn viele Fotografen da sind, aber wenn mal nur ganz wenige da sind, heißt es gleich: »Guck mal, wie peinlich, nur drei Fotografen!« Denn an der Zahl der Fotografen können Politiker ihre Wichtigkeit festmachen.

Manche Ihrer Kollegen beklagen, dass die Politiker die Pressefotografen und Kameraleute als lästig empfinden und dementsprechend schlecht behandeln.
Das ist richtig. Es gibt zwar auch Politiker, die einen vor dem Termin per Handschlag begrüßen, aber andere würdigen mich keines Blickes und tun so, als hätten sie mich noch nie gesehen, obwohl sie mich seit zehn Jahren persönlich kennen und ich sie auch schon auf Reisen begleitet habe. Das passiert, aber damit kann ich umgehen. Ich mache das im Zweifel länger als die. Ich habe schon so viele Politiker kommen und gehen sehen, die überstehe ich auch noch.

Wo stehen die Fotografen innerhalb der Medienhierarchie?
Schwierige Frage. Auf jeden Fall werden sie immer wichtiger, da die visuelle Berichterstattung an Bedeutung gewonnen hat. Da müssen Sie nur den *Spiegel* durchblättern, wie viele Bilder da mittlerweile drin sind! Bei vielen Terminen werden die Fotografen heute schon etwas ernster genommen und als dem Fernsehen ebenbürtig behandelt, das heißt, sie dürfen jetzt auch mal sagen, wie sie es gerne hätten.

Stimmt es, dass sich in den Redaktionen die schreibenden Kollegen immer für viel wichtiger halten und die Fotografen ein bisschen von oben herab behandeln?
Ich habe da keine Probleme. Und im Zweifel sitze ich am längeren Hebel. Wenn es zum Beispiel darum geht, an einem Hubschrauberflug teilzunehmen, und es ist nur noch ein Platz frei, dann fliegt selten der Redakteur mit,

Demonstration gegen das Verbot der NPD

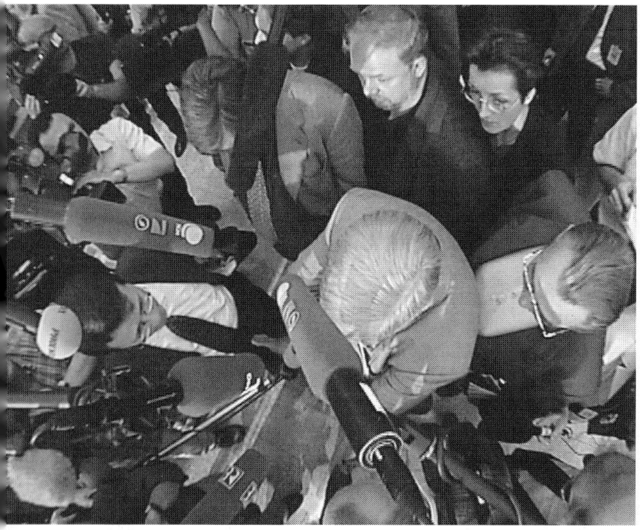

Untersuchungsausschuss Schäuble

sondern der Fotograf. Dem Redakteur kann ich hinterher zur Not erzählen, was da passiert ist, aber er kann kein Bild machen.

Haben Sie ein Tabu oder eine moralische Grenze, die Sie als Fotograf nicht überschreiten würden?
Ja, ich würde ohne Genehmigung keine Bilder von den Kindern und Ehefrauen der Politiker machen. Und ich fotografiere keine Beerdigungen. Das habe ich ein einziges Mal in meinem Leben gemacht, als ich noch angestellter Fotograf war, und danach beschlossen: Nie wieder! Ich mache auch nicht diese Paparazzi-Jobs, bei denen man irgendwo vor einer Haustür lauert, ob da einer rauskommt. Aber ich will das auch nicht abwerten, denn der Markt dafür ist da. Und es sind ja nicht die Fotografen, die den Markt machen, sondern die Leute, die Zeitungen kaufen und bedient werden wollen.

Wie ist das, wenn Sie als Fotograf in einer großen Gruppe einem Politiker gegenüberstehen? Kommt er Ihnen dann nicht ein bisschen ausgeliefert vor?
Nein, denn er ist ja Herr im Ring. Und außerdem sind wir nur da, weil er uns eingeladen hat. Ein Politiker ist nun mal eine Person des öffentlichen Lebens. Die Bilder werden nur dann nicht so vorteilhaft für ihn, wenn er versucht, sich zu verstecken. Ich denke da zum Beispiel an eine Geschichte mit Trittin. Es war bei irgendeiner Fraktionssitzung in Bonn, wo er, weil er gerade in der Kritik stand, der Presse ausweichen wollte und versuchte, durch eine Tür zu verschwinden, die dann aber abgeschlossen war. Deshalb musste er wieder zurück und durch den ganzen Kamerapulk hindurch. Wenn er stattdessen einfach guten Morgen gesagt hätte und der Presse eine Sekunde Zeit für ein Bild gegeben hätte, wäre die Sache gegessen gewesen. So aber ist er dreimal durch den ganzen Raum gelaufen, weil alle Türen zu waren. Das sah auf den Fernsehbildern dann peinlich hoch zehn aus.

Was würden Sie einem jungen Kollegen sagen, der auch Pressefotograf werden möchte?
Er soll sich gut überlegen, ob es wirklich das Richtige für ihn ist, weil das Privatleben doch sehr darunter leidet. Wenn man keine feste Beziehung hat, also niemanden, der den Freundeskreis aufrechterhalten kann, ist es ziemlich hart, weil durch diesen Beruf so viele Freundschaften kaputt gehen. Der zweite Rat ist, dass die Jungen ihre Hausaufgaben machen sollen. Bei Fotografen passiert mir das selten, aber bei Kameraleuten immer wieder, dass sie einfach die Leute nicht kennen, die sie da filmen. Bei einer CDU-Vorstandssitzung stupste mich mal einer an und meinte: »Du, sag mir Bescheid, wenn der Stoiber kommt, den kenne ich nämlich nicht.«

Wie geht es Ihnen dabei, wenn Sie mal selbst fotografiert oder gefilmt werden?
Furchtbar. Es gibt von mir auch ganz, ganz wenige Fotos. Ich stehe eben auf der anderen Seite und weiß, wie es wirkt, wenn jemand bestimmte Gesten macht, und dass man als Fotograf dann immer denkt: »Oh, das sieht aber nicht gut aus.«

Ludger Reuber

Jg. 1937, arbeitete als Redakteur für das *Kolpingblatt*, die *Katholische Nachrichten-Agentur*, für *Leben und Erziehen* und *Soziale Ordnung*. Von 1982–98 war er Pressesprecher des Bundesministeriums für Arbeit und Sozialordnung.

Herr Reuber, Sie waren 16 Jahre lang der Sprecher von Norbert Blüm. Hatten Sie ein sehr enges Verhältnis zu Ihrem Minister?
Also, wer zu seinem Chef als Pressesprecher kein gutes Verhältnis hat, der sollte sich möglichst schnell einen anderen Job suchen. Das muss nahtlos zusammenpassen. Es muss keine Freundschaft sein, aber ein Vertrauensverhältnis, das unerschütterlich ist, in dem man an einem Augenaufschlag ablesen kann, was jetzt gemeint und gewollt ist. Ich hatte schon eine sehr lange enge Beziehung zu Norbert Blüm, bevor er Minister wurde. Die hat dann auch die 16 Jahre Regierungszeit gut überstanden. Und es hat keine Situation gegeben, in der man draußen den Eindruck hätte haben können, da stimmt etwas nicht in der Chemie zwischen den beiden, obwohl wir intern natürlich auch unsere Rappelpunkte hatten.

Führte der Weg zum Minister immer nur über Sie?
Grundsätzlich ja, und ich kann das jedem Pressesprecher nur empfehlen. Wenn in einem großen Haus – einem Ministerium und genauso in einem Verband oder Konzern – jeder Journalist die Quellen anzapfen kann, die er gerade für passend hält, dann ist dieses Haus öffentlich nicht darstellbar. Das wird ein Tohuwabohu, das keiner mehr kontrollieren kann. Dass alles über den Sprecher läuft, dient außerdem auch dem Schutz des Ministers. Hätte er ohne Vorwarnung einen Journalisten am Apparat, dann könnte er sich bei einer Frage nicht dumm stellen, denn als Minister muss er es ja wissen. Der Pressesprecher dagegen kann sich immer erst mal dumm stellen, auch wenn er mehr weiß.

Was zeichnet einen guten Sprecher aus?
Er muss ein Gunstgewerbler sein, das heißt, er muss es verstehen, die Zustimmung der Journalisten und der Öffentlichkeit für seinen Minister oder Vorsitzenden zu gewinnen. Er muss ein guter Dienstleister sein und ganz präzise das liefern, was die Journalisten für ihre Berichterstattung brauchen. Er muss ein guter Verkäufer sein und Entscheidungen transportieren können, die oft kaum jemand versteht. Er muss die Sache, die er verkauft, auch lieben und sich mit ihr identifizieren, denn die Journalisten merken sehr schnell, wenn sich jemand immer dafür entschuldigt, dass er an dieser Stelle ist. Und schließlich muss er ganz pragmatisch mit Leuten umgehen können und sie so nehmen, wie sie sind. Ich kann keinen 50-jährigen Journalisten umerziehen, damit er so arbeitet, wie ich mir das vorstelle. Ich muss so auf ihn eingehen, wie er die Dinge annimmt.

Man darf als Pressesprecher also nicht zu eitel sein?
Es genügt, wenn Journalisten und Politiker eitel sind. Wenn auch noch die Pressesprecher eitel wären, dann wäre das ja übereitel und würde nur zu falschen Handlungen führen.

Wieweit konnten Sie die Eitelkeit von Journalisten für Ihre Zwecke einsetzen?
Ganz am Anfang meiner Arbeit hat mir ein alter Kollege den Rat gegeben: »Kritisiere Journalisten nicht und lobe Journalisten nicht! Du weißt nämlich nie, wie sie darauf reagieren.« Aber ich habe mich nicht an diesen Rat gehalten. Ich habe Journalisten kritisiert, wenn sie ganz danebenlagen. Und ich habe sie auch gelobt und wusste, welcher Journalist gerne gelobt wurde und wem das eher gleichgültig war.

Hatten Sie ein gutes Verhältnis zu den Journalisten?
Man musste versuchen, miteinander auszukommen, möglichst kameradschaftlich, wenn nicht gar freundschaftlich. Ich habe nicht jedem Journalisten vertraut, und ich habe

nicht jeden gleich behandelt. Es gab immer Journalisten, von denen ich wusste, dass sie vertrauliche Aussagen nie missbrauchen würden, nie irgendetwas gegen eine Absprache schreiben würden. Und es gab welche, bei denen ich mir da nicht so sicher war, weshalb ich sie anders behandelt habe.

Sie sagten gerade, Sie hätten Journalisten auch kritisiert. Hatten Sie da keine Bedenken, dass einer sich mal dafür rächen würde?
Damit muss man sogar immer rechnen. Deshalb hat es auch keinen Zweck, irgendwelche Strafaktionen zu starten und Journalisten, weil sie mal quer kommentiert haben, von Terminen oder Informationen auszuschließen. Der Journalist sitzt immer am längeren Hebel. Er hat gewissermaßen das letzte Wort. Und wenn er Wut im Bauch hat, wenn er sich rächen will für irgendwas, dann fließt das, ob er es will oder nicht, in seinen Kommentar ein. Man kann als Politiker oder als Ministerium zwar mal eine kleine Strafaktion starten, aber letztlich zieht man immer den Kürzeren.

Als Pressesprecher wird man oft mit Gerüchten konfrontiert. Wie schafft man es, sie glaubhaft zu dementieren?
Ich halte das Dementi für das Meisterstück der Pressesprecher. Denn es muss immer genau sitzen, damit es nicht neue Irritationen auslöst. Bevor ich dementiere, muss ich mich erst mal schlau machen: »Kann ich das auch dementieren, oder ist nicht doch in unserem Haus irgendwas in diese Richtung gedacht oder zu Papier gebracht worden?« Wenn ich dann sicher bin, dass es so nicht stimmt, muss ich wirklich den Holzhammer nehmen und sagen: »Das ist absoluter Quatsch!« Nur dann sitzt das auch und wird nicht mehr in Zweifel gezogen. Würde ich nur sagen: »Das stimmt nicht«, wäre das nur ein 70-Prozent-Dementi. Oder wenn ich sagen würde: »So stimmt das nicht«, dann käme sofort die Frage: »Ja, wie stimmt es denn dann?«, und ich würde mit dem Dementi eher neue Diskussionen auslösen, als sie zu beenden.

Was heißt 70-Prozent-Dementi? Gibt es also eine Art Code für Dementis?
Ja. »Das ist totaler Quatsch« oder »Das ist absolut hirnrissig« wäre ein 100-Prozent-Dementi. »Alles Quatsch« wäre ein 80-Prozent-Dementi. »Darüber gibt es keine Entscheidungen« wäre ein 60-Prozent-Dementi, »Zu Gerüchten äußere ich mich nicht« ein 40-Prozent-Dementi und »Das stimmt nicht, soviel ich weiß« ein 20-Prozent-Dementi. Ein 0-Prozent-Dementi heißt zum Beispiel: »Ich möchte das nicht kommentieren.«

Setzt man ein 100-Prozent-Dementi auch mal ein, wenn das Gerücht tatsächlich der Wahrheit entspricht?
Nein, die erste Voraussetzung für ein solches Dementi ist, dass an dem Gerücht wirklich nichts dran ist. Denn Journalisten haben den Ehrgeiz, dass sie sich nicht gerne dementieren lassen, und fangen sofort an gegenzurecherchieren. Und wenn das Dementi falsch war, werden sie das auch herauskriegen. Also dementiere ich nicht, sondern sage zum Beispiel: »Es gibt zwar solche Überlegungen, aber die sind noch längst nicht entschieden, und ob es überhaupt zu einer Entscheidung kommt, ist fraglich.«

Der Umgang mit den Journalisten erfordert also sehr viel Fingerspitzengefühl?
Natürlich. Vor allen Dingen darf ein Pressesprecher nicht arrogant wirken. Wenn er in der Bundespressekonferenz zum Beispiel schlecht vorbereitet ist, auf Zusatzfragen nichts mehr weiß und dann meint, er könne die Journalisten abspeisen mit oberflächlichen Bemerkungen oder gar mit Süffisanz, dann werden die ihm zeigen, was eine Harke ist. Und dann geht das Kreuzfeuer los, und die Bundespressekonferenz verwandelt sich in einen Tigerkäfig. Das habe ich selber erlebt, wenn ich mal etwas zu arrogant gesagt habe: »Das brauche ich euch gar nicht zu sagen, und ich werde euch das auch nicht sagen.« Dann waren die einfach nur wütend und reagierten als Menschen. Das fand ich ganz normal – und außerdem auch spannend.

Pressesprecher haben nicht nur Erfolgsmeldungen im Gepäck, sie müssen oft auch unangenehme Dinge verkünden. Was ist der beste Zeitpunkt, um solche Sachen an den Mann zu bringen?
Der Zeitpunkt ist ungeheuer wichtig. Der normale Rezipient des Zeitgeschehens hat nicht die geringste Ahnung und kann das auch gar nicht durchschauen, wie seine Beeinflussung über die Wahl des richtigen Zeitpunktes gesteuert wird. Würde ein Ministerium zum Beispiel seine kleinen Erfolgsnachrichten an einem normalen Tag in das Gewühle der Hauptstadt schmeißen, würden die völlig untergehen. So ein kleines Zuckerli bewahrt man sich deshalb eine Woche lang auf und bringt es am Sonntagmorgen um sechs Uhr auf die Ticker. Eigentlich ist das ja ganz komisch, dass ein Ministerium am Sonntag um sechs eine Meldung herausbringt. Aber da am Sonntagmorgen nicht viel los ist, läuft die Meldung den ganzen Vormittag durch alle Nachrichten.

Und wann entlässt man unangenehme Nachrichten in die Welt?
Die muss man natürlich auch verkünden, weil es sonst irgendwann heißt, der Herr Minister oder der Pressesprecher hat diese Nachricht verschwiegen. Also nimmt man einen Zeitpunkt, wo gerade Haushaltsdebatte im Bundestag und vielleicht noch ein ausländischer Gast in der Hauptstadt ist und alle Journalisten hin und her laufen und keiner weiß, was er zuerst machen soll. Da kann man diese Meldung ganz ordnungsgemäß allen Agenturen faxen und auf den Ticker bringen, und trotzdem fällt sie an dem Tag völlig durch. Wenn uns dann hinterher einer vorwirft, wir hätten das verschwiegen, antworten wir: »Wieso? Sie haben doch die Pressemeldung!«

Ein NATO-Sprecher beschrieb seine Strategie so: »Habe wohlklingende Botschaften, die die eigenen Ziele erläutern, und wiederhole sie in jedem Inter-

view.« Wenden diese Strategie auch die Regierungs- oder Ministeriumssprecher an?

Ja, eine gewisse Penetrierung von Botschaften ist in dieser schnelllebigen Zeit nötig. Das ist dann natürlich nicht so lustig, weil man zum Beispiel eine Reform ja nicht jeden Tag mit neuen Worten und Argumenten verkaufen kann. Man kann zwar das eine oder andere Beispiel variieren, aber die Grundbotschaft, die muss man penetrieren, wenn man erreichen will, dass die Bürger die politische Intention dieser Reform verstehen und akzeptieren.

Sie sagten einmal, die Politiker haben die Journalisten, die sie verdienen, und die Journalisten haben die Politiker, die sie verdienen. Was meinten Sie damit?

Ich halte das Verhältnis zwischen Politikern und Journalisten für unverwüstlich, da beide immer aufeinander angewiesen sind. Es geht also nur darum, wie sie dieses Verhältnis gestalten. Wenn die Politiker zunehmend meinen, sie müssten Dinge so inszenieren und auf den Punkt bringen, dass Politik zum Infotainment wird, dann werden die Journalisten den Vorrang haben, die die Politik am besten als Unterhaltung darstellen. Und umgekehrt, wenn die Journalisten meinen, sie müssten alles immer mehr verkürzen und in Allgemeinplätze zusammendrücken, dann werden die Politiker sich dem anpassen und sich nur noch auf die Hauptbotschaft konzentrieren, da alles andere sowieso nicht in die Medien kommt. Deshalb sage ich, die Journalisten haben die Politiker, die sie verdienen, und die Politiker haben die Journalisten, die sie verdienen.

Diese Verkürzung auf knappe Statements trifft ja vor allem auf das Fernsehen zu.

Ja, und dadurch bekommt das Fernsehen auch eine große Macht. Jeder Sender kann ja entscheiden, wen er in eine Sendung reinnimmt und wen nicht, welches Thema er aufgreift und welches nicht. Das ist aber keine Macht einzelner Personen, die zum Beispiel bestimmen, ob dieser oder jener Politiker geschnitten wird. Die Macht des Fernsehens über die Politik liegt eher in den Eigengesetzlichkeiten des Fernsehens. Durch den selbst verordneten Zwang zu immer kürzeren Darstellungen fallen einfach bestimmte Themen durch den Rost, weil sie zu kompliziert sind, um sie in den 30 Sekunden darzustellen, auch wenn sie Millionen von Menschen betreffen.

Wie wichtig ist das Fernsehen für einen Politiker?

Es ist ein absolutes Muss. Wenn ein Politiker etwas an die Wählerschaft bringen will, in die breite Bevölkerung, dann muss er das auch im Fernsehen tun. Es ist nun mal eine allgegenwärtige Transportschiene.

Was tun die Politiker, um ins Fernsehen zu kommen?

Man bemüht sich, dass die Journalisten, die man kennt, die Sachen, die man unterbringen möchte, an die Zentralredaktion weitergeben. Dazu gehört, dass man eine gute Beziehung zu Fernsehjournalisten aufbaut, indem man sie gut informiert. Das macht der Pressesprecher, aber das macht natürlich auch ein guter Politiker. Gute Politiker telefonieren regelmäßig mit den Fernsehjournalisten und geben ihnen ein paar Tipps, um sie bei Laune zu halten.

Gehörte das auch zu Ihrem Job?

Ja. Ich kann mich ja jetzt, nachdem ich so lange schon nicht mehr im Amt bin, schuldig bekennen, dass ich Fernsehjournalisten gelegentlich bevorzugt habe, indem ich ihnen etwa Informationen über Kabinettsentscheidungen schon vorher weitergab, weil ich wusste, dass sie das nicht vorab bringen würden. Aber so konnten sie dann für die Nachrichten nach der Kabinettssitzung schon eine Grafik vorbereiten. Das war ein Service, der ihnen ihre Arbeit erleichterte.

Sie sagten einmal, dass manche Politiker fast bis zur Nötigung gehen, um ins Fernsehen zu kommen.

Das habe ich zwar selbst nicht so erlebt, aber es ist mir berichtet worden. Wenn der Weg über den Hauptstadtkorrespondenten nicht zum Erfolg führt, dann werden die nächsthöheren Stufen bis hinauf zur Intendanz angegangen, mit der Drohung, dass jetzt aber was passieren müsse, sonst gäbe es ja auch noch die Gremien. Ich billige diese Wege nicht, vor allem weil man damit den Kreis der Journalisten verlässt und auf die politische Ebene geht, um das Ding im Fernsehen durchzusetzen. Das ist der falsche Weg, der auf Dauer auch nicht gelingt, da bin ich ganz sicher.

Und Sie konnten auf diese Tricks verzichten?

Wir haben zwar viel telefoniert, damit wir in bestimmten Sendungen unterkamen, aber wir haben immer den Weg eingehalten und das über die Hauptstadtkorrespondenten gemacht, denn mit denen musste ich am nächsten Tag wieder zusammenarbeiten. Und da hätte es mir dann überhaupt nichts genützt, wenn die einen Anpfiff von irgendwoher gekriegt hätten.

Nicht immer drängen sich die Politiker freiwillig den Medien so auf, und die Journalisten müssen dann auf anderen Wegen versuchen, an Informationen zu gelangen. Welche Wege haben Sie selbst erlebt?

Ein Versuchsweg war zum Beispiel der Anruf von Journalisten, die mich gut kannten, ob sie vielleicht von mir die Kabinettsvorlage aus dem X-Ministerium haben könnten. Ich hätte zwar Zugang gehabt zu allen Kabinettsvorlagen, aber so etwas hätte ich nie gemacht. Und umgekehrt, wenn ich gewusst hätte, ein Kollege aus einem anderen Ressort gibt die Dinge, die ich vermarkten muss, unter der Hand an Journalisten, ich glaube, den hätte ich erschlagen und hätte es hinterher nicht mal gebeichtet. Den Journalisten dagegen mache ich keine Vorwürfe. Selbst wenn sie irgendwelche Papiere erjagt haben, die in diesem Stadium die Öffentlichkeit eigentlich noch nicht erreichen durften, habe ich das respektiert.

Warum waren Sie da so großzügig?

Ein guter Journalist muss immer Jäger sein. Er ist ein Gegenüber zur Macht der Politik, und wenn er nur wartet, ob ihm einer Informationen zuwirft und nicht selbst wittert, wann irgendwas im Gange ist, und das nicht vor den Kollegen haben will, dann ist er nicht der Journalist, der mir vorschwebt. Diese Jägermentalität hat überhaupt nichts Anrüchiges, auch wenn sie mir meine Arbeit oft sehr schwer gemacht hat.

Ein anderer Informationsweg für die Journalisten sind die Gespräche in Hintergrundkreisen?
Diese Kreise hatten in Bonn eine sehr wichtige Funktion, weil sie durch eine fast freundschaftliche Verbundenheit der Journalisten unheimlich viel zur Meinungsfindung beigetragen haben. Ich weiß, dass diese Gesprächskreise in Berlin zunächst Störungen ausgesetzt waren, da sie sich zum Teil personell verändert hatten und die Vertrauensbasis noch nicht da war. Aber ich bin ganz sicher, dass die Hintergrundgespräche in Berlin noch bedeutsamer werden als in Bonn, weil die Journalisten das in der Hektik und Unübersichtlichkeit der Berliner Szene auch brauchen, um in diesen Brei von Informationen eine Struktur zu bringen.

Heißt das, dass diese Hintergrundkreise auch stark meinungsbildend sind?
Ja. Das sind ja fast Freundeskreise. Da finden sich Journalisten zusammen, die auf irgendeiner politischen Linie zueinander passen und sich untereinander schätzen. Was da besprochen und ausdiskutiert wurde, das wird dann multipliziert, hat also eine größere Bedeutung, als wenn irgendein einzelner Journalist irgendwann morgens beim Rasieren auf irgendeine Idee gekommen ist. Das verfestigt sich und verbreitert sich in einen Meinungsbildungsprozess unter den Journalisten. Ich finde das ganz wichtig. Aber das findet ja nicht nur in solchen Kreisen statt, sondern schon beim Rausgehen aus einer Pressekonferenz. Manchmal wundert man sich ja, warum die Nachrichten und die Kommentare in vielen Dingen relativ stark übereinstimmen. Das liegt auch am Meinungsaustausch zwischen den Korrespondenten.

Was passiert denn da beim Rausgehen?
Der eine sagt: »Starke Nummer, habe ich dem Minister gar nicht zugetraut, dass er so forsch rangeht.« Der andere fragt: »Womit machst du auf? Was ist für dich die Topmeldung?« Bis die in ihren Büros sind, haben sie untereinander schon ein Dutzend Mal die Dinge abgestimmt und abgeklärt, weil ja kein Journalist gerne völlig quer liegt. Das Ergebnis ist dann zwar nicht sehr originell, aber so originell müssen sie ja gar nicht sein, denn auch der Verleger oder der Chefredakteur wollen natürlich, dass ihr Blatt oder ihr Sender nicht völlig neben der Linie liegt.

Könnte man also sagen, es gibt ein gewisses Herdenverhalten in den Medien?
Ja, dazu gehört zum Beispiel auch, dass das Fernsehen immer meint, nachhaken zu müssen, wenn morgens etwas in einer großen Boulevardzeitung steht, selbst wenn es falsch ist. Da konnte ich noch so oft sagen: »Das stimmt nicht, das ist Quatsch«, und da konnten mir die Hauptstadtkorrespondenten das noch so sehr glauben, in den Chefredaktionen hieß es dann immer: »Nein, wir können das nicht einfach übergehen. Was Millionen Leute morgens in der *Bild* gelesen haben, wollen sie abends auch im Fernsehen sehen.« Diese Logik habe ich nie verstanden. Denn wenn die Sache nicht stimmt, muss man sie abends nicht noch mal zum Thema machen.

Gehört in diesen Zusammenhang des Herdenverhaltens auch das, was Sie einmal mit Hosenlatzjournalismus bezeichnet haben?
Ja, man könnte es auch Trendjournalismus nennen. Da schreibt sich irgendetwas fest, etwa dass ein Politiker ganz schlecht ist oder ganz gut, und dann traut sich hinterher keiner mehr, zu hinterfragen, ob dieser Trend denn eigentlich stimmt. Das ist auch für die Betroffenen, die hoch gelobt werden, nicht gut, denn gerade die, die im Zenit der Politik schweben, brauchen die kritische Begleitung der Journalisten. Hans Eichel, der Finanzminister, ist heute in dieser Lage. Früher waren es Herr Stoltenberg oder Frau Süssmuth, über die es immer nur gute Nachrichten gab. Doch wenn einfach nichts kritisiert werden darf, sammelt sich bei den Journalisten, die sehr wohl etwas Kritisches anmerken möchten, was die Chefredaktion in diesem Stadium aber nicht zulässt, ein Stau an. Und wenn dann irgendwas passiert, was das positive Bild des Politikers ins Wanken bringt, kommt der Hosenlatzjournalismus ins Spiel: Dann wird der Latz aufgemacht, und es kommt zu eruptiven Entladungen, die aber weder dem Journalismus noch der Politik dienen.

Sie sagten, die Chefredaktion lässt kritische Berichte nicht zu. Hat das auch etwas mit ihrer Nähe zu bestimmten Politikern zu tun?
Das kann sein, ja. Ein guter Politiker telefoniert ja auch mit Chefredakteuren, und es gibt Kreise von Chefredakteuren, zu denen dann die Politiker eingeladen werden und wo man einen Abend lang mal sehr nahe zusammen ist und offen miteinander spricht. Das kann dann schon Einfluss haben. Denn unter den Chefredakteuren gibt es ja viel mehr eitle Menschen als unter den Korrespondenten, und hinterher sagt sich dann der eine oder andere Chefredakteur vielleicht: »Mit dem Politiker war ich persönlich zusammen, über den berichten wir so nicht.«

Wieweit haben Sie die Erfahrung gemacht, dass auch vom Konzern, dem die Zeitung oder der Sender gehört, ein direkter Einfluss auf die Journalisten ausgeübt wird?
Das ist sehr schwer zu beurteilen. Es gibt natürlich Zeitungen, die, wie etwa die *F.A.Z.* in der Wirtschaftspolitik, eine sehr klare Linie haben. Davon wird die gesamte Redaktion nicht abweichen. Aber dafür, dass Verleger sagen, dies oder das kommt nicht in die Zeitung, wüsste ich keinen Fall zu nennen. Ich habe eher den Eindruck, dass die Verleger die Medien heute so betreiben, wie man eine Industrieproduktion betreibt. Das Produkt und das Anzeigengeschäft müssen laufen, der Ertrag muss stimmen, und alles andere wird dem untergeordnet. Ein verlegerisches Ethos geht immer mehr verloren. Das sind heute oft Financiers, die vielleicht irgendeine Hotelkette betreiben und nebenbei noch einen Fernsehsender. Für den politischen Journalismus ist das eine sehr dünne Decke. Denn am Ende heißt es: »Wir bringen das, was die Leute wollen, damit sie das Blatt kaufen und die Anzeigen laufen.«

Nachdem die Zeit ein Dossier über den Springer Verlag gebracht hatte, entschuldigte sich der Verleger,

Herr Holtzbrinck, handschriftlich bei Herrn Döpfner vom Springer-Konzern. Ist er damit nicht der Redaktion in den Rücken gefallen?
Das hätte ich Herrn Holtzbrinck gar nicht zugetraut, aber es ist doch nur fair, sich zu entschuldigen, wenn ein Medienkonzern den anderen aufs Korn nimmt und dabei übers Ziel hinausschießt. Normalerweise haben die Medien, gerade die Zeitungen und Zeitschriften, untereinander ein eher unfreundliches Verhältnis. Sie beobachten sich gegenseitig mit Argusaugen, ob nicht irgendein anderes Haus zu viel Macht kriegt oder bessere Prioritäten setzt. Ich glaube aber, dass unsere verlegerische Landschaft durchaus in Ordnung ist. Sie ist ausreichend gegliedert, auch wenn sich wie bei Springer eine gewisse Macht zusammenballt. Aber die Medien bei Springer sind untereinander überhaupt nicht stromlinienförmig. Und es kann auch keiner sagen, dass die *Bild* für oder gegen die Regierung ist. Sie wird jede Meldung bringen, wenn sie nur glaubt, die Leute damit an den Kiosk zu locken. Insofern halte ich solche Scharmützel zwischen Verlagen eher für amüsant.

Kommen wir noch mal auf Ihre Tätigkeit als Sprecher zurück. Wie wichtig war es für Sie, auch mal über Bande zu spielen und die Medien dementsprechend einzusetzen?
Ich selbst bin eigentlich kein guter Bandenspieler gewesen. Aber es gibt Situationen, zum Beispiel, wenn Parteitag ist und ein Politiker dort wieder zum stellvertretenden Vorsitzenden gewählt werden will, da gibt man dann zum richtigen Zeitpunkt im Vorfeld ein Interview. Dann können die Parteitagsdelegierten auf der Hinfahrt noch mal lesen, was für gute Argumente er doch hat. Das ist aber eigentlich noch kein richtiges Spiel über die Bande. Davon würde ich eher bei der Wirtschaft sprechen.

Wie spielt die Wirtschaft über Bande?
Es ist wenig bekannt und wird wenig thematisiert, wie sehr die Wirtschaft über die Medien in das politische Geschehen eingreift. Wenn man von Mächten in unserer Gesellschaft spricht, denken die meisten an die Politik und dann auch an die Medien. Aber auch die Wirtschaft mit all ihren Instituten und Institutionen hat eine sehr große Macht, mit Hilfe von Journalisten Dinge über die Bande zu spielen, damit sie dann in der Politik ankommen und die Fraktion verrückt und unsicher machen. Dieses Spiel beherrscht unsere Wirtschaft ganz hervorragend. Ich kann das nicht kritisieren, ich kritisiere nur, dass das relativ wenig durchschaut und offen gelegt wird. Die Querschläger aus der Wirtschaft und von den Wirtschaftsverbänden haben uns bei vielen politischen, gerade sozialpolitischen Entscheidungen oft mehr Ärger bereitet als das, was in den Fraktionen diskutiert wurde.

Das heißt, die Lobbyisten haben eine exzellente Arbeit geleistet?
Ja, die Wirtschaft hat sehr gute Apparate mit einer sehr guten personellen, finanziellen und sachlichen Ausstattung. Da wird, das muss ich mit Neid anerkennen, zum Teil hervorragend gearbeitet. Übrigens nicht nur bei der Wirtschaft, auch bei den Wohlfahrtsverbänden, den Sozialversicherungsträgern und ebenso in der Wissenschaft, wenn zum Beispiel Institute Aufträge brauchen und dazu eine bestimmte politische Begleitung nutzen. Es gibt ein sehr großes Geflecht von Einflüssen und Mächten, das aber kaum durchschaut werden kann. Und die Journalisten haben bestimmten Mächten gegenüber eine viel unkritischere Haltung als gegenüber der Politik, zum Beispiel gegenüber den Wohlfahrtsverbänden. Politiker können eine sozialpolitische Frage gegen die Wohlfahrtsverbände praktisch kaum durchsetzen. Die haben so viele Möglichkeiten mit ihrem handelnden Personal, auf allen Ebenen dagegen Stimmung zu machen, dass man das am Ende politisch gar nicht durchhält.

Was müsste die Presse anders machen?
Sie müsste die Interessen besser aufdecken. Wenn in einer konkreten Frage wie der Pflegeversicherung die Krankenkassen mit den Pflegeeinrichtungen im Clinch liegen, dann ist das ein ganz normaler Konflikt. Die Krankenkassen wollen für das Geld ihrer Versicherten möglichst viel Leistung einkaufen. Und die Pflegeeinrichtungsträger wollen natürlich möglichst viel Geld für ihre Leistung bekommen. Dieser normale Konflikt wird in den Medien aber nicht bloßgelegt, weil die Wohlfahrtsverbände natürlich nicht ihre wirtschaftlichen Interessen in den Vordergrund rücken, sondern immer den armen Pflegebedürftigen. Und da schreibt dann keiner gerne dagegen an, weil das ja gute Menschen sind, die sich um Hilfsbedürftige sorgen.

Woran liegt es, dass die Journalisten dafür keinen Blick haben?
Vielleicht, weil sie zu geschult darin sind, den Blick auf die Politik zu richten und dort die Übel zu sehen. Und zum anderen, weil auch die journalistischen Zuständigkeiten hier meist auseinander fallen. Den Sozialbereich vor Ort betreuen andere als die, die die politischen Entscheidungen begleiten. So kommen zwei Wahrnehmungsebenen zustande, die nicht überbrückt werden.

Auch die PR-Agenturen haben, wie mir einige Journalisten erzählten, einen immer größeren Einfluss auf die Medien, da in der Hektik und Schnelligkeit des Redaktionsalltags PR-Texte oft unkritisch übernommen oder nur geringfügig verändert werden.
Ja, das kann gar nicht anders sein bei dem ungeheuren Geld, das da investiert wird, als dass das nicht auch Einfluss auf den Journalismus hätte. Je mehr Redaktionen personell ausgedünnt werden, desto mehr wächst diese Gefahr, dass die Journalisten Dinge, die aus der Sicht der Auftraggeber geschrieben wurden, übernehmen. In dem Maße, wie Redaktionen zusammengedrückt werden und immer weniger Journalisten die Möglichkeit haben, hochkomplexe Dinge kritisch zu verfolgen, haben die PR-Agenturen und damit die Wirtschaftsverbände oder andere gesellschaftliche Machtgruppen die Möglichkeit, ihre Sicht der Dinge zu transportieren. Das ist eine Entwicklung, die ich für ausgesprochen bedenklich halte und die mir persönlich große Sorge macht.

Giovanni di Lorenzo

Jg. 1959, moderierte *Live aus dem Alabama* im *Bayerischen Fernsehen* (1984–87). Ab 1987 arbeitete er bei der *Süddeutschen Zeitung* und wechselte 1998 als Chefredakteur zum *Tagesspiegel*. Seit 1989 moderiert er bei *Radio Bremen* die TV-Talkshow *3nach9*.

Herr di Lorenzo, Sie sind nun seit fast zwei Jahren Chefredakteur des* Tagesspiegel*. Was ist für Sie das Besondere an Berlin?

Man kann so einen Pioniergeist spüren. Viele Dinge werden erst aufgebaut. Das verleiht dem Ganzen einen provisorischen Charakter, der einen großen Reiz hat. Ich habe sehr lange im Hotel gelebt und beim Frühstück öfter Politiker getroffen, die ich schon seit Jahren kannte. Die wirkten zum Teil wie verwandelt, ganz euphorisiert. Und manche haben dann auch todesmutig die Achse zwischen dem Reichstag und dem »Borchardt« verlassen und entdeckt, wie aufregend das Leben in so einer ungekünstelten Großstadt ist.

Hat sich das Verhältnis von Journalisten und Politikern verändert, seit Berlin Regierungssitz ist?

Die Politiker beklagen die Verrohung der Sitten. Und ich gebe zu, dass wir auch beim *Tagesspiegel* die eine oder andere Geschichte lieber nicht in dieser Eile hätten drucken sollen, da sie unter dem Zeit- und Konkurrenzdruck einfach noch nicht richtig recherchiert war. Ich sehe aber auch positive Veränderungen. Die Exklusivität der Hintergrundzirkel ist futsch. Es gibt nicht mehr diese handverlesenen Journalisten mit exklusivem Zugang zu Spitzenpolitikern wie noch in Bonn. Dadurch ist ein Stück Intimität verloren gegangen, dafür aber ein Stück Transparenz dazugekommen.

Was ist noch anders hier in Berlin?

Das Berufsbild des Chefredakteurs hat sich verändert. Es gleicht heute mehr dem Status von Fußballtrainern. Wenn die Zahlen nicht stimmen, dann ist der Chefredakteur ganz schnell weg. Und die Zahlen stimmen oft nicht in Berlin, wo es im Moment den härtesten Konkurrenzkampf auf der ganzen Welt gibt zwischen den zehn Zeitungen, die hier produziert werden. Früher war der Chefredakteur eine Institution. Er blieb zehn, zwanzig Jahre, prägte ein bisschen das politische Klima, aber auch die Schreibe seiner Redakteure. Dafür ist heute gar nicht mehr die Zeit da.

Leidet die Qualität der Zeitungen unter dem großen Konkurrenzdruck?

Im Gegenteil, sie werden durch die Konkurrenz immer besser. Wir erleben hier eine Blüte der Qualitätszeitungen, und trotzdem sinken die Auflagen.

Was tun Sie dagegen?

Wir haben es im Moment ein bisschen besser als unsere Konkurrenten. Wir sind in Berlin die Einzigen, die in diesem Jahr nicht verloren, sondern sogar zugenommen haben. Wir versuchen natürlich, die Leser im Auge zu behalten, die wir auch haben, und nicht, das ist eine große Gefahr in Berlin, eine Zeitung zu machen für eine virtuelle Leserschaft, die sich der Journalist wünscht.

Woher wissen Sie denn, was Ihre Leser wissen wollen?

Da ist natürlich immer ein ganzes Stück Anmaßung und Realitätsferne dabei. Wir sind Teil der politischen Klasse. Wir leben also auch ein Stück weit in einem Wahnsystem. Aber es gibt ja viele Rückkopplungen zu den Lesern. Das ist manchmal sehr schmerzhaft für Redakteure, aber sehr heilsam.

Haben Sie sich persönlich verändert, seit Sie Chefredakteur in Berlin sind?

Natürlich. Eine der Lieblingsbeschäftigungen der Berliner Medien ist, sich gegenseitig zu beobachten. Insofern ver-

stehe ich jetzt auch die Politiker besser. Man fängt an, sich wie ein Politiker zu verhalten, und überlegt, mit wem man sich zeigt, wo man hingeht, wo man lieber nicht hingeht.

Manchmal habe ich den Eindruck, dass Journalisten genauso diplomatisch antworten wie Politiker.
Ja, natürlich. Am Anfang redet man noch frei von der Leber weg und merkt dann, wie schnell so ein Wort gesagt ist und welche unangenehmen Nebenwirkungen es hat und wie schwer es wieder aus der Welt zu schaffen ist. Dann fängt man an, sich vorzusehen.

Sehen Sie sich nun auch vor?
Man ist in Interviews ein Stück vorsichtiger geworden. Und in allem überlegt man, nicht sofort dem ersten Impuls nachzugeben, wenn man sich zum Beispiel über jemanden furchtbar geärgert hat. Das hat man ein Jahr lang gemacht und weiß deshalb, dass der erste Impuls, zum Beispiel einen bösen Brief zu schreiben, meistens eine überzogene Reaktion ist. Das ist also auch ein Stück Selbstkorrektur. Man lernt ganz viel Technik, wird mit der Zeit ein Stück professioneller.

Als Sie nach Berlin gekommen sind, da kamen Sie mir, ein bisschen flott gesagt, wie ein bunter Vogel vor …
Jetzt bin ich ein ganz grauer geworden.

… vielleicht auch ein bisschen eitel. Ist das alles verschwunden?
Nein. Am Anfang war das sehr überlegt und, nachdem der Werbeetat klein war, der Versuch, durch eine gewisse Personalisierung Aufmerksamkeit zu erringen. Das ist für den *Tagesspiegel* gelungen. Aber es hat auch sehr negative persönliche Auswirkungen, zum Beispiel, dass man ständig dem Verdacht der Eitelkeit ausgesetzt ist. Allein deshalb lasse ich jetzt viele Dinge bleiben, wenn sie nicht unbedingt nötig sind.

Wie halten Sie den ganzen Stress in Ihrem Job aus?
Es besteht die Gefahr, dass man auch ein bisschen anfängt wie ein Politiker zu leben. Zwei Rotweingläser am Abend, die merkt man am nächsten Morgen. Deshalb bekam ich, als ich nach Berlin kam, ein paar gute Ratschläge von erfahrenen Chefredakteuren und dem einen oder anderen jungen Politiker. Der eine heißt: Bewegung, und der andere: No drinks! Das ist zwar beides ziemlich freudlos, aber es stimmt. Ich halte mich dran.

Sie sitzen also nicht am Abend mit Politikern in der Kneipe?
Ich vermeide solche Lokalbesuche schon deswegen, weil das ja die Fortsetzung der Arbeit mit anderen Mitteln wäre.

Sie sind als Blattmacher ein wichtiger Mann für die Politiker. Bekommen Sie da nicht manchmal ein paar extra Streicheleinheiten?
Ich habe es hier in Berlin noch nicht erlebt, dass irgendjemand versucht hätte, mich auf seine Seite zu ziehen –

jedenfalls nicht so explizit, wie man es von Erzählungen älterer Kollegen kennt und wie es offenbar noch im öffentlich-rechtlichen Rundfunk funktioniert.

Warum sind die Politiker heute so zurückhaltend?
Ich vermute, es fehlt ihnen inzwischen einfach die Zeit, und sie halten es auch nicht für sehr aussichtsreich, jemanden gezielt zu pflegen. Es gibt aber nach wie vor Politiker, die persönlich anrufen, wenn ihnen ein Artikel missfallen hat. Es ist auch schon vorgekommen, dass sie so gebrüllt haben, dass ich am Handy gar nicht verstanden habe, wer da dran ist, und zunächst dachte, es wäre die *Titanic*, die sich einen Scherz leistet.

Spüren Sie als Journalist auch manchmal Verachtung vonseiten der Politiker?
Einem wirklich herausragenden Politiker, von denen es ja nicht so wahnsinnig viele gibt, merkt man durchaus eine gewisse Verachtung für Journalisten an. Am stärksten ist das bei Oskar Lafontaine der Fall. Da steht die Verachtung so sehr im Vordergrund, dass sogar die Zuschauer, die ihn im Fernsehen erleben, das Gefühl haben, verachtet zu werden. Das ist eine Folge davon, dass Spitzenpolitiker zu oft erlebt haben, wie Dinge falsch dargestellt wurden. Ich weiß noch genau, wie Gerhard Schröder, der ja zu Beginn seiner Amtszeit eine verheerende Presse hatte, das im kleinen Kreis beklagt hat. Er sagte, ich habe doch eigentlich nur das fortgeführt, was ich immer hatte, eine besondere Offenheit, eine gewisse Transparenz, und genau das wird mir jetzt zum Vorwurf gemacht. Auch er hat sich inzwischen verändert.

Die Politiker sind also etwas vorsichtiger geworden im Umgang mit der Presse?
Ja. Was ich zum Beispiel ganz furchtbar finde: Da geht ein Journalist gut vorbereitet in ein Interview, und es gelingt ihm mit großer Mühe und Konzentration, dem Politiker zwei, drei Dinge zu entlocken. Und dann bekommt der Politiker das Interview zum Gegenlesen und schreibt es manchmal komplett um. Das ist eine sehr frustrierende Erfahrung und auch ein verfälschendes Ergebnis. Ich wünschte mir, dass die Zeitungen bei aller Konkurrenz es in einer gemeinsamen Anstrengung schaffen würden, solche Interviews dann eben nicht zu drucken.

Haben Sie so ein Interview denn jemals zurückgewiesen?
Ich habe in solchen Fällen gesagt: Wenn Sie auf diese Streichung bestehen, drucken wir das Interview nicht. Dann wurde doch wieder was zugelassen.

Der Berater eines Ministeriums meinte, man könne Journalisten erziehen, indem man sie eine Zeit lang von Insider-Informationen ausschließt. Würden Sie dem zustimmen?
Ja, denn der Kampf um den kleinen Informationsvorsprung ist besonders stark hier in Berlin. Und dafür sind natürlich gute Beziehungen zu einzelnen Politikern wichtig, weil man dann schneller an ein Papier oder eine Information aus dem Kabinett rankommt.

Würden Sie der These eines Kollegen zustimmen, dass dieses Spiel mit den kleinen exklusiven Nachrichten die vornehmste Art der Bestechung sei?
Diese These hat was Bestechendes, ja. Auch beim *Tagesspiegel* werden wir häufig gezielt gefüttert. Das sind natürlich für die Zeitung immer gute Momente, weil man dann noch am selben Abend und am Tag danach zitiert wird. Das ist immer auch Werbung für die Zeitung. Insofern gibt es wenig Abwehr, wenn solche Versuche unternommen wurden. Aber in der Summe, glaube ich, dass wir heute gar nicht mehr einen bestimmten Politiker besonders bevorzugen könnten, selbst wenn wir es wollten. Und das spüren die Politiker auch.

Was ist für Sie das Faszinierende an der Beziehung zwischen Journalisten und Politikern?
Die Macht. Sie ist faszinierend an sich, beängstigend auch, und ich glaube, dass viele, gerade gute Journalisten, auch einen ausgesprochenen Machtinstinkt und Machtwillen haben und dass da eine gegenseitige Anziehung da ist. Ich glaube, dass sich der Typus Politiker und der Typus Journalist in ihrer psychologischen Struktur manchmal sehr ähnlich sind. Deshalb verstehen die einander auch so gut und brauchen sich gegenseitig als Gesprächspartner.

Warum gibt es bei den Tageszeitungen kaum Frauen auf der Topebene?
Das ist ganz schwer zu begreifen. Von allen Medien sind wir im Printjournalismus die Rückständigsten. Wir haben vor drei, vier Jahren mal ein Podium dazu gemacht, warum es so wenig Frauen in Spitzenpositionen gibt. Da saßen so erfahrene Blattmacher und gestandene Männer wie Hans Werner Kilz und Werner Funk, und die meinten so ein bisschen flapsig: Na ja, Frauen weinen immer so schnell, wenn es hart auf hart kommt. Aber vielleicht wollen sich Frauen gewisse Dinge einfach nicht antun, jedenfalls nicht mit der Selbstverständlichkeit, mit der Männer das tun: den Machtkampf, bis man in eine gewisse Position kommt, und dann die Machtsicherung und die physische Präsenz, mit der man mit dem eigenen Hintern auf dem Stuhl kleben muss.

Könnten Sie sich auf Ihrem Stuhl auch eine Frau vorstellen?
Ja, natürlich.

Welche Eigenschaften müsste sie mitbringen?
Alle Eigenschaften, die auch ein guter männlicher Journalist hat. Sie muss gut schreiben und gut denken können, braucht sehr gute kommunikative Fähigkeiten, emotionale Intelligenz und durchaus ein Gefühl für Macht. Und viel Geduld mit Kollegen, denn Journalisten, gerade die guten, sind schwierige Menschen.

Sind Sie ein geduldiger Mensch?
Ja, ich habe Geduld gelernt. Meine absolute Hassantwort in Fragebögen: Wenn nach den persönlichen Fehlern gefragt wird, sagen die meisten: Ungeduld. Ich finde, das ist die billigste Antwort der Welt.

Hartmann von der Tann

JG. 1943, ARBEITETE SEIT 1974 ALS REDAKTEUR UND REPORTER FÜR HÖRFUNK UND FERNSEHEN *(SÜDWESTFUNK)*. AB 1983 WAR ER *ARD*-KORRESPONDENT IN MEXIKO, AB 1987 LEITER DER HAUPTABTEILUNG SPORT UND AB 1990 *ARD*-SPORTKOORDINATOR. SEIT 1993 IST ER *ARD*-CHEFREDAKTEUR UND KOORDINATOR FÜR POLITIK, GESELLSCHAFT UND KULTUR.

Herr von der Tann, Sie sind Chefredakteur und Koordinator der* ARD*. Sind Sie ein starkes Alpha-Tier?
Ich versuche, es zu sein. Meine Rolle ist, aus dem, was zehn Anstalten einbringen, ein Programm zu machen. Dabei will ich natürlich Einfluss ausüben. Da ich aber keine Macht habe, bleibt mir nur, die Menschen zu überzeugen und Mehrheiten zusammenzubringen. Insofern werden meinem Alpha-Instinkt enge Grenzen gesetzt.

Lassen sich die Chefredakteure der anderen Sendeanstalten leicht überzeugen?
Manche mehr, manche weniger. Manchmal haben die Chefredakteure auch eigene Interessen, zum Beispiel wollen sie ein bestimmtes Projekt durchsetzen oder selbst auf den Schirm oder sich vielleicht sogar zum Überbringer einer politischen Botschaft machen. Der Pluralismus in der *ARD* hat ein paar Nachteile, aber auch einen ganz entscheidenden Vorteil: Da die *ARD* nicht zu regieren ist, ist sie auch nicht zu zensieren. Das heißt, was publiziert werden muss, wird immer publiziert. Und wenn eine Landesrundfunkanstalt an einem bestimmten Thema kein Interesse hat, dann ganz sicher eine andere.

Alle Sendeanstalten müssen ihre Themen vorher bei Ihnen anmelden oder fragen, ob das Thema genehm sei. Stimmt es, dass Sie das Thema eines Kollegen öfter mal schon im Vorfeld ablehnen?
Ich finde das unglaublich solidarisch, wenn ich zu dem Kollegen vorher sage, ich würde mit diesem Thema so nicht in die Konferenz gehen, weil es vielleicht abgelehnt wird. Das beinhaltet natürlich auch, dass ich mich selbst darum bemühen werde, es abzulehnen. Aber wir sind eine demokratische Institution, und wenn der Kollege trotzdem darauf besteht, wird er selbstverständlich damit in die Konferenz gehen.

Sie haben den Ruf, sehr dominant zu sein, und es heißt, dass sich kaum ein Chefredakteur Ihnen zu widersprechen traut.
Schön wär's! Natürlich widersprechen sie mir. Sollte ich mir im Laufe der Jahre allerdings einen gewissen Respekt erworben haben, dann würde ich das nicht ungern sehen.

Warum ist es so schwierig für Sie, Ihre Dominanz zuzugeben? Weil das eventuell einen Druck von der Gruppe hervorbringen würde?
Wenn ich zugäbe, dass ich dominant bin, hätte ich dadurch sicherlich keinen Schaden. Wenn ich allerdings jetzt den dicken Max spielen und sagen würde, die ganze *ARD* tanzt nach meiner Pfeife, dann würde das sehr schnell zu Ende sein. Es macht also keinen Sinn, meine Rolle wichtiger zu machen, als sie ist.

Sind Sie ein Feindbild für manche Kollegen innerhalb der* ARD*?
Aber ganz sicher. Ich weiß auch, für wen, und ich kann's ihnen auch nicht übel nehmen. Dieses ganze System ist auf Interessenausgleich aufgebaut, Interessenausgleich zwischen verschiedenen Programmteilen, zwischen verschiedenen Sendern, zwischen Menschen verschiedener

Tränenpalast, Berlin

Untersuchungsausschuss Kohl

Weltanschauungen. Ganz klar gibt es, wenn einer so lange wie ich in dieser Position sitzt, eine Opposition, die, sicherlich auch mit einem gewissen Recht, fordert, dass mal wieder alles anders gemacht wird. Das wird bei meinem Nachfolger dann auch so sein.

Nehmen Sie manchmal Einfluss auf Ihre Mitarbeiter, auf die Art ihrer Berichterstattung?
Als Koordinator habe ich ja kaum Menschen, die mir direkt verantwortlich sind. Dennoch gibt es natürlich Fälle, wo ich nach einer Sendung jemanden anrufe und sage, nach meiner unmaßgeblichen Meinung ging hier das und das schief. Das passiert relativ häufig. Aber ich kann nicht sanktionieren. Die größte Sanktion, die ich herbeiführen kann, wenn etwas wirklich ganz furchtbar schief ging, ist, dass ich das bei den Chefredakteuren in der Konferenz anspreche und dass es dann einen herben Beschluss in der Richtung gibt.

Was sind denn das für Fälle, in denen Sie zum Telefonhörer greifen?
Die Leute haben natürlich das Recht, ihre Meinung zu äußern, auch wenn mir die Meinung nicht gefällt. Wenn sie aber irgendwelche journalistischen Grundprinzipien missachten, Kommentar und Bericht mischen, einseitig sind oder unbewiesene Behauptungen aufstellen, dann muss man das anmerken. Aber das führt nicht unbedingt dazu, dass es beim nächsten Mal anders ist. Das eine habe ich im Laufe der vielen Jahre gelernt: Meine Meinung ist eine unter anderen, und auch ich kann mal Fehler machen. Es gibt durchaus Fälle, wo ich zu Unrecht Kritik geübt habe.

Werden Sie auch mal laut oder knirschen mit den Zähnen, wenn Ihnen eine Sendung nicht gefallen hat?
Laut werde ich nicht, und mit den Zähnen knirsche ich nur nachts.

Denken Sie, dass Sie durch Ihre Position politischen Einfluss haben?
Ich glaube nicht. Ich habe innerhalb der *ARD* ein bisschen Einfluss. Aber die *ARD* ist ja nur eine einzelne Orgelpfeife in der großen Orgel der Publizistik. Ich glaube, da verliert sich mein persönlicher Einfluss ziemlich.

Versuchen Politiker, direkt oder indirekt auf die Rundfunkanstalten Einfluss zu nehmen?
Das gibt es natürlich. Eine indirekte, sehr subtile Form ist es, wenn Politiker über Rundfunkräte oder über andere Wege versuchen, auf die Personalpolitik von Häusern Einfluss zu nehmen, also, sehr böse gesagt, versuchen, politische Agenten einzuschleusen. Das gibt es in einigen Häusern mehr, in anderen weniger. Der direkte Versuch der Einflussnahme ist, wenn das Telefon klingelt und der Herr Pumpelfurz sagt, er möchte gerne diese Sendung haben oder jene verhindern. Solchen Leuten können Sie dann mit eisiger Höflichkeit aber sehr schnell klarmachen, dass diese Anrufe völlig sinnlos sind, dann lassen die das in Zukunft. Ihre Karriere wird dadurch allerdings auch nicht unbedingt gefördert. Darüber muss man sich im Klaren sein.

Inwieweit hat es Ihre Karriere gebremst, dass Sie für direkte Einflussnahme nicht empfänglich waren?
Also, ich kann nur sagen, ich halte es immer für ein Wunder, dass ich da bin, wo ich bin. Alle Menschen in diesem System werden angestrichen, wie wir das nennen, werden also einer bestimmten Farbe zugeordnet. Ich bin ein Wertkonservativer, habe mich aber nie in meinem Leben mit einer Partei eingelassen. Und insofern war ich außerordentlich verwundert, dass es überhaupt so weit gereicht hat, weil es doch um mich herum eine ganze Menge von Kollegen gibt, die sich sehr eindeutig Parteien zuordnen lassen. Das wird heute aber weniger, früher war das viel schlimmer.

Finden Sie es legitim, dass die Politiker Einfluss nehmen wollen?
Ja, natürlich. Das ist ihr Job, dass sie Einfluss nehmen. Illegitim finde ich nur, wenn sie damit Erfolg haben. Und wenn ich halt einer bestimmten Partei verpflichtet bin, weil sie mich in eine bestimmte Position gehievt hat, dann wird es ein bisschen schwierig, nein zu sagen. Aber, um eines klarzustellen: Nicht alle Journalisten, die einer Partei angehören, zählen zwangsläufig zu diesen Parteiprotegés. Und umgekehrt gibt es andere, die zwar keiner Partei angehören, aber irgendwie protegiert werden und sich dementsprechend verhalten.

Wie oft nehmen Sie an Hintergrundkreisen mit Politikern teil?
Eher selten, weil diese Gespräche ja meistens in Berlin stattfinden.

Stimmt es, dass manche Sprecher der Ministerien bei diesen Gesprächen auch bestimmte Vorhaben bei den Medien antesten?
Ja, diese so genannten Minenhunde gibt es. Wenn die wissen, dass nach solchen Gesprächen nichts publiziert wird, sind sie deutlich provokativer. Und wenn das, was sie antesten, dann auf ein entsprechendes Echo stößt, heißt es gleich, das sei nur ein Versprecher oder ein kleines Versehen gewesen.

Nutzen die Politiker da nicht gezielt die Eitelkeit der Journalisten aus, wenn sie diese zum exklusiven Hintergrundgespräch einladen?
Wer zum Fernsehen geht und seinen Kopf gerne in diese Mattscheibe steckt, der ist natürlich qua Definition eitel. Und es gibt sicherlich den Versuch der Korruption durch die Befriedigung der Eitelkeit. Das heißt, jemand wird von einem Politiker herausgehoben, indem er zu einem besonderen Zirkel eingeladen wird oder ihn duzen darf oder mit in den Urlaub genommen wird oder ganz allein mit dem Politiker mal auf ein Glas Wein gehen darf. Da muss man sich natürlich im Klaren sein, dass das letztlich zu Verpflichtungen führt.

Die Eitelkeit macht also verführbar?
Eitelkeit macht verführbar, klar. Die Politiker nutzen das sehr sorgsam und sehr bewusst aus und verteilen ihre kleinen Bonbons, um Sie unterschwellig für sich einzunehmen. Das läuft manchmal sehr subtil ab. Sie gehen zum Beispiel als Berichterstatter auf einen Parteiabend, und sofort kommt jemand auf Sie zu und sagt: »Wir haben für Sie einen Platz am Vorstandstisch vorgesehen.« Daran ist nichts Schlimmes, aber es schmeichelt der Eitelkeit und könnte, wenn man nicht sehr aufpasst, dazu führen, dass man durch die scheinbare Nähe vielleicht ein bisschen an Distanz verliert.

Verlieren Journalisten nicht schon dadurch die Distanz, dass sie über Jahre hinweg im politischen Geschäft sind?
Das muss, glaube ich, nicht so sein. Denken Sie an Hajo Friedrichs, von dem man wusste, was er dachte, der aber keine Nähe zu einer bestimmten Politik hatte und der im entscheidenden Augenblick auch gegen seine eigene grundsätzliche Auffassung kommentieren konnte.

Würden Sie auch gegen Ihre eigene Auffassung kommentieren?
Nicht gegen meine Auffassung, aber gegen meine Grundlinie. Das habe ich auch schon getan. Ich bin ein eher konservativer Mensch, aber in der CDU-Parteispendensache habe ich mich mehrfach sehr deutlich geäußert. Das kann man tun, aber es macht einen nicht beliebter.

Hatten Sie jemals Nachteile, weil Sie sich unbeliebt gemacht haben?
Wissen Sie, da darf man nicht zu wehleidig sein, wenn mal von irgendwoher ein kleines bisschen Druck kommt. Es ist das gute Recht der Politiker, es zu versuchen, aber es ist unsere verdammte Pflicht, dem zu widerstehen.

Manchmal habe ich aber doch den Eindruck, dass Politiker Erfolg mit ihren Versuchen haben, die Medien zu beeinflussen. Nämlich dann, wenn Zeitungen oder Sender bestimmte Trends aufgreifen und verstärken.
Ich glaube nicht, dass wir Trends verstärken. Damit hätte ich auch ein Problem, weil das ja hieße, dass ich mit meinem Journalismus aktiv eingreifen und partout etwas verändern will. Eher haben wir im Journalismus heute ein Herdenproblem. Das heißt, einer macht ein Thema auf, ein anderer liest es, hört es, sieht es, greift es auf, und dann ergibt sich so etwas wie eine Lawine. Und plötzlich – für mich völlig unverständlich – wendet sich, wenn man nicht sehr aufpasst, die ganze Herde wieder von diesem Thema ab, ohne dass es auch nur im Geringsten gelöst wäre, und einem neuen Thema zu.

Es gibt also ein Gruppenverhalten im Journalismus?
Ja, da bin ich mir ganz sicher. Ich gebe Ihnen ein Beispiel, von dem ich sehr betroffen bin. Ich war Korrespondent in Mittelamerika während der großen Zeit der Auseinandersetzung um Nicaragua. Da habe ich mir die Finger wund gearbeitet. Ich war wirklich jede Woche zweimal auf dem Sender. Und heute sehen Sie aus ganz Lateinamerika nichts mehr, obwohl das Grundproblem, wenn sie nach Nicaragua schauen, noch immer das gleiche ist: Armut, mangelnde medizinische Versorgung, Hunger, Elend. Nichts ist passiert, aber es guckt keiner mehr hin.

Ein Redakteur, der klein von Wuchs ist, sagte mir, dass die kleinen Leute immer etwas mehr leisten müssen, um Anerkennung zu bekommen. Hatten Sie es mit 1,94 Metern Körpergröße folglich etwas leichter?
Es hat mir zunächst mal außerordentlich geschadet, denn bevor ich Journalist wurde, war ich Springreiter und wollte unbedingt Weltmeister werden. Doch dafür war ich 20 Zentimeter zu groß. Es war meine erste große Niederlage, weil sich diese Karriere unter anderem deshalb schon sehr früh einem herben Ende zuneigte.

Gibt es Parallelen zwischen dem Sport und Ihrem jetzigen Beruf?
Ja, die Hürden sind hoch, die Pferde sind nicht immer willig, die Konkurrenz ist missgünstig. Und man braucht Ehrgeiz und muss gewinnen wollen, um Erfolg zu haben.

Journalisten sind gut im Austeilen, aber oft sehr empfindlich, wenn sie selbst in die Kritik kommen. Wie fühlen Sie sich dabei, wenn kritisch über Sie berichtet wird?
Wenn man ein bisschen aufrückt in der journalistischen Hierarchie, merkt man plötzlich, dass es etwas ganz anderes ist, wenn über einen geschrieben wird, als wenn man über andere schreibt. Das ist mir am Anfang ganz schwer gefallen. Ich habe immer gedacht, ich müsste hingehen und den Kollegen, der das geschrieben hat, überzeugen, dass er Unrecht hat. Man muss erst lernen, darüber hinwegzusehen oder vielleicht auch manches anzunehmen, was einem da vorgeworfen wird. Ich denke, als nur Schreibender verliert man vielleicht ein bisschen den Maßstab. Insofern ist das eine gute Erfahrung, zu erleben, wie weh das tut, wenn man sich ungerecht behandelt fühlt.

Wie finden Sie folgenden Satz aus einem Artikel über Sie: »Der Koordinator ist von kleinem Adel mit ebensolchen Manieren«?
Über den kleinen Adel könnte man heftig diskutieren. Und auch die Manieren des kleinen Adels können so schlecht nicht sein. Das sind diese kleinen persönlichen Angriffe, die es offenbar braucht. Sehr an die Substanz gehen sie mir nicht.

Sie sind also nicht wütend geworden darüber?
Ich bin über Teile dieses Artikels wütend geworden – über Vorwürfe, die nicht stimmten und von denen ich sicher sein konnte, dass derjenige, der das schrieb, das auch wusste.

Derjenige hat mir gesagt, dass er Ihnen den Artikel im Vorfeld zu lesen gegeben hatte.
Das stimmt. Aber ich kann ja nur anmerken, was nicht stimmt. Es war sinnlos, etwas zu ändern.

Warum sind Sie Journalist geworden?
Ich bin da als Studienabbrecher und Seiteneinsteiger vom Sport reingestolpert, ohne zu wissen, was ich eigentlich tue. Aber am ersten Tag in diesem Beruf wurde ich zum Triebtäter und bin es bis heute geblieben. Darum mache ich noch immer hin und wieder einen kleinen Film. Und darum wäre ich auch froh, wenn ich nach meiner Chefredakteurszeit noch mal eine richtige journalistische Aufgabe bekäme. Das ist mein Traum, am Ende meines Journalistenlebens noch mal richtig praktisch zu arbeiten.

Was ist dieser Beruf für Sie?
Ganz einfach das Tollste, was es gibt. Sie erleben History in being, haben einen Zugang zum Leben, den sonst eigentlich nur die haben, die Geschichte machen, und haben außerdem den Vorteil, dass Sie so gut wie alle wichtigen Menschen Ihrer Zeit kennen lernen. Und dann gibt's auch noch den Exotik-Faktor. Mein Gott, wo war ich überall, was habe ich alles gesehen! Das ist einfach der König unter den Berufen. Und schließlich kann er einem noch ein gutes Gefühl geben, weil man ja ganz im Hinterkopf, ganz klein und verborgen, immer die Idee hat, dass man vielleicht ein bisschen was an dieser Welt richten kann.

Sind Sie stolz auf das, was Sie in Ihrem Beruf erreicht haben?
Ich glaube, ich war ein ganz guter Reporter. Aber meine Karriere hing, wie vieles im Leben, vom Zufall ab und war kein Verdienst, auf den man stolz sein kann. Ich bin das erste Mal Politik-Koordinator geworden, weil die Intendanten, die darüber zu befinden hatten, sich zwischen mehreren anderen Kandidaten nicht einigen konnten. Ich war sozusagen der schwache Kompromiss. Aber ich bin der Ansicht, dass ich trotzdem etwas am *ARD*-Programm bewegt habe. Ich habe zumindest versucht, einiges gut oder an manchen Stellen sogar besser zu machen. Darauf bin ich stolz.

Inke Berth

Jg. 1965, machte ihre Ausbildung bei der *DFA* und arbeitet heute als Kamerafrau und Producerin für die Nachrichtenagentur *Reuters*.

Frau Berth, war es schwierig, sich als Kamerafrau in dieser Männerwelt zu behaupten?
Anfangs ja, würde ich sagen. Ich komme vom Schnitt, und als ich wechseln wollte, hieß es: »Warum willst du denn zu denen, das ist doch nichts für Frauen. Die Schlepperei, Rückenprobleme kommen auf dich zu!« Aber ich fand das immer spannend, ich wollte das, und deshalb konnte ich mich durchsetzen. Man muss sich sagen: »Das will ich, da muss ich kämpfen und einen gewissen steinigen Weg hinter mich bringen.«

Welche Steine mussten Sie denn überwinden?
Erst mal muss man an die Kamera rankommen, das heißt, die ersten Termine am Morgen und die letzten am Abend übernehmen, die sonst keiner haben will. Wenn man die Kamera dann hat, muss man sich beweisen. Aber das geht den Männern genauso. Die größten Steine waren vielleicht einzelne Leute, die versucht haben, einem den Weg zu verbauen – die Konkurrenz zu anderen. Aber auch das, würde ich sagen, ist gar kein so frauenspezifisches Problem.

Welches sind dann die frauenspezifischen Probleme?
Manchmal fühlt man sich benachteiligt, weil der Job doch eine Knochenarbeit und mit Ellbogen verbunden ist, gerade hier in Berlin, wo viel mehr Kollegen um ein einziges Bild kämpfen. Aber andererseits hat man auch mal Vorteile, weil man als Frau eher Termine bekommt, wo es mehr um das emotionale Miteinander geht. Ich habe jetzt zum Beispiel die Frau eines afrikanischen Politikers vor der Kamera gehabt. Vielleicht ist es ja grundsätzlich besser, wenn man als Frau ankommt und ein bisschen lächelt und nicht so rambohaft rangeht. Aber es ist natürlich eine Gratwanderung, sich dann hier bei den Männern zu behaupten, im Pulk und dem ganzen Gedrängel. Man muss keine Zicke sein, aber man muss sehr gut aufpassen, was passiert. Alles eine Sache der Beobachtungsgabe und der Schnelligkeit: Man muss rumgucken, wann die Sicherheitsleute kommen, und dann schnell genug dabei sein – und manchmal auch die Ellbogen einsetzen.

Wird man als Frau im allgemeinen Gedrängel auch mal weggeschoben von den Männern?
Mir hat mal jemand gesagt: »Wenn ich zu spät zu einem Termin komme, bin ich gnadenlos. Dann gucke ich mir an, wer das schwächste Glied in der Kette ist, und nehme Leute, die ich nicht kenne, die in diesem ganzen Medienzirkus nicht immer mitspielen und diese Pulktermine nicht kennen, oder ich nehme eine Frau, weil ich die im Zweifel besser wegschieben kann.« Also, ich kann mich ganz gut wehren, denn ich bin groß und habe früher Basketball gespielt. Da muss man auch die Ellbogen einsetzen.

Ist das immer nur ein Kampf jeder gegen jeden, oder gibt es auch so etwas wie Solidarität unter den Berufskollegen?
Die wächst. Je mehr man sich kennt, desto mehr wächst sie. Die Fotografen sind ja ganz gut organisiert untereinander. Natürlich schlägt man auch den einen oder anderen nieder, aber nachher gibt man sich die Hand. Ich kenne eigentlich keine Leute, die zerstritten sind. Mal hat man halt selbst kein Bild, und der andere hat es, und dann ist es wieder umgekehrt. Es gab auch mal eine Sitzung, von der Bundespressekonferenz organisiert, weil alle unzufrieden waren. Die schreibenden Journalisten haben nichts mehr gehört, die Radioleute kamen mit ihren Mikros nicht mehr ran, die Kameraleute haben gesagt, die Leute stehen uns im Bild. Daraufhin haben sich dann einige Leute zusammengetan und gesagt: »Kommt, wir gehen mal alle zusammen was trinken.« Auch die Kameraleute haben angefangen, so einen Stammtisch zu organisieren, um sich besser kennen zu lernen. Denn denjenigen, mit dem man am Tag vorher trinken war, schiebt man nicht mehr weg. Es ist ja ein rasanter Fortschritt, dass wir jetzt hier so aufgebaut sind, in einem riesigen Halbkreis mit Stativen.

Untersuchungsausschuss Kohl

Man kennt sich, man sagt, kommt, wir organisieren das. Oder man sagt, lasst uns hinter dieser Linie bleiben. Dadurch ist es schon wesentlich ruhiger geworden.

Sie sind vor allem bei aktuellen Drehs dabei, wie hier vor dem Untersuchungsausschuss. Ist das nicht eine große Anspannung, wenn man stundenlang darauf wartet, bis endlich wer zur Tür herauskommt?

Also, das Warten stresst mich schon ziemlich. Manchmal kommen sie eine Stunde früher. Oder sie kommen nicht zur angekündigten Zeit, sondern verspäten sich. Dann habe ich immer diese Anspannung im Bauch und denke: »Gleich passiert's, die gucken hier so rum. Was passiert, was passiert?«

Wie gehen Sie mit diesem ständigen Stress um?

Nicht so gut. Ich versuche, ihn abzubauen und mir immer zu sagen, ich muss ruhig sein. Ich habe auch ein Buch mit. Beim Lesen flüchte ich mich so ein bisschen in eine andere Welt und habe dann nicht immer das Gefühl: »Was mache ich hier eigentlich? Ich verplempere meinen Tag mit Nutzlosem.«

Wie lösen Sie den Stress hinterher wieder auf?

Indem ich ganz andere Sachen mache und mich mit ganz anderen Leuten treffe, die nichts mit meinem Job zu tun haben. Sonst drehen sich die Gespräche immer im Kreis: Wer hat die tollsten Termine gemacht, wer ist der tollste Hecht?

Ist dieser Beruf denn auch so eine Art Sucht?

Auf jeden Fall! Vor allem für Leute, die sich nicht mit sich selbst beschäftigen können. Das wird bei diesem Job noch mehr gefördert. Tagein, tagaus sind Termine vorgegeben, man geht da hin und muss sich nicht selbst motivieren, eine Geschichte zu finden. Gerade bei der Politikberichterstattung passiert das einfach von selbst. Man wartet immer auf den nächsten Take, anstatt selbst sein Leben aktiv zu gestalten. Und wenn dann mal kene großen Sachen passieren, fällt man ins Loch, und es heißt: »Ach, ist das langweilig! Ach, ist das furchtbar!«

Haben Sie manchmal das Gefühl, dass Sie an einem fremden Leben teilnehmen, das nicht Ihr eigenes ist?

Ach, das finde ich sehr angenehm. Man kriegt viel mit. Ich kann irgendwo in eine Fabrik reingehen und sehen, wie die Leute da arbeiten. Ich kann an einem Unglück kratzen und vielleicht sehen, wie die Leute damit umgehen. Ich kann an der Show der Politik teilnehmen und sehen, wie da das Feuerwerk abgebrannt wird.

Ist die aktuelle Berichterstattung denn eine Show, an der man teilnimmt?

Auf jeden Fall. Die Kameraleute und Fotografen brauchen das Bild, mit dem man eine Geschichte illustrieren kann. Manche Politiker geben einem das, sie sind mediengeschult, und sie machen es auch gerne, weil sie dann auch gut dargestellt werden. Schröder zum Beispiel, der ist cool. Der macht was für uns, lacht in die Kamera oder winkt oder kickt auch mal einen Fußball. Andere machen es nicht, die gucken zu Boden oder sind unsicher oder verschwinden einfach. Das stresst mich dann, weil ich denen hinterherlaufen muss, um irgendwie mein Bild zu bekommen. Ich verstehe das nicht, dass man nicht ein bisschen freundlicher rüberkommen will.

Politiker haben ja manchmal nicht sehr nette Namen für die Journalisten.

Ja, Aasgeier sind wir schon genannt worden. Manchmal kommt man sich tatsächlich so vor, wenn man vor der Tür rumlungert. Das ist auch ein bisschen entwürdigend. Aber dagegen könnten die Politiker was tun, indem sie nicht an den Mikrophonen vorbeigehen, sondern davor stehen bleiben.

Jürgen Leinemann

Jg. 1937, arbeitete bei der *dpa* in Hamburg und Washington, ehe er 1975 Korrespondent des *Spiegel* in Bonn wurde. Heute leitet er das Berliner Büro des *Spiegel*.

Herr Leinemann, sind Journalisten Herdentiere? Oder warum stürzen sich immer alle gemeinsam auf ein Thema wie Kokain im Parlament, während kein einziger über den Alkoholismus deutscher Politiker schreibt?
Ich fand die Kokain-Debatte immer albern. Eine wirkliche Gefahr für das Ansehen dieses Parlaments wäre, wenn die morgens um neun mal alle ins Röhrchen pusten müssten.

Aber warum thematisiert das niemand, weder die Politiker noch die Journalisten?
Weil jeder betroffen ist. Und weil Alkohol im Gegensatz zu Kokain eine legale Droge ist, obwohl wir 40 000 Alkoholtote im Jahr haben. Und weil alle sagen, das gehört zum Privatleben. Sobald dann aber einer damit ins Schleudern kommt, ist die Hilflosigkeit der Umwelt sehr groß – gerade im Bundestag. Als ich einen Parteivorsitzenden mal darauf angesprochen habe, dass einer seiner Parteifreunde wirklich behandlungsbedürftig sei, sagte er, ja, ja, das sei schon aufgefallen, dass der morgens immer gut drauf ist, aber im Übrigen sei das sein Privatleben.

Wie muss ein Thema sein, damit die Medien sich seiner annehmen?
Es muss in die Zeit passen, das Timing muss also stimmen. Und es muss eine emotionale Qualität haben, muss also die Gefühle der Leute ansprechen, ihre Ängste, Wünsche, Hoffnungen oder Aggressionen. Diese Geschichte über Kokain im Reichstag wäre unmöglich gewesen ohne den Kokainskandal um Christoph Daum. Und auch Herrn Daums Drogenprobleme wären überhaupt kein Thema gewesen, wenn er nicht Bundestrainer hätte werden sollen. Herr Daum hätte mit seinem flatterigen Blick noch zehn Jahre auf der Bank von Bayer Leverkusen sitzen können, ohne dass sich jemand darüber aufgeregt hätte. Aber als er sozusagen in eine andere Sphäre kam, wo die nationale Ehre der Deutschen und ihre berühmten Sekundärtugenden auf dem Spiel standen, gehörte Koks da natürlich nicht mehr hin.

Wurde der Reichstagskoks vielleicht auch deshalb zum Thema, weil der Journalismus in Berlin ein anderer ist als noch in Bonn?
Ja, er ist sehr viel wilder, bilderreicher und skandalträchtiger geworden. Das hat damit zu tun, dass es hier Boulevardzeitungen gibt, deren tägliches Geschäft die Promis sind, ganz egal ob das nun Schauspieler, Fußballspieler oder eben Minister sind. Deshalb werden nun Sachen abgehandelt, die in Bonn keinen interessiert hätten, auch wenn jeder sie kannte. Bonn war auf eine sonderbare Weise intim. Es gab viel privaten Schutz für die Politiker. Wenn da einer im Privatleben Schwierigkeiten hatte, blieb das auch privat, obwohl viele davon wussten. Dazu kommt der größere Konkurrenzkampf, vor allem durch die vielen privaten Fernsehsender. Dadurch wird das Gedrängel immer größer. Und je größer das Gedrängel wird, desto wichtiger erscheint das, was da passiert. So entsteht vielfach eine Scheinwelt, und zu sortieren, was wirklich wichtig ist, wird schwieriger. Der Augenblick wird überbewertet als Reizmoment.

Wie hat sich das Verhältnis der Politiker zu den Journalisten verändert, zum Beispiel auch ganz persönlich zu Ihnen?
Ach, zu mir hat sich nicht viel verändert. Ich werde immer älter. Den Bundeskanzler kenne ich jetzt schon seit 25 Jahren, seit er südniedersächsischer Juso-Vorsitzender war. Das ist natürlich eine Geschichte, die nicht aufhört, wenn er Kanzler wird.

Wenn man jemanden so lange kennt und auch mit ihm befreundet ist, ist es da manchmal schwierig, über ihn zu schreiben?

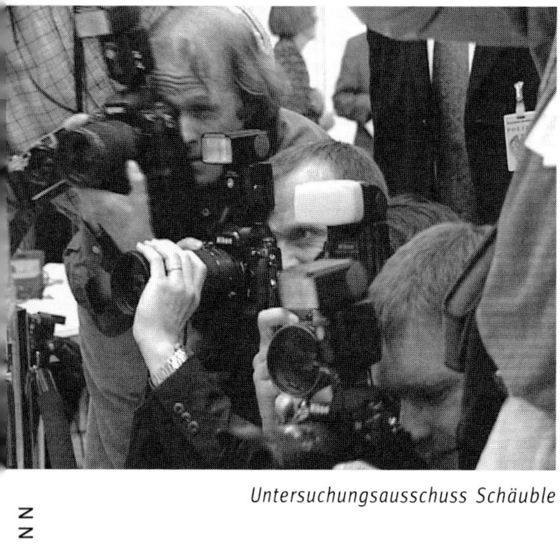

Untersuchungsausschuss Schäuble

Das ist sehr schwierig. Über Gerhard Schröder habe ich zehn Jahre lang überhaupt nicht geschrieben – solange er Ministerpräsident in Niedersachsen war. Ich dachte mir, ich bin viel zu dicht dran, ich kenne den zu gut, und es ist auch unfair ihm gegenüber. Es verzerrt die Proportionen insofern, als ich einfach eine andere Basis habe und auch mehr weiß; und es verzerrt sie außerdem auch ihm gegenüber, weil er verletzbarer wird. Eine Zeit lang war das auch mit der Freundschaft nicht mehr so weit her, und dann haben wir uns wieder zusammengerauft. Dass wir jetzt hier noch mal zusammentreffen, das hätte keiner von uns beiden gedacht.

Aber Sie schreiben wieder über ihn?
Ich schreibe jetzt wieder über ihn. Ich bin nun Leiter des Berliner Büros und der politischen Abteilung des *Spiegel*, und er ist Kanzler, dann muss es sein. Das ist auch in Ordnung, das geht gut, aber es klingt kokett, wenn man darüber redet.

Und wie gehen Sie jetzt um mit dieser Nähe zu ihm?
Ich halte Abstand, und er auch. Wir kennen uns gut genug und sind beide professionell genug, um Distanz zu wahren. Es gibt diese Punkte, wo ich weiß, wie bei ihm die Wahrheit aussieht. Das weiß ich besser als manche andere, und er weiß das bei mir auch. Es gibt Punkte, wo wir uns nichts vormachen müssen. Aber das sind auch die Augenblicke, wo man besonders behutsam ist und das nicht missbraucht.

Sie kennen also eine andere Wahrheit über Schröder als Ihre Kollegen, die auch über ihn schreiben. Wie viele Wahrheiten gibt es denn im Journalismus?
Unendlich viele. Jeder hat seine. Ich bin ursprünglich Nachrichtenjournalist bei *dpa* gewesen, und als ich da anfing, habe ich ziemlich schnell meine Zweifel gekriegt, was objektive Berichterstattung sein soll. Man trifft immer eine Auswahl aus objektiven Gegebenheiten, wodurch jede Berichterstattung subjektiv geprägt wird. Deswegen war es mir immer wichtig, mich zu meiner Sicht der Dinge auch zu bekennen und nicht zu sagen: So ist das, sondern: So sehe ich das, und ich habe meine Gründe, und die zähle ich auf. Außerdem versuche ich, in meinen Geschichten sozusagen mein Werteraster durchscheinen zu lassen, damit auch der Leser die Einschätzung teilen kann. Er muss nicht das Ergebnis teilen, aber er muss wissen, wie es zustande gekommen ist.

Gerhard Schröder ist auch mit Stefan Aust, dem* Spiegel*-Chefredakteur, befreundet. Könnte es da nicht mal vorkommen, dass der Bundeskanzler seinen Freund Aust anruft und sagt: »Na hör mal, so geht das aber nicht!«?
Das dürfte nicht vorkommen, aber wenn doch, darf es keine Auswirkungen haben. Das war auch früher immer so. Meinen Sie denn, Helmut Schmidt hätte sich nicht über uns beschwert? Der hat immer Rudolf Augstein angerufen: »Was habt ihr denn da für Wegelagerer?« Und dann hat Rudolf Augstein immer gesagt: »Ach ja, so was machen die?« Aber uns hat er nichts davon gesagt. Er hat

das alles abgefangen, und so muss es sein, so wünsche ich mir das von einer Chefredaktion und von den Herausgebern.

Und das ist jetzt auch noch so?
Das ist jetzt auch noch so.

Nähe erleichtert es ja auch, um an bestimmte Informationen zu gelangen. Wie kommen Sie an diese Exklusivinformationen?
Wenn man das generell sagen könnte, würde ich es bestimmt nicht verraten. Das ist eine Mischung aus wirklich harter Kleinarbeit, dass Sie immer da sind und immer dran sind und dass Sie einfach viel wissen. Bevor ich zum *Spiegel* ging, hat mich das auch immer beschäftigt, woher die nur diese Insider-Kenntnisse aus dem Kabinett haben. Inzwischen weiß ich, dass das gar nicht so furchtbar geheimnisvoll ist: In jeder Koalitionsregierung, egal welcher, in jedem Ressort, jeder Fraktion gibt es zu jedem Thema unterschiedliche Interessen und Auffassungen. Sie wissen schon seit Jahren, wer bei welchem Thema, sagen wir mal Entfernungspauschale, dafür oder dagegen ist. Irgendwann kommt es zum Showdown im Kabinett, das Thema steht also zur Entscheidung an. Dann fragt man die wichtigen Leute vorher noch mal, mit welchen Positionen sie da reingehen oder ob sie ihre Meinung geändert haben. Sobald das Ergebnis bekannt wird, ruft man sie wieder an und sagt: »He, Sie haben ja verloren, die haben Ihnen aber gewaltig eins übergebraten.« Und dann sagt der natürlich: »Stimmt ja gar nicht, da muss man erst mal die anderen angucken, was die alles verloren haben!« Wenn Sie dann mit zehn Mann da drangehen und zehn Ministerien anrufen, kommt einiges zusammen – ohne dass Ihnen einer was zusteckt, also etwas Besonderes verrät. Das ist so eine Art analytischer Methode, eine Mosaiksammlung.

Der Medienberater eines Ministers meinte, man könne Journalisten erziehen und gefügiger machen, indem man Exklusivinformationen ganz bewusst der Konkurrenzredaktion zuspielt.
Solche Spielchen gibt es natürlich. Informationen werden auf dem Medienmarkt als Ware gehandelt, und auch Korruption wird versucht. Es wird Zuneigung erkauft, oder der, der einen Mächtigen letztes Mal reingelegt hat, wird abgestraft. Damit muss man umgehen. Entscheidend ist, ob das Presseorgan so wichtig ist – und der *Spiegel* ist da, glaube ich, ganz gut im Geschäft –, dass keiner dran vorbeikommt, weil er sich Informationen auch von anderswo beschaffen kann. Dann nämlich überlegt es sich ein Politiker dreimal, ob er zur Konkurrenz geht. Am Anfang, als *Focus* auf den Markt kam, haben auch manche geglaubt: Nun sagen wir das alles denen, dann werden sich die beim *Spiegel* wundern. So furchtbar haben wir uns aber nicht gewundert, und irgendwann hat es sich wieder eingependelt. Es geht nicht, dieses Entweder-oder. Das ist was anderes, wenn der Korrespondent einer Heimatzeitung und der Abgeordnete aus seinem Kreis nicht miteinander können. Dann wird es schwierig, insbesondere wenn der Abgeordnete zu Hause wieder mit dem Verleger am Honoratiorenstammtisch sitzt.

Das heißt, die Kungelei ist mehr auf der Lokalzeitungsebene zu finden?
Die Kungelei ist überall, nur der Erfolg von Kungelei und die Verletzbarkeit gegenüber Versuchen der indirekten Nötigung sind natürlich größer, je weniger Macht Sie haben.

Was ist das Faszinierende oder auch Abstoßende an der Beziehung zwischen Journalisten und Politikern?
Das Faszinierende und Spannende ist, dass Sie sehr dicht dran sind und sehr gut beobachten können, wie Macht funktioniert, wie Dinge entstehen und was in den Menschen da in Bewegung gerät, was für Vorstellungen sie von der Welt haben und wie sie versuchen, die umzusetzen. Das ist ein bisschen wie beim Fußball. Da interessiert mich nicht nur, was gerade abläuft, sondern auch, was auch hätte passieren können, wenn einer den Ball zum Beispiel vorher abgespielt hätte. So eine Art Möglichkeitssinn sollte man sich auch als Journalist bewahren. Bedrohlich ist, dass Sie leicht in Gefahr geraten, abgebrüht oder zynisch zu werden. Denn Politiker sind Menschen wie du und ich, aber ihr Gefährdungspotenzial durch Versuchung ist höher als bei vielen anderen. Außerdem besteht die Gefahr, dass man müde wird, weil Politik zu einem unendlichen Maß Wiederholung ist.

Sind sich Journalisten und Politiker ähnlich?
Ja, ich denke schon. Die politischen Journalisten – die wirklichen politischen Journalisten, die dem richtig verfallen sind –, die sind schon genauso im Geschäft wie die Politiker auch. Die wollen es wissen, die wollen mitreden.

Die Journalisten spiegeln sich ja in der Macht der Politiker. Inwieweit werden sie dadurch selbst mächtig?
Die Journalisten sind kein Machtkartell. Sie können etwas verhindern durch die Aufdeckung von Kriminellem. Sie haben die Macht, mitzureden, sie haben eine Deutungsmacht. Aber ich glaube nicht, dass sie etwas bewirken in dem Sinne, dass sie politische Stimmungen kreieren. Sie können Stimmungen und Trends verstärken, aber nicht erfinden.

Ist der Gedanke, ein bisschen an der Macht teilhaben zu können, verführerisch für manchen Journalisten?
Ja, aber in dem Augenblick, wo ich denke, dass ich teilhabe, bin ich schon in großer Gefahr, meinen Beruf zu verraten.

Ist es auch ein bisschen Teilhabe an der Macht, wenn der Regierungssprecher Ihnen den Arm freundschaftlich um die Schulter legt?
Also, bei mir nicht, weil ich diesen Regierungssprecher seit 20 Jahren kenne. Wir sind vertraut geworden zu einer Zeit, als wir uns über private Probleme näher kamen. Da waren wir Kollegen und Mitmenschen. Das sind Sachen, die zählen, ob er nun Regierungssprecher ist oder nicht.

Aber Sie kennen diese freundschaftliche Umarmung?
Ja, ja, ich umarme ihn ja auch. Das ist freundschaftlich, nichts weiter. Ich freue mich, wenn ich Uwe-Karsten Heye

sehe. Die einzige Gefahr, die ich dabei sehe, ist, dass es anders beurteilt wird.

Wer sitzt am längeren Hebel? Politiker oder Journalisten?

Ich glaube, sich über die Hebellänge Gedanken zu machen, ist einfach Unfug. Wir machen keine Politik. Aber ich weiß, dass manche Kollegen sich immer auch ein bisschen so verstehen.

Hat Herr Schäuble Recht, wenn er den Journalisten vorwirft, dass sie immer mehr Mitwirkende, also politisch Handelnde sein wollen?

Das ist richtig. Andererseits gibt es unter den Politikern auch immer mehr Mitschreiber, die genau vorzugeben versuchen, was und wie gefragt werden darf. Diese Sprachregelung, wie man Dinge sehen muss, die gibt es vor so gut wie jedem Interview. Da heißt es immer: »So darf man das nicht sehen, so kann man das nicht sagen.« Aber man kann das natürlich so sagen. Wenn man aus deren Sehweise, aus ihrem Gedankengebäude und aus ihrer logischen Kette aussteigt, sieht die Welt ganz anders aus. Und deswegen sind die so darauf erpicht, das vorher festzulegen. Das sind Versuche des Mitschreibens und des Mitprägens sprachlicher Bilder – und damit Wahrnehmungseinschränkungen – durch die Politiker.

Wie fühlt man sich, wenn man sozusagen von einem Politiker abgestraft wird?

Wie sollte diese Abstrafung denn aussehen? Es kann sich jemand bei der Chefredaktion oder beim Verleger beschweren, es kann jemand sagen, mit dir rede ich nicht mehr. Das ist sein Risiko und meins. Dann muss ich mir das, was ich von dem erfahren könnte, eben woanders holen. Ich habe mich nicht schlecht gefühlt, weil zum Beispiel Kohl mit mir nicht reden wollte. Das hatte am Ende so etwas von sportlichem Ehrgeiz, ob er das wohl durchhält – und auch für uns, ob wir der Versuchung widerstehen können. In solchen Situationen glaube ich inzwischen auch über genügend Professionalität zu verfügen, um mir die nahe liegenden Rachegefühle zu verbieten – nicht die Gefühle, aber die Umsetzung derselben.

Hat sich die Bedeutung der einzelnen Mediengattungen für die Politiker verändert?

Ja, das Fernsehen hat viel mehr Gewicht gekriegt. Es ist ja fast schon ein Standes- und Machtsymbol, dass hinter einem Politiker fünf Kamerateams herlaufen. Alles, was Bild ist, ist heute bedeutsamer geworden als früher, weil in dem Maße, wie Politik kompliziert und undurchsichtig geworden ist, Personen in den Mittelpunkt geraten sind, die für etwas stehen – oder wenigstens vorgeben, für etwas zu stehen. Um die Leute zu erreichen, setzen die sich nun in Szene und verdichten ihre Botschaft symbolisch. Aus solchen Inszenierungen besteht im Augenblick, glaube ich, zu 80 Prozent die Politik, wenigstens die öffentliche Politik – sie sind eine Gefahr für den Journalismus.

Inwiefern?

Nicht weil es diese Inszenierungen nicht geben sollte, das finde ich schon in Ordnung. Aber wir könnten leicht in die Versuchung geraten, dass so eine Ersatzebene von Politik entsteht, auf der wir nur noch reagieren können. Einer macht eine Reise – das ist Politik. Einer hält eine Rede – das ist Politik. Einer macht eine Pressekonferenz – das ist Politik. Ich denke aber, es sollten mehr Journalisten häufiger die Fakten und Sachverhalte rausarbeiten und darüber eine Diskussion anzetteln. Wenn in einer Geschichte nachgewiesen wird, wie groß die Pleite bei der Bahn ist, dann sollen die Politiker meinetwegen hinterher eine Rede halten, wie sie sich das erklären und was sie tun wollen, aber nicht vorher. Denn vorher wollen sie immer nur vortäuschen, dass alles in Ordnung ist. Die Gefahr ist, dass dieser Hunger nach Bildern dazu führt, dass wir der Politik zu viel, zu schnell und zu oft abnehmen, was uns da vorgemacht wird.

Sind die Medien also weniger kritisch geworden und lassen sich leichter benutzen?

So allgemein kann ich es gar nicht sagen. Die Leute erfreuen sich ja an irgendeiner wunderbaren Inszenierung auf dem Parteitag, wo es dann immer dunkel wird und Musik eingespielt wird – das wird ja immer filmischer. Wenn das eine Möglichkeit ist, Leute an Politik ranzukriegen, ist es auch in Ordnung. Nur muss man als Journalist die Art der Inszenierung mit thematisieren. Man müsste deshalb nicht nur über Politik Bescheid wissen, sondern auch über Inszenierungen, über die Vermittlung von Wirklichkeit und welche Formen von Berichterstattung was leisten können und was nicht. Also, es gibt Themen, da komme ich mit einer Personengeschichte nicht ran, und es gibt Themen, da gucke ich mir einfach die Person an und das, was sie macht. Nixon hat unter der Hand immer gesagt: »Hört nicht auf das, was ich sage, guckt auf das, was ich mache!« Das ist ein ganz guter Tipp auch für Journalisten.

Sie sind jetzt schon sehr lange in diesem Geschäft. Wird man im Laufe der Zeit etwas gnädiger und milder?

Ich glaube schon. Es gibt auch Kollegen, die von mir sagen, der wird jetzt langsam altersmilde, und das ist nicht positiv gemeint. Ich habe aber das meiste schon so oft gesehen, es überrascht mich nicht mehr viel. Ich verstehe vieles und bin nicht mehr so harsch in manchen Urteilen. Aber es gibt Grenzen. Nach wie vor bin ich außerordentlich empfindlich gegenüber jedem, der seine Probleme löst auf Kosten anderer und ohne Rücksicht auf Verletzte und Verluste, der einfach versucht, sich durchzulügen. Da sind meine Positionen zum Teil härter geworden.

Der Konkurrenzdruck zwischen den Zeitungen, auch zwischen den jungen und älteren Kollegen, wird immer härter. Wie erleben Sie das beim* Spiegel*?

Ach, bei uns ist der interne Konkurrenzdruck nicht so furchtbar groß, weil kaum noch Ältere da sind. Ich bin der Opa der Redaktion. Die 30- und 40-Jährigen sind in der Mehrzahl, auch auf Ressortleiterebene. Aber ich denke, das ist schon in Ordnung bei einem Blatt, das einmal von dem 23-jährigen Rudolf Augstein gegründet wurde und das immer geglaubt hat, ein junges Blatt zu sein.

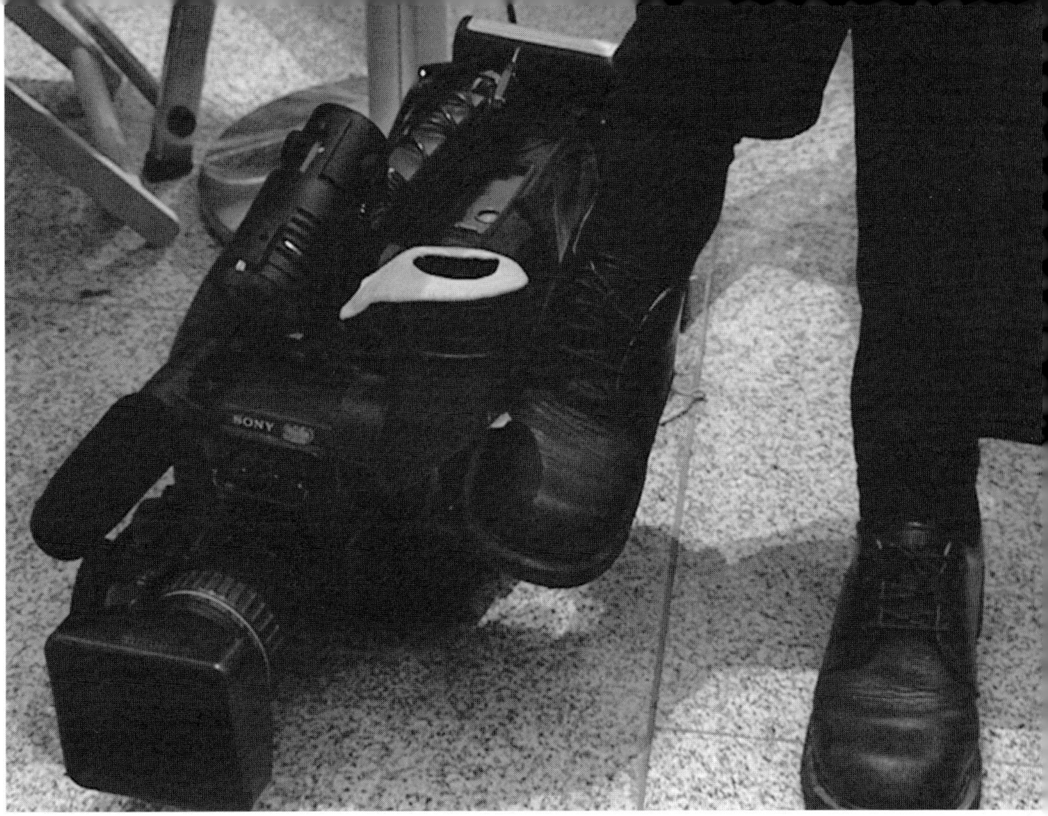

Welche Unterschiede sehen Sie zwischen den jüngeren Journalisten und Ihrer Generation?

Als ich bei der *dpa* anfing, lernte ich: Der Journalist ist objektiv, hält sich zurück und vermittelt protokollarisch ein Bild der Wirklichkeit. Dann kam ich 1968 als Korrespondent nach Amerika, zur Zeit des Vietnamkriegs und der Rassenunruhen. Da habe ich gemerkt, dass es nicht reicht, einfach nur zuzugucken, als säße ich auf der Tribüne des Weltgeschehens. Was da ablief, ging mich an, und dafür versuchte ich eine Form zu finden. Nachdem ich entsprechend engagiert von einer großen Protestdemonstration berichtet hatte, bekam ich einen empörten Brief der *dpa*-Chefredaktion: ob ich denn wüsste, dass ich dem ganzen deutschen Volk mit meiner Berichterstattung ins Gesicht geschlagen habe? Das könne ich bei einer liberalen Zeitung machen, aber nicht bei einer Agentur. Ich bin damals in eine richtige journalistische Krise geraten, wie ich damit umgehe. Es war ja üblich, eher klammheimlich Flagge zu zeigen, indem man irgendjemanden zitierte, der die eigene Meinung auch hatte, dann war man fein heraus und konnte seine Hände in Unschuld waschen. Früher hatte ich Angst davor, mich zu exponieren, denn man macht sich angreifbar. Ich musste das erst lernen. Die Jüngeren sind heute so aufgewachsen, dass es für sie klar ist zu sagen, was sie finden. Die haben eher Schwierigkeiten, das irgendwo einzuordnen und ein bisschen zu relativieren, dass ihre Meinung alleine nicht die ganze Welt ist.

Was würden Sie einem jungen Kollegen mit auf den Weg geben?

Dass er genau hinguckt, bevor er sich eine Meinung bildet. Neulich habe ich zum Beispiel von einem jungen Kollegen gehört, der es abgelehnt hat, zur Expo zu fahren, weil er das für eine alberne Veranstaltung hielt. Das mag ja sein, dass er das findet, aber es war die Verweigerung der journalistischen Grundtugend, nämlich zu überprüfen, ob das, was man denkt, auch so ist – also Argumente zu sammeln und sich durch Augenschein zu vergewissern, ob die eigene Meinung begründet war. Diese Neugier und Offenheit gegenüber den Dingen erwarte ich von jedem in diesem Beruf. Und das gilt noch mehr, wenn man über Menschen schreibt. Man sollte immer daran denken, dass man zwei Leuten hinterher noch ins Gesicht gucken muss – sich selbst im Spiegel und dem, über den man geschrieben hat.

Friedrich Küppersbusch

Jg. 1961, moderierte für die *ARD* die Sendungen *ZAK* (1990–96) und *Privatfernsehen* (1996–97). Seit 1998 arbeitet er als TV-Produzent. Für *n-tv* entwickelte er die Talkshow *Maischberger*.

Herr Küppersbusch, vor ein paar Jahren waren Sie ein Star unter den politischen Moderatoren. Warum sind Sie nun hinter den Kulissen verschwunden und Produzent geworden?
Das ist wie im Fußball: Mit 35 sind die Kreuzbänder kaputt, innen und außen, dann wird man eben Trainer.

Haben Sie manchmal Entzugserscheinungen?
Nein, ich kann ja in der *taz* lange Aufsätze schreiben, und ich kann als Produzent Frau Maischberger bei ihrer Arbeit unterstützen, und ich kann Reportagen drehen.

Aber da können Sie nicht mehr Ihre schönen frechen Fragen stellen wie damals bei ZAK.
Wenn mir eine tolle Sache unterkäme, dann würde ich es wahrscheinlich noch mal machen und dafür alles in Kauf nehmen, was ekelig ist an dem Beruf. Aber ich muss jetzt nicht irgendwo auf *Tele 58* Rheumadecken verkaufen, nur um in eine Kamera gucken zu dürfen.

Was war denn das Spannende an Ihrem früheren Job? Die Politiker ein bisschen in die Zange zu nehmen?
Nein. Das Spannende, oder sagen wir mal: das Komische daran war, dass man nachher irgendwelche schrecklich konservativen Knochen respektieren und irgendwelche sturzfortschrittlichen Menschen abschreckend finden konnte. Wenn der familienpolitische Sprecher der CDU-Fraktion, der konservativste Knochen, der rumläuft, der nach § 218 selbst im schlimmsten Vergewaltigungsfall keine Abtreibung zulassen will, acht Kinder hat, zwei davon adoptiert, dann ist das in sich eine integre Haltung. Das kann ich immer noch bescheuert finden, aber ich glaube ihm, dass er das lebt, was er da erzählt. Wenn ich dagegen sehe, wie die super-altruistische linke entwicklungspolitische Sprecherin nach der Sendung ihren Fahrer zusammenscheißt, weil das Auto nicht richtig rum steht, denke ich mir, so viele richtige Worte kannst du gar nicht mehr sagen. In so eine Nähe zu diesem Politikbetrieb zu kommen, dass man aus tiefem Herzen sagen konnte, jetzt weiß ich gar nichts mehr, das war spannend.

Aber Sie waren doch selten um Worte verlegen?
Ach Gott, ich war oft verlegen. Ich habe das subjektiv immer als den Kampf eines halbwegs austrainierten Amateursportlers gegen Profis empfunden. Ein wichtiger Politiker gibt vierzig Interviews die Woche, und ich machte eins. Ich fand das immer sehr ungleichgewichtig und habe mich hinterher gewundert über das Image, das mir daraus entstand.

Was haben die Politiker getan, um Ihre Gunst zu gewinnen?
Ob mich einer erfolgreich eingewickelt hat, kann ich nicht beurteilen. Ich habe es eher geschätzt, wenn mich zum Beispiel Rudolf Scharping mal morgens wutentbrannt angerufen hat, weil er das schrecklich fand, was wir in der Sendung gemacht hatten. Da dachte ich, ja, das ist eigentlich eine normale menschliche Reaktion. Bei anderen erfuhr man erst ein halbes Jahr später, welche Gremien und welche Leute im Sender die alle angerufen hatten – alle außer mir. Das fand ich dann ekelhaft. Aber vielleicht ist es auch nur Eitelkeit, wenn ich lieber von Rudolf Scharping persönlich angerufen werden will.

Sind Sie jetzt weniger eitel als damals?
Es dient ja dem Schutz meiner Eitelkeit, wenn ich heute nichts mehr mache, woran ich nicht tausendprozentig glaube. Das ist reine Eitelkeit, dass man nicht mit Mist vors Publikum treten will.

Wie würden Sie Ihre politische Rolle von damals beschreiben?
Wir waren in einem sozialdemokratischen Sender in der Endzeit einer konservativen Regierung und wussten das wahrscheinlich nicht und haben uns auf unseren robinhood-mäßigen Kampf eine Menge eingebildet.

Haben Sie mit Ihrer Sendung irgendetwas erreicht?
Für mich war der jetzige Außenminister der repräsentative Politiker für meine politische Sozialisation mit Friedens- und Antiatombewegung. Aber als er dann den Kosovo-Krieg anfing, dachte ich: »Hoffentlich habe ich nichts erreicht. Und vielleicht haben doch die Recht, die sagen, wir nehmen uns alle furchtbar wichtig, aber in Wirklichkeit bewegen wir gar nichts.«

Können Sie als Produzent der Sendung* Maischberger *etwas bewegen oder politisch Einfluss nehmen?
Man kann in ganz seltenen Fällen dem Publikum einen Menschen so zugänglich machen, dass es Vertrauen fasst oder dass es in einem gefassten Vertrauen plötzlich Zweifel findet. Allenfalls darin liegt der politische Einfluss. Das ist nicht viel, wenn man bedenkt, mit welcher Wucht über Gremien und Rundfunkgesetze und Politik versucht wird, die Medien irgendwie zu gängeln und einen Einfluss zu sichern, von dem niemand weiß, dass er existiert. Das finde ich zugleich sehr erheiternd und beeindruckend.

Gibt es eine Einflussnahme auf Ihre Sendung?
Nein. Dass die Politiker jetzt einen Hebel hätten, sich in die Sendung reinzuzwingen, das gibt es nicht. Als ich selbst noch moderierte, hätte ich es aber viel geiler gefunden, wenn ich politisch hingerichtet worden wäre, als wenn es nur geheißen hätte: »Der macht das jetzt schon zu lange, die Quote ist nicht mehr so großartig.«

Ist Ihnen von damals ein Erlebnis besonders in Erinnerung geblieben? Eines, das Ihnen vielleicht in die Magengrube gefahren ist?
Fast jede Sendung ist mir in die Magengrube gefahren. In Erinnerung geblieben ist mir, als Haider kam. Da war von vornherein klar: Entweder der geht auf die Knie, gesteht seine Sünden und bringt sich dann um, oder das Interview war schlecht. Hans-Jochen Vogel ist mal in die Sendung reingekommen und hat zur Begrüßung gesagt, wie sehr ihn das alles ankotzt, und hat das 45 Minuten lang wiederholt. Das war sehr eindrucksvoll. Mit Blüm konnte man streiten, ohne noch mal auf die Uhr zu gucken. Die Sendung sollte laut Programmzeitschriften 28 Minuten dauern. Sie wurde dann 41 Minuten lang, war aber nie langweilig. Wir durften eigentlich machen, was wir wollten. Wir haben immer nur gedacht: Wunder, was sind wir mutig! Und wir hatten ja auch von außen diese Resonanz. Aber dieses Image stimmt nicht. Ich war einfach leidlich vorbereitet und hatte in der Sendung wenig Zeit. Und eine leidlich gute Vorbereitung plus eine zeitliche Verdichtung ergibt mathematisch ein hochverdichtetes Gespräch. Dass daraus dann mein Image als Klaus Bednarz als Mastino in jünger wurde, das wollte ich nicht. Ich bin ja so auch gar nicht.

Hat Ihnen Ihr Image nicht auch ein bisschen geschmeichelt?
Als ich noch nicht wusste, was das für eine dreckige Nummer ist, so ein Image zu haben, ja. Am Anfang war ich begeistert davon, dass ich jetzt irgendwie so ein Held bin. Ich war ja noch jung, als das anfing, noch in den Zwanzigern. Aber dass man damit in so eine Lücke reinkommt und hinterher bestimmte journalistische Aufgaben und auch bestimmte Gäste nicht mehr kriegt, das habe ich nicht gesehen. Da war ich naiv. Irgendwann steht Ihnen so ein Image im Weg. Es ist ja bei diesen Interviews verboten, auch mal offen zu sein und jemanden gut zu finden. Irgendwann sagen Sie sich, ich möchte jetzt diese sturzreaktionäre Sau nett finden. Aber dann sind Sie nicht mehr 1,90 Meter groß, Sie sind ja 28 Meter groß. Und die Fachöffentlichkeit prügelt auf irgendein 28 Meter großes Denkmal ein, was auch ihr Recht ist. Und Sie sagen, »he, ich bin nur 1,90, das ist ein Irrtum, das tut weh, wenn ihr haut.« Aber die sagen, »nein, du bist 28 Meter groß!« Das ist sehr lehrreich, wenn man als Journalist vorher genauso auf die Politiker draufgehauen hat. Auf Kohl zum Beispiel konnte man draufhauen, wie man lustig war. Denn das war ja ein Denkmal und kein Mensch mehr. Und als der sich dann während der Spendenaffäre furchtbar verletzt in die Sendungen drängelte, um zu sagen, »he, ich will aber auch mal«, da merkte man plötzlich, das ist ja ein schrecklich kleines, armes Schwein. Da muss man auch erst mal drauf kommen.

Was genau haben Sie denn gelernt?
Dass ich mit 39 nicht noch mal so naiv daherquatschen werde wie mit 28 und sage, die da oben, das sind die Bösen. Das sind ja arme Menschen. Es ist gut, wenn man selber erlebt hat, wie weh das tut, wenn auf einen draufgehauen wird. Ich müsste das verdrängen, um noch mal aus Spaß weiter rumverletzen zu können, nur weil das Publikum das lustig findet. Die Tür ist, glaube ich, zu.

Frank Rafalski

JG. 1946, ARBEITET SEIT 1973 FÜR DIE *DEUTSCHE PRESSE-AGENTUR*. VON 1989–92 WAR ER KANZLERKORRESPONDENT IM BONNER *DPA*-BÜRO, DANACH LEITER DES LANDESBÜROS IN BAYERN. SEIT 1999 FÜHRT ER DAS *DPA*-HAUPTSTADTBÜRO IN BERLIN.

Herr Rafalski, Sie sind Leiter des Hauptstadtbüros der* dpa *in Berlin. Wie schnell muss eine Nachrichtenagentur im schnellen Nachrichtengeschäft heute sein?
Im Prinzip müssen wir in Realzeit arbeiten. Das heißt, in dem Moment, in dem etwas passiert, müsste diese Nachricht eigentlich bereits auf dem Draht sein, damit die Sender und Zeitungsredaktionen sich darauf einstellen, ihre Seiten planen und ihre eigenen Reporter rausschicken können.

Lässt sich das denn realisieren?
Im Idealfall schon. Unsere Leute sind mit Laptops und Digitalkameras unterwegs und können die wichtigsten Informationen sofort übertragen. Ein Reporter schreibt, noch während die Bundestagsdebatte läuft, bereits seinen Artikel, schickt ihn als Zwischenbericht ab, schreibt weiter an dem Text, schickt einen zweiten Bericht, dann einen dritten, der jeweils so aktuell ist, dass er sofort in Druck gehen kann. Bei einem hochbrisanten Thema wie dem Rücktritt eines Ministers diktiert er über das Handy die Stichworte in die Redaktion, wo dann ein Redakteur sofort eine erste Eilmeldung daraus macht. Wenn man schon weiß, dass eine wichtige Information bevorsteht, zum Beispiel eine Abstimmung im Bundestag, dann werden die Texte bereits vorher geschrieben, so dass man unmittelbar nach Verkündung des Ergebnisses nur noch auf die Sendetaste drücken muss.

***Aber die Konkurrenz schläft nicht und versucht, mindestens genauso schnell zu sein wie die* dpa.**
Ja, natürlich. Schnell sein heißt immer auch, schneller als die anderen zu sein. Das Geschäft für uns Nachrichtenjournalisten ist in Berlin sehr viel härter geworden. Hier arbeiten weit über 3000 Journalisten. Die Zeitungen, Rundfunk- und Fernsehanstalten sind alle in Konkurrenz untereinander, und jeder möchte natürlich die exklusive Story haben oder die besser recherchierte Geschichte. Das trifft in besonderem Maße auch auf die Agenturen zu. Das Ganze hat aber auch eine sportliche Komponente. Das heißt, wenn man an einem Tag mal eine Geschichte verliert, beginnt am nächsten Tag das Spiel von Neuem, und der, der die Geschichte verloren hat, entwickelt den Ehrgeiz, diesmal den besseren Abdruck zu haben. Das ist unter Reportern ein bisschen eine Form der fröhlichen Konkurrenz.

Ich könnte mir vorstellen, dass mit diesem Job aber nicht nur Fröhlichkeit, sondern auch ein großer Druck und viel Stress verbunden sind?
Die fröhliche Konkurrenz hat natürlich einen realen Markthintergrund. Agenturen sind sehr teuer für Sender und Zeitungsverlage, und es werden von ihnen nicht nur sehr viele aktuelle Informationen, sondern auch möglichst viele Hintergrund- und andere Serviceleistungen verlangt. Das löst tatsächlich sehr viel Druck aus bei den Kollegen, die bei uns arbeiten.

Wie vermeiden Sie es, dass bei der irrwitzigen Geschwindigkeit und dem hohen Konkurrenzdruck Fehler passieren?
Unter der Schnelligkeit darf die Genauigkeit natürlich nicht leiden. Für jede Information, die nicht aus einer offiziellen Quelle stammt, muss es mindestens zwei Quellen geben, bevor sie veröffentlicht wird. Da liegt die erste Verantwortung zunächst mal bei den Reportern vor Ort, auf deren Urteil, ob eine Geschichte einen realen Hintergrund hat oder nur ein Gerücht ist, in aller Regel auch vertraut wird. Die zweite Entscheidung fällt dann die Redaktion. Jede Nachricht wird nach dem so genannten »Vier-Augen-Prinzip« noch einmal gegengelesen und überprüft, bevor sie rausgegeben wird.

Und wenn die Nachricht trotzdem eine Ente war?
Dann gibt es noch die öffentliche Kontrolle der Nachrichten. In dem Moment, wo wir etwas Falsches berichtet haben, dauert das meistens keine zehn Minuten, bis sich ein Sprecher oder wer auch immer am Telefon beschwert, dass es eine fehlerhafte Berichterstattung gab. Dann wird noch mal überprüft, und es kann durchaus passieren, dass man eine Meldung zurückzieht. Darauf müssen die Bezieher von Agenturtexten vertrauen können, dass eine Meldung, die falsch ist, sehr schnell wieder zurückgezogen wird.

Wie bei dem berühmten falschen Fax, in dem Kohl angeblich erklärt hatte, dass er die Spender nennen würde?
Ja, das war so ein kleiner Gau der Nachrichtenagenturen. Damals sind Sicherungen nicht eingehalten worden, zum Beispiel ist der Absender dieses Faxes nicht überprüft worden. Solche Pannen passieren gelegentlich. Die nehmen wir dann zum Anlass, um unsere Kontrollen noch mal zu überprüfen. Es kann natürlich auch passieren, wenn wir wegen einer fraglichen Information noch mal zehn Minuten telefonieren, dass dann andere Agenturen schneller sind, vor allem in der kritischen Umbruchzeit der Zeitungen am Nachmittag so ab 17 Uhr. Dann haben wir auch mal eine Geschichte verloren.

Unter diesem hohen Zeitdruck können Sie aber sicherlich viele Gerüchte nicht mehr wirklich überprüfen?
Das ist richtig. Im Prinzip sollte es so sein, dass keine Gerüchte verbreitet werden, aber wenn ein Gerücht sich so stark verselbstständigt, dass es schon über mehrere Medien veröffentlicht wird, können wir uns nicht mehr vornehm zurückhalten und abwarten, bis es die letzte offizielle Bestätigung gibt. Wenn diese Information gewichtig genug ist und eine erste Quelle hinreichend zuverlässig erscheint, gehen wir damit dann auch raus. Allerdings sagen wir immer in der Meldung, dass diese Information noch nicht überprüft werden konnte. Die Halbwertzeit von Nachrichten ist heute sehr viel kürzer geworden. Eine Information, die morgens um zehn in den Nachrichten noch als richtig galt, ist möglicherweise am Nachmittag schon wieder völlig überholt. Ein berühmter Fall waren die Gerüchte um Schäubles Rücktritt während der CDU-Affäre. Es gab bereits erste Vorabinformationen von Zeitungen, die auch bei uns auf den Tisch kamen: Schäuble werde zurücktreten. Schließlich entschieden wir uns, die Meldung auf den Markt zu geben, während tatsächlich zu diesem Zeitpunkt Schäuble bereits in der Präsidiumssitzung erklärt hatte, nicht zurückzutreten. In solchen Fällen müssen wir auf Gerüchte einsteigen, weil sie einfach Teil des politischen Geschehens sind. Insofern hat man das dann in der Berichterstattung nachvollzogen und geschildert, Schäuble sei kurz vor dem Rücktritt gewesen, habe es sich dann aber anders überlegt.

Die* dpa *ist die größte Nachrichtenagentur Deutschlands. Wieweit benutzen Politiker Sie dazu, um sozusagen über Bande zu spielen?
Das versuchen sie sicherlich. Wir spielen da zwar nicht bewusst mit, aber es ist im täglichen Nachrichtenfluss nicht immer möglich, sofort zu erkennen, wenn man missbraucht wird, zum Beispiel zur Verbreitung gezielter Indiskretionen, wie es immer so schön heißt. Oder es werden ganz gezielt Informationen gegeben, nur um zu sehen, wie die andere Seite darauf reagiert. Das tun Regierungen, das tun Parteien. Allerdings garantiert die kontinuierliche Berichterstattung rund um die Uhr, dass so eine gezielte Falschmeldung dann auch wieder richtig gestellt wird. Und wir halten die Kollegen auch immer an, nicht auf die erste Information sozusagen draufzuspringen, sondern zu versuchen, die Gegenprüfung zu machen, auch die andere Seite zu hören. Im Laufe des Tages ergeben sich meistens so viele Gegenstimmen, dass sich ein relativ ausgewogenes Bild ergibt.

Sie können sicher nicht alle Nachrichten über den Ticker schicken, die am Tag eingehen. Wie wählen Sie da aus?
Mit der Auswahl ist natürlich eine gewisse Macht verbunden. Es ist eine Fülle von Informationen, die jeden Tag auf uns hereinbricht. Wir decken ja nicht nur die politischen Nachrichten, sondern praktisch die gesamte Nachrichtenpalette ab. An manchen Tagen kriegen wir in der Berliner Redaktion 1000 bis 1500 Faxe auf die Tische. Wir sehen uns da als eine Art Schleusenwärter im Nachrichtenfluss. Das heißt, wir sichten und sortieren, wir gewichten und entscheiden, was aktuell ist, was die Zeitungen oder Sender brauchen, was die Schlagzeile des Tages ist. Und dann versuchen wir, auf dieses Thema unsere Hauptberichterstattung zu konzentrieren. Das heißt, wir setzen Schwerpunktthemen, weil keine Zeitung und kein Sender mehr diese Flut von Informationen verkraften kann. Das wird von Agenturen auch verlangt, dass sie sozusagen eine gewisse Kontrolle über die Informationen ausüben und das Wichtige vom Unwichtigen trennen.

Nach welchen Kriterien entscheiden Sie, welches Thema zum Schwerpunkt wird?
Zunächst mal nach der Aktualität. Das heißt, während der großen Rentendiskussion in Deutschland wird sicherlich jede Äußerung eines Ministers oder einer Gewerkschaft zur Rente ein Thema. Auch Krisen, Regierungskrisen oder internationale Krisen, sind immer gesetzte Themen des Tages. Daneben müssen wir schauen, dass wir unserer Kundschaft, die sehr heterogen ist, ein breites Angebot in allen Facetten bieten, sicherlich auch mehr buntere Themen als früher. Zum Beispiel hätten wir vor zehn Jahren niemals über die neue Freundin eines Verteidigungsministers berichtet. Heute ist das durchaus ein Thema, auch wenn wir das nicht so breittreten wie eine Boulevardzeitung und nur einsteigen, wenn wir seriöse Quellen oder Fotomaterial dazu haben. Ein anderer Schwerpunkt sind Exklusivgeschichten. Das heißt, auch wir von den Agenturen versuchen natürlich, Informationen zu bekommen, die sonst niemand hat, weil dann die Medien gezwungen sind, unsere Meldung zu nehmen.

Liegen Sie da immer richtig mit Ihrer Entscheidung, welches Thema nun aktuell und wichtig ist?

Wir schauen natürlich auch auf die anderen Agenturen und Medien. Wenn an einem Tag ein bestimmtes Thema die Schlagzeilen beherrscht, wird keine Agentur an diesem Thema vorbeigehen können. Dann ist bei uns sofort die Nachdrehe gefragt, das heißt, man greift eine Information auf, recherchiert nach, ergänzt sie und versucht, der Geschichte einen neuen Dreh zu geben, um sie dann wieder druckbar zu machen.

Die* dpa *kann durch die Auswahl der Nachrichten die politische Meinung beeinflussen. Sind Sie sich dieser Macht bewusst?

Durchaus. Deshalb achten wir auch genau auf die Auswahl unserer Redaktionsmitglieder. Wir haben auch eine sehr intensive und sehr strenge Ausbildung, das heißt, wir versuchen, unsere Redaktion in der Zusammensetzung so zu halten, dass sie immer in der Lage ist, auch bei heiklen Themen die richtige Information auszuwählen und die richtigen Zusammenhänge herzustellen. Wir haben intern eine sehr intensive tägliche Überprüfung unserer Berichterstattung. Wir machen täglich Abdruckkontrollen, und zwar deutschlandweit und regional. Es wird überprüft, wer gedruckt worden ist, wie er gedruckt worden ist. Es werden auch die Inhalte überprüft, wenn wir merken, dass wir irgendwie schief lagen in der Information. Also, in der *dpa*-Redaktion gibt es durchaus ein Bewusstsein, welche Macht wir haben.

Können Sie meinungsbildend wirken?

Ich glaube, nicht direkt. Nachrichtenagenturen sammeln, gewichten und verbreiten Informationen, aber sie transportieren keine eigenen Meinungen, da jedes Kommentieren absolut tabu ist. Wir spielen sicherlich im gesamten Informationsfluss unter den Medien eine sehr, sehr wichtige Rolle bei der Meinungsbildung der Redaktionen und dann natürlich der Zuhörer, Zuschauer und Leser, aber das ist faktengestützt. Insofern ist die *dpa* sicherlich ein Tendenzbetrieb. Aber es gibt keine feste Meinung »der *dpa*«. Sie ist eine Nachrichtenagentur, die von allen deutschen Verlegern und vielen anderen Gesellschaftern aus Rundfunk und Fernsehen getragen wird. Keiner ihrer Eigentümer kann die Linie der Berichterstattung in irgendeiner Form beeinflussen. Und es wäre auch gar nicht möglich, eine eindeutige Tendenz festzulegen, ohne dass sich sofort andere darüber beschweren würden.

Können Sie Schlagzeilen setzen und Themen steuern?

Das können wir durchaus, wenn wir Informationen haben, die von den Redaktionen als so wichtig empfunden werden, dass sie genommen werden müssen. Das passiert im Grunde jeden Tag. Wenn man die Zeitungen durchblättert, findet man sehr viele *dpa*-Texte. Vor allem die vielen Zeitungen, die keinen redaktionellen Apparat hier in Berlin haben, sind darauf angewiesen, dass die Agentur Themen setzt, Schlagzeilen macht und auch durch Exklusivinformationen einen gewissen Trend in der Berichterstattung setzt.

Letztlich wollen Sie ja verkaufen. Deshalb kontrollieren Sie auch so genau, wer am meisten abgedruckt worden ist.

Natürlich, wir sind Nachrichtengroßhändler. Wir haben einen Nachrichtenausstoß in Deutschland von täglich weit über 2000 Meldungen. Wir versuchen, die Palette so breit zu halten, dass von der *F.A.Z* bis zur *taz*, von der *Bild* bis zur kleinen Regionalzeitung aus unseren Meldungen jeder eine Zeitung entwickeln kann. Unsere Leute sind nicht nur verpflichtet, über die aktuellen Dinge zu berichten, sondern dies auch so zu tun, dass der Artikel möglichst gedruckt wird.

Wie schafft man das?

In erster Linie durch Fakten und Inhalte, die die Konkurrenz nicht zu bieten hat, aber auch durch den Stil. Den Agenturtexten wurde ja immer eine etwas spröde, trockene Sprache vorgeworfen. Aber heute gibt es im Journalismus eine Tendenz zur Boulevardisierung, das heißt, dass wir selbst seriöse Informationen in etwas aufgelockerter Form anbieten müssen. Diese Boulevardisierung hat sich auch sehr stark im Sprachstil der Berichterstattung niedergeschlagen.

Was passiert, wenn die Zeitungen sich mal lieber bei der Konkurrenz bedienen und der* dpa*-Text zum Ladenhüter wird?

Dann war die Geschichte wohl nicht so toll, und es gibt eine Diskussion am nächsten Tag in der Redaktionskonferenz darüber, warum eine Geschichte erheblich weniger als der Konkurrenztext gedruckt worden ist. Dann wird überprüft, meist bis in die Formulierung hinein, ob dieser Text lesbar war, ob er alle Informationen enthalten hat, die andere Agenturen hatten, oder nicht. Diese Diskussion über die Qualität der Berichterstattung wird bei uns permanent geführt.

Wie wichtig sind Sie als Leiter des* dpa*-Hauptstadtbüros für die Politiker?

Wichtiger als der Leiter sind die Kollegen, die sich um die einzelnen Ministerien, um die Parteien kümmern, die also, wie wir sagen, an die Politiker angewanzt sind. Das ist die Qualität unserer Arbeit, so nahe an den Quellen dran zu sein, dass keine wichtige Information an einem vorbeigeht, sich aber auch nicht korrumpieren zu lassen. Die *dpa* hat für Politiker auch eine wichtige Bedeutung, weil oft die Regionalzeitungen in den Wahlkreisen meist keine eigenen Hauptstadtkorrespondenten haben und folglich sehr häufig *dpa*-Meldungen drucken. Deshalb haben die Politiker natürlich ein Interesse daran, dass sie transportiert werden über die Agentur. Was den Nachrichtenjournalismus angeht, ist die *dpa* hier in Berlin wohl die wichtigste Redaktion für die Politiker.

Heißt das, dass die Politiker Ihnen dann auch ein paar mehr Exklusivinformationen geben als anderen Redaktionen?

Das war früher mal der Fall und jetzt leider nicht mehr so oft. Inzwischen suchen sich die Politiker Zeitungen oder Zeitschriften aus und halten sehr stark Kontakt zu ihnen, um dort exklusive Informationen loszuwerden. Diese Informationen gelangen dann über die Redaktion natürlich auch wieder zu uns.

Das heißt, anstatt selbst Meldungen zu recherchieren, recyceln Sie die Zeitungsartikel?
Es hat sich in Deutschland in den letzten Jahren eine sehr starke Medienöffentlichkeit entwickelt. Das kann der Zeitungsleser schon am Montagmorgen sehen, wenn er die Zeitung aufschlägt. Viele Meldungen, die von den Nachrichtenagenturen aufgegriffen werden, haben als Quellen die Sonntagspresse oder die Montagsmagazine. Die Informationen werden von uns transportiert und dann wieder aufbereitet zu neuen Artikeln. Das wissen auch die Politiker. Deshalb können sie mit einer großen Zeitung ein Interview machen und dann davon ausgehen, dass dieses Interview zwei Stunden später auf den Redaktionstischen der Nachrichtenagenturen liegt. Dieser Politiker hat dann sogar den Vorteil, dass es bei allen Nachrichtenagenturen landet, nicht nur bei einer, und die Verbreitung ist gesichert. Dieser zweite Nachrichtenmarkt neben dem offiziellen, der seine Nachrichten aus Pressekonferenzen oder Eigenrecherchen bezieht, hat sich in den letzten Jahren in Deutschland sehr stark entwickelt.

Wie mächtig ist die* dpa*?
Sie ist insofern mächtig, als sie eine nachrichtliche Grundinformation liefert in sehr breit gefächerter Form wie kein anderer Anbieter in Deutschland. Aber es gibt praktisch kein Nachrichtenmonopol der *dpa* oder anderer Agenturen mehr, so wie noch vor zehn, fünfzehn Jahren. Heute gibt es sehr viele Konkurrenten, und wenn die *dpa* eine Information nicht bringen würde, würde diese Information über ein anderes Medium, ob Rundfunk, Fernsehen oder Zeitungen, transportiert werden und dann von anderen Agenturen aufgegriffen werden. Die *dpa* ist unverzichtbar, wie wir hoffen, aber wir sind nicht mächtig in dem Sinne, dass wir da mit am Tisch der Mächtigen sitzen. Wir sehen uns eher als Dolmetscher, als Vermittler der Informationen, die wir von den Mächtigen bekommen.

Sie vermitteln nicht nur Informationen, sondern auch Bilder. Welche Fotos sind zurzeit am meisten gefragt?
Das interessante Bild, die interessante Perspektive wird bevorzugt gegenüber der Routine-Perspektive. Allerdings ist ein Grundversorger wie *dpa* verpflichtet, eben auch das eher protokollarische Bild zu haben, das vor allem von den konservativeren Blättern verlangt wird. Da gibt es durchaus auch Frust bei unseren Bildreportern, die ihr ganzes fotografisches Gewicht in das Feature-

bild stecken, und dann wird doch lieber das protokollarische Bild genommen.

Welche Regeln geben Sie Ihren Fotografen mit auf den Weg?

Hauptregel: Sie sollen versuchen, den Kern der Aktualität so umfassend wie möglich zu verstehen und in ein einfaches, klares Bild zu übersetzen.

Gibt es Tabus oder eine moralische Grenze bei* dpa*, also Bilder und Texte, die Sie nicht weitergeben würden?

Es gibt die Grenzen und Tabus, die für jeden Journalisten gelten: der Schutz der Persönlichkeitsrechte. Persönliche Angriffe gegen einzelne Menschen, ob bekannt oder nicht, würden wir nicht transportieren. Ebenso wenig die Darstellung von roher Gewalt, von Gewaltexzessen, die das normale menschliche Empfinden überschreiten. Wir würden politischen Extremismus nicht zu Wort kommen lassen und auch nicht illustrieren, wenn es sich nicht um zeitgeschichtlich relevante Vorgänge handelt. Wir berichten nicht über Selbstmorde, außer es handelt sich um einen ganz außergewöhnlichen sozialen Fall.

Untersuchungsausschuss Schäuble und Kohl

Die Republikaner haben sich über eine Medienblockade ihrer Partei beschwert. Gibt es solche Absprachen unter den Medien, bestimmte Dinge totzuschweigen?
Nein, die gibt es nicht, auch nicht im Fall der Republikaner. Wenn es eine große Debatte über ein Verbot der Republikaner geben würde und die Republikaner dazu eine Pressekonferenz machen würden, würden wir natürlich hingehen. Ob wir dann darüber berichten und in welcher Form, das würden wir danach entscheiden, je nachdem, was dort gesagt wurde. Aber es gibt keine organisierten Medienblockaden.

Sie sind angewiesen auf exklusive Nachrichten. Politiker sind angewiesen, dass ihre Nachrichten gesendet werden. Wer sitzt bei diesem Spiel am längeren Hebel?
Kurzfristig sicherlich die Politiker, weil sie entscheiden können, wen sie informieren und wen nicht. Längerfristig sitzen die Nachrichtenjournalisten am längeren Hebel, weil sie einfach nötig sind, um diese Information zu transportieren. Und die Politiker haben ja nicht jeden Tag die topexklusive Geschichte anzubieten, sondern sie wollen vielleicht drei Tage später auch mal etwas loswerden, das keine so große Sensation ist. Dann kann es durchaus sein, dass ein Nachrichtenjournalist sich daran erinnert, dass er mehrfach hängen gelassen wurde, und dann sagt: »Nein danke, das brauchen wir heute nicht, darüber berichten wir jetzt mal mit anderen Quellen.«

Was ist für Sie das Faszinierende an dem Spiel zwischen Journalisten und Politikern, und was ist das Abstoßende daran?
Faszinierend im professionellen Sinne ist sicherlich die Nähe, also Informationen aus erster Hand zu bekommen. Das Abstoßende daran ist, dass dieser Zwang zur Nähe auch dazu führt, dass man immer wieder um Informationen bitten und betteln muss. Man kann nie sagen, so, jetzt habe ich es dreimal versucht und nichts rausgekriegt, also gehe ich auf ein anderes Thema. Das ist im Nachrichtenberuf nicht möglich. Ich muss so lange an den Quellen bleiben, bis ich bestimmte Informationen kriege.

Erlebt man das manchmal als erniedrigend?
Ja, gerade hier in Berlin. Bei sehr großen Massenereignissen, großen Pressekonferenzen, muss man in diesen großen Pulks arbeiten und zum Teil auch physisch kämpfen, um durch diesen Wall von Kameras und Fotografen hindurchzukommen und die Informationen zu kriegen. Das ist manchmal schwierig und auch erniedrigend. Da muss man sich sehr auf die Arbeit konzentrieren und darauf achten, dass man nicht die Contenance verliert.

Politiker empfinden Journalisten in solchen Situationen oft als Wegelagerer oder als Meute, die sich auf sie stürzt.
Ich kann mir das durchaus vorstellen, dass sie sich manchmal belagert fühlen. Aber sie haben diesen Job gewählt, und sie leben auch von dieser Berichterstattung. Deshalb haben sie überhaupt kein Recht, so über Leute zu urteilen, die nur ihren Job machen und deswegen natürlich gezwungen sind, vor Ort zu sein. Das wird auch verlangt, und es ist auch richtig. Alles andere wäre der Tod eines lebendigen Journalismus.

Was würden Sie einem jungen Kollegen mit auf den Weg geben?
Er sollte immer versuchen, so nahe wie möglich an die Quellen heranzukommen, aber immer die nötige Distanz zu halten. Er sollte also keinerlei Verbrüderungen eingehen, nur um bestimmte Informationen zu bekommen, die andere nicht haben. Deshalb würde ich jedem jungen Kollegen wünschen, dass er in eine so starke Redaktion kommt, dass er nicht in diese Versuchung gebracht wird. Denn im Grunde genommen ist es die Aufgabe der Redaktion, die Reporter davor zu schützen. Sie darf ihnen, wenn sie mal eine Information nicht haben, nicht das Gefühl geben, versagt zu haben, sondern muss ihnen klarmachen: Bestimmte Kompromisse geht man einfach nicht ein, selbst wenn man dafür eine Geschichte verliert!

Marc Darchinger

Jg. 1961, arbeitet seit 1985 als Fotojournalist in Bonn und Berlin.

Herr Darchinger, Ihre Kollegen sind alle leger gekleidet. Nur Sie tragen immer Anzug und Krawatte. Warum gerade das?
Weil ich hier beim Deutschen Bundestag zu Gast bin und weil ich meinem Gastgeber Respekt entgegenbringe. Als ich angefangen habe, hat mal hinter mir eine Dame ein bisschen echauffiert gesagt: Wir sehen zwar nur Ihren Rücken, aber wenigstens sind Sie anständig angezogen. Das ist auch ein Aspekt meines Berufs, dass man stört in der Landschaft.

Wie empfinden Sie die Kleidung Ihrer Kollegen?
Sagen wir mal, ein bisschen zu sehr der Witterung angepasst. Das gesellschaftliche Regelwerk hat sich verändert, bitte schön. Aber es gibt eben solche, die das nicht akzeptieren. Es kommen auch viele Kollegen zu mir und sagen: »Du bist ein Streber«, oder: »Du bist nicht zeitgemäß.«

Sind Sie denn ein Streber?
Das kann jeder machen, wie er will. Beim Ehrgeiz gibt's keine Grenzen.

Sind Sie sehr ehrgeizig?
Im Bereich der Fotografie schon. Aber dem Ehrgeiz muss sich nicht alles unterordnen. Ich habe das eine Zeit lang gemacht. Da kommt man ganz schön weit. Aber wenn Sie die Familie komplett dem Ehrgeiz unterordnen, na dann gute Nacht. Ich habe das noch rechtzeitig geändert.

Welche Tugenden haben Sie noch, außer dem Ehrgeiz?
Ehrlichkeit, Zuverlässigkeit, ich bin schlecht im Lügen.

Und ganz offenbar sind Sie auch ein Geduldsmensch. Ihre Kollegen spazieren durch die Gegend und palavern. Nur Sie stehen stundenlang wie eine Säule in der Ecke und warten an der Tür.
Vielleicht aus Phantasielosigkeit. Mein Gefühl sagt mir, bleib da stehen – einfach weil es da rein geht zu dem Termin, wo es das Foto gibt. Vorhin wollte ein Kollege mit mir Kaffee trinken gehen, und ich habe ihm gesagt: Ich bin hier, weil ich das Foto haben will, ich gehe jetzt nicht mehr weg. Da bin ich stur. Sie können es auch lächerlich finden, denn genauso gut kann es fünf Minuten vorher heißen, es geht dort drüben durch die andere Tür rein.

Haben Sie manchmal Angst, den entscheidenden Augenblick zu verpassen?
Ich habe das schon erlebt. Mit einem Mal ging es los, ich brauche einen Moment zu lange, um meine Sachen hochzuheben, und schon sind andere an mir vorbei. Oder Sie gehen eine Cola trinken und es geht los. Der Klassiker ist, dass es losgeht, wenn man gerade auf der Toilette ist. Jeder hat das erlebt. Deshalb wird auch oft geflachst: »Du, zünd dir mal eine Zigarette an, damit es endlich losgeht!« Es ist ja albern, aber es passiert unverhofft. Gerade hier vor dem Untersuchungsausschuss. Die Erfahrung zeigt, dass es jederzeit eine Unterbrechung geben kann. Also steht man vor der Tür und wartet.

Was war die längste Zeit, die Sie stehend und wartend verbracht haben?
Das waren so etwa zwölf Stunden, bis tief in der Nacht, und alle waren müde. Man erhält sich im Stehen auch eine gewisse Spannung. Wenn man sich hinsetzt, wird man schläfrig. Man sieht auch mehr im Stehen.

Wenn nun die Tür aufgeht und es losgeht, wo ist dann der richtige Standpunkt für ein Foto?
Da gibt es das sichere Bild, das Sie mit dem Weitwinkel machen, da haben Sie halt alles drauf. Das dichtere und bessere Bild wäre das mit der längeren Brennweite, da spekuliert man gerne, das hätte man gerne. Deshalb versucht man, bevor die Klappe fällt, noch zur Seite zu gehen

und eben von dort das Bild zu machen, die Leute zusammenzuziehen. Ich habe heute in einer Zeitung ein Bild von einem Kollegen gesehen, das war die dritte Perspektive, von oben von der Empore. Das war mal wirklich ein sehr schönes Bild, weil es die Informationen ganz zusammenzieht. Das wäre eigentlich der Standpunkt, den ich auch gerne hätte, den ich mir aber nicht erlauben kann, weil es Ihnen sonst leicht passiert, dass bis zum Schluss zwei, drei Wachleute davor stehen bleiben, und Sie haben es nicht gekriegt. Das ist das Risiko.

Ich könnte mir vorstellen, dass sich die vielen Fotografen hier auch auf die Füße treten und gegenseitig stören.
Ja, es gibt immer wieder welche, die einen stören. Die merkt man sich auch. Das wechselt aber. Da gibt's alle Vierteljahre einen anderen.

Der stört?
Der gerade in Form ist. Aber das geht mir auch selber so, ich bin Kollegen bestimmt schon tierisch auf den Wecker gegangen.

Wie verhindern Sie in dem Gerangel um den besten Standpunkt, dass Sie nicht von Kollegen weggeschubst werden oder umfallen?
Man steht halt ein bisschen breitbeinig. Und ansonsten steht man ja so dicht, da müssten im Grunde alle umpurzeln. In dem Maße, wie man Druck erfährt, wird man auch gehalten. Das gilt auch dann, wenn der Pulk sich mit einem Politiker bewegt, zum Beispiel bei einem Messe-Rundgang. Dann kommen auch noch Hindernisse dazu, Poller, ein Blumenkasten, eine Frau mit einem Kinderwagen. Ganz schlimm, denn alles bewegt sich rückwärts. Es kam schon vor, dass Kollegen beim Rückwärtsgehen in irgendeinen Teich reingefallen sind. Oder einer ist mal von der Kaimauer runtergeplumpst, zur großen Gaudi der anderen Kollegen.

Ihr Vater ist der berühmte Fotojournalist Joseph Darchinger. Es gibt ja inzwischen fast schon so etwas wie eine Darchinger-Dynastie.
Noch nicht ganz, da müssten schon noch ein paar Generationen dazukommen. Bei zwei Generationen denke ich, klar, Papa ist der Größte.

Was hat Ihnen Ihr Vater als Fotograf mitgegeben?
Ein ganz wichtiger Punkt ist, mit offenem Visier zu arbeiten, also immer zu sagen, ich bin der, und nicht um die Ecke rum oder versteckt irgendwas zu machen. Das klingt jetzt vielleicht sehr theoretisch, aber es gibt Situationen, wo man als Abbildender genauso von der Sache berührt wird. Und da kann man nicht sagen, ich bin eigentlich nicht da, sondern da muss man sagen, jawohl, der Darchinger ist da.

Mir ist aufgefallen, dass der Herr Darchinger im Gegensatz zu seinen Kollegen ganz besonders da ist. Seine Augen sind ständig wach und wandern, fast wie auf der Pirsch.
Ja, das Empfinden ist schon so. Meine Oma hat gesagt, mit den Augen darfst du stehlen, und das mache ich hier: Was ich kriegen kann, das nehme ich. Bei der Pirsch sind die Viecher aber ziemlich ausgeliefert. Hier dagegen besteht Waffengleichheit, denn es gibt ja auch bei den Politikern einige, die nur darauf warten, dass sie sich präsentieren können. Und das passt dann wunderbar zusammen.

Was beobachten Sie denn die ganze Zeit, wenn gerade kein Politiker in Sicht ist?
Es ist einfach toll zu sehen, wie sich die anderen geben. Jetzt vor allem, nachdem schon einige Stunden rum sind. Das ist ja nicht der erste Untersuchungsausschuss, die brauchen eine wirklich gute Kondition, um das hier durchzuhalten. Also einfach mal gucken, wie sind die anderen drauf, wie reagieren die, schalten die ganz runter? Manche quatschen die ganze Zeit und machen Scherze. Das ist auch interessant zu beobachten, macht Spaß.

Sie sind also mehr der stille Beobachter als ein Teilnehmer hier in der Gruppe?
Ich bin halt in den Themen nicht drin, die die haben. Da fehlt mir der Hintergrund. Ich kenne mich mit Fußball nicht aus, ich spiele kein Skat, das sind so Sachen, die ich versäumt habe. Ich könnte das nachholen, das würde helfen, dass man mit dabei ist. Aber es ist bequemer und macht Freude, einfach zuzugucken, was Menschen so machen.

Wie fühlt man sich als Außenseiter?
Keine Ahnung, ich bin noch keinem begegnet. Zur Zeit gibt's einen Kollegen, der versucht, hier ins Geschäft reinzukommen, auf spektakuläre Art und Weise. Der stellt sich ein bisschen neben die Gruppe, neben das Rudel. Da bin ich mal gespannt, welchen Weg der geht, wie der das schaffen will ohne Kontakt, ohne mit den Kollegen zu sprechen.

Aber Sie müssten doch wissen, wie es ist, außerhalb der Gruppe zu stehen?
Jetzt wird es schwierig. Ich weiß es nicht genau. Wenn Sie mit meinen Fotokollegen reden, werden Sie sehen, es ist ein Beruf, wo wirklich jeder der Größte ist. Ich bin der Größte, mein Kollege ist der Größte, jeder meint, er ist der Größte. In einem Rudel oder einer Gruppe haben Sie immer ein Alphatier. Das werden Sie hier nicht finden. Das ist zu individualistisch. Wenn einer mal große Töne spuckt, dann kommen gleich die anderen und ziehen den auf. Und da fühle ich mich nicht ausgegrenzt. Ich komme hierher, mache meine Arbeit. Wenn ich eine Info brauche oder mich erkundige, ob's was Neues gibt, dann weiß ich, mit wem ich sprechen muss. Aber es gibt vielleicht eine Sache, da bin ich ein bisschen unsicher: eine Form des Gebens und Nehmens in der Gruppe. Sie kriegen schon mal Infos, aber Sie müssen dann auch was dafür leisten. Das fehlt mir, da denke ich manchmal, vielleicht bist du dumm. Aber ich kann jetzt nicht auch noch irgendwas auf mich nehmen, was mich zu Gegenleistungen verpflichtet. Das geht nicht, das kann ich nicht. Das überfordert mich.

Geben und Nehmen – könnte man damit auch das Verhältnis der Politiker zu den Journalisten beschreiben?

Untersuchungsausschuss Schäuble

Auf beiden Seiten ist eine Erwartung an den anderen. Wir erhoffen uns bestimmte Motive. Und die Politiker erhoffen sich natürlich einen Multiplikator, dass wir ihre Sicht und Informationen weitertragen. Aber ich finde das in Ordnung. Und Sie können ja, da wir in einem freien Land sind, jede Situation so interpretieren, wie Sie wollen. Der Kohl zum Beispiel hat vorm Kanzleramt in Bonn so einen ganz langen Fahnenmast aufgebaut mit einer ganz großen Deutschlandfahne dran. Es war meine Freiheit, ein Foto zu machen von diesem ganz langen Fahnenmast und dem Kohl darunter. Es wurde daraus eine Artikelseite, da war oben die Fahne, dann kam dieser Mast, und unten war der Kohl. Und er war auf einmal in seinen Dimensionen ganz klein geworden. Ich meine, ich habe ja nicht gesagt, »mach den Fahnenmast da hin«, aber er stand da, und das drückte was aus. Ich denke deswegen, große Bühnen aufzubauen ist gefährlich. Ein klassisches Beispiel war ja auch der SPD-Parteitag in Leipzig. Wenn diese Choreographie richtig abgelichtet wird, wird sie leicht zur Karikatur.

Ihre Bilder haben also eine gewisse Macht?
Das Bild an sich ist erst mal ziemlich wertfrei. Aber richtig interessant wird es, wenn es mit einer guten Überschrift und einer guten Bildunterschrift gepaart wird. Da kann so ein Bild mit einem Mal sehr interessant werden. Bilder haben auch ein Eigenleben. Deswegen ist auch Vorsicht angebracht. Ein Punkt, warum es mir so gut geht, ist, dass ich mich nicht um das Private von Politikern oder Wirtschaftsleuten kümmere, es sei denn, es ist abgesprochen. Das ist ganz wunderbar, wenn man da nichts weiß, auf nichts achten muss. Je mehr ich über die Akteure wüsste, desto weniger objektiv wäre ich. Es reicht, wenn man weiß, worum es geht, wer das ist, welche Funktion er hat. Alles andere ist Ballast, man ist dann voreingenommen, auch im Fotografieren. Man drückt dann eben erst gar nicht drauf, wenn jemand ein freundliches Gesicht macht, nur weil man den nicht mag oder weil man irgendwas über den gehört hat.

Wie weit reicht Ihre Macht als Fotojournalist?
Tja, der Markt reguliert. Der Markt ist mächtiger als ich. Ein ganz wichtiger Punkt, den ich von meinem Vater gelernt habe: Wir Darchingers müssen wiederkommen dürfen. Wir sind darauf angewiesen, dass uns die Tür aufgemacht wird, und das hat zur Folge, dass man vielleicht auf ein richtig leckeres Foto verzichten muss und sich dann sagt, »jetzt hörst du auf an dem Punkt.« Das wird auch registriert, und das nächste Mal kannst du wiederkommen. Wir haben ja kein Medium im Hintergrund, keinen großen Fernsehsender, der Macht für uns ausüben kann.

Dafür können Sie aber auch selbst bestimmen, zu welchem Termin Sie gehen?
Ja, ich gebe mir, wenn es gar nicht anders geht, den Auftrag selber. Ich bin hier, weil ich hier hinwollte. Die meisten anderen sind hier, weil ihr Arbeitgeber sie schickt. Aber ich sehe, die Kollegen machen einen wirklich guten Job. Sonst wären die ja auch weg vom Fenster.

Ihr Vater hat sich mal beklagt, dass Kohl ihn immer so abschätzig behandelt hat. Wurden Sie auch schon mal von einem Politiker abschätzig behandelt?
Also, eigentlich haben wir keine Zeit zum Klagen. Das war vielleicht eine Kränkung, dann macht man sich Luft und dann ist es wieder gut. Ich bin eine andere Generation. Und Sie dürfen da nicht so kleinlich sein. Das sind oft nur Flapsigkeiten, so eine Art zu scherzen. Auch das Schulterklopfen ist das auf eine gewisse Art und Weise. Wenn Sie rausgepickt werden, und andere stehen da, das sind dann die, die nachher alle über Sie lachen werden.

Hat Kohl Sie auch mal aufs Korn genommen?
Also, ich erinnere mich an eine Situation mit Kohl, da fühlte ich mich in meinem jungen, männlichen Stolz ziemlich geknickt. Das war bei einem Kongress der Jungen Union, und ich habe ihn fotografiert. Und er hat zu mir gesagt, ich soll aufhören, das wird doch nix. Und der Roland Koch, der neben ihm saß, und alle strahlen wie die Honigkuchenpferde, und der begossene Pudel war ich. Das ging übers Mikrophon, und die ganze Versammlung hatte ihren Fez. Da habe ich mir gedacht, »Mensch, das hätte er nicht tun dürfen, das war gemein.« Mittlerweile muss ich aber echt grinsen. Er hatte mit seinem Joke diese Eröffnungsstille durchbrochen.

Auf Ihre Kosten.
Ja, okay, aber es macht einen nicht schwächer. Und ich muss auch sagen, das ist vielleicht ein bisschen verklärt jetzt im Rückblick, es waren auch Großzügigkeiten dabei von Herrn Kohl. Ich meine, er hat nun selber Söhne. Ich denke mal, das ist kein Unmensch, er hat da schon ganz gut aufgepasst.

Auch auf Sie?
Zumindest hatte er ein Empfinden dafür, wie es ist, der Sohn eines berühmten Vaters zu sein. Der Kohl muss doch für seine Söhne auch ein übergroßer Vater sein.

Dann haben Sie also einen Übervater?
Ich habe einen ganz faszinierenden Vater. Und der hat mir einfach was voraus. Das geht vom Fotografieren bis dahin, was wirklich guter Wein ist. Dass man weiß, was einem bekommt. Unsereiner geht durch die Pubertät und muss es erst mal rauskriegen. Aber er weiß eben, was einem bekommt und was einem schadet.

Karl Feldmeyer

Jg. 1938, ist seit 1971 Mitglied der Redaktion der *F.A.Z.*. Ab 1976 arbeitete er als Korrespondent in Bonn, heute in Berlin.

Herr Feldmeyer, hat sich die Beziehung zwischen Journalisten und Politikern verändert, seit Berlin Regierungssitz ist?
Nein, denn verändert hat sie sich schon in Bonn. Vor 20 Jahren bestand die Bundespressekonferenz zu 95 Prozent aus Kollegen, die mitgeschrieben haben. Heute besteht sie aus einem Wald von Kameras. Und die Kameras stürzen auf die Politiker zu. Das hat einen bedrohlichen Charakter. Und die Kollegen, die mit Kameras arbeiten, die können alles sagen, nur nichts über 1:30 Minuten, das heißt, es muss ganz kurz sein. Die werfen den Politikern Fragen an den Kopf, und darauf sollen sie ganz knapp antworten und möglichst etwas Sensationelles. Früher konnten die Kollegen längere Fragen stellen, viel differenzierter die Sachverhalte ausleuchten. Heute werden die Events, wie man jetzt sagt, im Wesentlichen von den elektronischen Medien bestimmt, und das verändert den Charakter der Konferenzen und auch die Beziehungen.

Das Fernsehen ist für die Politiker heute also viel wichtiger geworden als Sie und Ihre schreibenden Kollegen?
Ja, es ist der dominante Faktor geworden. Früher wurden die Kollegen zu Pressekonferenzen eingeladen, man setzte sich hin und hatte sogar ein kleines Schreibpult, um Notizen zu machen. Heute gibt es neben den Pressekonferenzen zunehmend Zusammenkünfte, bei denen man gar keinen Stuhl mehr angeboten bekommt. Es steht auch keiner mehr da. Das sind leer geräumte Hallen, in denen Platz ist für die Fernsehkameras, und wenn sich dann jemand wie ich, der Notizen macht, dazu einfindet, dann ist das sein Vergnügen.

Wie sieht denn Ihre journalistische Ausrüstung aus, wenn Sie auf eine Pressekonferenz gehen?
Ich habe einen Block, einen Bleistift – und zur Sicherheit noch einen zweiten. Der Rest findet im Kopf statt.

Helmut Kohl sagte im Spenden-Untersuchungsausschuss, die Journalisten seien Schmierfinken. Haben Sie sich angesprochen gefühlt?
Wissen Sie, Herr Kohl braucht nicht porträtiert zu werden, er porträtiert sich selber. Und diese Äußerung spricht von tiefer Menschenverachtung, weswegen ich sie nicht kommentieren werde.

Wie wichtig ist die* F.A.Z. *in der Medienlandschaft?
Die *F.A.Z.* gilt, und ich teile diese Beurteilung, als ein Leitmedium. Wir sind für die führenden Kreise in Deutschland und darüber hinaus eine wichtige Informationsquelle, für viele die maßgebende, auch was ihre Urteilsbildung angeht.

Sie schreiben für die* F.A.Z. *Leitartikel. Wie wichtig sind Sie persönlich?
Unwichtig. Ganz einfach unwichtig. Ich freue mich, wenn meine Artikel ein Echo haben, wenn ich auf Zustimmung stoße, aber auch wenn ich auf Widerspruch stoße, denn das kann manchmal sehr anregend sein. Daraus ergeben sich Briefwechsel, daraus ergeben sich Gespräche. Aber ein Journalist tut gut daran, die Sache für wichtig zu halten und nicht sich selbst, und ich bemühe mich, mich daran zu halten.

Gelingt Ihnen das immer?
Ach Gott, wer ist vollkommen?

Sie urteilen, beurteilen, machen Meinung. Denken Sie manchmal auch an den Menschen, über den Sie gerade schreiben?
Ja. Und zwar immer dann, wenn ich Unangenehmes schreibe. Ich weiß ja, wie das, was ich schreibe, wirkt. Zumindest habe ich eine Vorstellung davon. Und ich habe mir im Jahre 1976, als ich anfing, als Korrespondent

täglich zu schreiben, selber eine Maxime gegeben: Schreibe nie etwas, was du demjenigen, über den du es schreibst, nicht mit gutem Gewissen ins Auge sagen könntest. So kann ich auch dann, wenn das, was ich schreibe, auf Missfallen stößt, damit leben, weil ich ein gutes Gewissen habe – was nicht heißt, dass ich mich nicht mal irre.

Da Sie für eine meinungsbildende Zeitung schreiben, könnte ich mir vorstellen, dass es für die Politiker wichtig ist, den Kontakt mit Ihnen zu pflegen.
Ja, ich kann mich nicht beklagen.

Wie sehen diese Pflegerituale aus?
Wir telefonieren miteinander, das ist das Ökonomischste und Effektivste. Man hat die Ruhe einer stillen Umgebung, um während des Redens auch nachdenken zu können, um auf die nächste Frage, um auf den Kern der Sache zu kommen. Das geht dem Gesprächspartner ähnlich. Und darüber hinaus treffe ich mich auch mal mit Leuten, um mich länger und ausführlicher über Dinge zu unterhalten, die man nicht schreibt, sondern um sozusagen den Hintergrund, die Motivation auszuleuchten. Dann geht man zusammen essen, oder man trifft sich auf eine Tasse Kaffee.

Nehmen Sie auch an Hintergrundgesprächen in größerer Runde teil?
Ja, es gibt diese Hintergrundgespräche, aber dieser Name verspricht in der Regel mehr, als die Zusammenkunft tatsächlich hält. Ich habe dafür jedes Verständnis. Wenn 15 Kollegen zusammengerufen werden zu einem Hintergrundgespräch, dann kann man nicht das gleiche Vertrauen haben in ihre Diskretion oder in das Wort, das sie gegeben haben, als wenn man nur mit einem Menschen zusammen ist.

Stimmt es, dass früher das, was »unter drei« gesagt wurde, auch wirklich nicht weitergegeben wurde, während das heute nicht mehr so ist? Aber vielleicht könnten Sie vorher kurz erklären, was das eigentlich heißt, »unter drei«.
Zu den Regeln der Bundespressekonferenz, die dreimal in der Woche tagt, gehört, dass man das, was »unter eins« gesagt wird, mit dem Namen dessen veröffentlichen kann, der es gesagt hat. »Unter zwei« bedeutet, man kann schreiben: »aus Regierungskreisen« oder »aus CDU-Kreisen«. Das heißt, man lässt die Richtung, aus der die Information kommt, erkennen, aber nicht die Person. Und »unter drei« heißt, dass man die Information nicht verwendet. Aber was heißt »nicht verwendet«? Es heißt, dass man es nicht für die Bundespresse veröffentlicht, in den Zeitungen, im Rundfunk. Aber das heißt nicht, dass man nicht den nächsten Politiker anruft und sagt: »Passen Sie mal auf, der und der hat das und das gesagt.« Und auch dies ist ja sozusagen für den inneren Kreislauf der Information und für das Zustandekommen von Meinungen oder gar Entscheidungen ein ganz wichtiger Sachverhalt. Und deswegen darf man »unter drei« nicht überbewerten. Auch wenn sich die Kollegen völlig korrekt an die Spielregeln halten und dies nicht veröffentlichen, heißt es ja nicht, dass es nicht am Telefon und anderweitig die Runde macht.

Und speziell bei Ihnen natürlich in den Leitartikel einfließt?
Zum Beispiel.

Der Berater eines Ministers sagte mir, man könne Journalisten erziehen, indem man Hintergrundinformationen nur noch an die Konkurrenz weitergibt. Würden Sie sich erziehen lassen?
Ich habe, was die Erziehung erwachsener Menschen angeht, große Skepsis, vor allen Dingen, was die Erziehung von Menschen angeht, die zueinander in einem partnerschaftlichen Arbeitsverhältnis stehen und sich gegenseitig brauchen, denn Journalisten brauchen Informationen, die Sprecher und ihre Politiker brauchen Beachtung und hoffen vielleicht sogar auf Wohlwollen. Ich würde den Anspruch eines Sprechers, mich erziehen zu wollen, als eine schnöde Zumutung empfinden und entsprechend reagieren. Ich erziehe keine Sprecher, und Sprecher erziehen mich nicht.

Wurden schon mal Versuche gemacht, auch Sie von Informationen fern zu halten?
Aber sicher. Jeder schadet sich, so gut er kann.

Und wie reagieren Sie dann?
Es ist das Recht jedes Politikers, jedes Sprechers, mir Informationen zu verweigern. Ich kritisiere das nicht, aber ich bemerke es natürlich – und versuche, meine Informationen aus anderer Quelle zu bekommen. Und ich kann mich nicht beklagen, dass das nicht möglich sei. Wer keine Informationen gibt, muss wissen, dass er sich selbst Einfluss nimmt. Also, das funktioniert nicht. Dazu ist die Pluralität der Quellen zu groß und das Spiel der Interessen zu komplex. Selbst der Bundeskanzler kann niemanden von Informationen abschneiden. Warum nicht? Weil er ja irgendwann mit dem, was er will, an die Öffentlichkeit muss. Dann wäre die Informationsverweigerung ohnehin kontraproduktiv, denn er ist geradezu darauf angewiesen, dass er veröffentlicht wird, dass er beachtet wird. Und wenn man das weiß und damit umgehen kann, hat man, glaube ich, keine großen Probleme.

Wie wichtig sind Journalisten und Sie ganz persönlich, um Politiker wichtig zu machen?
Unsere Rolle heißt: Öffentlichkeit herstellen und das öffentliche Augenmerk auf Personen und Sachverhalte zu lenken, die uns selbst wichtig erscheinen. Ich persönlich bin dabei nicht wichtig, denn ich bin ja nicht alleine hier in Berlin. Kein Politiker ist darauf angewiesen, dass ich ihn entdecke. Und wenn ich ein wichtiges Ereignis oder eine Person unterdrücken wollte, dann würden andere darüber berichten, und ich würde mir nur in den Finger schneiden. So wie Politiker, die mich von Informationen abschneiden wollten, sich auf längere Sicht selber schaden würden, so würde ich mir schaden, wenn ich Politiker und Fakten ignorieren wollte. Es gibt eine Demut vor der Wirklichkeit,

derer sich niemand zu genieren braucht, im Gegenteil. Wer der Wirklichkeit und den Fakten Tribut zahlt und zollt, fährt gut.

Ist Ihre persönliche politische Haltung identisch mit derjenigen der* Frankfurter Allgemeinen*?
Sie ist hinreichend identisch. Ihre Frage unterstellt, dass es da zwei Dinge gibt. Einmal die *F.A.Z.* als einen Monolith und dann den Feldmeyer. Und das ist falsch. Wir sind um die 300 Kollegen, und wir haben eine wohl funktionierende Hierarchie im Hause. An deren Spitze stehen die Herausgeber, die den politischen Kurs des Blattes bestimmen. Und wenn ich Überzeugungen hätte, die diesem Kurs diametral zuwiderliefen, dann müsste ich daraus Konsequenzen ziehen. Sei es, dass ich sie nicht veröffentliche, sei es, dass ich das Blatt wechsle. Das ist glücklicherweise nicht der Fall, und deswegen sehe ich mich nicht vor diese Herausforderung gestellt.

Es gab vor einiger Zeit einen Wechsel in der Leitung des Ressorts Innenpolitik. Hat sich dadurch auch die Richtung verändert?
Wissen Sie, die *F.A.Z.* ist ein Dickschiff. Und ein Dickschiff unterscheidet sich von einem Schnellboot darin, dass die Wendigkeit geringer ist, dafür aber die Kursstabilität erheblich größer.

Jedenfalls hat es mich erstaunt, dass die konservative* F.A.Z. *im letzten Wahlkampf Gerhard Schröder unterstützt hat. Wie kam das?
Konservativ heißt entschlossen sein, das zu erhalten, was einem erhaltenswert erscheint. Und in diesem Sinne ist die *F.A.Z.* sicherlich konservativ. Aber die *F.A.Z.* ist kein Parteiblatt. Wir nehmen uns die Freiheit, dass jeder einzelne Kollege in gewissen Toleranzräumen seine Meinung vertreten kann. Und wenn ein Kollege Argumente vorträgt, die für Herrn Schröder sprechen, dann ist es aus unserem Selbstverständnis heraus selbstverständlich, dass wir das auch veröffentlichen. Die *F.A.Z.* hat auch Willy Brandt unterstützt, und sie hat Helmut Schmidt vielfach zu loben Anlass gehabt. Die *F.A.Z.* ist kein Monolith, wir leisten uns den Luxus der Argumentation, den Luxus, auch mal gegen den Strich zu bürsten und eine neue Perspektive einzunehmen, denn das ist das Schwarzbrot für eine Zeitung. Sonst werden wir langweilig.

In all den Jahren, in denen Sie nun Journalist waren, hat sich zu manchen Politikern sicher eine große Nähe entwickelt. Ist es da manchmal schwierig, über jemanden schreiben zu müssen?
Ja, manchmal kostet das Überwindung. So wie Pferde die Sporen bekommen, damit sie über Hürden gehen, muss ich mir manchmal selber auch die Sporen geben, Dinge zu schreiben, die dem Betreffenden unangenehm sein werden. Aber wie bereits gesagt, ich schreibe immer so, dass ich kein schlechtes Gewissen haben muss und das, was ich schreibe, dem anderen gegenüber vertreten kann, auch wenn es ihm missfällt. Aber ich muss es schreiben, sonst gerät man in ein Verhältnis der inneren Abhängigkeit, und das wäre verheerend. Das wäre das Ende von Journalismus. Ein Journalist muss frei und verantwortungsbewusst sein.

Sind Sie mit zunehmendem Alter vielleicht etwas milder in der Beurteilung geworden?
Eher besorgter und aggressiver. Wenn ich sehe, welche Entwicklung der Rechtsstaat in Deutschland in den letzten zehn Jahren genommen hat, dann kann man eigentlich gar nicht schlafen. Ich finde, dass Wachsamkeit und die innere Bereitschaft, gegen den Strich zu bürsten und Dinge zu sagen, die unter Umständen der Meinung der Mehrheit, auch der Mehrheit der Kollegen nicht entspricht, dringend notwendig sind. Das ist ein Stück Zivilcourage, die erforderlich für diesen Beruf ist. Es macht ja keinen Spaß, sich zu singularisieren oder das Risiko in Kauf zu nehmen, ausgegrenzt zu werden, aber wenn es die Sache erfordert, muss man das.

Sind Sie schon mal ausgegrenzt worden?
Ja, ich war, bevor der Eiserne Vorhang 1989 in Ungarn fiel, einer der ganz wenigen Journalisten, die nicht nur die Wiedervereinigung gewollt haben, sondern die auch die Forderung an die Politik gerichtet haben, konkret auf die Wiedervereinigung zu zielen. Ich habe mich dafür schon im Blatte engagiert, als Helmut Kohl das noch als blühenden Unsinn bezeichnet hat. Das habe ich nicht vergessen. Und auch die Mehrzahl meiner Kollegen hat gesagt, »na ja, der Feldmeyer ist ja eigentlich ein ganz netter Kerl, aber er spinnt.« Ich habe in diesem Fall wirklich eine deutliche Ausgrenzung gespürt. Das zweite Mal habe ich Ausgrenzung erfahren, als ich mich ebenso engagiert für den Umzug von Parlament und Regierung nach Berlin eingesetzt habe. Viele Kollegen waren nicht bereit, ihr Einfamilienhaus oder was sie sonst schätzten zur Disposition zu stellen und ihren Hintern Richtung Berlin zu bewegen. Und das hielt ich für einen ganz schweren Fehler, weil ich glaube, dass der Strom der deutschen Geschichte in sein ursprüngliches Bett zurückgehört.

Gibt es auch ein Beispiel, wo Sie bei einem Politiker in Ungnade gefallen sind?
Ja. Darauf bin ich stolz. Journalisten, die die Nicht-Unterwerfung, das Nicht-Gefügigsein praktizieren, haben ihren Beruf richtig gewählt. Und ich bin nicht unglücklich darüber, dass Helmut Kohl vor langen Jahren sein Verhältnis zu mir, na, sagen wir mal, stark abkühlen ließ. Ich pariere nicht, sondern ich habe ein eigenes Urteil, und das vertrete ich. Ich bin kein Liebediener und will es auch nicht sein.

Warum sind Sie Journalist geworden?
Weil mich mein ganzes Leben lang die deutsche Geschichte und das Schicksal dieses Volkes zentral interessiert haben. Das ist mein Motiv.

Was ist dieser Beruf für Sie?
Er ist die Möglichkeit, mich hauptberuflich mit Politik zu beschäftigen, ohne Politiker zu sein.

Hätten Sie auch den Mut, Politiker zu werden und sich zur Wahl zu stellen?

Wenn es eine Partei gäbe, mit der ich inhaltlich hinreichend übereinstimmte und die das wollte, würde ich das nicht grundsätzlich ausschließen.

Daraus entnehme ich, dass Sie kein Parteibuch haben?
Das ist richtig, und ich hatte auch nie eines. Aus Unabhängigkeitsgründen. Wenn ich ein Parteibuch habe, ist die Annahme berechtigt, dass ich dieser Partei näher stehe und ihr lieber hilfreich sein möchte als einer anderen Partei, die im Gegensatz zu dieser steht. Hier ist Distanz notwendig. Und die richtige Nähe und die richtige Distanz auszuloten, das gehört zu diesem Beruf.

Was ist das Faszinierende an der Beziehung zwischen Journalisten und Politikern, und was erregt Ihre Abscheu?
Abscheu erweckt in mir die Anmaßung, um nicht zu sagen die Unverschämtheit von Politikern, in Journalisten Objekte und Gebrauchsgegenstände zu sehen, wie Handtücher, an denen man sich die Finger abputzt und die man anschließend wegwirft. Die Würde des Menschen ist unantastbar. Das ist kein feuilletonistischer Satz im Grundgesetz, sondern das ist für mich ein ganz realer Anspruch. Und daran messe ich den Umgang mit mir, aber auch die Form des Umgangs, den ich pflege. Ich duze niemanden, es sei denn im privaten Bereich. Ich halte auf Distanz, ich halte auch auf Form und möchte niemandem zu nahe treten. Und ich erwarte, dass man sich mir gegenüber genauso verhält. Und wenn man sich nicht so verhält und es wird eine Erwartungshaltung deutlich – entweder der schreibt freundlich, oder aber ich trete ihm ans Knie –, dann ist das Thema für mich schon gelaufen. Da gibt es überhaupt keine Diskussion. Ich habe die gleiche Menschenwürde wie Herr Kohl, wie Herr Rühe, nennen Sie, wen Sie wollen. Und ich habe den Anspruch, dass sie beachtet wird. Politiker, die glauben, Journalisten seien eine Art Gebrauchsgegenstand, die verachte ich, die betrachte ich sozusagen als meine geborenen Gegner.

Stimmt es, dass Helmut Kohl versucht hat, massiv Einfluss zu nehmen auf die* F.A.Z.*?
Ich kann das nicht bestätigen. Wenn Helmut Kohl das versucht hat, dann bei den Herausgebern, bei denen ja solche Versuche unternommen werden müssten, wenn sie Erfolg haben sollen. Dann wäre das aber eine grobe Torheit von ihm gewesen. Die *F.A.Z.* ist eine Zeitung, die Selbstachtung hat. Die lässt sich bestimmte Dinge nicht zumuten. Ich weiß von einem Politiker, jetzt rede ich doch ein klein bisschen aus dem Nähkästchen, der in Frankfurt vorstellig geworden ist und gesagt hat, er hätte doch so gerne gute Beziehungen zu dieser Zeitung, und da gäbe es dieses Problem, diesen Journalisten Feldmeyer. Und da hat der gar nichts machen können, sondern bekam nur eine ganz freundliche Antwort: »Wenn Sie gute Beziehungen zur *F.A.Z.* haben wollen, dann pflegen Sie Ihre Beziehungen zu Herrn Feldmeyer.« Und so angenehm mir das als Betroffener sein musste, ich bin auch stolz darauf, dass die Leitung der *F.A.Z.* ein Selbstverständnis hat, das zu dieser Antwort führt. Das ist ganz wichtig für die innere Unabhängigkeit. Und diese ergibt sich letztendlich aus dem Selbstverständnis von Menschen. Wer frei ist und wer Selbstachtung hat, lässt sich ein solches Joch der Abhängigkeit als Zumutung nicht überwerfen. Bei der *F.A.Z.* gibt es auch keine äußere, finanzielle Abhängigkeit. Sie ist eine Stiftung, deren Daseinszweck es ist, diese Zeitung ständig besser zu machen.

Verletzt es auch die Selbstachtung eines Journalisten, wenn er von den Politikern manchmal einfach stehen gelassen wird?
Das kommt vor, aber Sie müssen natürlich auch sehen, dass sehr viele Kollegen sehr unförmlich sich einfach durch einen Pulk von anderen Kollegen durchrammen wie ein Rammbock, das Mikrophon dem Politiker in die Kehle zu stopfen versuchen und dann irgendetwas fragen. Wenn ein Politiker auf eine solche Verhaltensweise dadurch reagiert, dass er es ignoriert, dann kann ich das nicht kritisieren.

Gibt es für Sie eine moralische Grenze?
Es gibt eine Menge moralischer Grenzen. Eine habe ich Ihnen genannt, die Würde des Menschen, die nehme ich ganz ernst. Wissen Sie, als ich sechs Jahre alt war, war der Krieg zu Ende. Und dann kam eine Tante, die hatte Auschwitz überlebt. Zu meinen frühesten Einflüssen gehören der Krieg und die Bestialität, die das Dritte Reich hinterlassen hat. Ich weiß, dass man den Anfängen wehren muss und dass man den Mut aufbringen muss, laut und deutlich Widerspruch einzulegen, wenn bestimmte Dinge berührt sind, zum Beispiel die Verteidigung des Rechtsstaates. Wer das Grundgesetz verletzt, muss die Konsequenzen tragen.

Sie sind durch den Zweiten Weltkrieg geprägt worden. Vor einiger Zeit war Deutschland nun zum ersten Mal wieder an einem Krieg beteiligt, im Kosovo. Merkwürdigerweise gab es relativ wenige kritische Stimmen in den Medien. Haben sich die Medien damals nicht zu sehr in den Dienst der Politik gestellt, die für diesen Krieg eintrat?
In dem Moment, wo der Staat durch die Zugehörigkeit zu einer Sicherheitsallianz Teil einer Krieg führenden Partei wird, unterliegt die journalistische Unabhängigkeit besonderen Herausforderungen, das ist ganz klar. Die öffentliche Meinung war geschlossen gegen Milosevic und das, was er im Kosovo getan hat, und unterstützte natürlich moralisch den Versuch, Milosevic zu stoppen. Wie, war dann eine zweite Frage. Dass ein Staat, dessen Streitkräfte Krieg führen, die Medien zu benutzen versucht, ist, wie ich meine, wenn man redlich ist, unvermeidlich. Die Medien sind ein wichtiger Faktor dafür, wie ein Krieg verläuft, ob er gewonnen wird, ob er verloren wird, und der Versuch, die Medien zu beeinflussen, ist Teil des Versuchs, den Krieg zu gewinnen. Sie können das unter dem Stichwort Propaganda verbuchen, nicht unter dem Stichwort Journalismus.

Ist es überhaupt denkbar, dass Journalisten unter diesen Umständen noch unabhängig berichten können?

Wir Journalisten standen ja zwischen Skylla und Charybdis. Wir wollten einerseits, dass Milosevic unterliegt, aber andererseits wollten wir uns auch nicht manipulieren lassen. Und beides zusammen zu vereinbaren kommt manchmal der Quadratur des Kreises sehr nahe. Gerade dann, wenn es sich um moralisch begründete Aktionen handelt wie im Kosovo-Krieg, wo man selber auf der einen Seite steht, zu versuchen, unparteilich zu berichten, ist ein Widerspruch in sich selbst.

Die Medien wurden damals auch gezielt getäuscht, etwa durch das Video von der Bombardierung eines Zuges, das die Nato-Presseleute schneller ablaufen ließen.

Ja, das fällt alles unter den Begriff »benutzen«, Einfluss nehmen, wozu mit Sicherheit die Manipulation gehört. Auch dass bei den eigentlichen Kampfhandlungen keine freien Kameras zugelassen sind, hat nicht nur den Grund, das Leben der Journalisten zu schützen. Eine Neuerung der Kriegsführung ist auch, dass es wieder Leute gibt – früher hätte man das Propagandakompanie genannt –, die im Auftrag der Streitkräfte und des Staates ihre Arbeit tun, Tendenzjournalismus betreiben, eben um die öffentliche Meinung in dem Sinne zu beeinflussen, der gewünscht wird. Das ist Teil der Kriegsführung, das muss man schlicht und einfach zur Kenntnis nehmen.

Was würden Sie einem jungen Kollegen empfehlen, der gerade anfängt in diesem Beruf?

Er sollte sich die Neugier bewahren und die innere Unabhängigkeit und eine gute Gesundheit, denn das ist ein stressiger Beruf. Und er sollte selbst trainieren, die richtigen Fragen zu stellen. Die wichtigen Fragen sind immer die einfachen Fragen. Und wenn man die an den Anfang setzt, dann kommt man schnell genug in die Details. Richtig systematisch fragen ist das Wichtigste, was ein Journalist können muss. Er muss sich selbst fragen, bevor er andere fragt. Man muss Lagebeurteilungen erstellen, man muss sich fragen, wer hat welche Interessen. Welche Konsequenzen liegen im Verfolgen von bestimmten Interessen? Jeder, der Verhaltensweisen zu beurteilen hat, muss dies berücksichtigen.

Sabine Christiansen

JG. 1957, WAR SIEBEN JAHRE IN DER FREIEN WIRTSCHAFT TÄTIG UND ARBEITETE DANACH ALS WIRTSCHAFTSREDAKTEURIN BEIM *NDR*. VON 1987–97 MODERIERTE SIE DIE *TAGESTHEMEN*, SEIT 1997 DIE TALKSHOW *SABINE CHRISTIANSEN*.

Frau Christiansen, die beiden wichtigsten Talkshows im Fernsehen werden von Frauen gemacht. Warum? Weil die Zuschauer ein attraktives weibliches Gesicht bevorzugen?

Ich glaube, wie ein Gesicht aussieht, spielt vielleicht zu zehn Prozent eine Rolle. Viel stärker zählt, ob dieses Gesicht bereits bekannt ist, ob Sie mit dem Gesicht etwas verbinden wie Glaubwürdigkeit, Sachkenntnis und Sympathie. Die Zuschauer hatten Maybrit Illner vorher als Reporterin und Moderatorin erlebt, mich kannten sie aus den *Tagesthemen*. Sie sehen eben lieber jemanden, an den sie sich schon gewöhnt haben. Zum Zweiten glaube ich, dass Frauen auf eine andere Art durchsetzungsfähig sind, die auch etwas mit Charme zu tun hat. Und schließlich spielt bei ihnen der Eitelkeitsfaktor keine so große Rolle wie bei manchen älteren männlichen Kollegen. Das tut einer Gesprächsrunde nur gut.

Gerade hat einer dieser älteren Kollegen – er ist sechzig – eine neue Talkshow bekommen. Ich könnte mir vorstellen, dass Sie als Frau mit Sechzig keine neue Talkshow mehr bekommen würden.

Das könnte sein, ja. Aber ich glaube, dass wir da einen Wandel erleben werden und mehr und mehr Kolleginnen mit 50, 55 oder vielleicht 60 vor der Kamera arbeiten. Ich würde mir das sehr wünschen, weil wir sehr viele gute Frauen im Journalismus haben. Es geht aber nur bedingt um die Positionen auf dem Bildschirm. Wichtiger sind Aufstiegsmöglichkeiten und leitende Positionen für Frauen in Medienunternehmen. In den Chefetagen bei Print und Fernsehen sieht es – bis auf wenige Ausnahmen – immer noch mager aus.

1999 wurden Sie von den Medienfrauen mit der »Sauren Gurke« für frauenfeindliche Berichterstattung ausgezeichnet, weil Sie zu wenig Frauen in Ihre Talkshow eingeladen hatten. Wie fanden Sie das?

Lustig, lustig. Also, die Vergabekriterien sind mir nicht so ganz klar. Es ist nun einmal leider so, dass es unter den politischen und wirtschaftlichen Hauptakteuren nicht besser aussieht als in den Medien: mit nur fünf bis acht Prozent weiblichen Führungskräften. Meine Sendung ist davon nur ein Abbild. Wir sind 70 Prozent Frauen in der Redaktion, Produktion und Regie und hätten lieber mehr Frauen als Gäste. Und natürlich kann ich statt dem Herrn Minister auch mal die Frau Staatssekretärin einladen, aber das geht nicht in jeder Woche, denn die Zuschauer warten darauf, den zuständigen Spitzengast zu sehen.

Welche Eigenschaften machen Sie zu einer guten Moderatorin?

Einmal glaube ich, dass die Zuschauer ein gewisses Vertrauen in meine Person setzen. Dann bin ich seit Jahren in den Themen zu Hause, die wir machen. Ich habe eine Beziehung zur Politik, zur Wirtschaft, zu den Gästen, die wir einladen. Hajo Friedrichs hat dieses Verhältnis einmal so beschrieben: »Man sollte immer dabei sein, aber man sollte nie dazu gehören.« Das ist auch für mich ein ganz wichtiges Prinzip: sich nicht gemein machen mit denen, die eingeladen sind. Ich bleibe immer ein wenig auf Distanz.

Bei öffentlich-rechtlichen Sendern entscheidet ja manchmal das Parteibuch über die Karriere. Haben Sie auch eines?

Nein, und es war für mich auch nie entscheidend. Als damals bei den *Tagesthemen* sozusagen der SPD-Stuhl durch Hajo Friedrichs besetzt war, suchte man eigentlich eine CDU-Frau, fand aber keine. So saß dann ich, ohne Parteibuch, auf einem so genannten CDU-Stuhl, aber mich hat nie einer darum gebeten, den in dieser Form auszufüllen. Das war damals auch eine Umbruchzeit, in der es

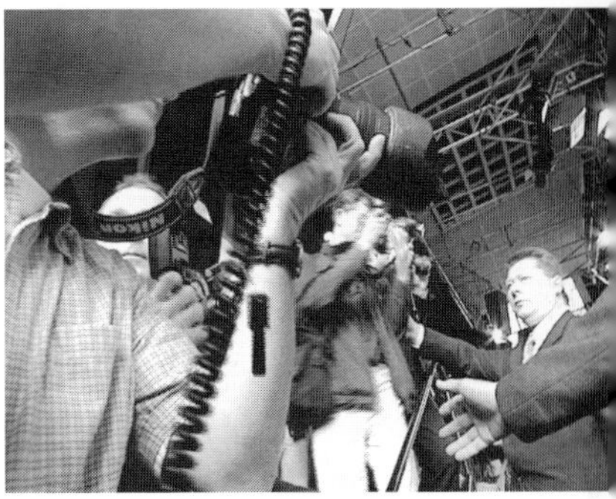

nicht mehr so wichtig war, das richtige Parteibuch zu haben, sondern in der man dann mehr darauf geguckt hat, ob eine Frau ihren Job gut macht.

Was mussten Sie im Lauf der Zeit für Ihren Beruf lernen?

Viele Ratschläge anzunehmen und andere abzulehnen und meinem Instinkt zu vertrauen. Es gibt gut gemeinte Vorschläge, die nichts bringen, und Ratschläge, die vielleicht gar nicht so gut gemeint waren. Ein sehr guter Rat, den ich auch beherzigt habe, heißt: »Bleib du selbst!« Viel Medientraining allein hat keinen Sinn, irgendwann muss sich auch herausstellen, ob ich das selber bin oder nicht. Der Zuschauer will eher eine relativ normale Person sehen als jemanden, der kontrolliert ist bis in die kleinste Handbewegung.

Welche Ratschläge haben Sie noch beherzigt?

Sich selbst nicht zu wichtig zu nehmen. Es gab einmal einen Kollegen, der unheimlich stolz darauf war, auf einem Titelblatt zu sein. Und ein paar Tage später sah ich, wie beim Fischhändler der Fisch in dieses Titelblatt eingewickelt wurde. Ich finde, das relativiert den großen Wirbel, der manchmal um eine Person gemacht wird. Ich bin ein sehr teamorientierter Mensch mit beiden Beinen auf der Erde. Ich brauche die Diskussion mit den Kollegen, und mir ist wichtig, dass alle mit dem gleichen Eifer arbeiten und dass wir das Thema gemeinsam tragen.

Welchen Preis erfordert Ihr Beruf?

Den Preis, Woche für Woche sechs bis sieben Tage zu arbeiten. Ich bin sehr pur auf die Arbeit ausgerichtet, aber dann brauche ich auch wieder meine ganz eigene private Sphäre. Das geht auch mit einem bekannten Gesicht in dieser großen Stadt Berlin, deren Menschen wenig Aufhebens um Prominenz machen.

Erleben Sie Ihre große Bekanntheit nicht als Verlust der Privatheit?

Nein, ich kann das nicht so empfinden. Natürlich werde ich viel auf die Sendung angesprochen, wenn ich in der Stadt unterwegs bin oder in der S-Bahn fahre. Aber das ist mir lieber, als wenn sie keinen berühren würde. Und es ist für mich auch ganz wichtig zu erfahren, was die Leute letzte Woche gut fanden und was nicht.

Wozu braucht ein Bürger, der täglich Zeitung liest, überhaupt eine Talkshow wie die Ihre?

Das eine kann das andere nicht ersetzen. In einem Printmedium bekommt er einen sehr fundierten Bericht etwa über ein Gesetzesvorhaben. Eine Talkshow zeigt ihm ein Abbild ganz unterschiedlicher Meinungen und Wahrheiten und darüber hinaus auch noch, wie diese Meinungen vertreten werden: wie vehement jemand für seine Meinung kämpft, wie er sich verhält im Diskurs mit einem, der eine andere Meinung hat, also wie tolerant oder verbohrt er ist.

Erfährt man da wirklich mehr als die ewigen Standardmeinungen der Politiker?

Die sich aber in einer Talkshow leichter aufbrechen lassen

als etwa in einem One-to-one-Gespräch zwischen Journalist und Politiker, wo sich diese Phrasen etabliert haben. Deshalb ist ein Grundprinzip meiner Sendung, dass auch immer Volkes Stimme mit in der Runde sitzt, das heißt, man muss auch einen oder zwei Teilnehmer haben, die das Gefühl in der Bevölkerung widerspiegeln und die Phrasen der Politik hinterfragen. Ob einer seine Phrasen wirklich 60 Minuten lang durchhält, das ist das Spannende daran.

Ist, wie der Name schon sagt, so eine Talkshow nicht oft mehr Show als ein Beitrag zur demokratischen Meinungsbildung?
Politik im Fernsehen ist natürlich immer zugespitzt. Aber 60 Minuten sind schon ein relativ breites Maß im Vergleich zu einem Drei-Minuten-Gespräch in der *Tagesschau*. Am Anfang haben uns viele belächelt: 60 Minuten Politik am Sonntagabend, das geht nicht, da wollen die Leute doch Unterhaltung. Aber wir haben gezeigt, dass das nicht der Fall ist. Und wir benötigen auch keine Krawallmacher.

Wie wichtig sind Sie, um Politiker wichtig zu machen?
Ich persönlich bin sicher austauschbar. Es geht für die Politiker natürlich um einen Sendeplatz und eine Sendeform, um die Wähler zu erreichen. Insofern ist meine Talkshow sehr wichtig, denn wir haben zwischen vier und sieben Millionen Zuschauer. Außerdem ist unsere Sendung am Montag Gesprächsthema in vielen Büros, auch in den Führungsetagen. Sehr viele Leute erwarten es von den Entscheidungsträgern einfach, dass sie an dem Abend da sind, und schauen mit Spannung darauf, was gesagt wird. Es ist schon sehr wichtig, da zu sein.

Wichtiger, als etwa in die Talkshow von Frau Illner zu gehen?
Ich glaube, es verteilt sich auf alle Talkshows recht gut, jede hat ihr Stammpublikum. Aber vielleicht entscheiden sich Politiker deshalb eher für die Sonntags-Talkshow, weil dieser Sonntagabend mittlerweile so etwas wie der Montagmorgen für die politischen Printmagazine geworden ist. Das heißt, am Sonntagabend kommt man aus dem freien Wochenende zurück und steigt quasi wieder in die politische Woche ein. Das ist für sehr viele Zuschauer ein Grund einzuschalten, und die hohe Quote ist wiederum ein Grund für die Politiker, zu uns zu kommen. Das wichtigste Kriterium ist aber, ob man den Zeitpunkt trifft, wo sie auch bereit sind, mit einer Information nach außen zu gehen oder sie streitbar zu vertreten

Das heißt, manchmal kommen die Politiker nicht so gern in Ihre Talkshow?
Haben sie etwas zu verkaufen, kommen sie sehr gern. In einer Krise, wie etwa während der CDU-Affäre, sind sie weniger oder gar nicht bereit dazu. Es ist ja ein Geben und Nehmen zwischen Politik und Medien, und unsere Aufgabe ist es, nicht nur dann, wenn die Sonne scheint, etwas zu bekommen.

Wer sitzt bei diesem Geben und Nehmen am längeren Hebel?
In dem Moment, in dem ein Politiker, den wir eingeladen haben, nein sagt, sitzt natürlich er am längeren Hebel. Aber was sie nicht verhindern können, ist, das Thema zu diskutieren – und wenn die erste Reihe nein sagt, dann eben mit anderen Gästen. Oft ist es so, dass ihnen das Thema nicht recht ist, aber sie kommen dann doch lieber selbst, bevor sie es anderen überlassen. Es ist durchaus ein spannungsreiches Verhältnis, aber so soll es ja auch sein.

Ist es manchmal schwierig für Sie, in der Runde die Fäden in der Hand zu halten?
Ich finde es immer dann sehr gut für mich, wenn ich mich fünf Minuten zurücklehnen und zuhören kann, wenn also ein Gespräch zustande gekommen ist und nicht mehr sechs einzelne Personen ihre Statements absondern. Es geht nicht darum, sich als Moderatorin ständig in den Mittelpunkt zu drängen. Ich muss mir nur ganz gewisse Knotenpunkte vornehmen und versuchen, dass daraus ein Netz wird, das dieses Thema einbindet und zentrale Fragen auch beantwortet werden. Und ich muss in Situationen eingreifen, in denen einige Gäste den anderen dauernd ins Wort fallen und meinen, allein durch Lautstärke und minutenlanges Reden würden sie die Trumpfkarte in der Hand haben. Die wissen nicht, dass das beim Zuschauer genau andersherum ankommt. Der verteilt dafür nach der Sendung sofort per Internet oder Telefon seine Minuspunkte.

Haben Sie schon einmal daran gedacht, der Runde nur ein Thema zu geben und dann dem Ganzen seinen freien Lauf zu lassen?
Wir erleben das ja jeden Sonntag nach der Sendung, wenn die Kameras ausgeschaltet sind. Dann wird meistens noch zwei, drei Stunden weiter diskutiert, und es ergibt sich eine etwas offenere Diskussion, die auch Emotionen stärker hervorbringt.

Hatten Sie schon mal das Gefühl, dass Ihnen eine Sendung völlig aus dem Ruder gelaufen ist?
Zum Glück noch nicht, und ich hoffe auch nicht, dass es passiert. Natürlich kommt es immer wieder mal vor, dass ein wichtiger Punkt zu kurz kommt, weil fünf Gäste sich einig darüber sind, lieber über einige Verästelungen des Themas zu diskutieren, und sich in kleinerem Geplänkel verlieren. Dann ist es nicht einfach, sie immer wieder zurück zum Hauptthema zu bringen. Wir sind sehr kritisch mit uns und unseren Sendungen. Ich glaube, wir sind die einzige Fernsehredaktion, die am Montagmorgen externe Kritiker, Chefredakteure und Ressortchefs einlädt, die dann die Sendung in allen Details kritisieren oder auch mal loben.

Was müsste passieren, um Sabine Christiansen aus der Fassung zu bringen?
Eine große Spinne müsste über diesen Tisch laufen. Mit einer Maus würde es schon nicht mehr gelingen, mich aus der Fassung zu bringen. Ich kann durchaus mal sehr emotional sein. Wenn ich mit meinem Mann zu Hertha BSC gehe – ich bin ja jetzt sogar Mitglied dort geworden –,

Medientreff von Reemtsma, Berlin

dann werde ich auf dem Fußballplatz auch mal laut. Ich bin nicht immer nur die ganz Coole aus dem Norden. Das wirklich Emotionale liegt im Privaten.

Wann sind Sie die Coole?
Ich sortiere gern die Probleme in der Reihenfolge ihres Auftretens, dann wird das erste gelöst, das zweite und so weiter. Ich glaube, dass ich mit Krisensituationen, auch kurz vor einer Live-Sendung, ganz gut umgehen kann. Und ich kann Kritik und Polemik voneinander unterscheiden.

Das klingt sehr rational?
Ja, ich bin Jungfrau. Es ist immer besser, ein Licht anzuzünden, als über die Dunkelheit zu klagen. Das ist meine Position.

Warum sind Sie ausgerechnet Journalistin geworden?
Weil ich sehr neugierig bin, mich Menschen und Hintergründe interessieren. Es macht mir auch Spaß, komplexe Zusammenhänge zu reduzieren, das herauszufiltern, was daran interessant sein könnte, insbesondere im politischen und wirtschaftlichen Bereich. Da vermischen sich Hobby und Beruf, und der ist ja ein großer Teil des Lebens. Gibt es ein Leben nach dem Job? Eigentlich nein.

Wie hat sich der Umgang zwischen Journalisten und Politikern verändert seit dem Umzug nach Berlin?
Wo früher drei Kamerateams herumstanden, haben wir heute einen Pulk von Journalisten, die sich wie eine Meute auf die Politiker stürzen. Herr Schäuble musste dieses auf sehr negative Weise erfahren, als er während der CDU-Affäre auf dem Weg zu einer Pressekonferenz plötzlich von diesem Pulk überrannt wurde und darin unterzugehen drohte. Die Parteien oder Organisatoren müssen eben sehen, mit welchen Barrieren sie wieder eine gewisse Distanz schaffen können, damit ein ganz persönliches Sicherheitsfeld nicht berührt wird.

Läuft die Politik Gefahr, zur reinen Show zu werden?
Nein, das glaube ich nicht. Aber die Elemente werden sich verstärken. In den vergangenen Jahren haben sich die Wahlkämpfe drastisch verändert, seitdem sie sich in den angelsächsischen Ländern umgeschaut haben, wie die Kollegen dort den Faktor Show einsetzen. Aber die Wähler durchschauen schnell, ob am Ende der Fallschirmabsprung mehr Arbeitsplätze bringt oder gute politische Arbeit.

Was heißt das?
Dass wir Journalisten nicht auf jeden Werbegag hereinfallen dürfen. Wir müssen aufpassen, dass das Fernsehen nicht zum reinen Podium wird, wo sich Politiker live vor laufenden Kameras produzieren können, und dass wir nicht nur das transportieren, was die Politiker gern transportiert sehen möchten, sondern auch die Themen aufgreifen, die den Politikern vielleicht unangenehmer sind und bei denen noch Diskussionsbedarf besteht.

Maybrit Illner

Jg. 1965, arbeitete als Redakteurin und Moderatorin in der Sportredaktion des DDR-Fernsehens, ab 1990 in der Auslandsredaktion. 1992 wurde sie Moderatorin des *ZDF-Morgenmagazins*. Seit 1999 moderiert sie die Talkshow *Berlin Mitte*.

Frau Illner, die zwei wichtigsten Talkshows im Fernsehen sind mit Frauen besetzt. Warum? Weil ein hübsches Gesicht mehr Zuschauer bringt?
Ich halte diese Diskussion für unsinnig, ob nun zwei Frauen moderieren dürfen, weil sie ganz nett anzuschauen sind, oder ob doch besser die alten Herren politische Informationen vermitteln sollten. Natürlich haben uns Männer in diese Positionen gebracht, aber die haben ja eine gute Entscheidung gefällt, denn Sabine Christiansen und Maybrit Illner sehen nicht nur adrett aus, sondern sind auch gute Journalistinnen.

Gibt es beim Fernsehen denn nur die Alternative zwischen adretten Frauen und alten Männern?
Vielleicht können wir uns darauf verständigen, dass es auch ganz nett anzuschauende junge Männer gibt. Ich finde es aber auch schade, dass es immer noch ein Sakrileg ist, Frauen auf dem Schirm älter werden zu lassen. Wenn sie denn wach im Kopf und munter im Herzen sind, sind Frauen mit Fünfzig oder Sechzig bestimmt sehenswerter als irgendein 25-jähriger Hahn, der eigentlich besser zu *VIVA* passen würde, aber trotzdem versucht, Ulrich Wickert zu imitieren.

Haben Sie nicht manchmal das Gefühl, nur eine Quotenfrau zu sein?
Ich bin sogar eine Dreifachquote. Ich bin nicht nur Frau, sondern auch unter 50 und aus dem Osten. Aber ich wäre wohl schlecht beraten, mich als Quotenfrau zu fühlen. Ich rede mir einfach weiter ein, dass diese TV-Hauptrolle bei *Berlin Mitte* etwas mit mir zu tun hat. Und ich bin den Menschen, die mir das zugetraut haben, dafür sehr dankbar. Diese Menschen waren in der Regel Männer, aber das mache ich ihnen nicht zum Vorwurf, sie sind nun mal in diesen Positionen.

Männer dominieren auch die Politik. Ist es da schwierig, weibliche Gäste für Ihre Sendung zu finden?
Natürlich leben wir in einer männlich regierten Welt. Auch in der Redaktion stellen wir manchmal fest, dass uns für die meisten politischen Themen zuallererst Männer einfallen. Aber wie heißt die alte journalistische Faustregel: »Misstraue deiner ersten Idee!« Es macht manchmal ein bisschen mehr Mühe, aber es gibt sie immer, die Frau, die perfekt in unsere jeweilige Sendung passt.

Braucht ein Bürger, der Zeitung liest, denn überhaupt eine politische Talkshow?
So können Sie Fernsehen überhaupt in Frage stellen. Natürlich braucht er sie. *Berlin Mitte* ist die spontane, simultane Begegnung zwischen den Politikern und dem Volk. Das kann eine Zeitung überhaupt nicht leisten. Wir laden nicht nur Berufspolitiker ein, sondern immer auch einen Überraschungsgast, der dann mit Fug und Recht von sich behaupten kann: »Ich bin das Volk.«

Kommen die Politiker gerne in Ihre Sendung?
Ja, und sie sind auch gut beraten, zu uns zu kommen, da sie hier ihre Ideen und Überzeugungen an ihren Wählern prüfen können. Wir haben es natürlich auch gerne, wenn sie kommen, da sie, wenn Sie so wollen, unser Grundnahrungsmittel, unser Basismaterial sind.

Nach welchen Kriterien entscheiden Politiker, ob sie nun zu Ihnen oder zu Sabine Christiansen gehen? Nach den Einschaltquoten?
Ich weiß nicht, ob ein Politiker sich eher für Sabine Christiansen entscheidet, weil er dort auf vier Millionen Zuschauer trifft und bei uns nur auf zweieinhalb Millionen. Manchmal will er überhaupt nicht gerne reden, der Politi-

ker, weil das Thema für ihn persönlich unangenehm ist. Und dann muss die Redaktion von Sabine Christiansen sicher genauso um ihn kämpfen wie wir. Aber grundsätzlich ist es ehrlich gesagt nicht so schwer, die Politiker zu überreden, in unsere Sendung zu kommen.

Wie wichtig sind Sie durch diese Talkshow geworden?
Klar, da läuft ganz viel über das »Gesicht« der Sendung. Auf der anderen Seite sitze ich da nicht in erster Linie als Privatperson, sondern als eine Journalistin, die vielleicht auf eine besondere Art und Weise Fragen stellt und versucht, die Menschen in eine produktive Kontroverse zu bringen. Dieser methodische Aspekt interessiert mich viel mehr, als von irgendeiner Wichtigkeit für den Rest der Welt zu sein. Fernsehen ist nicht mein ganzes Leben, nicht einmal mein halbes.

Beim ZDF-Sommerfest konnten Sie ihr Gesicht hauswandgroß prangen sehen. Wie fühlt man sich da?
Es ist für mich weder ein Problem, noch hebt es mich in irgendeiner Hinsicht an. Ich empfinde dabei nur, eine sehr privilegierte Arbeit machen zu dürfen, bei der ich vierzehn Stunden am Tag von Menschen umgeben bin, die ich gerne habe – neben meinem Mann natürlich, den habe ich noch lieber.

Erleben Sie Ihre große Bekanntheit auch als Verlust der Privatheit?
Wenn ich S-Bahn oder U-Bahn fahre oder aus meinem Auto aussteige, dann gucken die Leute schon mal hin: Ist die das? Oder sie fragen mich, ob ich wirklich die aus *Berlin Mitte* bin oder ihre Schwester oder ob ich nur große Ähnlichkeit habe. Aber das macht einen ja nicht fertig. Auf keinen Fall möchte ich, dass Journalistenkollegen zu mir nach Hause kommen und über mein Privatleben berichten. Und das liegt ja immer in meiner Hand.

Wie begegnen Ihnen die Politiker, seit Sie* Berlin Mitte *moderieren. Hat sich die Beziehung verändert?
Nein, die Politiker haben sich verändert. Das hat nichts mit mir zu tun. Sie sind medialer geworden. Ich glaube, dass die Zeit vorbei ist, wo Politiker die Dinge, die sie gerne durchsetzen möchten, zuerst in ihren Parteiinstitutionen bereden, bevor sie dann mit einem gefassten Beschluss nach draußen treten. Heute prüfen Politiker ganz schnell über die Medien die Akzeptanz ihrer Ideen und gehen erst hinterher mit den Pegelständen der öffentlichen Meinung in ihre Parteigremien, um mit diesem Rückhalt ihre Dinge durchzusetzen. Das erleichtert natürlich unser Spiel und unser Verständnis für bestimmte politische Prozesse und ihre Resultate. Wir dürfen nicht mehr erst nach den Entscheidungsprozessen teilhaben.

Klopfen die Politiker auch mal bei Ihnen an, um in Ihre Sendung kommen zu dürfen?
Das kommt selten vor. Und nie bei den Spitzenpolitikern. Wenn dieser Fall eintritt, dann reiche ich freundlich meine Hand und sage: Wenn es ein Thema gibt, für das Sie unsere A-Besetzung wären, dann erhalten Sie selbstverständlich eine Einladung. An erster Stelle steht für uns immer das Thema. Und es spielt natürlich überhaupt keine Rolle, ob ich irgendeinen Politiker sympathisch finde oder nicht. Entscheidend ist, dass er das Thema bestmöglich bedient. Ich glaube, es zeichnet gerade diese neue Berliner Republik aus, dass der Journalismus zwar oberflächlicher und unglaublich schnell, dafür aber weniger parteipolitisch geworden ist. Diese sehr süßen Beziehungen, die es vielleicht noch in den Tagen der Bonner Republik zwischen Journalisten und Politikern gegeben hat, sind perdu.

Was ist für Sie das Faszinierende an der Beziehung zwischen Politikern und Journalisten?
Dass es eine Hassliebe ist. Anziehung und Abstoßung in einem. Beide wissen, dass sie voneinander abhängig sind, und beide Seiten hassen diese Abhängigkeit. Politiker halten Journalisten in der Regel für die schlimmsten Banausen auf Gottes heiliger Erde, und Journalisten lieben Politiker auch nicht besonders. Ich kann da nicht so mithassen. Manchmal schafft man es sogar in so einer Talkrunde wie *Berlin Mitte*, nicht nur an der Oberfläche zu bleiben, sondern alle sieben Häute runterzuziehen und wirklich zum Kern der Dinge zu kommen.

Gelingt das denn in einer Talkshow? Oder ist sie doch eher eine Plattform für Politiker, um in die Wohnzimmer ihrer Wähler zu kommen?

Demonstration gegen das Verbot der NPD

Es wird ja heute gerne gesagt, dass uns die Politiker missbrauchen und dass wir ihnen eigentlich nur als Podium dienen für ihre inszenierte Selbstdarstellung. Ich kann das nicht mehr hören. Ich muss und möchte davon ausgehen, dass die Politiker das, was sie sagen, auch ernst meinen. Und deshalb nehme ich sie ernst. Nur dann habe ich eine Chance, sie auf Widersprüche in ihren Aussagen aufmerksam zu machen. Ich verstehe unsere Sendung als eine Art Stiftung Warentest der Politik, in der dem Zuschauer für ein Problem zwei, drei Lösungsangebote unterbreitet werden, zwischen denen er sich dann entscheiden kann – natürlich in seinem Wohnzimmer.

Manchmal agieren Sie sehr zurückhaltend, manchmal provozieren Sie. Tun Sie das ganz bewusst?

Nein, das hängt immer von den Gästen ab und von der Kontroverse. In erster Linie möchte ich, dass jeder in dieser Runde das Gefühl hat, dass es fair zugeht. Und zweitens will ich, dass verstanden wird, worüber wir reden, dass das nicht eine Diskussion unter Spezialisten bleibt. Insofern fungiere ich als Dolmetscherin und muss nachhaken, wenn etwas unklar oder unbeantwortet bleibt.

Könnten Sie sich vorstellen, der Runde nur das Thema vorzugeben und dann der Diskussion ohne jede Einmischung ihren freien Lauf zu lassen?

Das Ergebnis einer solchen Diskussion würde mich auch sehr interessieren. Entweder redet nur einer oder es reden alle übereinander, oder es stehen alle auf und gehen. Eine Moderatorin hat in einer solchen Runde eben wirklich eine Funktion. Sie ordnet und sorgt dafür, dass das Gespräch einen roten Faden hat und dass es den vier Beteiligten nicht nur darum geht, Recht zu haben und Recht zu behalten, sondern vielleicht auch mal das Rechte herauszufinden.

Welche besonderen Eigenschaften muss eine Moderatorin haben?

Vor allem zwei. Man muss sehr, sehr gut zuhören können. Und man muss fähig sein, die 100 tollen Fragen, die man vor der Sendung mit der Redaktion überlegt hat, ab einem bestimmten Punkt einfach zu vergessen und sich auf dieses Gespräch einzulassen.

Welche ganz persönlichen Eigenschaften qualifizieren Sie für diesen Beruf?

Vielleicht habe ich eine gewisse Wachheit und auch eine Sicherheit. Ich habe keine Angst davor, dass mir in der Sendung was passieren könnte, mir Scheinwerfer auf den Kopf fallen oder jemand aufsteht und das Studio verlässt oder laut wird und mich beschimpft.

Warum sind Sie Journalistin geworden?

Weil ich den postpubertären Traum hatte, einmal Sportreporterin zu werden. Aus irgendwelchen Gründen, die ich mir heute nicht mehr erklären kann, wollte ich wie Heinz Florian Oertel oder Harry Valerien unbedingt bei großen Sportereignissen dabei sein, um diesen Wettkampf der Giganten mitverfolgen und kommentieren zu können. Dazu ist es dann nie gekommen. Ich habe es nur bis zum »Stubendienst« gebracht, also Studiomoderationen in der Sportredaktion gemacht. Mit der »Wende« bin ich in die Politik gewechselt. Vielleicht gibt es ja aber eine Nähe zwischen dem Sport und der Politik, nämlich den Wettstreit. Keinen physischen in diesem Fall, sondern einen Wettstreit um den besten Gedanken. Da stehen die Kontrahenten auf dem geistigen Spielfeld, mal als Mannschaft, mal als Einzelspieler, und jeder will das Golden Goal schießen. Das macht Politik für mich so unendlich spannend. Das ist viel aufregender als der Spielstand am Ende.

Was ist dieser Beruf heute für Sie?

Eine stille Liebe. Wenn das nicht mit so viel Spaß verbunden wäre und nicht auch mit dem Herzen geschehen würde, könnte ich schwer so lange am Spielfeldrand stehen und den Verteidigern und Stürmern und dem organisierten Mittelfeld der verschiedenen Mannschaften zusehen, ihre Strategien studieren und ihre Fouls pfeifen.

Siegfried Weischenberg

Jg. 1948, ist Professor für Journalistik und Kommunikationswissenschaft an der Universität Hamburg und seit 1999 Vorsitzender des Deutschen Journalisten-Verbandes (DJV).

Herr Weischenberg, Sie beschäftigen sich als Wissenschaftler mit dem Thema »Journalismus und Politik«. Wie hat sich die Rolle des Journalisten verändert?
Wir leben in einer Mediengesellschaft, aber auch in einer Unterhaltungsgesellschaft, und das färbt natürlich sehr stark ab auf den Umgang der Journalisten mit Politik. Die Unterhaltung spielt heute eine größere Rolle, dafür die Vermittlung von Politik eine etwas kleinere.

Können Journalisten heutzutage noch etwas dazu beitragen, die Gesellschaft zu verändern?
Eigentlich geht das über ihre Funktion hinaus. Zunächst sollen sie vermitteln und orientieren, vielleicht auch aufklären. Sie sollen kritisieren, kontrollieren, aber nicht die Gesellschaft auf den Kopf stellen. Was die Möglichkeiten der Beeinflussung angeht, die sind heute nach wie vor gegeben. Die sind insofern sogar größer, als sich die Politik sehr stark einstellt auf die Medien. Das ist eine Wechselwirkung, eine gegenseitige Beeinflussung.

Vielleicht müssen die Journalisten nicht gleich die Welt auf den Kopf stellen. Aber es wird ja immer wieder von ihnen erwartet, dass sie pädagogisch einwirken auf die Gesellschaft, sie zum Beispiel aufrütteln gegen rechtsradikale Tendenzen.
Ja, das ist ein besonderes Thema, bei dem ich mir auch wünschen würde, dass die Journalisten da ein bisschen die eigene Rolle überschreiten. Das Problem ist nur, dass der Journalismus sehr stark aktualitätsorientiert ist. Das heißt, es wird über das berichtet, was neu ist, was auch sehr kurzatmig ist. Für den Kampf gegen den Rechtsradikalismus braucht man aber einen etwas längeren Atem, und damit tut sich der Journalismus normalerweise schwer. Man berichtet darüber, dass eine Synagoge geschändet wurde – das ist dann so ein Stichflammeneffekt –, aber danach geht man wieder zu anderen Themen über. Noch schwerer ist es, ein sozusagen totes Thema wieder zum Leben zu erwecken. Themen haben Karrieren, durchlaufen bestimmte Zustände und sind nach einer gewissen Zeit erschöpft. Da muss sich dann schon etwas wirklich Neues ereignen, um dieses Thema wieder auf die Tagesordnung bringen zu können.

Wie muss ein Thema beschaffen sein, damit es zur Schlagzeile wird?
Da gibt es eine breite Forschung darüber, die immer wieder zu Tage gefördert hat, dass Journalisten relativ stereotyp auswählen. Sie machen das zu Nachrichten und Schlagzeilen, was besonders negativ ist, sich also stark unterscheidet vom Normalen, und das, was sehr stark personalisiert ist, also vor allen Dingen mit prominenten Personen zu tun hat. Eine ganz große Rolle spielt auch Nähe, sowohl die geographische als auch die psychologische. Was nahe ist oder jemandem nahe geht und bestimmte Gefühle auslöst, ist für das Publikum in der Regel interessanter als das, was weiter weg ist.

Inzwischen sind ja verschiedene Regeln gebrochen worden, die es früher gab. Können Sie sich vorstellen, dass der Journalismus amerikanischer wird, also sein Interesse am Privaten, wie in der Clinton-Lewinsky-Affäre, auch hier bei uns größer wird?
Diese Amerikanisierung ist ja schon unübersehbar. Der Fall Daum zum Beispiel hat den privaten Bereich in einer Form enttabuisiert, die früher nicht vorstellbar gewesen wäre. Ich sehe diese Entwicklung sehr zwiespältig. Auch in der Politik haben wir ja eine Privatisierung vieler Bereiche, die übrigens von Politikern zum Teil auch ganz bewusst hergestellt wird. Auf der anderen Seite, das ist das Positive, ist vor allem der Fernsehjournalismus im Umgang mit der Politik respektloser geworden, als er es in den 80er Jahren war, als noch eindeutig der öffentlich-rechtliche Rundfunk dominierte.

Sie sprachen auch einmal von einer Versippung der Medienelite, das heißt der öffentlich-rechtlichen Sender, mit den Parteien.
Ja, das ist mit Recht immer beklagt worden. Es gibt natürlich gerade in den höheren Rängen bei den öffentlich-rechtlichen Rundfunkanstalten Journalisten, die mit Hilfe ihres Parteibuchs Karriere gemacht haben. Nach meinem Eindruck lässt das allerdings nach. Auch der öffentlich-rechtliche Rundfunk bemüht sich nun um eine größere Distanz zu den Parteien. Das ist vielleicht einer der wenigen positiven Effekte der Privatisierung des Rundfunks, dass der öffentlich-rechtliche Rundfunk mehr als früher vom Gängelband der Politik gelassen wird. Versippung der Eliten haben wir ansonsten sehr stark im lokalen Bereich. Das ist ein großes Problem im Lokaljournalismus, wenn der Verleger mit dem Oberbürgermeister im selben Rotary Club ist. Dann ist es für die Redaktion oft nicht so ganz einfach, wirklich unabhängig zu berichten.

Wie würde ein junger Journalist in einer solchen Redaktion auf Linie gebracht werden?
Naiv könnte man sich vorstellen, da kommt jemand in eine Redaktion, und dann wird sozusagen par ordre du mufti mitgeteilt, Sie haben dieses zu tun und jenes zu lassen. So spielt sich das aber nicht ab, sondern ganz schleichend. Man liest die eigene Zeitung oder sieht oder hört das eigene Programm. Man will das Lob der Kollegen und leidet unter ihrem Tadel, insbesondere unter dem Tadel der Vorgesetzten. So wird man allmählich fester Bestandteil einer Redaktion; man ist angepasst, man ist sozialisiert. Bis hierhin ist das eigentlich noch relativ normal, verglichen auch mit anderen Berufen. Aber Journalismus ist ja auf die Öffentlichkeit gerichtet, und die verschwindet dabei leicht aus dem Blickfeld.

Wird man auch dahingehend angepasst, dass man die politische Haltung eines Blattes übernimmt?
Man hat ja gar keine andere Wahl. Die Grundlinie bestimmt das Medium, bestimmt bei Zeitungen der Verleger, dazu hat er das Recht. Oft mischen sich die Verleger sogar in die Detailkompetenz der Redakteure ein. Im Grunde genommen muss ich an dem Tag, an dem ich einen Arbeitsvertrag unterschreibe, bereit sein, bis zu einem gewissen Grade der Linie des Mediums zu folgen. Insofern sind Journalistinnen und Journalisten überhaupt nicht frei. Darüber muss man sich im Klaren sein.

Journalisten sollten ja die Kritiker und Kontrolleure der Politiker sein. Können sie diese Rolle denn erfüllen?
Ja, sie können das. Die CDU-Parteispendenaffäre hat gezeigt, dass das geht. Da haben die Medien unterm Strich einen guten Job gemacht. Sie haben nachgefasst, sie haben kritisiert, sie haben kontrolliert. Die Affäre wäre sonst in dieser Form nicht an die Öffentlichkeit gelangt. Überall da, wo die Freiheit von Journalisten eingeschränkt ist, funktioniert Kritik und Kontrolle nicht so gut, und das ist heute vor allen Dingen im wirtschaftlichen Bereich der Fall. Da sehe ich eigentlich die größeren Gefahren als im politischen Bereich. Auch dadurch, dass die Medienkonzerne immer größer werden, dass wenige Medienkonzerne den Markt beherrschen. Wir haben im Bereich des Privatfernsehens heute im Grunde genommen ein Duopol. Es sind zwei Gruppen, Kirch/Springer und die Bertelsmanngruppe. Die kontrollieren diesen Markt, und das schränkt natürlich unter anderem auch die Arbeitsplatzwahl von Journalisten außerordentlich ein. Hier haben wir, denke ich, eine wirkliche aktuelle Gefährdung der Pressefreiheit.

Was könnten Journalisten dagegen tun?
Journalisten können zum Beispiel in den Deutschen Journalisten-Verband gehen, also sich organisieren. Der Deutsche Journalisten-Verband ist ja nicht nur dazu da, Tarifabschlüsse zu tätigen, sondern auch dazu, für die Autonomie, für die Arbeitsbedingungen und für die Aus- und Fortbildung von Journalistinnen und Journalisten einzutreten. Und da haben wir auch eine ganze Reihe von Erfolgen vorzuweisen.

Welche Eigenschaften braucht jemand, der heute Journalist werden will?
Heute hat eigentlich nur jemand, der ein abgeschlossenes Studium vorweisen kann, überhaupt eine Chance, in ein Medium zu kommen. Das ist das zentrale Eingangskriterium für ein Volontariat. Und dann sind überall da, wo Optik gefragt ist, natürlich Eigenschaften notwendig, die früher vielleicht nicht zu den immanent journalistischen gezählt wurden, wie ein gutes Aussehen. Wo der Unterhaltungsdruck sehr groß ist im Journalismus, geht es nicht mehr so sehr darum, ob man perfekt Nachrichten schreiben kann, sondern man muss sie in einer bestimmten Weise präsentieren können. Sich verkaufen zu können ist heutzutage nicht nur für einen Politiker lebensnotwendig, es wird auch für die Journalisten immer wichtiger.

Ich habe den Eindruck, bei den Frauen im Fernsehen spielt das Aussehen eine noch viel größere Rolle als bei den Männern.
Das muss man wirklich sagen, nach wie vor und bis auf weiteres. Das Aussehen ist ein ganz zentrales Kriterium bei der Besetzung bestimmter Positionen. Da wird im Grunde genommen auch kein Hehl daraus gemacht.

Es ist sehr auffällig, dass Frauen bei den Medien auch kaum in Toppositionen vertreten sind.
Ja, ich halte das für ein großes Problem. Ein weiblicher Blick auf die Welt setzt sich in den Medien nur durch, wenn er auch oben in der Hierarchie angesiedelt ist, weil da oben definiert wird, wie gearbeitet wird.

Woran liegt es, dass die Frauen nicht nach oben kommen?
Dafür gibt es eine ganze Reihe von Erklärungen. Journalistinnen waren in dem Beruf über lange Zeit nur in einer sehr kleinen Zahl vertreten. Das hat sich inzwischen gewandelt, ihre Zahl liegt heute bei einem Drittel. Diese Frauen im Journalismus sind jünger als der Durchschnitt des Berufs, das heißt, sie könnten noch irgendwann in Führungspositionen hineinwachsen. Aber, und das sagen viele Frauen auch selbst, die Art, wie man arbeiten muss in den Führungsetagen der Medien, korrespondiert offenbar nicht

mit der Vorstellung, die Frauen vom Journalismus haben. Viele Journalistinnen lieben doch stärker die kreative Seite, während das Management nicht so sehr ihre Sache ist. Allerdings ist das Management, wie es heute existiert, auch ein Männermanagement. Es wäre auf jeden Fall wünschenswert, dass sich da etwas verändert. Im Tageszeitungsbereich ist die Lage geradezu desolat. Ich glaube, es gibt in Deutschland maximal zwei bis drei Chefredakteurinnen. Und bei den öffentlich-rechtlichen Rundfunkanstalten gibt es bisher keine einzige Intendantin.

Würden Sie sagen, dass Frauen für die Machtrangeleien in den Medien nicht geeignet sind?
Jedenfalls nicht für diese Art von Machtrangeleien, weil das typisch männliche Machtspiele sind – ähnlich wie Hahnenkämpfe. Dazu gehören bestimmte Formen von Drohgebärden und eine bestimmte Art des Taktierens, bei der sich Frauen und Männer womöglich unterscheiden. Außerdem wird immer wieder behauptet, dass es männliche Seilschaften in den Medien gibt. Auch das ist nicht ganz von der Hand zu weisen. Es gibt bei den Rundfunkanstalten ja inzwischen Versuche von Frauen, sich zusammenzuschließen, Netzwerke zu bilden, also im Grunde genommen eine Gegenmacht herzustellen. Aber die Phalanx der Männer ist schwer aufzubrechen. Man muss, ich spitze es mal zu, jedenfalls im Moment noch feststellen, dass der Journalismus ein sehr stark männlich geprägter Beruf ist und dass vielleicht auch die Weltbilder der Medien bis zu einem gewissen Grad stark von Männern geprägt werden.

Wie würde denn der weibliche Blick aussehen?
An der Stelle redet man sich leicht um Kopf und Kragen, weil man nur pauschalisieren kann. Nach meiner eigenen Erfahrung, und ich habe lange mit Kolleginnen zusammengearbeitet, ist es so, dass Frauen vielleicht einen etwas persönlicheren Zugriff auf Themen haben und manchmal die Dinge etwas stärker gegen den Strich bürsten.

Und wie sieht der männliche Blick auf die Welt aus?
Der ist sehr stark ereignisorientiert, faktenorientiert, sehr stark geprägt von dem Kriterium, Negatives stärker in den Vordergrund zu stellen. Typisch männlich ist auch die Art, wie Nachrichten zu schreiben sind, diese sehr rigiden Regeln, nach denen das abzulaufen hat – wobei Frauen sich dies natürlich auch zu eigen machen während ihrer Sozialisation in den männlich geprägten Redaktionen. Da schleift sich vieles ab, da passt sich vieles an.

Sie unterrichten an einer Hochschule. Wie sehen Sie den Unterschied zwischen den jungen Leuten und den erfahrenen Journalisten?
Die jüngere Generation hat sehr viel weniger Respekt vor Autoritäten, was ich durchaus positiv sehe. Auf der anderen Seite ist diese Respektlosigkeit manchmal begleitet von einer gewissen Unbekümmertheit, auch was die Vorbereitung auf den Beruf angeht. Wenn ich zum Beispiel selbst interviewt werde, stelle ich oft fest, dass es an Kenntnis mangelt. Aber unterm Strich ist der Journalismus nicht schlechter geworden, als er früher war. Er ist nur anders geworden, er franst in bestimmten Bereichen aus und unterscheidet sich nicht mehr so deutlich vom Bereich Entertainment oder auch von den Public Relations.

Glauben Sie, die Respektlosigkeit der Jungen kennt manchmal auch keine Grenzen vor der Menschenwürde?
Ja, manchmal gehen die Journalisten mit der Menschenwürde etwas leichtfertig um. Dann entstehen die so genannten Medienaffären. Das war zum Beispiel der Fall, als sich nach dem Concorde-Absturz bei Paris die Medien wirklich wie die Geier auf die Angehörigen gestürzt haben. Der *Stern* hat sich damals wegen der Publikation verkohlter Leichen eine Rüge eingehandelt. Solche Grenzüberschreitungen sind heute sicherlich eine große Gefahr für den Journalismus, nicht zuletzt deshalb, weil der Kommerzialisierungsdruck und der Konkurrenzdruck innerhalb der Medien immens ist. Einerseits nimmt die Zahl der Verstöße zu, andererseits nimmt aber auch die Bereitschaft der Medien zu, sich im Medium kritisch mit sich selbst zu beschäftigen. Denn durch öffentliche Diskussionen über die Concorde-Berichterstattung oder über die gefälschten Interviews des Tom Kummer riskiert die Journalistenzunft ihre Glaubwürdigkeit.

Ist es auch eine Gefahr für die Glaubwürdigkeit der Medien, dass bei dem heutigen Tempo in der Medienwelt Exklusivmeldungen ungeprüft veröffentlicht und Gerüchte gleich als Wahrheit verkauft werden?
Ja, auch das ist eine große Gefahr. Andererseits ist es so, dass Journalismus immer schon auch von Gerüchten gelebt hat. Also, die Anforderung, die man hier stellen müsste, wäre auf jeden Fall, ein Gerücht als Gerücht zu klassifizieren und deutlich zu machen, dass es sich dabei um eine ungeprüfte Information handelt.

Denken Sie, dass ein Verweis vom Presserat die Medien wirklich beeindruckt?
Es ist auf jeden Fall sehr unangenehm, diese Rügen abdrucken zu müssen. Der *Stern* hat sich im Fall der Concorde-Fotos vorher schon selbst bei den Lesern entschuldigt. Das tut man ja nicht freiwillig. Da steckt schon die Angst dahinter, dass man auch wirtschaftlich Nachteile hat, wenn man permanent über die Stränge schlägt.

Welche Grundregeln des Journalismus würden Sie angehenden Journalisten mit auf den Weg geben?
Die Grundregel heißt: Journalismus ist Handwerk. Man muss Informationen sammeln, Informationen prüfen und wissen, wie man sie umsetzen kann. Wünschenswert wäre, dass man daneben auch noch ein Gewissen hat, dass man Menschen mag und die Menschenwürde respektiert. Außerdem sollte man sich nicht verheben und glauben, der Journalismus könne letzte Wahrheiten verkünden oder die Gesellschaft verändern. Mal ganz plakativ gesagt: Journalisten müssen können, was sie sollen, sie brauchen also eine gewisse Kompetenz, und Journalisten müssen dürfen, was sie wollen, sie müssen also ein bestimmtes Maß an Autonomie haben. Beides zusammen macht guten Journalismus aus.

Christian Bauschke

JG. 1962, ARBEITETE FÜR DIE *BERLINER ZEITUNG*, DIE *WOCHENPOST* UND DIE *BERLINER MORGENPOST* UND IST HEUTE BEI DER *WELT*.

Herr Bauschke, Sie schreiben über Politik. Was finden Sie daran so faszinierend?
Dass es bei dieser Form des Journalismus eine ganz merkwürdige Beziehung zwischen den Akteuren gibt. Auf der einen Seite hat man eine sehr große Nähe zu den Figuren, über die man schreibt, auf der anderen Seite muss man die Distanz wahren. Das ist eine schwierige Gratwanderung. Denn auf den Menschen, den man heute verreißt, muss man morgen wieder zugehen. Man ist ja auf ihn angewiesen und braucht seine Informationen. Umgekehrt brauchen aber auch die Politiker die Journalisten, um ihre Botschaften zu transportieren. Deshalb ist es komischerweise so, dass man gerade dann von ihnen angesprochen wird, wenn man einen sehr kritischen Artikel geschrieben hat. Statt Ablehnung erfährt man dann sogar mehr Zuwendung.

Um Sie wieder freundlicher zu stimmen?
Kann sein, dass das der Hintergrund ist. Aber ich glaube nicht, dass es gelingt. Es gibt Politiker, die sehr souverän mit den Journalisten umgehen, die sie einladen und versuchen, sie für sich einzunehmen. Und es gibt andere, die gar nicht tricky und berechnend sind. Wolfgang Gerhardt von der FDP zum Beispiel. Man kann auch sagen, er ist eine gute Haut. Aber viele meinen, er sei gerade deshalb für das politische Spiel nicht geeignet. Ich fürchte, das stimmt auch. Und das ist irgendwie traurig.

Welcher Politiker umgarnt Sie gerade?
Mich umgarnt niemand. Natürlich rufen die Pressesprecher an, wenn sie ihre Themen unterbringen wollen. Es ist das tägliche Spiel, ob man etwas exklusiv bekommt. Die Sprecher müssen sich überlegen: Entweder gebe ich meine Nachricht an eine Agentur, dann habe ich eine größere Breitenwirkung. Oder ich gehe zu einer Zeitung, wo es dann vielleicht etwas prominenter verkauft wird. Das ist so ein Jonglieren.

Wie gehen Sie mit der Nähe zu den Politikern um?
Ehrlich gesagt, ich vermeide sie, ebenso wie ich Bierabende mit Politikern vermeide. Ich sehe mich eher als distanzierten Beobachter. Ich gucke gerne und sehe auch die Menschen gerne, die Politik machen, aber ich muss mich nicht wie manche Kollegen jeden Abend mit ihnen treffen.

Fehlen Ihnen dann nicht gewisse Informationen?
Manchmal bekomme ich vielleicht etwas weniger. Aber innerhalb eines Parlamentsbüros gibt es ja auch die Rechercheure, die Wühler, die sozusagen die Neuigkeiten ausgraben wie die Trüffelschweine. Ich dagegen gehöre eher zu den Beobachtern und Einordnern. Auch das ist wichtig. In einer Zeit, in der man sehr viel Information übers Fernsehen bekommt, sehe ich die Rolle des Printjournalisten sogar mehr bei der Einordnung, der Analyse.

Fühlen Sie sich manchmal missachtet von den Politikern?
Wenn ich Politiker wäre, dann würde ich wahrscheinlich gegenüber vielen Journalisten eine gewisse Missachtung zeigen. Aber ich habe sie persönlich nie erfahren.

Und wie ist es bei den Journalisten untereinander? Stimmt es, dass die Fotojournalisten von ihren schreibenden Kollegen eher abschätzig betrachtet werden?
Das würde ich nicht sagen. Zum Teil gibt es schon so eine gewisse Unhöflichkeit, aber die trifft vor allen Dingen die Kameraleute. Das liegt auch daran, dass es einfach mehr Teams und immer mehr Gerangel gibt. Dann geht es teilweise sehr unhöflich und sehr ruppig zu.

Wie denken Sie persönlich über Ihre fotografierenden Kollegen?
Grundsätzlich macht jeder seine Arbeit. Ein gutes Foto zu machen ist mindestens so schwer, wie eine gute Formu-

Brandenburger Tor

lierung im Leitartikel zu schreiben. Mir fällt vor allem ein Kollege immer auf, der Darchinger junior. Das ist ein Mensch, der immer in Krawatte rumläuft, anders als die anderen Fotografen, und der sich meines Erachtens auch sehr für die Inhalte von Politik interessiert, nicht nur für die Abbildung. Er ist sehr höflich. Aber wenn es darauf ankommt, ist er radikaler und fast brutaler als andere, um sich die optimale Schussposition zu sichern. Es gibt da so Momente, wo manche Fotografen zu Tieren werden und ihnen so ein Jagdinstinkt in die Gesichter steigt.

Sie gehören einer neuen Generation von Journalisten an. Wo sehen Sie Unterschiede zu Ihren älteren Kollegen?

Ich bin älter, als ich aussehe. Aber im politischen Journalismus bin ich sicherlich ganz neu. Ich glaube, ältere Kollegen haben aufgrund der langen Arbeit mehr Nähe zu bestimmten Personen, auch zu bestimmten Parteien. Und sie sind zum Teil vielleicht in ihren Meinungen fester gefügt als junge Kollegen. Den Jungen fehlen manchmal die Erfahrung oder die Vergleiche zu vorangegangenen Dingen, dafür sind sie ein bisschen unvoreingenommener und gehen vielleicht weniger ideologisch an ihre Arbeit.

Der neuen Generation haftet ja der Ruf an, etwas oberflächlicher zu sein.

Manchmal habe ich auch den Eindruck. Aber generell würde ich nicht sagen, dass ich mehr Oberflächlichkeit spüre.

Marco Urban

Der Fotograf Marco Urban, Jg. 1970, arbeitete von 1996 bis 1998 für die Agentur *Meldepress* in Bonn und ist heute als fester Freier für den *Spiegel* in Berlin tätig.

Herr Urban, warum haben Pressefotografen so einen schlechten Ruf?
Wegen der Bilder, die man im Fernsehen sieht, von wilden Meuten, die irgendwo hinein- oder herausstürzen oder Prinzessinnen mit dem Motorrad verfolgen. Die Fotografen, die hier im Parlament arbeiten, fühlen sich da natürlich ein bisschen in die falsche Schublade geschoben. Wir lauern niemandem im Vorgarten auf.

Sie distanzieren sich also von Ihren Paparazzi-Kollegen?
Auf jeden Fall. Selbst wenn wir deren Methoden anwenden wollten, das ließe sich hier gar nicht umsetzen, und wir würden nur unseren Ruf ruinieren. Ich muss darauf achten, dass ich mit den Pressestellen ein Vertrauensverhältnis aufbaue, und auch mit den Politikern. Wenn es gut läuft, sagen sie irgendwann: »Ach, guck mal, das ist der Urban, das ist schon in Ordnung, wenn der da steht.« Und sie bekommen nicht gleich Angst, dass der Urban nur Fotos schießt, auf denen sie ganz unglücklich aussehen, oder dass er irgendwann bei ihnen im Gebüsch lauert, wenn sie sich im Garten sonnen.

Haben Sie schon mal eine Reaktion der Politiker auf Ihre Fotos bekommen?
Relativ wenig. Ich frage aber auch nicht nach.

Wie viel Zeit Ihres Fotografenlebens verbringen Sie mit Warten?
Das ist schon ein großer Anteil. Die beiden wichtigsten Eigenschaften, die man in meinem Beruf braucht, sind Geduld und Ausdauer. Deshalb werden die Fotografen auch oft mit den Jägern verglichen. Weil es nicht nur um Schnelligkeit geht, sondern auch darum, beharrlich und geduldig zu sein, um am Ende zu bekommen, worauf man stunden- oder sogar wochenlang gewartet hat. Zum einen braucht man sehr viel Geduld, wenn man vor irgendeinem Raum steht, und die Sitzung zieht sich wieder mal bis in die Nacht hin. Zum anderen muss man manchmal Wochen oder Monate warten, bis man endlich das richtige Bild von einer Person hat und sich sagt: »Mensch, jetzt hast du ihn genau so erwischt, wie du ihn darstellen willst!«

Wie fühlt man sich da, wenn man stundenlang nur wartet?
Es ist erstaunlich anstrengend. Obwohl man den ganzen Tag nur herumsteht, ist man fix und fertig. Das liegt an der dauernden Anspannung, weil man nicht weiß, wann es wieder losgeht. Und die geht auch nicht so schnell wieder weg. Man ist noch eine ganze Zeit lang ziemlich aufgedreht und kommt schlecht zur Ruhe. Vielleicht sind deshalb so viele Journalisten Alkoholiker, weil sie anders nicht in den Schlaf finden.

Sie sagten gerade, Sie hätten jemanden so erwischt, wie Sie ihn darstellen wollten. Heißt das, das Bild entsteht zuvor im Kopf?
Ja, man muss vorher wissen, was das für ein Mensch ist und wie ich das in meinem Bild umsetzen will. Denn sonst knipst man nur hinterher. Das Entscheidende ist, mit dem Bild auch irgendeine Handlung einzufangen. Es geht ja darum, dem Zeitungsleser zu vermitteln, was da passiert ist, vielleicht auch, wie die Stimmung bei der Person ist, die man fotografiert hat. Das ist nicht leicht und gelingt auch relativ selten, denn die meisten Termine sind Standardpressekonferenzen und nicht gerade sehr emotional.

Politiker sind mal ganz oben und werden von der Presse verhätschelt. Und dann sind sie wieder unten durch, und es wird negativ über sie berichtet. Werden

Untersuchungsausschuss Schäuble

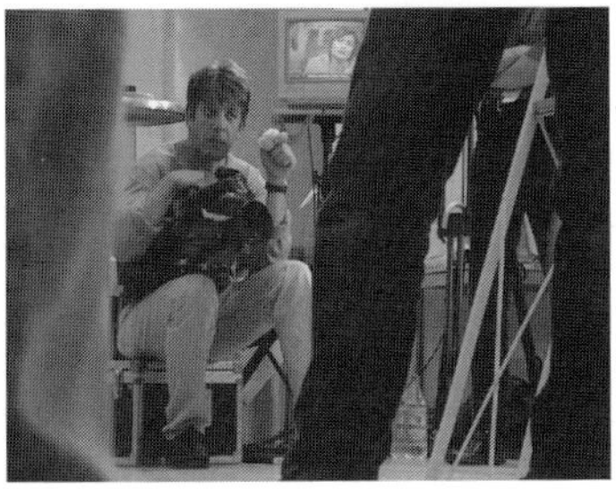

dann auch jeweils die passenden Fotos von Ihnen gefordert?
Natürlich. Vor allem für eine negative Berichterstattung wollen meine Kunden die entsprechenden Bilder haben. Manchmal gerate ich da schon in einen inneren Konflikt, weil ich von einer Ministerin vielleicht eine gute Meinung habe, obwohl sie zurückgetreten ist, und es dann heißt, wir brauchen nun Bilder, auf denen sie ganz schlecht aussieht oder auf denen sie weint. Andererseits habe ich solche Bilder dann auch oft, und sie entsprechen durchaus der Wahrheit. Denn Dinge, die nicht passieren, kann man schwerlich fotografieren.

Haben Bilder Macht?
Ja. Ich habe ein wunderbares Bild von Gerhard Schröder gemacht, wie er Zigarre geraucht hat, kurz nachdem er Kanzler geworden war. Das Bild ist viel gedruckt worden. Heute macht er das nicht mehr, weil er Ärger mit den Genossen bekam, die nicht wollten, dass ein SPD-Kanzler in der Öffentlichkeit dicke Zigarren raucht. Da kann man die Macht der Bilder sehen. Und Fotos haben noch viel mehr Macht als eine flüchtige Fernsehsequenz, weil sie länger haften bleiben.

Haben sich Ihre Arbeitsbedingungen verändert, seit Berlin Regierungssitz ist?
Natürlich, denn es sind mehr Medien vor Ort, vor allem unglaublich viele Fernsehteams. Deshalb wird heute von den Organisatoren so viel vorgegeben, dass man kaum noch die Möglichkeit hat, sich ein Bild zu überlegen oder eine ungewöhnliche Perspektive zu finden. Es heißt sofort: »Da dürfen Sie aber nicht stehen, junger Mann.« Dann muss man zurück auf das Podest, das viel zu weit wegsteht und auf dem es oft so eng ist, dass ein Dutzend Leute auf zwei Quadratmetern stehen. Angst vor körperlicher Nähe darf man in diesem Beruf nicht haben. Dazu kommen auch noch die Sicherheitsbeamten, die einen wegschicken. Da kann man nicht diskutieren. Die haben kein Verständnis für das Argument, das sei aber hier ein ganz besonders schöner Winkel. Es ist auch fast unmöglich geworden, ein Vertrauensverhältnis zu Politikern aufzubauen, wenn man ständig in einem Pulk von bis zu sechzig Leuten steht. Das geht nur noch auf Reisen. Da lernt man dann auch die Sicherheitsbeamten ein bisschen besser kennen, und der Umgang miteinander wird etwas lockerer.

Wie ist das Verhältnis zu Ihren Kollegen, wenn Sie alle im Pulk stehen und jeder sein Foto haben will?
Das ist in der Regel sehr kollegial. Es gibt natürlich immer solche und solche Kollegen, freundlichere und unfreundlichere. Und dazu kommt der enorme Zeitdruck und der Stress, wenn dann die Tür aufgeht und man oft gar nicht weiß, wie es dahinter aussieht und welche Optik man braucht. Wenn wir da alle reinplatzen in den Saal, dann sieht das für Sitzungsteilnehmer manchmal ziemlich unmöglich aus, und für die Fotojournalisten und Kameraleute ist das auch kein Vergnügen. Da geht auch gerne mal was kaputt. Das ist gar nicht unbedingt beabsichtigt, keiner will dem anderen irgendwie Schmerzen zufügen, aber man muss natürlich zusehen, dass man sein Bild kriegt. Und wenn das alles unter Zeitdruck passiert, dann wird es natürlich sehr heftig.

Wie gehen Sie dabei mit den Ellbogen um?
Möglichst gar nicht. Denn wer Unruhe verbreitet, der hat auch selber einen unruhigen Stand und eine unruhige Kamerahaltung. Nur manchmal muss man einen neben sich zur Ruhe bringen, indem man ihn anspricht oder notfalls ein bisschen handgreiflich wird, also ihn vielleicht am Arm packt und sagt: »Pass auf, wenn du jetzt nicht gleich Ruhe gibst, liegst du gleich auf der Nase.« Denn man steht ja doch ziemlich wackelig, und da reicht es schon aus, wenn zwei andere Kollegen sich einig sind und ihn nach vorne schieben. Dann liegt er auf der Nase vor dem Politiker und sieht ziemlich doof aus – und hat außerdem kein

Bild. Das kommt aber sehr selten vor, denn die Leute lernen schnell, und beim nächsten Mal ist es besser.

Können Sie sich vorstellen, wie sich die Politiker fühlen, wenn sie sechzig mit Kameras bewaffneten Leuten gegenüber stehen?
Ich glaube, die meisten finden sich damit ab, dass das halt zu ihrem Beruf gehört. Ein Bundeskanzler Schröder hat da keine ängstlichen Gefühle. Aber es gibt auch andere, die nicht so erprobt sind im Umgang mit den Medien und die vielleicht Angst haben, was Falsches zu sagen oder eine falsche Handbewegung zu machen. Das ist natürlich verständlich, denn es passiert ja oft genug, auch dem medienerfahrenen Bundeskanzler, dass da mal was falsch rüberkommt.

Welche Politiker sind eher Medienverweigerer?
Der Außenminister Fischer ist jemand, bei dem ich immer ein bisschen frustriert bin. Er scheint auf fast allen Bildern die ganze Last der Welt mit sich herumzutragen. Aber verweigern in der Gänze kann sich natürlich kein Politiker. Die brauchen uns ja, schon weil wir eine Kulisse bilden und klarmachen, dass die Medien sich für das, was hier passiert, interessieren. Und wenn mal keiner kommt, gibt es richtig lange Gesichter. Manchmal gehe ich zu einer Pressekonferenz, nur um ein paar Porträts zu machen, und stelle fest, dass ich der einzige bin. Das ist dann ziemlich peinlich. Denn viel schlimmer als ein Pulk von sechzig Fotografen und Kameraleuten ist, dass sich keiner für einen interessiert.

Stimmt es, dass die Fotografen in der Redaktionshierarchie eher unten stehen?
Man muss das wohl differenzieren. Bei einem Blatt wie dem *Stern*, in dem die Optik eine wichtige Rolle spielt, ist ein Fotograf natürlich anerkannter als bei einer Zeitung, die größtenteils aus Text besteht und das Foto nur Beiwerk ist. Es kommt sehr stark auf die Person des Chefredakteurs an, ob er einen ernst nimmt. Das ist relativ selten, muss ich sagen. Meiner Erfahrung nach kommt man mit den jüngeren Kollegen unter den schreibenden Journalisten besser klar. Und ein gutes Verhältnis ist wichtig, weil ich nicht so sehr in der Materie drin bin und natürlich gezielter arbeiten kann, wenn ich gut gebrieft worden bin.

Ein Kollege von Ihnen meinte, Sie seien die Underdogs für alle anderen.
Ganz so krass würde ich das nicht sehen. Aber manchmal kommt man schon in Konflikte, weil man es allen recht machen soll. Vom Fotoredakteur kriege ich zum Beispiel die Order, nach einem Interview ein paar Extrafotos zu machen. Aber die Kollegen haben dann noch eine Frage und noch eine, was ich ja verstehen kann, aber dann bleibt keine Zeit mehr für die Extras. Und ich kann nicht sagen: »Freunde, es sind noch zehn Minuten, der Minister muss gleich weg, brecht mal euer Interview ab, ich muss noch ein paar Fotos machen.« Das wäre der letzte Job gewesen, den ich bei denen gehabt hätte. Die würden sich weigern, wieder mit mir zu arbeiten. In die Rolle füge ich mich dann eben ein.

Wie viel Einfluss haben Sie darauf, welche Ihrer Bilder in der Zeitung abgedruckt werden?
Gar keinen. Es würde auch niemanden interessieren, welche Meinung ich dazu habe. Wichtig ist, dass die Bildredaktion sich für meine Bilder einsetzt und dafür sorgt, dass auch welche im Blatt sind. Denn wenn ich hier rumwirbele und mit den Pressestellen verhandele, weil ich einen Politiker mal an seinem Schreibtisch fotografieren möchte, dann finde ich natürlich am ehesten Gehör, wenn die Leute sagen: »Ach, das ist der Urban, dessen Bilder werden auch gedruckt, da lohnt es den Aufwand.«

Muss man als Fotograf für den Bildredakteur pflegeleicht sein?
Ja, klar. Ich erbringe ja eine Dienstleistung. Und wenn ich was anderes, als verlangt war, oder zu spät liefere, dann wird der Redakteur mit mir nicht mehr zusammenarbeiten wollen.

Erleben Sie das nicht als Ohmacht und als entwürdigend, dass Sie als Fotograf so wenig mitreden dürfen, wenn es um Ihre Bilder geht?
Ich finde es ganz furchtbar, wie viele gute Sachen, auch von anderen Kollegen, nie gedruckt werden. Am Ende hat immer der Chefredakteur die Macht, zu entscheiden, ob er das Bild vom Urban nun ins Heft nimmt. Ich lege eine Unmenge von Bildern vor, aber er sucht das alleine aus. Meine Macht vor Ort geht gegen Null.

Können Sie das einfach so wegstecken?
Ach, es ärgert einen natürlich. Und es ärgert einen vieles, wenn man Fotograf ist. Da hat man eine weite Anreise gemacht, hat lange gewartet und, vor allen Dingen, hat auch schon ein gutes Bild vor Augen, aber dann läuft alles nicht so, nur weil zu viele Kollegen vor Ort sind oder die Pressestellen einen Organisationsfehler gemacht haben. Das ist frustrierend, und manche Kollegen frisst es mit der Zeit auch auf. Die schmeißen diesen Job dann irgendwann hin und fotografieren lieber etwas anderes als Politiker.

Warum sind Sie gerade Pressefotograf geworden?
Vielleicht weil ich nicht genug technisches Know-how habe, um Werbefotograf zu sein. Und weil es sich mir einfach nicht erschließt, weshalb Menschen stundenlang Bälle hin und her über ein Netz schlagen, weshalb auch die Sportfotografie nicht in Frage kommt. Mit Politik und Politikern dagegen habe ich mich über die Jahre sehr stark beschäftigt. Und je länger man diese Leute begleitet, desto interessanter wird es. Ich fühle mich wie ein Chronist, der von Jahr zu Jahr festhält, was in der Politik passiert. Es ist diese Mischung aus Chronist und auch ein bisschen Jäger, die ich interessant finde.

Wie fühlen Sie sich, wenn Sie einmal selbst fotografiert oder gefilmt werden?
Das ist schon ein bisschen befremdlich. Ich bin es ja auch nicht gewohnt, dass ich fotografiert werde. Wahrscheinlich reagiere ich mit etwas mehr Verständnis für den Fotografen und lasse es halt passieren, auch wenn ich vielleicht Angst habe, dass ich auf dem Bild dann doof aussehe.

Christiane Gehner

Die Bildredakteurin Christiane Gehner, Jg. 1946, arbeitete für *Geo*, den *Stern* und *Merian* und ist heute beim *Spiegel*.

Frau Gehner, welche Bilder erwarten Sie von Ihren Fotografen?
Ich erwarte, dass sie über die tagesaktuelle politische Situation und die Personen, die sie fotografieren, Bescheid wissen und dieses Wissen mit ihren Bildern in Verbindung setzen. Denn die Bilder entstehen ja im Kopf der Fotografen. Es ist nicht nur die Oberfläche, es ist zum Beispiel nicht nur der Herr Trittin, den sie sehen, sondern sie sehen dahinter auch die Bredouille, in der er gerade steckt. Und wenn sie das wissen, können sie auch die richtigen Bilder dazu machen.

Wenn ein Minister unter Beschuss steht, warum nehmen Sie dann nicht einfach ein Bild aus dem Archiv, auf dem er schön grimmig oder deprimiert dreinschaut?
Ich weiß, worauf Sie anspielen: dass man vorgefertigte Thesen mit passenden Archivbildern belegt. Wir beim *Spiegel* bemühen uns, das anders zu machen und, gerade im politischen Bereich, Bilder nur aus dieser Woche zu nehmen. Das geht nicht immer, aber meistens.

Worauf kommt es bei den Fotografen vor allem an, um einen guten Job machen zu können?
Bei der politischen Fotografie sind 60 bis 70 Prozent des Jobs Logistik. Die Fotografen haben ihre festen Positionen im Bundestag oder bei der Bundespressekonferenz. Und sie müssen wissen, was diese Woche wo läuft und durch welche Tür sie da hinkommen. Eine gute Position als politischer Fotograf kann man nur dann erreichen, wenn man ständig präsent ist, wenn man immer wieder seine Nase zeigt und auch die nötigen Kontakte hat, um an den Informationen dran zu sein, wer an welchem Abend bei welchem Event ist. Die politischen Fotografen sind schon eine eingeschworene Kaste. Deswegen können wir auch keine Quereinsteiger gebrauchen, einfach weil sie nicht bekannt sind und nicht so schnell die logistisch wichtigsten Positionen erkämpfen können.

In Berlin sind Massen von Journalisten, Fotografen und Kameraleuten unterwegs und stehen sich bei Terminen gegenseitig im Weg. Ist es unter solchen Umständen noch möglich, gute Bilder zu machen?
Interessanterweise hat die fotografische und auch die intellektuelle Qualität der Bilder nicht nachgelassen, sondern ist im Gegenteil besser geworden. Vielleicht belebt die erhöhte Konkurrenz das Geschäft.

Wo stehen in der Redaktionshierarchie die Fotografen im Vergleich zu ihren schreibenden Kollegen?
Ich erlebe nun schon seit mehr als 28 Jahren dieses Lamentieren vieler Bildredakteure, die Textredakteure hätten kein Verständnis für die Fotografen, und will da jetzt nicht einstimmen. Ich möchte nur sagen, Schreiben und Fotografieren sind zwei völlig unterschiedliche Dinge, die völlig unterschiedlichen Gesetzmäßigkeiten gehorchen. Insofern ist es eigentlich naturgegeben, dass Schreiber und Fotograf nie ein Paar werden und nie miteinander Frieden schließen. Aber wenn sie einander akzeptieren würden, dann wäre das schon eine ganze Menge.

Manche Fotografen fühlen sich wie Underdogs behandelt.
Der General in seiner perfekten Uniform, die ihn erst zum General macht, hat auch kein enges Verhältnis zu seinem Schneider. Es ist tatsächlich so, dass Fotografen häufig als Schneider und Friseure behandelt werden. Aber das ändert sich allmählich. Politiker wie Gerhard Schröder oder Joschka Fischer wissen ganz genau, wie wichtig Bilder sind, und verhalten sich dementsprechend. Und die schreibenden Redakteure sehen das zunächst mit einer gewissen Skepsis, aber mit immer mehr Verständnis in der Sache. Ein Chefredakteur, der jeden Tag Entscheidungen über das Heft fällt, auch was Fotografie angeht, sagt häu-

fig: »Ich verstehe nichts von Fotografie.« Bilder sind vielen Menschen unheimlich. Warum? Weil man die Kriterien, mit denen man Bilder zu beurteilen hat, sehr schlecht festschreiben kann. Bilder sind sehr viel mehr von Gefühlen abhängig und von dem, was der Betrachter mit dem Bild verbindet. Bilder sind nichts Rationales und in ganz seltenen Fällen eine reine Nachricht. Sie haben auch immer etwas Irrationales, etwas Emotionales. Und das ist den Dichtern und Denkern, den Textleuten, irgendwie suspekt.

Was fasziniert Sie am Beruf der Bildredakteurin?
Dass man sich mit Bildern befassen kann. Mein Mann ist Maler, und Bilder bedeuten mir sehr viel. Mit dem Journalismus stehe ich mittlerweile etwas auf Kriegsfuß, weil ich der Meinung bin, dass daraus mehr und mehr ein oberflächlicher Unterhaltungsjournalismus wird.

Was ist für Sie das Angenehme oder auch Unangenehme am täglichen Umgang mit Fotografen?
Ich finde es nach wie vor spannend, wie Themen von den Fotografen in Bilder umgesetzt werden. Früher habe ich mich reihenweise in die männlichen Fotografen verliebt, wenn sie tolle Bilder gemacht haben. Wenn sie keine tollen Bilder gemacht hätten, hätte ich mich nie in sie verliebt. Das Unangenehme ist, dass wir Bildredakteure keine Treue kennen. Wir haben ja weitgehend mit freiberuflichen Fotografen zu tun, das heißt, wir können sie beschäftigen oder es auch lassen. In Deutschland gibt es 50 Ausbildungsinstitute für Fotografie, und jedes Jahr spucken diese Schulen neue Fotografen aus, die spannende Sachen machen und damit zu uns kommen. Die drängen in den Markt, und wir als Bildredakteure sind dem hoffnungslos ausgeliefert und müssen aufpassen, dass wir die Guten von den Schlechten unterscheiden. Aber wir finden natürlich immer gute Leute und vergessen dabei leider die qualifizierten, erfahrenen, älteren Fotografen. Das ist eigentlich traurig.

Wenn das so traurig ist, warum werden dann trotzdem die Jungen beschäftigt?
Bildredakteure sind immer überlastet, sie haben nie frei, und deswegen wünschen sie sich natürlich pflichtbewusste, eilfertige, serviceorientierte Fotografen. Die jungen Fotografen machen ihnen das Leben einfacher. Sie lernen heute an den Schulen, wie man Fotografie auch als eine Dienstleistung anbietet. Sie beschriften ihre Bilder und können digital übertragen. Sie haben auch keine Starallüren und machen alles, was man will. Da fallen dann die gestandeneren Fotografen, die – vielleicht auch zu Recht – ein bisschen schwieriger sind, manchmal hinten runter.

Was würden Sie einem jungen Fotografen, der den Beruf des Pressefotografen ergreifen will, raten, außer dass er pflegeleicht sein soll?
Ich würde empfehlen, eine Passion für Bilder zu entwickeln, sich so häufig wie möglich in Museen zu begeben und zu gucken, wie die Maler ihre Bilder gemacht haben. Alfred Eisenstaedt hat mit 20 Jahren, als er kriegsverletzt war, auf Krücken alle Museen Berlins durchwandert und sich Gemälde angesehen, bevor er dann zum großen Fotografen wurde. Ich müsste die Jungen aber auch leider darauf hinweisen, dass der Beruf des Fotojournalisten einer gewissen Tragik unterworfen ist. Einerseits ist die Fotografie heute endlich als eigene Disziplin anerkannt, andererseits verschwindet das einzelne Bild aber zunehmend in der Vermassung und einem Wust aus Millionen von Bildern, bis man die Guten nicht mehr von den Schlechten unterscheiden kann. Da ergeht es der Fotografie wie der Musik, wenn sie nur noch als Klangteppich im Kaufhaus dient.

Die meisten Fotografen lassen sich ganz ungern selbst fotografieren. Was glauben Sie, woran das liegt?
Fotografen sind bilderscheu, das stimmt. Der berühmte Henry Cartier-Bresson lässt sich niemals fotografieren, auch ich lasse mich nicht gern fotografieren. Es ist, als ob man etwas weggibt, wenn man sich fotografieren lässt. »Don't steel my picture«, sagen die nordamerikanischen Indianer. Man gibt etwas weg, und die Fotografen wissen das.

Und trotzdem stehlen sie dieses Etwas jeden Tag anderen Menschen?
Das ist das Ungerechte dabei. Aber wirklich gute Fotografen sind sich dieses Problems auch bewusst. Sie wissen, dass sie etwas stehlen von dem, den sie fotografieren, und bemühen sich, etwas zurückzugeben. Stefan Moses zum Beispiel verteilt immer kleine Geschenke an die Leute, denen er das Bild gestohlen hat.

Herbert Riehl-Heyse

JG. 1940, IST, ABGESEHEN VON EINEM KURZEN GASTSPIEL ALS CHEFREDAKTEUR DES *STERN* IM JAHR 1989, SEIT 1968 REDAKTEUR DER *SÜDDEUTSCHEN ZEITUNG*.

Herr Riehl-Heyse, wie erleben Sie die Veränderungen in der Medienlandschaft?
Manchmal als den reinen Horrortrip. Vor einem halben Jahr zum Beispiel war ich bei einem Untersuchungsausschuss mit Helmut Kohl. In dem Raum ist Platz für 80 Journalisten. Es waren aber ungefähr 500 da, und davon vermutlich 300 Kameraleute. Um neun begann der Ausschuss, um halb acht sollten wir da sein. Aber bereits um viertel nach sieben stand eine Riesenschlange an, und man kam gar nicht mehr rein. Es war ein einziges Geprügele.

Haben Sie diesen Untersuchungsausschuss, wie viele Ihrer Kollegen, auch als Inszenierung erlebt?
Das Wichtigste an diesen Ausschüssen ist das Statement hinterher, wenn dann die drei, vier Sprecher der einzelnen Fraktionen vor 300 Kameras erklären, dass der Herr Kohl käuflich ist oder auch nicht. Die können noch gar nichts herausgefunden haben und haben immer nur ein Zwischenergebnis, aber sie müssen das unbedingt erst einmal sagen, damit sie in die *Tagesschau* kommen und dort ein paar Punkte machen. Da bin ich dann schon ziemlich verzweifelt, weil so ein Untersuchungsausschuss ja eigentlich die Wahrheit herausfinden sollte.

Sie haben bereits 1992 geschrieben, 90 Prozent des politischen Geschehens seien nur Politikersatz. Hat sich das seitdem noch verstärkt?
Ich denke, dass es durch die noch viel größere Medienkonkurrenz noch mehr darauf ankommt, sich irgendwie zu Wort zu melden und vor allen Dingen Gehör zu finden. Geschickte Politiker wissen ganz genau, wie sie das inszenieren müssen. Inzwischen haben Printjournalisten es erheblich schwerer als Fernsehleute. Denn wozu, denkt der Normalpolitiker, soll er ein halbstündiges Hintergrundgespräch führen, wenn er doch mit einem Zwei-Minuten-Statement ins Fernsehen kommt und seine Botschaft da viel besser rüberbringen kann – wo er vor allen Dingen rüberbringen kann, dass er persönlich das gesagt hat.

Durchschauen Sie solche Inszenierungen immer gleich?
Wer lange genug dabei ist, kann das relativ leicht erkennen. Wenn der Bundeskanzler eine fünftägige Reise durch die neuen Bundesländer macht, mit einem großen Tross von Journalisten, dann ist das, was da passiert, im Wesentlichen heiße Luft. Aber als Inszenierung funktioniert es, denn er ist jeden Tag mindestens zwei Minuten in der *Tagesschau*. Inzwischen durchschauen aber immer mehr Journalisten diesen Mechanismus und sind auch souverän genug, ihn in ihren Artikeln zu problematisieren. Sonst würden sie sich ja auch ganz unglaubwürdig bei den Lesern manchen.

Sie schreiben über Politik, sind aber nicht in die tägliche Berichterstattung involviert. Haben Sie dadurch einen anderen Blick?
Auf jeden Fall einen distanzierteren. Die Kollegen hier in Berlin haben ja jeden Tag um drei eine Pressekonferenz und müssen um halb vier schon darüber schreiben. Wenn man wie ich nur gelegentlich einfliegt und länger Zeit für einen Artikel hat, kommt man vorher auch ein bisschen zum Nachdenken und hat dann automatisch mehr Abstand.

Sie stehen also nicht unter einem solchen Druck wie Ihre Kollegen?
Ach, der Druck ist auch nicht geringer. Ich habe zwar mehr Zeit, dafür aber auch mehr Platz und auch einen größeren Anspruch an mich, als wenn ich das in einer Stunde schnell hinschreiben müsste.

Welchen Anspruch haben Sie denn an sich?
Ich muss vorher verstanden haben, worum es überhaupt geht, muss also herausgefunden haben, was ich eigentlich

erzählen will. Und dann muss ich das so rüberbringen, dass es möglichst viele Leute lesen mögen und auch verstehen. Dieser Anspruch ist im Laufe der vielen Jahre auch nicht geringer geworden, sondern eher noch größer. Deshalb tue ich mich noch genauso schwer, quäle mich noch genauso und bin oft unsicher, ob mir das jetzt gelungen ist oder nicht.

In Ihren Artikeln heißt es manchmal »der Reporter sah« oder »der Reporter ging dorthin«, womit Sie sich selbst meinen. Warum schreiben Sie nicht einfach »ich«?

Den »Reporter« benutze ich nur ganz selten, wenn ich mich, weil ich das Gespräch geführt habe, irgendwie benennen muss. Es sähe ziemlich eitel aus, wenn man dann in der Ich-Form schreiben würde. Aber in Wahrheit ist das, was ich so an Seite-3-Artikeln für die *Süddeutsche Zeitung* schreibe, natürlich eine sehr subjektive Geschichte. Das bin wirklich nur ich. Ich habe was recherchiert, ich habe mit Leuten geredet, ich habe das für wichtig gehalten, anderes nicht. Ich fände es total unehrlich, jetzt so zu tun, als sei das die objektive Wahrheit. Es ist eben nur meine Wahrheit – aber die muss man, hoffentlich, nachvollziehen können.

Haben Sie eine feste politische Einstellung?

Meine Einstellungen ändern sich oft. Es ist nicht so, dass ich irgendwo hingehe mit einer vorgefertigten Meinung und dann hoffe, dass ich möglichst viele Beweise kriege, damit sich meine Meinung auch bestätigt. Das wäre kein interessanter Journalismus. Ich bin in keiner Partei und möchte auch nicht, dass ein Journalist in einer Partei ist. Ich versuche, mir ein möglichst unvoreingenommenes Bild zu machen, was mir natürlich nicht immer gelingt, weil jeder von uns geprägt ist durch viele Jahre Erfahrungen. Und gelegentlich reagiere ich dann auch verlässlich so, wie ich seit langer Zeit politisch gestrickt bin.

Wie wichtig ist es, persönlich Flagge zu zeigen?

Ich denke, der Leser hat Anspruch darauf, zu erfahren, was der Autor des Artikels über einen bestimmten Vorgang denkt. Und ich halte es für feige, sich drum herumzudrücken. Es kann natürlich auch mal vorkommen, dass ich wirklich keine Meinung habe, dann schreibe ich das aber auch. Ansonsten versuche ich, mein Urteil möglichst unverblümt mitzuteilen.

Sehen Sie einen Unterschied zwischen Ihrer Generation und den ganz jungen Kollegen?

Wenn man 30 ist, ist man frecher und schneller und sicherer im Urteil. Wenn man älter wird, versucht man, gerechter zu werden, unter anderem auch deshalb, weil man gelegentlich selber Gegenstand von Journalismus geworden ist, nachdem man zum Beispiel ein Buch veröffentlicht oder einen Vortrag gehalten hat. Wenn man dann liest, was die über einen schreiben, dann merkt man, wie schwer der Beruf ist und wie wahnsinnig viel man da falsch machen kann, weil man zum Beispiel nicht genau hingehört hat und dann falsch zitiert. Wenn man das herausgefunden hat, verliert man dieses Urvertrauen in den

Journalismus und in die Wahrheitsfindung – und gibt sich selber noch ein bisschen mehr Mühe.

Weil man erkennt, dass man auch selbst viel falsch gemacht hat?
Ja, natürlich hat man im Laufe der Jahre ziemlich viel Unsinn geschrieben und mit Sicherheit vielen Leuten Unrecht getan und Unheil gestiftet. Solche Fehler merkt man sich, und man lernt hoffentlich auch ein bisschen daraus.

Wie fühlt man sich denn, wenn man plötzlich selbst in der Presse beurteilt wird?
Ich wünsche jedem Journalisten, dass ihm das mal passiert, damit er sich wenigstens hineinversetzen kann in Leute, die pausenlos beurteilt werden. Außerdem merkt man dann auch, wie kindisch man selber ist. Ich habe mich schon dabei ertappt, dass ich unter der Dusche laut mit dem Rezensenten eines Buches von mir diskutiert und ihm gesagt habe, was für ein Idiot er doch ist, weil er diese oder jene Pointe nicht kapiert hat. Das ist eine ganz komische Erfahrung.

Nur eine komische oder auch eine schmerzliche?
Das kann auch schmerzlich sein. Als ich vorübergehend Chefredakteur beim *Stern* war, habe ich ein ziemliches Echo in den Zeitungen ausgelöst. Da gab es ein paar unglaubliche Artikel, in denen hinten und vorne nichts stimmte und die auch noch ehrabschneidend waren. Natürlich merkt man sich so etwas. Na ja, ich sage immer, Journalisten sind genauso wie alle anderen Menschen auch, manche sind klüger, manche sind doofer, manche haben charakterliche Mängel – nur dass wir mit unseren Defiziten mehr Schaden anrichten als andere Leute.

Sind Journalisten empfindlicher als Politiker, wenn sie in den Blickpunkt der Medien geraten?
Natürlich sind wir im Austeilen sehr viel stärker als im Einstecken. Ich habe gelegentlich diesen oder jenen Chefredakteur mit einem Halbsatz ein bisschen angegangen. Die waren dann ein halbes Jahr lang zutiefst beleidigt und wollten nicht mehr mit mir reden.

Haben Journalisten Macht?
Das mit der Macht habe ich mir ziemlich abgeschminkt im Laufe der Jahre. Ich glaube nicht mehr, dass ich Macht habe in dem Sinne, dass ich etwas bewege. Mein Ehrgeiz, wenn ich überhaupt einen habe, ist, zur politischen Diskussion, zur Aufklärung beizutragen. Wenn einem das gelegentlich gelingt bei einem Aufsatz unter zehnen, dann ist das eine ganze Menge. Ohnmacht empfindet man natürlich viel leichter, aber nur dann, wenn man mit dem Anspruch rangeht, im Prinzip der bessere Innenminister zu sein und alles viel besser zu wissen, und ihm das jetzt erklärt, aber er macht das trotzdem nicht.

Was ist für Sie das Faszinierende an der Beziehung Journalist und Politiker, und was ist das Abstoßende?
Faszinierend ist, wenn ich mit gescheiten Politikern umgehe. Da muss man ja unterscheiden. Es gibt welche, mit denen es sich überhaupt nicht lohnt zu reden, und es gibt welche, die über die Dinge nachdenken, die sie machen. Wenn ich früher nach Bonn gefahren bin, dann bin ich immer zu Hildegard Hamm-Brücher gegangen oder zu Hans-Jochen Vogel oder zu Kurt Biedenkopf und habe mit denen eine Stunde geredet. Das war einfach hochspannend und ein Gewinn, eine Bereicherung des Lebens. Abstoßend ist, wenn ich das Gefühl habe, mich will jemand rüberziehen und missbrauchen. Von solchen Leuten halte ich mich, wenn möglich, fern.

Helmut Kohl bezeichnete die Journalisten als Schmierfinken, Helmut Schmidt als Wegelagerer, und Johannes Rau sagte, sie würden zu viel Krawall und Geschrei produzieren. Haben sie Recht?
Da ist an allem ein bisschen was dran. Und es ist vielleicht auch verständlich, wenn Politiker so etwas sagen. Allerdings sollten sie sich mal überlegen, ob eine Demokratie überhaupt funktionieren könnte, wenn es diese Wegelagerer nicht gäbe. Und ein Politiker, der schlechte Erfahrungen mit den Medien gemacht hat, der sollte nicht sagen, die bösen Medien, die bösen Journalisten, sondern er sollte genau hinschauen, welcher einzelne Journalist dieses und jenes gemacht hat. Vieles, was ich lese und sehe und höre, treibt mir ja selbst die Schamesröte ins Gesicht, weil das nichts mit dem Beruf zu tun hat, wie ich ihn gerne sähe. Das ist ein Beruf, der zum Teil wirklich in der Gefahr ist, kaputt zu gehen. Und deshalb begrüße ich es sehr, dass in den letzten 10, 15 Jahren eine große Diskussion über den Journalismus eingesetzt hat. Die schärfste Pressekritik findet erfreulicherweise immer noch in den Medien selber statt.

Sie sagten, ohne die Wegelagerer würde die Demokratie nicht funktionieren. Aber können die Journalisten bei dem rasanten Tempo der Medienlandschaft denn ihren Auftrag, die Politik kritisch zu begleiten, noch erfüllen?
Mit Sicherheit ist die zunehmende Beschleunigung eines der größten Probleme unseres Berufes, wenn ich da zum Beispiel an junge Kollegen denke, die bei irgendwelchen Online-Diensten arbeiten. Die schießen vielleicht nachmittags um drei als Erste eine Meldung raus, aber ohne irgendetwas Näheres zu wissen, und um viertel nach drei schreiben sie dann, dass das leider ein Irrtum war. Aber sie waren trotzdem wieder die Schnellsten und sind auch noch stolz darauf. Meine Hoffnung wäre, dass es bald eine Gegenbewegung gibt, die wieder zur Verlangsamung führt, dass zum Beispiel die Medienverbraucher sagen: »Gut, die schnelle Information kriege ich bei dem Nachrichtensender, der alle Viertelstunde eine neue Sendung auflegt, aber wirkliche Aufklärung und wirkliches Verständnis kriege ich, wenn ich am nächsten Tag etwas von jemandem lese, der mindestens einen Tag Zeit hatte, sich damit zu befassen.« Also, wenn wir kritisch begleiten wollen und sollen, dann brauchen wir Zeit – und natürlich auch Verleger, die sich Journalisten leisten können, die Zeit brauchen.

Manche Kollegen sagen, Riehl-Heyse gehört zu den Gutmenschen. Stimmen Sie dem zu?

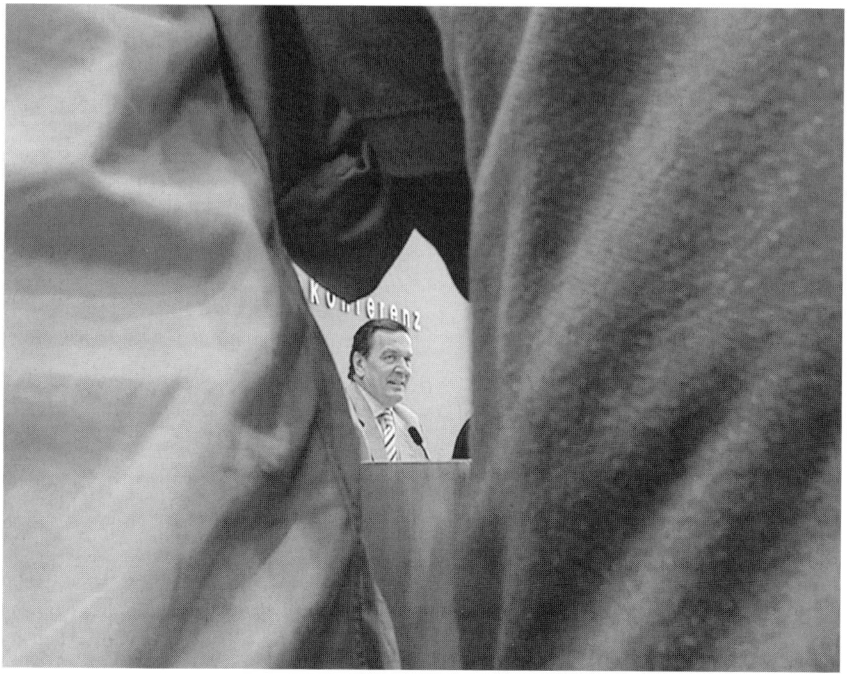

Pressekonferenz Schröder

Erst einmal gibt es ja schlimmere Vorwürfe. Natürlich bemühe ich mich, fair zu sein. Wenn damit aber gemeint ist, ich sei ein Gutmensch in dem Sinne, dass ich immer die Moralkeule schwinge, dann halte ich das für Quatsch. Dann empfände ich das als Beleidigung.

Was würden Sie einem jungen Kollegen mit auf den Weg geben?
Dass er nicht dadurch ein guter Journalist wird, dass er versucht, der Schnellste zu sein, der Ehrgeizigste mit den größten Ellbogen, der den Anspruch hat, immer die ganz große Enthüllungsgeschichte zu haben, sondern dass er seinen Beruf zwar ernsthaft, aber mit einer gewissen inneren Gelassenheit und Heiterkeit betreiben soll. Und man braucht natürlich einen großen Schuss Humor. Den wünsche ich jedem, denn sonst hältst du es gar nicht aus.

Wird man sonst zum Zyniker?
Das wäre schrecklich, denn das würde ja bedeuten, die ganze Politik für völlig absurd und überflüssig zu halten und dann trotzdem darüber zu schreiben und so zu tun, als wäre das irgendwie wichtig. Ich bin ein eher ironischer Mensch und nehme vieles nicht ganz so ernst, wie Politiker gerne hätten, dass man es ernst nehmen soll, aber ich werde hoffentlich kein Zyniker.

Warum sind Sie Journalist geworden?
Ich war ja ursprünglich Jurist, aber dann bekam ich mit, dass mein Bruder, der Journalist war, immer erst um halb zehn das Haus verlassen musste. Das war der wichtigste Grund, warum ich das auch werden wollte. Sonst wäre ich heute vielleicht Regierungsrat im Landratsamt Fürstenfeldbruck. Aber den lobt ja nie jemand. Damit hat es nämlich auch sehr viel zu tun, warum man Journalist wird – mit diesem Bedürfnis, gelegentlich gestreichelt zu werden, ein Echo zu haben und Bestätigung zu finden.

Uwe-Karsten Heye

JG. 1940, ARBEITETE U. A. FÜR DIE *MAINZER ALLGEMEINE ZEITUNG*, DIE *SÜDDEUTSCHE ZEITUNG* UND DAS *ZDF* (*KENNZEICHEN D*). VON 1974–79 WAR ER PRESSEREFERENT VON WILLY BRANDT, 1990–98 SPRECHER DER NIEDERSÄCHSISCHEN LANDESREGIERUNG. SEIT 1998 IST ER REGIERUNGSSPRECHER.

Herr Heye, ein NATO-Sprecher beschrieb seinen Job so: »Habe ein paar wohlklingende Botschaften, die deine Ziele erläutern, und wiederhole sie in jedem Interview. Wiederhole sie, wiederhole sie!« Gilt das auch für den Regierungssprecher?
Ja, das ist ziemlich genau das, was ich zu tun habe. Bevor eine Nachricht wirklich beim Publikum angekommen ist, muss man sie sehr, sehr oft wiederholt haben. Es muss sozusagen penetriert werden. Es muss immer wieder verdeutlicht werden, wo sich was verändert, wo auch ein Erfolg zu verzeichnen ist. Erfolge brauchen Zeit, bis sie in den Köpfen angekommen sind. Das ist in der Tat mein Handwerk und Job.

Wendet Gerhard Schröder diese Taktik auch bei Ihnen an? Penetriert er Sie auch mit Botschaften, die er gerne weitergegeben haben will?
Gerhard Schröder und ich kennen uns schon so lange, dass Direktiven nicht nötig sind. Das geht manchmal schon sehr osmotisch vor sich. Ich weiß ja, wie er tickt und denkt, wie er zu welchen Themen steht.

Welche Eigenschaften muss ein Regierungssprecher haben, um seinen Job, die Politik der Regierung zu verkaufen, gut zu machen?
Man muss komplizierte Sachverhalte möglichst einfach ausdrücken können. Zweitens ist es hilfreich, dass ich selbst aktiver Journalist war. Ich kann die Akteure auf der anderen Seite ganz gut einschätzen und so etwas wie eine Vertrauensebene herstellen. Drittens braucht der Regierungssprecher einen glänzenden Kontakt zum Regierungschef. Hat er ihn nicht, ist er schnell vergessen.

Wie gehen Sie vor, wenn Sie unangenehme Entscheidungen der Regierung vermitteln müssen? Versuchen Sie manchmal, abzulenken und ein anderes Thema zum Schwerpunkt zu machen?
Natürlich. Wenn es gelingt, von einem weniger erfolgreichen Bereich abzulenken, indem man einen erfolgreicheren herausstellt, dann ist das doch okay. Wenn die Öffentlichkeit uns das durchgehen lässt, machen wir das.

Welche Tricks haben Sie noch auf Lager, um die Arbeit der Regierung erfolgreich zu verkaufen?
No trick ist possible. Ich sitze in der Bundespressekonferenz vierzig oder fünfzig Journalisten gegenüber, die fast jedes Detail der Regierungsarbeit kennen. Da lässt sich nicht mit Tricks arbeiten, sondern nur mit Seriosität, mit Klarheit und natürlich auch mit eigener Überzeugung in der Sache. Das ist das, was sie akzeptieren.

Kommt es vor, dass Sie bestimmte Entscheidungen, die die Regierung treffen will, vorab testen und sozusagen einen Versuchsballon starten?
Nein, das kommt eigentlich nicht vor. Ich bin auch gegen die Mystifizierung von Politik. Politik ist ein offener Prozess und kein Geheimplan, der strategisch umgesetzt wird. Selbst die Kabinettssitzungen sind ja nicht so vertraulich, dass nicht hinterher jeder weiß, wer ungefähr was gesagt hat. Also, der Markt ist offen.

Haben Sie Einfluss auf die Entscheidungsprozesse der Regierung?
Im Vorfeld einer Entscheidung hat man sicherlich Einfluss auf das Ergebnis. Zumindest habe ich Einfluss darauf, wie es sich vermitteln soll.

Wie geht dieser Prozess des Vermittelns vor sich?
Ich habe wöchentlich drei Pressekonferenzen mit dem

Pressekorps, das hier in Berlin versammelt ist, ein mittlerweile überdimensioniertes Pressekorps mit allein 3300 beim Bundespresseamt akkreditierten Journalisten. Da können Sie sich ungefähr vorstellen, welch ein Bienenschwarm um uns herum in Bewegung ist, dem ich Antwort geben muss.

Was ist anders hier in Berlin, im Gegensatz zum beschaulichen Bonn? Welche anderen Mittel müssen Sie einsetzen, um den Bienenschwarm der Journalisten zu pflegen?

Abgesehen von den zwei seriösen Zeitungen ist die mediale Tradition in Berlin eher boulevardesk, und es geht mehr um Personen als um Inhalte. Dadurch sahen sich die erstaunten und erschrockenen Bonner Politiker hier einem ganz anderen Klima ausgesetzt als in Bonn, wo sie nur den *Generalanzeiger* hatten. In Berlin herrscht ein ganz anderes Tempo, ist ein ganz anderes Timbre in der Sprache der hier arbeitenden Journalisten.

Ein Online-Journalist sagte mir: »Unser Ehrgeiz besteht darin, spätestens zehn Minuten, nachdem wir eine Nachricht übermittelt haben, auch einen Kommentar dazu zu haben.«

Ich kann nur sagen, solche schnellen Kommentare sind in der Regel ziemlich schlecht. Die Schnelligkeit, die die Revolution der Informationstechniken mit sich bringt, verführt manchen dazu, Genauigkeit nicht ganz so ernst zu nehmen.

Wie hat sich Ihr eigener Stil im schnellen Nachrichtengeschäft von Berlin verändert?

Na ja, unter dem Druck der Schnelligkeit ist man in der Gefahr, manchmal vielleicht ein bisschen zu vorlaut zu sein und nicht alle Details wirklich zu berücksichtigen.

Nähe ist ein ganz wichtiger Punkt in der Vermittlung. Wie stellen Sie im hektischen Berliner Klima Nähe her?

In Berlin noch gar nicht, weil in Berlin Nähe nicht herstellbar ist. Das fängt schon bei den Entfernungen an, die man hier gehen muss. Wenn ein Berliner sagt, diese oder jene Adresse ist gleich um die Ecke, dann kann man davon ausgehen, dass man eine halbe Stunde laufen muss, ehe man sie erreicht hat. Es gibt noch keine typischen journalistischen Adressen, wo man ganz sicher sein kann, dass man hier arbeitende Kollegen und Kolleginnen trifft.

Wie schaffen Sie es da, Ihre exklusiven kleinen Nachrichten zu verteilen?

Indem ich es gar nicht erst versuche. Exklusivität in dem Sinne ist nicht herstellbar.

Sie versuchen also nicht, einem Journalisten auch mal exklusiv etwas zukommen zu lassen?

Sagen wir mal so, es gibt viele im Umfeld der Bundesregierung, denen das gelingt, ohne dass ich das immer weiß oder steuern könnte. Aber das ist die normale Durchlässigkeit, mit der man rechnen muss. Manchmal erfahre sogar ich etwas erst aus der Zeitung.

Ein paar Journalisten haben mir erzählt, dass Sie ihnen auch mal freundschaftlich den Arm um die Schulter legen. Setzen Sie das bewusst ein, als eine Form der Auszeichnung?

Nein, jedenfalls ist es nicht bewusst so gemeint, sondern eher wie wenn man einem Freund mal auf die Schulter klopft. Ich war 25 Jahre lang Mitglied der Bundespressekonferenz. Da ergaben sich natürlicherweise Freundschaften, und ich denke, dass ich mich dafür nicht schämen muss – und der, der mit mir befreundet ist, auch nicht.

Gibt es umgekehrt auch eine Form von Nähe, die von den Journalisten ausgeht – vor der Sie sich vielleicht lieber hüten?

Man muss zum richtigen Zeitpunkt Distanz halten. Es gelingt mir nicht immer, aber es gelingt meistens. Jedenfalls sollte man allen Anwandlungen, durch Nähe näher an die Informationen zu kommen, nicht nachgeben.

Ist Nähe nicht auch das beste Mittel zur Verführung?

Jedenfalls nicht in meinem Job. Ich möchte niemanden verführen, ich möchte gerne überzeugen.

Mal angenommen, Sie versuchten es – würden sich die Journalisten denn verführen lassen?

Das Pressekorps in Berlin hat eine sehr eigenständige und nicht korrumpierbare Position gegenüber den Regierenden. Es gibt da keine Verführungen oder Bestechlichkeiten, die sie von ihrem Standort wegbringen könnten. Jedenfalls habe ich sie nicht kennen gelernt.

Stimmt es, dass Wahlen heute vor allem durchs Fernsehen gewonnen werden?

Zumindest insoweit, als kein Politiker in der Lage ist, mehr Menschen gleichzeitig zu erreichen als über dieses Medium. So viele Parteiveranstaltungen kann man sich gar nicht vorstellen, die nötig wären, um eine Zuschauergemeinde von zehn Millionen oder mehr zu erreichen.

Gerhard Schröder gilt als der »Medienkanzler«. Spielen Inszenierungen vor den Fernsehkameras inzwischen eine ähnliche Rolle wie etwa bei amerikanischen Wahlkampagnen?

Also, ich bin da, anders als manche andere, nicht darauf aus, amerikanischen Wahlkampf nach Europa zu transportieren. Wir sollten schon unsere Handschrift hier in Europa behalten, und das heißt, mehr auf Inhalte als auf die Verpackung zu achten. Zumindest muss beides identisch sein. Problematisch für jede Inszenierung ist außerdem, dass das Medium Fernsehen nicht zulässt, sich zu verstellen. Wenn Körpersprache und Inszenierung nicht übereinstimmen, also der Politiker vor der Kamera unglaubwürdig wird, dann enthüllt das Fernsehen das in einer Weise, wie das kaum ein anderes Medium kann.

Die* Bild *hat eine Auflage von über vier Millionen. Ist sie für Ihre Arbeit ähnlich wichtig wie das Fernsehen?

Die *Bild* ist wichtig, weil sie es auf eine unglaubliche Weise fertig bringt, den Menschen mit kurzen Texten auch

Abstraktionen verständlich zu machen. Von daher ist das ein Medium, das wir immer im Auge haben.

Ich habe Gerhard Schröder einmal gefragt, ob die* Bild *denn so wichtig sei, dass man durch sie Wahlen gewinnen könne. Und er meinte, sie sei immerhin so wichtig, dass man durch sie Wahlen verlieren könne.
Als Trendverstärker kann sie das natürlich. Aber dann muss man schon auf der Slippery Road sein, sonst funktioniert das nicht. Dann kann es durchaus passieren, dass eine Schlagzeile der *Bild* einem den Rest gibt.

Politiker brauchen Journalisten, Journalisten brauchen Politiker. Wer braucht den anderen mehr?
Beide brauchen einander wie die zwei Seiten einer Medaille.

Haben Journalisten, so wie die Politiker, auch Macht?
Das denken einige. Ich glaube, sie haben Einfluss, aber keine Macht.

Haben Sie selbst Macht?
Ich glaube nicht, dass ich Macht habe. Und wenn, dann eine geliehene und deshalb sehr flüchtige. Ich habe vielleicht ein bisschen Einfluss auf das, was in dieser Regierung passiert, aber diese Macht ist ja nichts Schlimmes. Sie ist das notwendige Instrument, das man dringend braucht, wenn man etwas verändern will.

Genießen Sie es auch manchmal, dass Sie Macht haben und Fäden ziehen können, oder sind Sie solchen Gefühlen abhold?
Ich weiß nicht, ob ich denen abhold bin, aber ich hatte bisher noch nicht den Eindruck, dass ich an Fäden ziehen kann. Das ist mir als Vorstellung auch sehr befremdlich. Ich glaube, in einer Demokratie hat die Öffentlichkeit einen Anspruch darauf zu erfahren, welche Motive einen anspornen. Dann haben die Menschen die Möglichkeit zu sagen, zu dem habe ich Vertrauen und zu dem nicht. Und das können Sie auf Zeit so oder so ganz gut lenken.

Pressekonferenz Schröder

Ulrich Deppendorf

Jg. 1950, arbeitete seit 1978 als Reporter und Redakteur beim *WDR*, seit 1987 auch als Wahlmoderator der *ARD*. Seit 1993 ist er erster Chefredakteur bei *ARD-aktuell*, seit 1999 Leiter des *ARD*-Hauptstadtstudios in Berlin.

Herr Deppendorf, würden Sie zustimmen, dass heute Wahlen mit durch das Fernsehen gewonnen werden?
Da muss ich ganz unbescheiden sagen: Das Fernsehen ist schon ein Transportriemen und sicherlich das wichtigste Medium für die politischen Kräfte. Abends in der *Tagesschau* ein Interview zu haben, das ist für die Politiker das Höchste. Wir berichten natürlich auch über Wahlkämpfe, die immer mehr zu großen Inszenierungen werden.

Stellt sich das Fernsehen da nicht in den Dienst der Parteien, wenn es ihre Inszenierungen abbildet?
Wir bilden sie ab, das ist richtig. Aber als die Sozialdemokraten versucht haben, ihren Wahlkampf an amerikanische Verhältnisse anzugleichen, da wurde das hier nicht nur goutiert. Es kommt darauf an, das dann für uns mit einem entsprechenden Kommentar richtig einzuordnen.

Sie können entscheiden, ob der Politiker Y oder der Politiker Z mehr oder weniger oft im Fernsehen erscheint. Hat das Fernsehen, gerade in Wahlkampfzeiten, dadurch nicht eine sehr große Macht?
Wer wie oft erscheint, ist abhängig von dem, was gerade in Berlin passiert. Wo wir entscheiden müssen, ist bei den Zusammenschnitten etwa von Bundestagsdebatten. Das ist die höchste Kunst einer, ich sage das ganz bewusst, objektiven Berichterstattung. Beim Zusammenschnitt ist man tatsächlich in einer Machtposition, aber bevor er sozusagen unser Haus verlässt, schaut auf jeden Fall ein Chef vom Dienst noch mal über dieses Stück. Manchmal ist es schwierig, in einem Zusammenschnitt von einer Minute 45 Sekunden Länge alle relevanten Äußerungen unterzubringen, aber dann zeigt man das eben nicht im O-Ton-Ausschnitt, sondern erwähnt es im Text. Wir bemühen uns um Vollständigkeit, aber das gelingt nicht immer. Insofern haben wir schon ein kleines Auswahlverfahren, das ist ganz klar.

Ist es nicht eine Gefahr für eine objektive Berichterstattung, dass in den öffentlich-rechtlichen Sendern noch immer Posten nach dem Parteibuch besetzt werden?
Also, dass ein Kollege oder eine Kollegin in einer Partei ist, kann man, soll man und darf man ihnen nicht vorwerfen. Wenn die betreffenden Personen ihre Qualifikation haben und deswegen gerufen werden, habe ich überhaupt kein Problem damit. Außerdem kann in den öffentlich-rechtlichen Anstalten, zumindest was mein Haus, den *Westdeutschen Rundfunk*, angeht, der Vorwurf einer parteipolitisch orientierten Berichterstattung nicht mehr gelten. Es gibt da eine andere Generation von Journalisten, die mit dem politischen Bereich durchaus distanzierter und kritischer umgehen, als es vielleicht vor 25 Jahren der Fall war. Ich halte es für richtig, dass Politik-Berichterstatter nicht in einer Partei sind.

Kann ein Parteibuch nicht trotzdem etwas behilflich sein, um die Karriere voranzutreiben?
Ich kann nicht für andere Sender sprechen, sondern nur für meinen eigenen. Und da habe ich das noch nicht erlebt.

Haben Sie selbst ein Parteibuch?
Nein, ich bin in keiner Partei.

Wenn das Fernsehen für Politiker so wichtig ist, rufen die dann auch mal an, um ihren Auftritt zu bekommen?
Nicht mehr. Das hat es ganz früher mal gegeben, aber heute ist es umgekehrt, dass wir anrufen, wenn wir etwas von ihnen wollen. Dann sagen sie entweder ja oder nein. Je höher sozusagen der Rang ist, desto schwieriger ist es manchmal, jemanden in eine Sendung zu bekommen.

Andererseits ist es aber auch einfacher als früher. Den Kanzler haben Sie hier in Berlin schneller vor der Kamera, als das in Bonn der Fall war.

Heißt das, dass die Politiker sich durch die verstärkte Medienkonkurrenz in Berlin weniger anstrengen müssen, um die Aufmerksamkeit der Journalisten zu erregen?
Das will ich nicht ausschließen. Die Journalisten sind ja fast rund um die Uhr mit ihren Kameras, Mikrophonen, Schreibblöcken oder Computern hier in Berlin unterwegs. Von daher ist sozusagen das Umfeld für die Politiker größer geworden, natürlich auch für die zweite und dritte Ebene. Hier in Berlin kann man sicherlich viel mehr loswerden als früher. Nicht immer nur zum Vorteil aller Beteiligten.

Aber nicht immer wollen die Politiker was loswerden, sondern lassen die Journalisten auch mal einfach stehen.
Das ist das Los des Reporters. Wir stehen rum und warten. Aber in der Wartezeit kriegt man auch Informationen. Es kommen immer irgendwelche raus aus irgendwelchen Sitzungen, und da bekommen Sie dann auch mal die eine oder andere Information. Aber es gibt auch Tage, da wartet man vier, fünf, sechs Stunden vergeblich vor einer Tür.

Was tun Sie, wenn Politiker Sie abblitzen lassen?
Dann muss man nachhaken. Aber wenn die einen wirklich abblitzen lassen wollen und einfach weitergehen, dann hat man keine Chance und muss auch nicht groß hinterherrennen.

Wie fühlt man sich, wenn man einfach stehen gelassen wird?
Dann kommt man sich ein wenig eigenartig vor – je nachdem, wie die Damen und Herren das nach außen demonstrieren. Der eine macht es höflicher, der andere macht es unhöflicher.

Ist man dann nicht manchmal versucht, so ein bisschen die Macht des Journalisten auszuspielen?
Also, wer sagen würde, man ist nicht versucht, der würde nicht ganz die Wahrheit sagen. So ein kleines Gefühl hat man immer. Letzten Endes kommt man dann aber wieder auf den Teppich und beschränkt sich, gerade was die Nachrichtensendung angeht, ganz klar auf die Fakten.

Wie viel Macht haben Sie denn, und wann erleben Sie Ohnmacht in Ihrem Beruf?
Ein Ohnmachtgefühl haben Sie bei der Berichterstattung nur dann, wenn Sie mit Ihren Recherchen nicht weiterkommen oder richtig gemauert wird. Oder wenn Sie merken, dass Sie auf eine falsche Fährte gelockt werden. Dafür werden die Damen und Herren von den Pressestellen ja auch bezahlt. Aber ich muss sagen, dass wir hier mit den einzelnen Politikern und auch ihren Presseleuten ein distanziert kritisches, aber vertrauensvolles Verhältnis haben. Und die Erfahrung zeigt dann schon, ob Sie nun auf eine falsche Fährte geführt werden sollen oder nicht. Ein Machtgefühl hat hier, glaube ich, keiner. Man darf gerade im Fernsehen eines nicht verlieren: Bescheidenheit und Selbstbeschränkung.

Wie passt diese Bescheidenheit denn mit der Eitelkeit der Fernsehleute zusammen?
Jeder, der beim Fernsehen arbeitet, ist irgendwo eitel, das stimmt. Aber die Eitelkeit äußert sich eher darin, sich ständig ins Bild bringen zu wollen, und ist nicht das ausschlaggebende Moment der Berichterstattung.

Das Fernsehen gilt ja als ein sehr flüchtiges Medium. Haben Sie Erfahrungen, inwieweit die Zuschauer hinterher noch wissen, was Sie gesagt haben oder wie Sie aussehen?
Je häufiger man in den 20-Uhr-Nachrichten den Aufsager macht, umso eher erkennen einen die Leute. Aber oft können sie einen auch nicht zuordnen und halten ihn dann für einen Sportreporter, weil die *Tagesschau* in der Halbzeitpause eines Fußballspiels gelaufen ist. Man sollte das alles nicht überbewerten.

Steht die* ARD *unter einem höheren Konkurrenzdruck, seit die privaten Fernsehsender im Nachrichtenbereich immer stärker werden?
Richtig ist, dass wir wegen der privaten Nachrichtenkanäle erhöhte Anstrengungen hier in Berlin unternehmen. Unser größter Konkurrent aber ist, wie früher auch, das öffentlich-rechtliche System, nämlich das *ZDF*.

Geben Sie den stärkeren Konkurrenzdruck von außen auch als Druck nach innen weiter?
Wir haben ja nicht nur den Konkurrenzdruck von außen, wir selber stehen hier in Berlin auch unter dem Druck der Zentrale, also der *Tagesschau*- oder *Tagesthemen*-Redaktion. Wir haben jede Stunde Nachrichten, müssen also jede Stunde neues Material haben. Deshalb wird an die Reporter der Druck natürlich weitergegeben, und die müssen damit irgendwie klarkommen. Das heißt auch, dass wir hier auf Geschichten mehr Personal ansetzen, als es früher der Fall war.

Haben die Privaten den Öffentlich-Rechtlichen ein bisschen die Richtung vorgegeben, wie sich Journalismus zu verändern hat?
Ich bestreite überhaupt nicht, dass die Privaten in ihren Anfangsphasen uns auch geholfen haben. Die hatten das bessere technische Equipment als wir und waren manchmal etwas schneller mit Bildern von bestimmten Ereignissen draußen. Den Konkurrenzkampf mussten wir aufnehmen, und jetzt sind wir gleichgezogen. Ich glaube aber, dass bei uns inzwischen und bei allen kommerziellen Sendern eher wieder eine Rückbesinnung stattfindet auf eine etwas weniger schreiende Berichterstattung.

Weil die öffentlich-rechtlichen Sender ihr Programm zu sehr den Privaten angepasst haben?
Sie haben es etwas verändert, weil der Zuschauer heute eine schnelle, kompakte, interessante Information will. Die Reize, die auch außerhalb des Fernsehens auf den Zuschauer einhämmern, haben dazu geführt, dass er von

der Aufbereitung der Themen im Fernsehen mehr verlangt, als es früher der Fall war.

Was verlangt er denn heute mehr?
Er verlangt mehr Bildsprache, mehr grafische Aufbereitung, zum Beispiel, wenn man Zahlen oder Entwicklungen darstellt. Und er erwartet, dass ein Beitrag ihn schlichtweg nicht langweilt.

Und wie erreichen Sie das?
Das ist eine große Kunst, für jeden Beitrag eine gewisse Dramaturgie zu entwickeln und genau zu überlegen, welche Trickmöglichkeiten eingesetzt werden müssen oder ob es besser ist, auf sie sogar zu verzichten.

Das heißt, wie Sie ein Ereignis für den Zuschauer am besten inszenieren?
Das ist sicherlich eine Inszenierung, aber eine Inszenierung, die zur Information und zum Verständnis des Zuschauers beitragen kann.

Die Politiker inszenieren, das Fernsehen inszeniert auch. Wo sehen Sie Ihre Rolle in diesem Theaterstück?
Ich sehe in der Tat Inszenierungen, immer wieder die gleichen Abläufe, ob wir aber hier ein Theaterstück aufführen, weiß ich nicht. Wenn, dann ist das, was hier abläuft, ein Mittelding zwischen Komödie und Drama. Und meine Rolle ist die eines Theaterkritikers.

Denken Sie denn, dass Sie Ihren Auftrag, die Politik kritisch zu begleiten, noch erfüllen können?
Ich glaube, ja. Wir kommen im Moment wieder ganz langsam dahin, aus einer etwas distanzierteren Perspektive die Politik kritisch zu begleiten. Was in der Affäre Kohl an journalistischer Arbeit geleistet worden ist, ist ein gutes Indiz dafür. Allerdings würde ich mir manchmal wünschen, dass sowohl bei den Zeitungen als auch bei uns wieder etwas mehr Zeit für Recherche da wäre, um weitere gute Geschichten zu haben. Dafür müsste man vielleicht auch mal Kollegen für zwei, drei Wochen freistellen, damit sie sich darauf konzentrieren können.

Sie sagten, jetzt wird die Politik wieder distanzierter begleitet. Fehlte diese Distanz denn bisher?
Wir haben früher in Bonn natürlich auch Sachen aufgedeckt, aber ich glaube, wenn man sehr lange als Berichterstatter an dem gleichen Ort ist, 10, 15, 20 Jahre, dann bleibt eine gewisse menschliche Nähe nicht aus, die ist ganz natürlich. Hier in Berlin versuchen wir nun ein anderes Modell: Die Kollegen müssen nach fünf Jahren Berlin verlassen und werden ausgetauscht gegen eine neue Mannschaft.

Was finden Sie faszinierend am Verhältnis zwischen den Journalisten und den Politikern, und was abstoßend?
Faszinierend ist, in diesen Anfangsjahren dabei zu sein, wie hier in Berlin sozusagen neu Politik gemacht wird. Abstoßend finde ich manchmal, dass wir uns alle viel zu wichtig nehmen.

Georg Gafron

JG. 1954, ARBEITETE BEI *RIAS BERLIN* UND *SAT.1*. HEUTE IST ER GESCHÄFTSFÜHRER VON *TV.BERLIN* UND *RADIO HUNDERT,6* UND SEIT 2001 AUCH CHEFREDAKTEUR DER *B. Z.*

Herr Gafron, in letzter Zeit gab es immer wieder mal Berichte, in denen so ein bisschen süffisant über Sie geschrieben wurde, zum Beispiel dass Sie der Sylvester Stallone der Berliner Journaille seien. Sind Sie, wie viele Journalisten das von sich selbst behaupten, auch besser im Austeilen als im Einstecken?
Ich habe von solchen Artikeln gehört. Aber ich lese prinzipiell nichts, was über mich geschrieben wird. Das habe ich von Helmut Kohl gelernt. Die Vorwürfe verunsichern nur, lenken mich nur ab, stehlen meine Zeit. Sie sind unwichtig und werden nur dann wichtig, wenn sie justiziabel sind. Deshalb gehen alle Artikel über mich zu einem Anwalt und werden dort gecheckt. Ich weiß zwar, dass der, der austeilt, auch einstecken muss. Aber das meiste ist substanzloses Geschreibsel, eine Mischung aus Neid und Dummheit, die einem entgegenschwappt. Es interessiert mich nicht. Ich ruhe fest in mir selbst, nahezu unerschütterlich.

Was hat Sie zu einem so selbstsicheren Menschen gemacht?
Wahrscheinlich meine Biografie. Wenn man so wie ich im Kern immer auf sich selbst gestellt war, dann entwickelt man ein Gespür, eine Witterung, die einen durch das Leben führt. Deswegen bin ich so sicher. Auf wen soll ich mich denn sonst verlassen, wenn nicht auf mich selbst?

Sie sind 1977 in einem Kofferraum aus der DDR geflohen. War das eines Ihrer prägendsten Erlebnisse?
Das habe ich fast vergessen, aber es war schon prägend. Der 4. Februar 1977 ist ein wichtiges Datum in meinem Leben, das ich jedes Jahr wie einen zweiten Geburtstag feiere. Ich bin sehr glücklich, in einer freien Gesellschaft leben zu können, da ich die Unfreiheit kenne, aber ich möchte die Jahre zuvor nicht missen. Sie haben mir eine Menge Erfahrung gebracht und mir geholfen, viele Probleme, die die Menschen in einem so reichen Land wie der Bundesrepublik bewegen, als das zu sehen, was sie sind: Pipifax. Es gibt ganz andere Herausforderungen im Leben als das, worüber die Menschen in dieser Wattegesellschaft herumjammern. Dagegen bin ich resistent, dagegen habe ich eine gewisse Härte entwickelt.

Welche Erlebnisse haben Sie noch geprägt?
Meine Aufenthalte in Amerika. Es gibt kein freieres Land auf der Welt. Dann werde ich nie vergessen, was ich auf meinen Reisen in den Kosovo gesehen habe, Massengräber, Massaker, das prägt und führt zur Realitätsbesinnung nach all dem Heckmeck, den wir hier erleben. Auch die vielen Reisen mit Helmut Kohl, die vielen unvergesslichen Gespräche haben mich sehr geprägt. Ich bin ein großer Fan von Helmut Kohl und halte ihn für den größten deutschen Politiker des vergangenen Jahrhunderts. Er hat uns die Einheit gebracht, und verglichen mit dem, was er geleistet hat, halte ich das, was ihm heute vorgeworfen wird, für Mickey-Mouse-Geschichten.

Es schmerzt Sie, dass dieses Denkmal gestürzt wurde?
Das Denkmal kann man nicht stürzen. Was juckt es die Eiche, wenn ein Schwein sich an ihr reibt?

Sie sind nun Chefredakteur der* B.Z. *Welche Eigenschaften braucht man für diesen Beruf?
Vor allen Dingen habe ich eine Vorbildwirkung. Ich verlange von meinen Mitarbeitern nur die Hälfte von dem, was ich von mir selbst verlange. Und ich bin frühmorgens um 7.30 Uhr da und gehe um 23 Uhr nach Hause, und das sieben Tage die Woche. Ich lebe Leistungswillen vor. Wichtige Eigenschaften sind für mich: Selbstdisziplin, Leistungsfreude, Optimismus, andere Menschen jeden Tag motivieren zu können. Ich hasse Dummheit und noch viel

mehr Faulheit. Faule Menschen kann ich nicht ausstehen, und mit faulen Menschen kann ich auch nicht arbeiten.

Sie sind hart gegen sich selbst und müssen sicher auch viele harte Entscheidungen gegenüber anderen treffen. Verfolgen die Sie manchmal im Schlaf?
Ich schlafe zu kurz, um zu träumen oder vor dem Einschlafen nachzudenken. Ich falle erschöpft ins Bett und bin froh, wenn ich wach werde, dass ich wieder arbeiten kann, dass es weitergeht. Aber mich verfolgt nichts im Bett. Alles, was ich entscheide, entscheide ich in dem Augenblick in einer inneren Übereinkunft mit mir selbst, sonst würde ich es nicht entscheiden. Ich fälle keine Entscheidung, hinter der ich nicht stehe. Wenn man versuchen würde, mich zu einer Entscheidung zu zwingen, die ich nicht mittrage, würde ich sofort gehen.

Ist die Verantwortung eines Chefredakteurs vergleichbar mit derjenigen eines Chirurgen?
Wenn Sie damit die Verantwortung des Arztes meinen, der einen Schnitt setzt, dann ist das durchaus vergleichbar. Denn wir können Menschen treffen, können Menschen verletzen. Wir können durch eine falsche Meldung oder durch eine Überbetonung Dingen eine Wucht verleihen, die sie nicht verdienen. Aber wenn ein Chirurg danebenschneidet, ist der Patient tot. Wenn wir danebenschneiden, haben wir die Chance, am nächsten Tag zurückzurudern.

Stehen Sie durch diese Verantwortung unter einem besonderen Druck?
Nein. Wenn ich einen Druck hätte, dann könnte ich das nicht machen, denn ich habe ein Grundprinzip im Leben, das ist die Fröhlichkeit. Ich arbeite am Tag 16, 17, 18 Stunden, sieben Tage die Woche. Ohne innere Fröhlichkeit hält man das nicht durch.

Stimmt es, dass Sie wegen der hohen Arbeitsbelastung feste Telefonzeiten mit Ihrer Frau haben?
Das stimmt. Wir telefonieren, aber wir machen auch alles andere.

Wie ist Ihr Weltbild? Welche Werte haben Sie?
Mein Weltbild ist eigentlich mit dem Grundgesetz abgedeckt. Und Werte? Auch wenn es banal klingt: Toleranz, Achtung vor der Meinung des anderen, Freiheit, Familie, Kinder, Erziehung, Harmonie. Ein Wert, der mir besonders wichtig ist, ist die Fähigkeit zum Mitleid. Gerade in einer Boulevardredaktion ist man täglich mit den Schattenseiten des Lebens beschäftigt. Ich denke da nur an die Polizeiberichte vom Sonntagmorgen, an all die Grausamkeit, die allein in der einen Nacht zuvor in dieser Stadt geschehen ist. Wenn man die Fotos dazu sieht, braucht man ein paar Minuten, um sich zurechtzufinden. Wenn man kein Mitleid mehr haben kann, kein Erbarmen, keine Nächstenliebe, dann ist man kein Mensch mehr, dann ist es nicht mehr sehr weit zu den Abgründen, zu der Finsternis.

Stimmt Ihre politische Haltung mit derjenigen Ihres Blattes überein?
Man muss nicht unbedingt eine Haltung haben, die mit dem Blatt übereinstimmt. Aber das Blatt stimmt mit Sicherheit mit den Regeln des Axel Springer Verlages überein, die jeder Mitarbeiter in seinem Arbeitsvertrag unterschrieben hat: dass hier keine totalitären Regime verherrlicht werden oder nicht die Demokratie verhöhnt wird. Ich wäre ja nicht zu Springer gegangen und hätte das unterschrieben, wenn ich mich nicht völlig damit identifizieren könnte. Die Meinung des Chefredakteurs kann zwar nicht immer die Meinung des Blattes sein, das wäre ja verrückt. Aber es gibt Grundprinzipien, an die wir uns zu halten haben, wenn wir hier unser Geld verdienen wollen.

Herr Döpfner, der Springer-Chef, hat verschiedene Chefredakteursposten neu besetzt, unter anderem bei der* Bild *mit Herrn Diekmann, bei der* Welt *mit Herrn Weimar, bei der* B.Z. *mit Ihnen. Sollten diese Zeitungen dadurch mehr auf eine gemeinsame politische Linie gebracht werden?
Ich kenne weder die Meinung von Herrn Diekmann noch die von Herrn Weimar. Aber ich halte die Unterstellung, die in Ihrer Frage enthalten ist, einfach für falsch. Das würde ja bedeuten, dass die Chefredaktionsfreiheit in diesem Hause aufgehoben worden wäre. Es gibt den Grundkonsens, der in den Arbeitsverträgen steht, das ist die gemeinsame Linie. Aber wer das nicht unterschreiben kann, der hat auch Probleme mit dem Grundgesetz.

Wenn Ihnen jemand sympathisch ist, fällt es Ihnen dann schwerer, neutral-sachlich oder sogar kritisch über ihn zu schreiben?
Natürlich fällt es leichter, wenn man jemanden persönlich nicht kennt. Jedes Gespräch mit einem Menschen erzeugt Beißhemmungen, aber dann übergebe ich solche Dinge gerne anderen in meinem Hause, die es unbefangener tun können.

Sind Ihnen manche Politiker besonders nahe? Zum Beispiel Eberhard Diepgen, wie das folgende Pressezitat unterstellt: »Die liebevolle Pflege des regierenden Bürgermeisters zieht sich wie ein roter Faden durch Georg Gafrons Karriere.«
Das hat wieder ein offensichtlich Desinformierter geschrieben. Einer, der es nicht verkraften kann, dass andere Erfolg haben, und sich nun seinen Frust in die Seiten pressen muss. Deshalb werde ich dazu keine Stellung beziehen.

Bundespräsident Rau hat gesagt, in den Medien sei zu viel Krawall und Geschrei. Helmut Kohl hat die Journalisten als Schmierfinken bezeichnet, Helmut Schmidt als Wegelagerer. Wie sehen Sie sich selbst?
Weder als Wegelagerer noch als Schmierfink. Es ist ganz normal, dass die, die von uns beobachtet und kritisiert werden, uns nicht immer mögen. Politiker mögen die Journalisten immer dann, wenn sie sie benutzen wollen, instrumentalisieren wollen. Wenn wir aber mal unserer eigentlichen Aufgabe nachkommen, nämlich kritisch nachzufragen und den Finger in die Wunde zu legen, dann bezeichnen sie uns halt als Wegelagerer. Aber wir verkraften das. Bundespräsident Rau hat in gewisser Weise

Pressekonferenz Kohl

Recht, denn die Konkurrenz der Medien hat ungeheuer zugenommen. Um im Markt zu bestehen, muss man schneller und härter sein als andere. Da verlottern auch so manche Sitten.

Härter als andere waren Sie neulich selbst, als Sie für den TV.B, einen Fernsehsender, den Sie nebenbei leiten, eine Anzeige geschaltet haben: »Der Krieg ist eröffnet«. Ist die Konkurrenz unter den Medien denn mit einem Schlachtfeld vergleichbar?
Ja, natürlich ist der Markt auch ein Schlachtfeld mit Siegern und Verlierern. Aber ich bin in der Werbung sehr kühl. Ich gebe 100.000 Mark aus und lasse alle sich so über die Kampagne aufregen, dass die Wirkung sechsmal so hoch ist. Dann spare ich 600.000 Mark und kann mir in der Zeit was Neues ausdenken. Ich finde es dabei nur witzig, dass die, die immer kritisieren und mit dem erhobenen Zeigefinger durchs Land gehen, wie die *ARD*, ständig auf ihre Meinungs- und Satirefreiheit pochen. Aber wenn dann einmal zurückgeschlagen wird, bricht gleich das Lamento aus.

Sie sagten gerade, die Politiker wollen die Journalisten instrumentalisieren. Funktioniert das denn?
Natürlich versuchen Politiker immer wieder, die Journalisten zu Werkzeugen zu machen. Aber die wirklich klugen Politiker wissen, dass das nicht geht. Denn die Menschen im Lande haben ein Gespür dafür, wenn Journalisten sich anbiedern. Das merkt man dann schnell an der Auflage oder den Einschaltquoten.

Was hat sich im Journalismus noch verändert, außer dass die Sitten verlottern?
Aus meiner Sicht, und ich bin 22 Jahre in diesem Beruf tätig, ist das Niveau extrem schlecht geworden. Das hängt damit zusammen, dass Nachrichten in unserer Gesellschaft immer mehr zum Infotainment werden. Wir sind ja die Spaßgesellschaft, obwohl ich das für eine Illusion halte, weil die Probleme nicht spaßig sind, die auf uns zukommen. Alles ist Show, alles ist eine Art Soap – und entsprechend gibt es einen bestimmten Typus von Journalisten, der nicht mehr so viel wissen, sondern nur gut drauf sein muss, um den Spaß gut rüberzubringen.

Welche Nachrichten bevorzugt denn stattdessen die B.Z.? Wie finden Sie Ihre Schlagzeilen?
Ich habe da eine ganz besondere Methode. Ich schaue nicht auf die Agenturen, sondern sage meinen Leuten, geht raus und erschnuppert, erspürt die Stadt! Wir machen die Schlagzeilen der Menschen draußen auf den Straßen und in den Betrieben, die mit ihren Sorgen und kleinen Kümmernissen, aber auch Freuden nicht vorkom-

men in den Medien. Ich habe vom ersten Tag an gesagt, die *B.Z.*, immerhin die größte Zeitung dieser Stadt, muss mit den Berlinern weinen, aber auch lachen, muss mit ihnen Schmerz empfinden und Glück. Wir machen unsere Zeitung nicht für die Happy Few, sondern für die Ottonormalverbraucher, die vielen Arbeitnehmer, die die meisten Steuern zahlen. Unsere Programmdirektoren und Chefredakteure sind die da unten auf der Straße. Das ist Volkes Stimme.

Was genau verstehen Sie unter Volkes Stimme?
Das sind Menschen, die sehr gegenständlich denken und handeln müssen, weil sie eben nicht die Mittel haben, große Sprünge zu machen, die ganz konkret mitten im Leben stehen. Die haben sich auch ein Gefühl für Gut und Böse bewahrt, für Gerecht und Ungerecht, ein Gefühl für Maß und auch für Anstand.

Lieben Sie die kleinen Leute?
Ich akzeptiere und achte sie als meine Leser. Die Liebe ist für mich dem privaten Bereich vorbehalten.

Was bewegt denn Ihre Leser? Was sind ihre Gefühle?
Was sie bewegt, ist die Angst vor der Veränderung unserer Gesellschaft, also Angst vor Globalisierung und dem Verlust sozialer Sicherheiten. Das treibt die Menschen um, da muss die *B.Z.* Hilfe leisten und Orientierung geben. Sie muss vor allen Dingen informieren und Angst nehmen. Dann ist ein großes Problem unserer Stadt die Einsamkeit. Wir machten eine Single-Aktion, und ich war überrascht, wie viele einsame Menschen Gelegenheit suchten, mit anderen in Kontakt zu kommen. Was die Menschen auch bewegt, ist, wenn Union Berlin ins DFB-Pokal-Endspiel einrückt oder wenn ein entführtes Kind wiedergefunden wird. Das bewegt sie voller Freude. Sie fühlen auch mit, wenn Babs von Boris Becker verlassen wird, denn viele Frauen haben das Gleiche erlebt und kennen dieses Gefühl. Stolz und Verachtung, Zuneigung und Ablehnung, Werte, auf die Menschen sich in Mehrheiten verständigen können, davon lebt eine Boulevardzeitung. Wir biedern uns nicht an bei den Leuten, wir reden ihnen auch nicht nach dem Munde, aber wir bemühen uns, genau den Punkt zu treffen, der sie an diesem Tag bewegen könnte.

Sie sagten, die* B.Z. *leistet ihren Lesern Hilfe. Wie macht sie das?
Zum Beispiel, indem sie mit ihrer Single-Aktion Menschen zusammenbringt, also – ich scheue das Wort nicht – zum Kuppler wird. Oder, indem sie Verbraucher- und Rechtstipps gibt. Oder auch, indem sie vielen Menschen anhand der Schicksale anderer zeigt, dass sie mit ihren Gedanken und Gefühlen nicht allein sind. Das ist neben der Unterhaltung und der schnellen Nachricht das wichtigste Element des Boulevardjournalismus.

Was wollen Sie sein für die Menschen? Ein guter Vater?
Ach, das wäre vermessen. Wir begleiten die Menschen nicht als Vater, sondern, so hoffe ich zumindest, als guter Partner.

Sie können Stimmungen hervorrufen oder verändern. Wie viel Macht hat der Chefredakteur eines Massenblattes wie der* B.Z.*?
Wir bilden Stimmungen in der Bevölkerung ab, aber es ist nicht unsere Aufgabe, Stimmung zu machen. Ich habe keine Macht und will keine Macht haben. Wir machen unseren Job, das ist alles.

Aber Sie können Trends verstärken?
Das ist richtig, aber die Trends müssen da sein. Und gewisse Trends werden wir nicht verstärken, zum Beispiel jede Form von Extremismus. Aber ich habe jetzt zum Beispiel mitbekommen, dass Frauen in den neuen Bundesländern wieder mehr Kinder kriegen. Ich bejahe das Kinderkriegen und die Familie sehr. Und wenn ich mich bei der Auswahl eines Themas entscheiden müsste, ob wir fünf junge Leute vorstellen, die sagen, das Leben besteht in der totalen Selbstverwirklichung, oder eine junge Familie, würde ich mich immer für die Familie entscheiden.

Wie wichtig ist die* B.Z. *denn für Politiker?
Ich glaube, sie ist, obwohl eine Boulevardzeitung, sehr wichtig für die Politiker. Allein die Auflagenhöhe und dass es eine Zeitung am Regierungssitz ist, machen die *B.Z.* zur Pflichtlektüre. Die Seiten zwei, drei sind der Politik vorbehalten, und Sie werden dort kein Heckmeck finden, kein Infotainment, sondern da sagen wir den Leuten schon, was im Lande passiert, in einer dem Boulevard angemessenen Weise. Auch an den Reaktionen der Politiker merken wir, dass wir wichtig für sie sind. Wenn wir einen Artikel im Blatt haben, dann schlägt das Wellen, mal in diese, mal in jene Richtung.

Sie haben bisher im Hörfunk und beim Fernsehen gearbeitet und machen jetzt zum ersten Mal eine Zeitung. Wo liegen die Unterschiede?
Im elektronischen Geschäft ist die Aktualität das A und O. Eine Zeitung dagegen ist wie eine schöne Frau, die am Morgen nackt vor einem steht. Man muss das Make-up aussuchen, man muss sie jeden Tag neu ankleiden. Und ich wünsche mir, dass meine Zeitung am Abend die schönste Braut auf dem Ball ist. Insofern ist das ein viel kreativeres Geschäft als das elektronische.

Wie entscheiden Sie denn, welches Kleid die schöne Dame heute tragen darf, also welche Schlagzeile der Aufmacher wird?
Schlagzeilen entstehen bei mir in der ersten Fassung beim Duschen früh morgens um sechs. Es formt sich in meinem Kopf die Notschlagzeile, die wir nehmen könnten, wenn an diesem Tag gar nichts los ist. Wenn ich meinen Tag um halb acht beginne, habe ich schon ein Thema in petto, sonst könnte ich nicht in Ruhe losfahren. Und dann ergibt sich im Laufe des Tages ein neues Thema, und dann weiß ich, urplötzlich wie eine Explosion im Bauch: Das ist es. Man kann es nicht begründen, aber es ist genau die Schnittstelle, wo die Gefühle, die ich wahrnehme in meinem Publikum, und das Thema sich kreuzen. Da macht es klick, und dann kommt die Schlagzeile.

Ulf-Jensen Röller

Jg. 1964, absolvierte ein Volontariat beim *ZDF* und ist seit 1994 parlamentarischer Korrespondent im *ZDF*-Hauptstadtstudio (*Berlin direkt*).

Herr Röller, wie hat sich der Journalismus in Berlin verändert?
Die journalistische Arbeit ist etwas schneller geworden, aber nicht unbedingt inhaltsreicher. Gerade erleben wir beim CDU-Untersuchungsausschuss den Höhepunkt, wie man politischen Journalismus instrumentalisiert. Die Politiker spielen so ihre Akte, die haben ihre PR-Berater, aber fürs Publikum kommt nicht viel rum. Es ist mehr Show.

Das heißt, die Journalisten sind nur dazu da, das zu transportieren, was die Politiker gerne hätten?
Sie wehren sich dagegen, aber es gibt ganze Apparate, die versuchen, die Journalisten zu instrumentalisieren. Es ist schwieriger geworden, wirklich auf die wahren Kerne zu kommen.

Weil die Politiker nur noch auf Show und Rituale aus sind, anstatt tiefere Inhalte zu vermitteln?
So extrem darf ich das ja gar nicht sagen. Aber es ist zumindest viel Show und viel Ritual, und manche kämpfen um den Inhalt. Es gibt mit Sicherheit Leute, die dicke Bretter bohren, aber es werden auch viele Kampagnen geritten.

Fühlen Sie sich da nicht manchmal als Handlanger für andere?
Man versucht natürlich, nicht Handlanger zu sein. Man kämpft, man versucht, es zu durchblicken. Aber manchmal merkt man das erst zwei Wochen später, dass man da vielleicht doch irgendwie einem Ritual oder einer Show aufgelegen ist. Es sind ja keine dummen Kampagnen, die gefahren werden. Es sind schon durchaus intelligente. Manchmal weiß man, dass es Kampagnen sind, aber man kann nichts dagegen machen, weil man mitmachen muss, weil darüber berichtet wird.

Sie werden also benutzt?
Man wird in fast allen Lebenslagen benutzt, aber als Journalist ist es noch schlimmer. So empfinde ich das.

Kommen Sie sich auch wichtig vor?
Die Frage habe ich mir eigentlich noch nicht gestellt. Natürlich sind einige Journalisten froh, wenn sie von den wichtigen Leuten gegrüßt werden. Auch das ist Inszenierung der eigenen Wichtigkeit.

Gehört es nicht auch zur Taktik der Politiker, sozusagen die Zückerchen zu verteilen?
Klar, die Zückerchen werden verteilt, das heißt Information. Aber was kann man dann wirklich mit dieser Information machen? Man kann sie weitergeben, aber auch nur so, wie man sie bekommen hat. Insofern ist das natürlich eine ganz schwierige Gratwanderung zwischen Abhängigkeit und wirklicher Recherche. Man versucht, das noch gegenzuchecken, wenn man ein Zückerchen kriegt, aber man benutzt es natürlich auch.

Und wie ist das für Ihr Ego, ein Zückerchen zu kriegen?
Teilweise ist das ganz schön, da sollte man sich nichts vormachen. Man freut sich auch, wenn man ein bisschen in diesen Apparat der Wichtigkeit reinkommt. Aber andererseits, salopp gesagt, habe ich drei kleine Kinder, und da weiß ich, was wichtig ist.

Gibt es für Sie eine Grenze, die Sie nicht überschreiten würden?
Ich mache Fernsehjournalismus. Da kommen Sie nicht so in Grenzbereiche. Ich denke, das trifft die Kollegen von der Zeitung mehr, weil die breiteren Raum haben, wirklich in die Tiefe zu gehen.

Denken Sie, dass Sie als Fernsehjournalist wichtiger sind als die Schreibenden?
Das hängt sehr davon ab, bei welchen Blättern die Schrei-

benden sind. So tragisch das ist, die *Bild* ist eines der wichtigsten und machtvollsten Medien, weil es von so vielen Menschen gelesen wird. Deswegen gehen die wichtigen Politiker zur *Bild* und starten da auch Kampagnen, und wir hecheln ihnen teilweise hinterher. Deshalb würde ich sagen, die Schreibenden bei der *Bild* sind mit Sicherheit wichtiger.

Trotzdem werden Wahlen eher durchs Fernsehen gewonnen. Kommen Sie sich da nicht doch wichtiger vor?

Wir selektieren ja nur die Bilder. Die Bilder sind vorgegeben, alles ist inszeniert, da können Sie nur bedingt auswählen. Sie werden deshalb auch Opfer der Bilder, die Sie bekommen. Man versucht natürlich, zu thematisieren, dass das eine große Show ist. Das sehen Sie auf den Parteitagen. Die Kameraleute suchen ständig das andere Bild. Aber das ist viel Arbeit und durch den Zeitdruck nicht einfach.

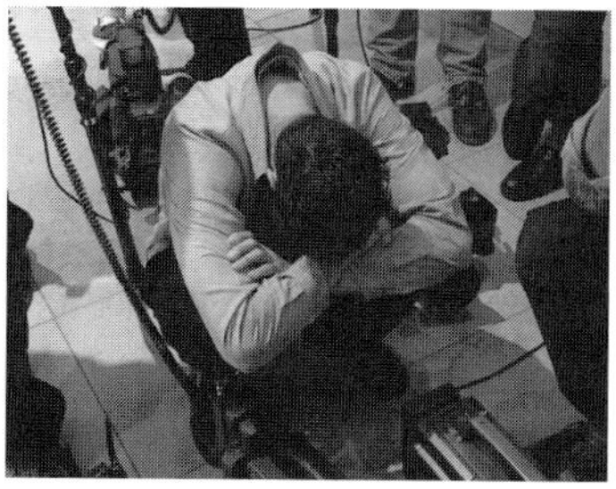

Wibke Bruhns

Jg. 1938, wurde 1971 die erste Nachrichtensprecherin im deutschen Fernsehen *(ZDF)*. Von 1974–1988 arbeitete sie beim *Stern*, u. a. als Korrespondentin in Israel und den USA. 1993 wurde sie Anchorwoman der *Vox*-Nachrichten, 1995 Kulturchefin beim *ORB* und 2000 Sprecherin der Expo Hannover.

Frau Bruhns, wie sehen Sie Ihren Beruf, den Journalismus, nachdem Sie jetzt nicht mehr aktiv dabei sind?
Ich finde immer noch, es ist der schönste Beruf der Welt. Allerdings betrübt mich ein bisschen die Erscheinungsform des Journalismus. Er ist nicht mehr so gründlich wie früher, es geht eher um die Sensation als um die Inhalte. Wenn ich mir vorstelle, dass so ein Mensch wie Boris Becker es tatsächlich auf den Titel des *Spiegel* geschafft hat oder dass die öffentlich-rechtlichen Anstalten ihr Programm unterbrechen, weil dieser komische Trainer mit den scharfen Augen, Daum, eine Pressekonferenz gibt, das verwundert mich schon sehr. Der Journalismus ist heute ein Jahrmarkt der Eitelkeiten, den es in dieser Form nur in den 20er Jahren gegeben hat, weil da auch so ein Tempo vorherrschte.

Ist der Journalismus nicht immer ein Jahrmarkt der Eitelkeiten gewesen?
Na klar. Trotzdem ist die Frage, wie weit man ihn eindämmen kann zugunsten irgendeiner Qualität. Und wenn wir sehen, welche maßgebliche Rolle die Boulevardblätter spielen, dann war das früher schon ein bisschen anders. Mit der Massenmobilisierung, die zum Beispiel gegen Joschka Fischer stattgefunden hat und die eindeutig betrieben worden ist von den Blättern des Springer Verlages, gehen wir zwar einerseits wieder in die 70er Jahre zurück. Dass aber auch die so genannte seriöse Presse da mitrennt und sich die Themen vorgeben lässt vom Boulevard, das ist ein neues Phänomen. Als ich noch aktiv im Geschäft war, haben wir nicht so sehr danach schielen müssen, was die *Bild* oder die *B.Z.* machen, sondern wir haben unser Ding gemacht, und die haben ihr Ding gemacht.

Was muss ein Journalist Ihrer Meinung nach können, um gute Arbeit zu leisten?
Jedenfalls mehr als die Leute, die heute im Privatfernsehen in diesen merkwürdigen Magazinen herumspringen, Leute, die das Geschäft nie gelernt haben, die wahrscheinlich auch ausgebrannt sind, wenn sie gefeuert werden, weil eine Sendung mangels Quote eingestellt wird. Das ist ein enormer Verschleiß an Menschenmaterial, der die Leute hochspült und dann als Treibsand wieder irgendwo ablegt.

Es gab mal eine Zeit, wo fast jeder junge Mensch Journalist werden wollte. Denken Sie, das ist heute immer noch so?
Also, ich kenne viele. Ich habe eine Tochter, die Journalistin ist und sich schon gegen eine heftige Konkurrenz durchsetzen musste, um überhaupt auf die Journalistenschule zu kommen, so geht's ja mal los. Die Jobs liegen nicht mehr auf der Straße. Als ich angefangen habe, war das noch so, obwohl es viel weniger Medien gab.

Was ist so faszinierend an diesem Beruf?
Also, was mich selber betrifft, so habe ich es Zeit meines Berufslebens genossen, meine Neugier bezahlt zu bekommen und aufgrund der Autorität eines Blattes oder eines Senders, für den ich gearbeitet habe, in Türen reinzukommen, die mir normalerweise verschlossen geblieben wären, und mit Leuten zu reden, die ich sonst nur aus den Medien gekannt hätte. Dabei zu sein, wirklich ganz dabei zu sein, das war für mich immer eine hohe Befriedigung, und ich glaube, das ist auch bei den jungen Leuten so.

Wie muss man gestrickt sein, dass man sich in diesem Beruf durchsetzt?

Es gehört eine ganze Menge Chuzpe dazu. Man darf nicht so empfindlich sein, man muss auch mal Konkurrenten ausstechen können. Ganz wichtig ist, sich nicht gemein zu machen mit dem Objekt der Berichterstattung, also auch nachdem man 25-mal mit dem Kanzler geflogen ist, ihn mit dem gebührenden Abstand zu betrachten. Diesen Abstand zu verlieren, ist eine große Gefahr, gerade bei Journalisten im politischen Geschäft, die heute ja immer eingeteilt werden: Der eine macht den Außenminister, der andere den Kanzler, der Dritte den Wirtschaftsminister, und nach einiger Zeit bist du plötzlich Teil einer verschworenen Gemeinschaft, und das Objekt der Berichterstattung meint, dich ausnutzen zu können.

Und was passiert mit denen, die nicht wie gewünscht berichten? Dürfen die dann nicht mehr mitfliegen?
Ja, die fliegen dann raus. Außer der Sender oder das Blatt haben eine große Autorität. Natürlich schmeißt man als Politiker keinen Korrespondenten der *Süddeutschen Zeitung* raus, aber es gibt immer wieder die Bemühungen, ihn auszuwechseln: »Könnt ihr nicht mal jemand anderen schicken?«, heißt es dann. Da kommt es eben darauf an, als Chefredakteur zu sagen: »Also Sie müssen das schon uns überlassen, wen wir schicken und wen nicht!«

Kann man es sich denn heute noch leisten, standhaft zu sein, nachdem sich der Konkurrenzdruck unter den Medien so erhöht hat?
Ich glaube, sie sind nur deshalb unter Druck, weil einfach so viel mehr Nachrichten anfallen und viel mehr berichtet werden muss. Es ist ein unendlicher Umschlag an Nachrichten. Vor allem in der Klatschkategorie ist der Druck enorm hoch. Jedes dieser Medien will Erster sein und früher als die anderen etwas veröffentlichen. Für einen Scoop gehen die schon beinahe über Leichen. Ich finde das gruselig. Man kann sich aber auch dagegen wehren. Wann zum Beispiel lesen Sie je etwas über das Privatleben von Harald Schmidt oder Günther Jauch? Die machen die Schotten dicht und sind trotzdem ungeheuer erfolgreich. Man muss sich also nicht unbedingt dieser Meute aussetzen.

Warum machen es die anderen nicht genauso?
Weil sie denken, dass es den Marktwert erhöht, wenn du häufig genug in den Zeitungen stehst. Das gibt Einschaltquoten oder Popularität und erhöht letztendlich die Honorare. Es geht ja immer nur ums Geld. Viele Leute drängen förmlich in die Medien, scheuen keinen Aufwand und lassen sich zu den merkwürdigsten Sachen überreden. Sie legen sich in eine Badewanne voller Mousse au chocolat oder lassen sich von einem aus dem Big-Brother-Container schwängern, bloß damit sie in der Zeitung stehen. Und sie gucken ganz verstört, wenn sie eine Woche lang mal gar nicht drinstehen.

Fällt es Politikern genauso schwer, auf die Öffentlichkeit zu verzichten, zum Beispiel wenn sie sich aus der Macht verabschieden?
Ja, und ich glaube, dass das für Männer sogar noch schwieriger ist als für Frauen, weil Männer nicht so breit fokussiert sind. Frauen haben meistens noch ein Leben neben der öffentlichen Anerkennung. Ein Herr Kohl dagegen denkt immer noch, er sei im Geschäft, obwohl er wirklich längst draußen ist. Das ist schon schwierig zu realisieren für einen wie Kohl, der ja Zeit seines Lebens nie was anderes gemacht hat außer Politik, auch nichts anderes kann, nie etwas Ordentliches gelernt hat. Alles was dann noch bleibt, sind diese Statusutensilien. Jeder frühere Bundespräsident hat ein Büro und ein Auto und einen Chauffeur und einen Referenten, mit denen er sich schmücken kann.

Wie war das für Sie, als Sie als Journalistin aufhörten. Hatten Sie auch Entzugserscheinungen?
Überhaupt nicht. Ich schreibe jetzt ein Buch, das ich mir schon lange vorgenommen habe. Ich möchte auch auf meine alten Tage nicht darauf verzichten, die Medien und Themen wechseln zu können. Ich habe ja wirklich alles gemacht, Tageszeitung, Wochenzeitung, Magazin, ein Pamphlet – nämlich *Konkret* –, Hörfunk, Fernsehen. Ich habe bis auf Wirtschaft und Unterhaltung die Themenbereiche alle durch: Außenpolitik, Innenpolitik, Wissenschaft, Militärpolitik, das habe ich alles gemacht, weil ich neugierig bin. Als ich zum Beispiel in meiner Jugendzeit Nachrichtensprecherin beim *ZDF* war und dann zum Dritten Programm des *Westdeutschen Rundfunks* ging, um dort eine interessantere Sendung zu machen, bin ich ziemlich fassungslos gefragt worden, wie ich mich von einem Millionenpublikum verabschieden könnte, um für 80.000 Leute Programm zu machen. Das war nie der Punkt, sondern der Punkt war das Programm. Ich habe in meinem Leben wirklich richtiges Glück gehabt. Ich war mehrere Male zum rechten Augenblick an der richtigen Stelle und habe dann auch »Hier!« geschrien, und es hat immer funktioniert. Ich habe immer das tun können, was ich wollte. Das war toll.

Jetzt wollen Sie ein Buch schreiben. Heißt das, dass wie in vielen Journalisten auch in Ihnen die Schriftstellerin steckt?
Da muss man schon die Kirche im Dorf lassen. Natürlich wurden, als ich angefangen habe, von mir Kurzgeschichten gedruckt und nicht etwa irgendwelche journalistischen Ergüsse. Und natürlich fand ich, dass ich mindestens den Pulitzer-Preis kriegen müsste. Es hat lange gedauert, mir klarzumachen, dass das, was du machst, letztlich auf dem Müll landet. Das ist nicht für die Ewigkeit, sondern das ist Fastfood, was du betreibst – weshalb du aber trotzdem sehr sorgfältig sein musst. Also, ich kaue auf der Sprache herum, wenn ich schreibe. Und dann denke ich mir manchmal: »Mein Gott, warum gibst du dir solche Mühe? Nur damit irgendjemand, der es liest, vielleicht sagt: ›Ach, das ist aber ein schönes Stück‹, bevor er es wegwirft?«

Hat man denn wirklich das lesende Publikum im Kopf, während man schreibt?
Nein, nicht wirklich. Man schreibt für die Kollegen, man schreibt für die Arbeitgeber, also für die Chefredakteure, wenn man noch auf der Karriereleiter klettert. Du möch-

Empfang von Wolfgang Thierse

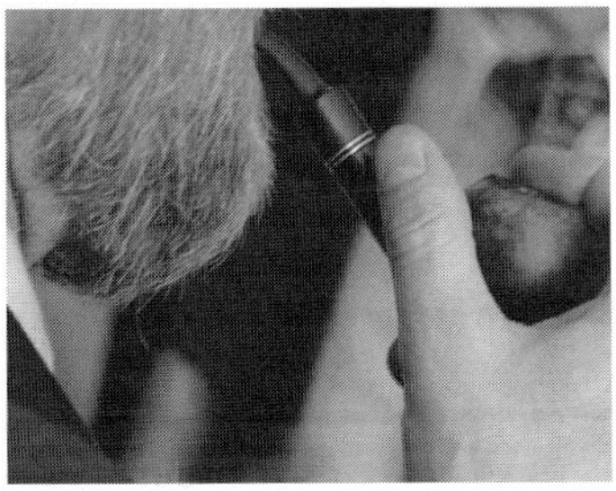

test innerhalb der Branche wahrgenommen werden als jemand, der besonders gut beobachtet, dieses besonders gut formuliert, verblüffende Schlüsse zieht, eine ulkige oder jedenfalls ungewöhnliche Sprache hat. Im Prinzip sind die Kollegen das Publikum, so wie Schauspieler auch für ihre Kollegen spielen, weil sie sagen, das Publikum versteht sowieso nicht, was ich da mache.

***Eine Ihrer vielen journalistischen Wegstationen war auch der* Stern.**

Ja, und als ich dort anfing, habe ich immer gesagt, ich kann dieses Blatt nicht ertragen. Denn hier wurde guter Journalismus verwechselt mit der Fähigkeit, jemanden in die Pfanne zu hauen. Jemand, der einem zwei Stunden seiner Zeit geopfert hat oder den man wochenlang begleiten durfte, nur um hinterher zu sagen, das ist aber ein Arschloch. Das war sehr schwierig für mich. Es widersprach meiner Erziehung und allem, was man unter gutem Stil versteht. Jemanden öffentlich zur Sau zu machen, dafür sollte es wirklich gute Gründe geben. Ich habe das durchaus gemacht, aber wohl war mir dabei nie.

Hatten Sie auch manchmal Mitleid mit Ihren Opfern?

Ja, durchaus. Wenn es Zwänge gab, die die Menschen, über die ich geschrieben habe, in Situationen brachten, aus denen sie von selber nicht mehr herauskamen. Es gibt objektive Zwänge oder subjektive Zwänge, in die Menschen geraten. Die können entweder nicht aus ihrer Haut, oder sie haben sich in einer bestimmten Konfliktsituation falsch verhalten, und dann sitzen sie mittendrin, und es ist ganz furchtbar. Ich habe häufig versucht, diese Zwänge deutlich zu machen. Die reine Polemik, den reinen Hohn über jemanden auszugießen, das habe ich bei *Konkret* gemacht, und das hat mir im Nachhinein Leid getan. Das lese ich heute lieber nicht mehr, das war Kampfpresse ohne Rücksicht auf Verluste.

Wenn man jemanden wochenlang begleiten darf und ihn hinterher zur Sau macht, fühlt man sich da nicht als Verräter?

Man hat schon das Gefühl, die Gutgläubigkeit ausgenutzt zu haben. Da stellt sich jemand zur Verfügung und denkt, du bist fair mit ihm, anstatt das, was er dir erzählt, nur für hanebüchen zu halten. Da fühlst du dich schon als Verräter, als jemand, der einfach nicht nett war. Aber es ist nicht der Job eines Journalisten, nett zu sein, wirklich nicht! Gerade nicht bei Politikern oder Leuten aus der Wirtschaft. Die wissen ja, worum es sich dreht und sind geübt. Und wenn sie klug sind, dann machen sie zu und lassen niemanden ran, oder jedenfalls nicht so nahe, dass du fundiert sagen kannst, der sitzt vielleicht nach dem Peter-Prinzip auf dem falschen Stuhl. Aber das ist schwierig. Es ist so viel leichter, nett zu sein als grob zu sein.

Impliziert Journalismus auch Verletzung?
Klar, verletzt wird immerzu. Wenn du Glück hast, kannst du es vermeiden, aber eben nicht immer – vor allem nicht, wenn du die kurze Form hast, wenn du nicht wirklich erklären und deine Geschichte so plausibel machen kannst, dass die Verletzungen zumindest begründet werden.

Wurde von Ihnen auch mal gefordert, wie eine bestimmte Geschichte über den Herrn Soundso auszusehen habe?
Es gibt natürlich so eine allgemeine Redaktionsmeinung, aber es kam nie ein Chefredakteur auf mich zu und sagte, »also, jetzt haben wir hier den Menschen Sowienoch, und darüber möchte ich die Geschichte ABC haben.« Das ist mir nie passiert. Ich weiß aber, dass es passiert. Meistens passiert es subtiler.

Auch beim* Stern*?
Ja, zu meiner Zeit schon. Wie das heute beim *Stern* ist, kann ich nicht mehr beurteilen, dazu bin ich schon zu lange weg. Als ich als Korrespondentin in Israel war, da sollte ich immer nur Geschichten über Mord und Totschlag, Krieg und Bombenexplosionen liefern. Es gab zwar wirklich eine ganze Menge anderer Geschichten, aber die habe ich nicht ins Blatt gekriegt. Und als das Massaker in Sabra und Shatila passierte, also wir reden jetzt wirklich aus der Steinzeit, da rief mich ein Grafiker aus der Heimatredaktion an und sagte: »Du, pass mal auf, hier passiert jetzt eine Schweinerei. Da kommt eine Doppelseite ins Heft. Auf der einen Seite sieht man ein Räumfahrzeug die Leichenberge in Sabra und Shatila zusammenfegen, und auf der anderen Seite sieht man Leichenberge in Auschwitz, und drunter soll stehen, dass die Israelis es genauso machen wie die Deutschen.« Da habe ich dann die Chefredaktion angerufen und gedroht: »Wenn das passiert, dann gehe ich, und zwar laut. Ich tröte das überall in der Branche herum, warum ich dieses Blatt verlassen musste, und zwar sofort und unter Protest.« Es kam dann nicht so ins Heft. Aber hätte dieser Grafiker mich nicht gewarnt, dann wäre es passiert. Und da hätte mein Name drüber gestanden, als Berichterstatterin. Das ist das, wovon man träumt.

Gibt es in den Redaktionen einen vorauseilenden Gehorsam?
Ja, da bin ich ganz sicher, dass das so ist. Es gibt die Selbstzensur: »So, das schreiben oder senden wir jetzt lieber nicht, weil dann unsere Brötchengeber oder in den öffentlich-rechtlichen Anstalten die Gremien und die Staatskanzleien darauf reagieren könnten.« Es ist einfach eine Illusion, zu behaupten, das fände nicht statt. Beim *Bayerischen Rundfunk* sowieso, aber eben auch beim *Westdeutschen Rundfunk* in Köln.

Inwieweit kann man heutzutage noch von einem unabhängigen, kontrollierenden Journalismus sprechen?
Also, ich habe nie an die vierte Gewalt und eine wirkliche Unabhängigkeit des Journalismus geglaubt. Es hat immer leuchtende Beispiele einzelner Kollegen gegeben, aber ansonsten ist das eine Gemengelage, weil Journalisten gerade in der Politik so ungeheuer abhängig von Informationen sind, dass man schon ganz schön dankbar sein muss, was am Ende noch rauskommt. Nach meiner langen, langen Berufstätigkeit bin ich mir ziemlich sicher, dass Nachrichten unterdrückt worden sind oder nicht unbedingt mit dem Ehrgeiz verfolgt wurden, mit dem sie es verdient hätten, verfolgt zu werden, weil das gerade mal entweder den Anzeigenkunden nicht passte oder der jeweiligen vorherrschenden politischen Richtung. Oder es heißt: »Den Herrn Sowienoch brauchen wir nächste Woche noch zum Interview, dem können wir doch nicht in dieser Woche ans Bein pinkeln.« Das wird so natürlich nicht ausgesprochen, es wird einfach gemacht.

Wie kann man sich als Journalist davor schützen und vielleicht noch seine persönliche Ethik bewahren?
Ich glaube, es geht nur, wenn man sich völlig zurücknimmt auf das, was man selber schreibt, und sich überlegt, wie man das vor sich selber vertreten kann. Das ist ein sehr einsames Geschäft, wenn man so will. Aber man findet, wenn man sie sucht, unter den Kollegen natürlich immer irgendwelche Leute, die derselben Ansicht sind und die helfen. Es ist nicht wirklich so, dass man allein auf weiter Flur steht. Aber ich habe es zum Beispiel beim *Stern* streckenweise als eine große psychische Belastung empfunden, innerhalb dieser Redaktion zu arbeiten.

Hat Alkohol vielleicht dieses einsame Geschäft ein bisschen leichter gemacht?
Also, früher war es natürlich so, besonders bei den Tageszeitungen, die einen späten Redaktionsschluss in der Nacht hatten. Das war mit viel Alkohol verbunden. Ich habe im Verlaufe meiner vielen Berufsjahre unendlich viele Alkoholiker getroffen. Wie das heute ist, weiß ich nicht. Ich glaube eher, die gehen alle ins Fitnessstudio. Auch eine Droge! Die sehen heute immer alle so topfit und braun gebrannt aus und haben gestählte Muskeln und flache Bäuche. Ich fürchte, die leben alle schrecklich gesund.

Wie haben Sie das Stechen und Hauen innerhalb einer Redaktion, etwa beim* Stern*, erlebt?
Keine Ahnung, wie das heute ist, aber Henry Nannen hatte damals noch das Prinzip des Heringsfasses: So viele Fische reinstopfen, wie da überhaupt nur reingehen, und wer nach oben kommt und irgendwie Luft schnappen kann, der hat gewonnen. Damals schwamm man ja noch im Geld. Da wurden jede Woche 160 Prozent produziert, und 60 Prozent flogen raus, weil immer nur die besten Geschichten ins Blatt kamen – die angeblich besten. Das war wirklich ein harter Konkurrenzkampf um den Platz im Heft. Bei den Tageszeitungen ist das übrigens noch immer so. Das ist ein schwieriges Gewerbe.

Welche Eigenschaften muss man als Journalist noch haben, außer dass man schreiben kann?
Gut sein alleine reicht nicht. Man muss Glück haben. Es gibt sicher Kolleginnen, die es mit dem weiblichen Charme versuchen, und das gelingt ihnen auch gelegentlich. Es wäre schön, ziemlich unbestechlich zu sein, nur da muss man eine ganze Menge aushalten können. Wenn du jung bist in dem Gewerbe, und du kommst nicht ran und wirst nicht publiziert, dann musst du schon sehr aufpassen, dass du nicht an Selbstwertgefühl verlierst. Also, wenn mir das früher passiert ist, und es ist mir natürlich passiert wie allen anderen auch, dann habe ich mich schon gequält mit Sätzen wie: Glück ist auch eine Frage der Qualität, wenn du wirklich gut wärst, dann könnten die ja gar nicht daran vorbei, deine Geschichten zu drucken oder dein Stück zu senden. Das schlägt dann gleich in Defätismus um, und dann muss man schon sehr aufpassen, dass man den Kopf oben behält und ein vielleicht auch unbegründetes Selbstbewusstsein immer wie eine Fahne vor sich herträgt und sagt: »Ich weiß, ich bin gut.«

Welche Tricks muss man beherrschen, um sich in einer Redaktion durchzusetzen?
Da gibt es natürlich mehrere, je nach Temperament. Entweder bist du zickig und nervst und quengelst immer überall dazwischen. Oder du suchst noch mal das private Gespräch mit demjenigen, der gerade über Sendeplätze oder über den Platz im Blatt entscheidet. Oder du bereitest eine Geschichte mit jemandem vor, den man nicht aus dem Blatt kegeln kann. Zum Beispiel kann man ganz schlecht eine Hintergrundgeschichte über den Kanzler machen, die dann nicht gedruckt wird. Das geht wegen des Kanzlers nicht. Welche Tricks gibt es noch? Boxen – wirklich boxen!

Welche Unterschiede sehen Sie zwischen Ihrer und der jungen Generation?
Was noch meine Vorbilder auszeichnete, war eine profunde Allgemeinbildung, ein großes, breit gestreutes Wissen, das weit über das hinausging, was sie für das tägliche Geschäft brauchten. Das wird heute nicht mehr verlangt, und manchmal fällt einem schmerzlich auf, dass es fehlt. Was heute vor allem anders ist: Das Geschäft ist viel härter, schneller und rücksichtsloser geworden, was bei den Fotografen und Kameraleuten bis hin zu Handgreiflichkeiten geht. Ich fürchte, dass in vielen Fällen auch die Sorgfalt der Recherche leidet. Um der schnellen Nachricht willen wird eine Geschichte hier und jetzt veröffentlicht, anstatt lieber noch drei Tage zu warten, um das zu erhärten. Das ist besonders schlimm im Fernsehen. Wenn du alle paar Stunden eine Nachrichtensendung mit irgendwas Neuem bestücken sollst, haust du eben schnell irgendwas raus – was dann häufig recht dürftig ist.

Wie sehen Sie die Rolle der Kameraleute und Fotografen in der Medienhierarchie?
Die sind inzwischen natürlich das Herz. Eine Nachricht, die keine Bilder hat, ist in dieser Welt, in der das Fernsehen die größte Rolle spielt, keine Nachricht. Deswegen kriegen wir ja häufig ein verzerrtes Bild, denn wenn es keine Bilder gibt, dann findet diese Nachricht nicht statt, oder nur als kurze Wortmeldung.

Trotzdem gucken die schreibenden Kollegen immer noch auf die Fotografen herunter.
Ja, das ist eine andere Disziplin. Früher hieß es immer: Fotografen haben keine Ohren. Die schickst du rein in irgendeinen Fotopool, und wenn sie wieder rauskommen, dann wissen sie von gar nichts, außer wie viele Bilder sie belichtet haben. Das stimmt aber so nicht mehr, und das hat auch schon zu *Stern*-Zeiten nicht gestimmt. Wir haben oft wunderbare Zitate aus Vier-Augen-Gesprächen bekommen, wenn da die Fotografen eine Weile zugelassen waren. Die *Stern*-Fotografen – allen voran Bob Lebeek, der war einfach wunderbar, der hat alles behalten – haben uns sofort draußen in die Blöcke diktiert. Das gab dann hinterher oft ein großes Staunen, wo wir das her hatten. Denn jeder glaubte ja, Fotografen hätten keine Ohren.

Sie waren Sprecherin der Expo, standen also auch mal auf der anderen Seite den Journalisten gegenüber. Wie haben Sie das erlebt?
Abgesehen von ein paar richtig professionellen Kollegen, mit denen ich gut ausgekommen bin, habe ich Grenzen festgestellt. Ich dachte, wir haben da eine wunderbare Ausstellung, und das müsste man eigentlich auch über die Medien den Menschen beibringen können. Das konnte man aber nicht, denn das einzige Thema, das zählte, war das Geld. Diese Hartnäckigkeit, mit der über Wohl und Wehe der Expo-Finanzen recherchiert und gequengelt wurde, hat mich wirklich genervt, es ist mir aber nicht gelungen, das zu verhindern.

Was hätten die Journalisten anders machen sollen?
Ich fand manche von ihnen ganz schön faul. Die haben sich einfach nicht bewegt, sondern haben erwartet, dass man ihnen die Geschichten serviert, anstatt mal selber zu gucken und da meinetwegen nachzufragen und ihre eigene Neugier zu befriedigen. Aber viele Kollegen, mit denen ich zu tun hatte, nicht nur bei der Expo, sind nicht mehr so neugierig, wie man das meiner Meinung nach sein sollte in diesem Beruf. Die Berichterstattung war nicht bunt genug, es gab so viele Themen, die einfach nicht wahrgenommen wurden, selbst wenn man irgendwie versucht hat, sie an den Mann zu bringen. Eigentlich fand ich die Kollegen bis auf Ausnahmen ziemlich langweilig.

Als Journalistin haben Sie viel ausgeteilt und andere zur Sau gemacht, wie Sie sagten. Wie war das nun, als gegen Sie selbst mal eine Medienkampagne entfesselt wurde?
Kampagnen sind schwer zu stoppen, das habe ich in Hannover erlebt. Das ging heftigst gegen mich, heftigst gegen mich als Person. Da ist so viel grobes Zeug geschrieben worden, dass viele sich wunderten, wie ich das nur aushalte. Aber das war kein Problem. Ich konnte das erstaunlich gut aushalten.

Sind Journalisten empfindlicher als etwa Politiker, wenn über sie selbst geschrieben wird?

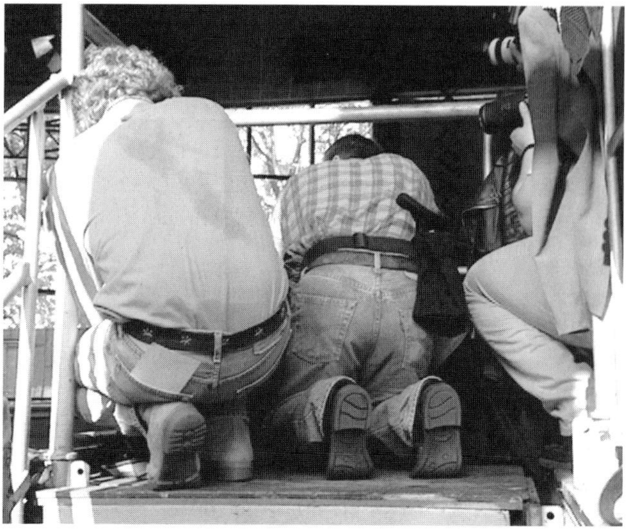

Ja, das sind sie sicher. Es ist immer leichter auszuteilen als einzustecken, natürlich. Aber da müssen sie durch. Man muss doch genau dasselbe aushalten wie das, was wir anderen Leuten antun, wenn wir über sie schreiben. Aber Gott sei Dank sind wir ja nicht ständig in der Situation, so beäugt zu werden.

Ein Chefredakteur sagte mir, Frauen würden deshalb so selten in die Chefetagen aufsteigen, weil sie es sich gar nicht antun wollen, was da oben vor sich geht. Wie sehen Sie das?

Ich glaube, er hat Recht. Die Tatsache, dass wir so wenig Frauen in Führungspositionen haben, hat sicher auch etwas mit den Präferenzen der Frauen zu tun. Und ich kann das gut nachvollziehen. Ich würde das auch nicht wollen.

Was würden Sie nicht wollen, wenn Sie so einen Posten hätten?

Ich würde nicht die Verantwortung für so viele Menschen übernehmen wollen. Ich würde mir nicht immer all die Wehwehchen anhören wollen. Ich habe ja streckenweise schon Verantwortung für Mitarbeiter gehabt und dabei festgestellt, dass es nicht wirklich mein Ding ist. Ich will mich auch nicht mit Finanzen beschäftigen, und ich will mich nicht mit Strukturplänen beschäftigen, und ich will mir keine Sorgen um die Anzeigenkunden machen müssen. Mein Leben ist a) zu kurz, um es mit so was zu verplempern, und b) ist es breiter gestreut. Ich habe Freunde, ich habe Familie, ich koche gern – alles Dinge, wofür du nie Zeit hast, wenn du in so einer Führungsposition bist.

Glauben Sie, dass Sie da ein Sonderfall sind, oder wollen Frauen die Macht und die damit verbundenen Strapazen grundsätzlich nicht?

Ich kenne eine ganze Reihe von hoch qualifizierten Frauen, die sagen, nein, das tue ich mir nicht an, das mache ich nicht. Andererseits haben sie mit Sicherheit auch weniger Chancen, da die Chefetagen noch immer Männerdomänen sind. Die lassen da nicht wirklich jemanden rein. Du musst schon ganz schön strampeln und ganz schön viel besser sein als sie, und du musst bereit sein, noch mehr von deiner Lebensqualität herzugeben, als die Männer das müssen. Dazu kommt natürlich auch immer noch, dass Männer ein perfektes System haben, Ehefrauen, Sekretärinnen, Assistentinnen, die sie für alles Mögliche einsetzen. Eine Frau dagegen geht selber los und sucht den Blumenstrauß aus, der irgendwohin geschickt werden muss, oder schreibt selber den Brief und möchte auch ganz gerne zu Hause noch ein anständiges Abendessen für Gäste aus den Töpfen zaubern. Das machen die Männer nicht, die setzen sich an die gedeckten Tische.

Wie erleben Sie es, wenn Sie mal Kollegen von früher treffen?

Bei manchen ist es ein fröhliches Wiedersehen, aber bei vielen bin ich schon ein bisschen verstört, besonders bei Männern. Je älter sie werden, desto pompöser werden sie, desto mehr haben sie den Journalismus erfunden und je stärker ist die Verachtung gegenüber jungen Kollegen, von denen sie behaupten, die könnten die Grammatik nicht und die verstünden die Sprache nicht. Die halten tatsächlich das Gewäsch, das sie streckenweise abgeben in Kommentaren und Kolumnen, für der Weisheit letzter Schluss. Das ist schon gruselig. Die stehen da, fett und bräsig und eitel. Leute, an denen ich früher eine große Beweglichkeit bewundert habe, die ich auch kopiert habe und in deren Kielwasser ich mich gerne bewegt habe. Ich halte das für eine typisch männliche Entwicklung hin zum Hochmut, zum Sich-Spreizen, zur fehlenden Bereitschaft zuzuhören. Diese Wichtigkeit, die sie ihren eigenen Sätzen beimessen, diese große Eitelkeit findet man bei Kolleginnen ganz bestimmt nicht. Frauen sind da einfach viel entspannter, auch der eigenen Person gegenüber, während Männer ihre Leitartikel verbreiten müssen und wirklich meinen, sie seien gefragt und müssten uns die Welt erklären und ohne sie gehe es überhaupt nicht. Da kann ich manchmal nur noch frech werden.

Alexander Völkel

Jg. 1975, arbeitet seit 1993 für die *WAZ*-Gruppe als freier Autor und Bildberichterstatter. Er ist als politischer Fotograf für die Agentur *Meldepress* tätig und fotografiert im Auftrag von *Spiegel*, *Focus*, *Stern* u. a.

Herr Völkel, Sie haben heute Herrn Kohl im Untersuchungsausschuss fotografiert. War das ein harter Job für Sie?
Es ist immer wieder erstaunlich, welche Beschimpfungen dem Altbundeskanzler einfallen. Es hat sich nichts verändert in seinem Verhältnis zur Presse. Er kann uns immer noch nicht leiden.

Mit welchen Worten hat er Sie denn bedacht?
Letztes Mal war es eine »zoologische Veranstaltung«, diesmal ein »Zirkus«. Den »Affenzirkus« hat er auch sehr gerne.

Geht Ihnen das nahe?
Nicht mehr. Ich finde es nur noch peinlich, wie er sich aufführt. Er kann einem nur noch Leid tun.

Erleben Sie so eine Veranstaltung als großen Stress?
Der Trubel ist eigentlich vorher. Kriege ich einen guten Platz, kriege ich ihn nicht? Wenn es erst mal angefangen hat, entspannt es sich wieder. Es ist ein bisschen Gedränge, aber insgesamt geht es kollegial zu. Heute hatten wir das Problem, dass wir die Plätze vorher markiert hatten. Unsere Taschen standen schon da. Aber dann kommt man rein, und die Tasche steht woanders. Dann beginnen die Diskussionen: Wer war das?

Wie ging es danach weiter?
Man muss die Bilder möglichst schnell verarbeiten: Chip aus der Kamera raus, rein in den Computer, Bilder bearbeiten, dann per Handy verschicken. Am besten macht man das noch während der Pressekonferenz und versendet nach den ersten fünf, sechs Bildern schon mal eines. Die Zeitungen haben zwar eine Deadline. Bei uns geht es aber nicht nur darum, wann Schluss ist, sondern wir müssen auch die Ersten sein. Das macht es besonders stressig.

Geht es nur darum, der Erste zu sein, oder auch darum, das beste Bild zu liefern?
Natürlich versucht man, möglichst ein anderes Bild zu haben, nicht die klassischen Einstellungen. Aber das ist schwierig, wenn 16 Leute in einem Halbkreis stehen. Da hat man relativ ähnliche Motive. Trotzdem muss man schauen, ob irgendwas Ausgefallenes dazwischen ist, mit dem man sich ein bisschen absetzt von der Masse. Nur so hat man eine Chance.

Können Sie den Stress hinterher auch wieder abbauen?
Oft gar nicht. In der Woche fängt man morgens um acht an und hört abends um zehn auf. Das ist eine kontinuierliche Anspannung, so ein gewisser Adrenalinpegel, den man halten muss, um gute Arbeit zu machen. Wenn man dann mal eine Woche hat, in der im politischen Geschehen nichts los ist, bekommt man einen richtigen Durchhänger. Entspannen oder mal ausgehen kann man nur am Wochenende. Aber es ist schwierig, von dem Stress wieder runterzukommen. Denn mein Leben ist ein einziges Standby. Jederzeit kann ein Anruf kommen, ich solle binnen zwei Stunden am Flughafen sein, um für eine Reportage nach Kroatien zu fliegen. Und auch auf Terminen wie heute beim Untersuchungsausschuss, wo man stundenlang wartet, aber jederzeit etwas passieren könnte, bin ich ständig im Stand-by-Modus.

Wie erleben Sie diese langen Wartezeiten?
Das ist eine kontinuierliche Anspannung und sehr anstrengend. Man sitzt ja nicht im Plüschsessel und vertreibt sich die Zeit, sondern nimmt eine Lauerstellung ein, mit der Kamera im Anschlag. Man wartet stundenlang auf einen Fototermin von 30 Sekunden, und dann war vielleicht alles

umsonst. Damals im Kosovo warteten wir zum Beispiel mal bei 40 Grad auf einem Hochplateau auf Herrn Scharping. Als er endlich kam, stand er schlecht und kam auch unserer Bitte nicht nach, doch mal einen Schritt vorzutreten. »Ich bin doch kein Schauspieler«, meinte er. Aber das hat nichts mit Schauspielerei zu tun, sondern mit Professionalität. Wir haben im Prinzip umsonst gewartet. Statt eines Ministers über Prisren bekamen wir einen Minister vorm Busch. Das hätten wir auch in Bonn oder Berlin haben können, dazu mussten wir nicht extra mit dem Hubschrauber in den Kosovo fliegen.

Wie fühlt man sich da?
Es ist absolut frustrierend. Man fragt sich: »Wofür mache ich das eigentlich? Hätte ich nicht schreibender Journalist werden können, dann würde ich jetzt zu Hause an meinem Schreibtisch sitzen?« Aber zum Glück sind diese schlechten Momente in der Minderheit.

Können Sie es nachvollziehen, wenn Politiker Sie als Wegelagerer empfinden?
Ja, denn ein Fotoapparat ist wie eine Waffe in der Hand. Er schafft Distanz, aber auch Aufmerksamkeit. Wenn ein Politiker irgendeinem Bürger auf der Straße begegnet, wird er ihn vielleicht ignorieren. Steht man aber mit der Kamera vor ihm, zieht man sofort die Aufmerksamkeit auf sich – in positiver oder, wie bei Altkanzler Kohl, in negativer Hinsicht. Es sind ja einige Politiker, die uns als Wegelagerer sehen. Die empfinden uns als ein notwendiges Übel oder als störend und lästig. Aber letztlich setzt sich doch bei den meisten die Erkenntnis durch, dass sie uns brauchen, und sie erkennen die Fotografie als wichtiges Mittel der Politik an. Denn wer eine Nachricht transportieren will, der braucht nicht nur den Text, sondern auch ein Bild als Blickfang.

Wovor haben diejenigen Politiker Angst, die den Fotografen lieber aus dem Weg gehen? Vor der Macht der Bilder?
Bilder haben tatsächlich Macht, auch wenn sie immer überbewertet wird. Es wird den Fotografen ja manchmal unterstellt, dass sie gnadenlos mit dieser Bildermacht umgehen, weil sie so ein bisschen einen fiesen Charakter hätten. Wenn die Politiker aber mal sehen würden, wie viele Bilder von ihnen im Nirgendwo verschwinden, weil man sich sagt, das kann ich denen nicht antun, dann würden sie uns wohl mehr wertschätzen.

Mit welchen heutigen Spitzenpolitikern haben Sie gute und mit welchen schlechte Erfahrungen gemacht?
Schröder ist das Beispiel eines sehr mediengewandten Politikers, der es versteht, auch auf unsere Bedürfnisse einzugehen. Er merkt es, wenn er schlecht steht oder uns die Sicht versperrt ist, und reagiert darauf oder kommt unseren Bitten nach. Herr Fischer dagegen sorgt oft für Unstimmung und Unmut unter den Fotografen, weil er oft gar nicht oder nur sehr unwillig reagiert, auch wenn man freundlich bittet. Dann denkt man sich, wir sind doch keine Schmeißfliegen, die ihm vor seiner Haustür auflauern. Schließlich wurden wir von seinem Minister eingeladen.

Warum sind Sie Pressefotograf geworden?
Früher habe ich viel Kultur fotografiert. Was mich aber mehr fasziniert, ist dieses schnelle Arbeiten im aktuellen Nachrichtenbereich.

Wie fühlen Sie sich, wenn Sie mal ohne Kamera unterwegs sind?
Man ist ein bisschen entblößt. Aber wenn ein Fotograf glaubt, er sei nur ein Mensch, wenn er die Kamera dabei hat, und ohne Kamera ein Nichts, dann hat er was falsch gemacht. Wer ohne Kamera nichts ist, der ist mit Kamera auch nichts.

Wie ist das für Sie, wenn Sie mal selbst vor der Kamera stehen?
Ungewohnt und unangenehm. Das klingt zwar ein bisschen schizophren, wenn man als Fotograf ständig andere beobachtet, aber wenn ich selber beobachtet werde, macht mich das nervös. Ich habe mich noch nie gerne fotografieren lassen. Deshalb bin ich ja hinter die Kamera gegangen und habe selbst angefangen zu fotografieren.

Untersuchungsausschuss Kohl

Enno Kaufhold

Der Fotohistoriker Enno Kaufhold, Jg. 1944, unterrichtet an der Fachhochschule für Technik und Wirtschaft Berlin. Er schreibt für die Zeitschrift *Photonews* und ist Autor mehrerer Bücher zur Geschichte der Fotografie.

Herr Kaufhold, Sie schreiben über Macht und die Nähe zwischen Politikern und Journalisten. Zu welchem Fazit sind Sie gekommen?
Ich glaube, dass jeder, der schreibt, fotografiert oder filmt, in der Gefahr steht, mit Macht in Berührung zu kommen, oder sie möglicherweise sogar sucht und dass es dann kein Entrinnen mehr aus den Mechanismen der Macht gibt. Besonders gefährlich wird es, wenn Journalisten, Fotografen oder Kameraleute mit denen, über die sie berichten wollen, auch privat verkehren, in der Hoffnung, durch die Nähe an bestimmte Informationen zu kommen. Das ist eine außerordentlich schwierige Gratwanderung, wenn man dabei noch seine Unabhängigkeit bewahren will. Die Frage ist immer, wie weit man korrumpierbar ist.

Ab wann würden Sie von Korruption sprechen?
Wenn die Medienvertreter denken, dass sie dazugehören, und nicht merken, dass sie nur für bestimmte Ziele eingesetzt werden sollen.

Wie können sich Journalisten vor zu viel Nähe schützen?
Dafür gibt es keine Patentrezepte. Ich denke, jeder, der in den Medien tätig ist, muss selbst herausfinden, wie leicht verführbar er ist und wie er seine unabhängige Meinung bewahren kann.

Sehen Sie als Fotohistoriker einem Bild an, ob es da womöglich zu viel Nähe zwischen Fotograf und Politiker gab?
Das ist immer dann der Fall, wenn ein Politiker Fotos oder Filmaufnahmen aus seinem Privatleben zulässt. Er spielt den guten Ehemann oder Familienvater, und die Fotografen oder Kameraleute spielen das alles schön mit und tragen mit ihren Bildern dazu bei, den Politiker populärer zu machen. Da ist dann schon eine Hürde überschritten, die ich Korrumpierung nennen würde.

Könnte man solche Fotos mit antiken Statuen vergleichen, die die Herrschenden in idealisierter Form darstellen?
Ja, nur ist das etwas verkappter. Aber es spielt heute für die Politiker eigentlich weniger eine Rolle, in irgendeiner idealisierten Form zu erscheinen. Viel wichtiger ist, dass man überhaupt erscheint, und das möglichst jeden Abend in der *Tagesschau*. Auf die Präsenz oder, im Idealfall, Omnipräsenz kommt es heute an. Die Präsenz in den Medien bedeutet Macht. Und umgekehrt: Macht ohne Fernsehen gibt es nicht, egal wie sie sich auch gibt.

Kommt es nur noch auf die Präsenz an oder auch auf die Inhalte?
Natürlich werden über die Medien Inhalte vermittelt und auch wahrgenommen. Aber wir leben in einer Bildergesellschaft, und die Bilder sind das, was in den Köpfen als Erstes hängen bleibt. An den Bildern wird Sympathie oder Antipathie festgemacht. Deshalb müssen Politiker heute eine gewisse Fotogenität haben. Ein amerikanischer Präsident ohne schauspielerische Fähigkeiten wäre kaum vorstellbar.

Sind auch unsere Politiker zu Schauspielern geworden?
Ich denke, sie werden dazu gemacht. Das ist ja ein Interagieren zwischen den Medien und denen, die in diesen Medien auftreten. Politiker mit Fernseherfahrung werden bestimmte Dinge routinierter machen als andere, die nie vor einer Kamera standen. Und zumindest die Spitzenpolitiker werden ja auch von Beratern angewiesen, wie sie sich verhalten müssen, um am meisten Pluspunkte zu

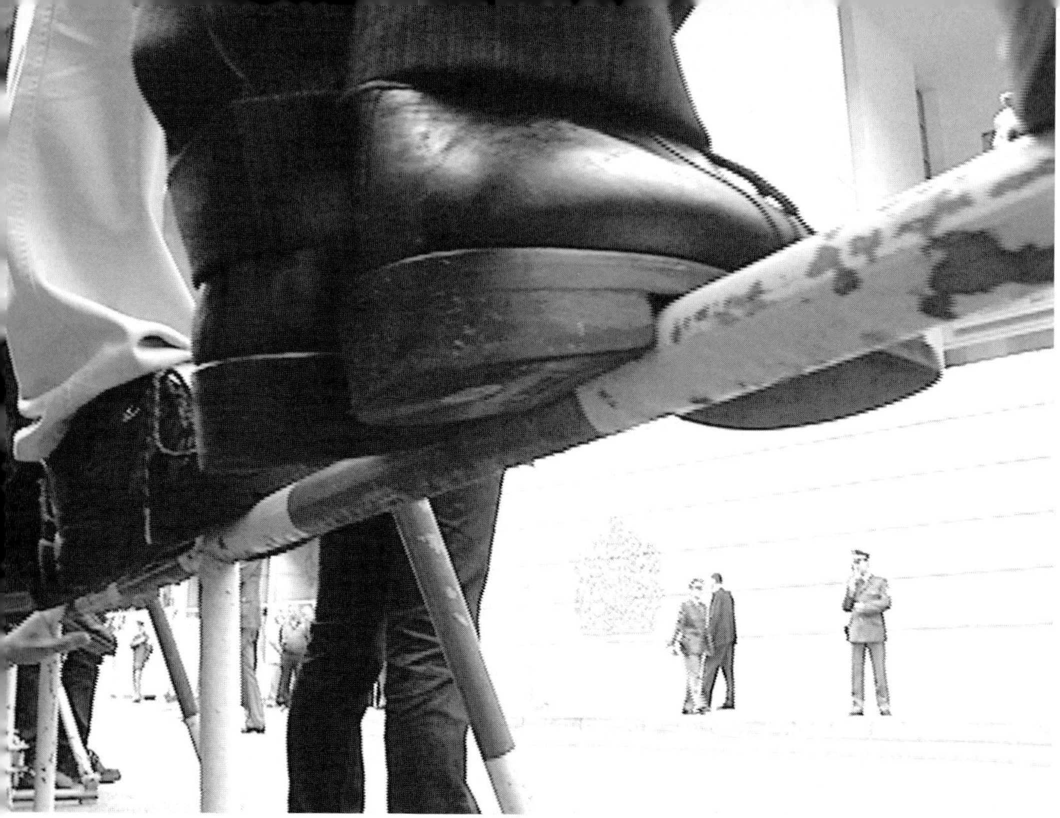

machen. Jedes Bild, jede Pose wird von Fachleuten kontrolliert. Und was gut ankommt, wird beim nächsten Mal wieder kopiert.

Haben Bilder Macht?

Einzelne Bilder der Vergangenheit, wie Brandts Kniefall in Warschau, haben sich als Ikonen der Weltgeschichte eingeprägt. Und genauso wird es auch heute und morgen Bilder geben, und zwar stehende Bilder, die in die Köpfe der Menschen eindringen und dort auch haften bleiben. Ich denke, Bilder haben nach wie vor die Kraft, das Bewusstsein zu strukturieren und sich deshalb für politische Dinge auch instrumentalisieren zu lassen.

Warum diese Betonung auf stehende Bilder?

Im Fernsehen sind Bilder ständig im Fluss, sie sind sehr flüchtig und weniger einprägsam. Das stehende Bild kann ich lange ansehen, quasi von allen Seiten betrachten. Es hat eine andere Kraft, es ist in gewissem Sinne kontemplativ.

Wo stehen die Pressefotografen innerhalb der Medienhierarchie?

Sie haben es sicherlich sehr schwer, da sie gegen die Fernsehkameras antreten müssen, die ihre laufenden Bilder direkt live an die Sender schicken können. Ein Fotograf erreicht vielleicht die Leser seiner Zeitung, das Fernsehen immer gleich Millionen Zuschauer. Das wissen natürlich auch die Politiker und gehen deshalb immer eher auf eine Fernsehkamera zu als auf einen Fotografen. Die Fotografie hatte in der Vergangenheit eine große Bedeutung, und ohne dieses Medium wäre unsere Gesellschaft wohl nicht so geworden, wie sie ist. Aber inzwischen ist die Fotografie durch die elektronischen Bildmedien abgelöst worden.

Sind die Pressefotografen also überflüssig geworden?

Nein, denn Sie können eine Fotokamera wesentlich kritischer einsetzen als eine Fernsehkamera, ganz einfach weil Sie mehr Spielräume haben und nicht so direkt von den Macht Ausübenden kontrolliert werden können. In der alltäglichen Bildberichterstattung sind die Fotografen zwar ins Hintertreffen geraten, aber sie haben die Chance, vielleicht doch das eine oder andere kritische, aufklärende Bild zu machen.

Hanni Hüsch

Jg. 1957, arbeitete seit 1985 als Reporterin und Redakteurin beim *NDR* in Hamburg. Sie war vier Jahre *ARD*-Auslandskorrespondentin in London und ist seit 1999 Korrespondentin im *ARD*-Hauptstadtstudio in Berlin.

Frau Hüsch, wie schätzen Sie als Fernsehfrau die Macht der Bilder ein?
Die ist groß, sehr groß. Weil sie auch die Emotionen zeigen. Gerade hier beim Untersuchungsausschuss, der zum nicht unerheblichen Teil eine Inszenierung ist, sind die Mimik und die Gestik der Beteiligten interessanter als die Worte, die sie sprechen. Wenn wir in der *Tagesschau* das Gesicht von Wolfgang Schäuble in Großaufnahme zeigen, ganz starr, ganz kalt, ganz konzentriert und bewusst beherrscht, scheinbar ein Mann, an dem alles abprallt, dann vermittelt das mehr an Information als seine immer gleiche Position, die wir eh schon kennen. Dieses Bild wird in der Erinnerung der Zuschauer hängen bleiben, wie ja überhaupt von den Informationen, die wir liefern, vor allem das Bild hängen bleibt.

Sie sagen selbst, der Untersuchungsausschuss ist zum Großteil Inszenierung. Fühlen Sie sich da als Journalistin nicht ein bisschen missbraucht?
Die Gefahr gibt es natürlich, aber das Ganze ist ja ein Geschäft auf Wechselseitigkeit. Die Politiker brauchen uns und genießen es auch, wenn sie von 20 Kamerateams umringt werden. Es schmeichelt dem Ego und ist schön für die Wähler zu Hause. Und wir Journalisten – vor allem hier in Berlin, wo es so irre viele gibt – umschwirren die Politiker wie die Mücken die Lampe. Wir haben ja jede Stunde eine Nachrichtensendung und brauchen Ereignisse, die darstellbar sind. Man muss eben ein Bewusstsein dafür haben, dass vieles nur inszeniert ist, und dementsprechend kritisch damit umgehen.

Kann man denn unter diesen Bedingungen als Journalist glaubwürdig berichten?
Wir bemühen uns darum. Ich kann nur das spiegeln, was ich sehe, und versuchen, das auch ein bisschen zu interpretieren. Die Wahrheit kann ich nicht spiegeln. Wer von den beiden, Schäuble oder Baumeister, nun die Wahrheit sagt, das entzieht sich unserer Kenntnis. Jedenfalls hätte es diese spektakuläre Gegenüberstellung der beiden sicher nicht gegeben, wenn es unser Medium, das Fernsehen, nicht gäbe. Die beiden nebeneinander, das ist als Bild darstellbar, damit ist auch Meinung produzierbar.

Haben Journalisten Macht?
Natürlich sind die Medien ein Bestandteil des Machtgefüges, und es wäre naiv zu sagen, dass wir ganz ohne Macht wären. Aber für das ganze Gerede von der vierten Gewalt im Staat habe ich relativ wenig Sensus. Ich habe vielleicht die Macht, gewisse Informationen zu überbringen und andere zu vernachlässigen. Aber wenn ich wirklich Lust auf Macht hätte, dann müsste ich selbst in die Politik gehen.

Wenn nicht die Macht, was reizt Sie dann am politischen Journalismus?
Der politische Journalismus ist nicht mein Lebenselixier. Ich möchte vor allem Geschichten erzählen, möchte Emotionen übermitteln. Und das ist im politischen Journalismus nicht immer einfach, weil gerade Politiker ihr menschliches Gesicht oft vor uns verbergen.

Wie gelingt es Ihnen, das menschliche Gesicht trotzdem zutage zu fördern?
Man muss verdammt gut beobachten. Deswegen ist das heute ein so interessanter Termin gewesen, weil man da eine Menge beobachten konnte, was die Menschen angeht. Schwieriger ist das natürlich bei den normalen Verlautbarungen der Politiker, die dann noch fernsehgerecht zurechtgestutzt werden. Der klassische *Tagesschau*-Beitrag ist 1:30 lang. Da bringt man gerade mal die wichtigsten Informationen unter. Aber eine Geschichte dazu können nur die Bilder erzählen.

Martin E. Süskind

JG. 1944, ARBEITETE FÜR DIE *SÜDDEUTSCHE ZEITUNG*, U. A. ALS LEITER DER BONNER REDAKTION, EHE ER 1997 DIE CHEFREDAKTION DES *KÖLNER STADT-ANZEIGERS* ÜBERNAHM. SEIT 1999 IST ER CHEFREDAKTEUR DER *BERLINER ZEITUNG*.

Herr Süskind, hat sich Ihre Beziehung zu den Politikern verändert, seit Sie Chefredakteur der* Berliner Zeitung *sind?
Ich habe deutlich weniger Nähe und dadurch interessanterweise wieder an Naivität gewonnen. Wenn das fließende Blut nur noch gerührt bei Ihnen ankommt, wenn Sie also nicht mehr Teil des Geschehens sind, sondern es von außen betrachten, dann werden Sie freier im Urteil, vielleicht auch ungerechter, aber jedenfalls unbefangener.

Und diese Unbefangenheit fehlt Ihren Kollegen vor Ort?
Zumindest ist es außerordentlich schwer, die nötige Distanz zu wahren. Jeder Journalist in der Politik muss eine größtmögliche Nähe erreichen, so dass man an ihm nicht vorbeikommt und er sich Informationen und Einblicke verschaffen kann. Aber dann muss er auch in der Lage sein, sich einmal um sich selbst zu drehen und sich wieder zu entfernen aus dieser Nähe, um aus der Distanz seine Einblicke mit großer Unbefangenheit zu schildern und zu kommentieren. Das fällt natürlich leichter, wenn man wie ich nicht mehr so nahe dran ist – nur fehlen einem dann die Informationen aus erster Hand, und man beurteilt Politik aus einer ähnlichen Perspektive wie alle anderen Staatsbürger.

Ist Ihnen das früher selbst gelungen, zugleich Nähe und Distanz zu halten?
Ja und nein. Nun war ich nie jemand, der seine erste Aufgabe darin sah, Leute bloßzustellen und niederzumachen, sondern der mit einer gewissen Sympathie an die Personen und Sachen heranging, über die er schrieb. Das heißt nicht, dass man sich kritiklos aufschwatzen lässt, was ein Politiker gerne transportiert haben möchte, sondern dass man den Versuch macht, sich in seine Gedankengänge einzuleben und sie zu begreifen, um dann ein mehr oder weniger unabhängiges Urteil zu fällen. Das ist dann am besten gelungen, wenn ich das befolgt habe, was ich auch jungen Leuten immer empfehle: Wenn sie aus einem unmittelbaren Reportergeschehen kommen, sollen sie es sich selber schreibend noch mal erklären. Dadurch gewinnt man wieder Distanz zu seinem Gegenstand, weil man ihn von Grund auf erläutern muss.

Sie waren einmal Redenschreiber für Willy Brandt. Inwieweit kann man da noch eine Distanz haben?
Man kann sie hinterher wieder haben, wenn man es so gemacht hat wie ich. Ich bin nicht Mitglied der SPD gewesen und habe nicht für die SPD gesprochen, sondern hatte eine sehr starke emotionale Empfindung für die politische Figur Brandt. Ich habe zweieinhalb Jahre für ihn Reden und Aufsätze geschrieben und dabei natürlich ein Stück Naivität verloren. Zum Beispiel habe ich gelernt, dass Politik häufig eine Ansammlung zufälliger Entscheidungen ist und nur in den allerseltensten Fällen einem Masterplan folgt. Oder dass bei Problemen sehr häufig ein aus der Not geborener Drei-, Sieben- oder Zwölf-Punkte-Plan zusammengeschustert wird, dass dies aber keine langfristigen, wohl überlegten strategischen Maßnahmen sind. Mit einem Wort, ich habe gelernt, dass Politik auch nicht anders funktioniert als das ganz normale Leben.

Wie wichtig sind Sie als Chefredakteur für die Politiker?
Die Wahrnehmung vieler Politiker ist, dass der Chefredakteur ein wichtiger Ansprechpartner sei. Aber das ist ein Fehlschluss. Der Chefredakteur hat mit Politikern entweder auf repräsentativer Ebene zu tun, bei Gelegenheiten, wo man sich sehen lassen muss, oder er hat mit ihnen zu tun, wenn irgendwas schief gelaufen ist, wenn sie sich beschweren über einen besonders rotzigen Kommentar

oder wenn sie sich ungerecht behandelt fühlen, weil das Blatt ihrer Ansicht nach nicht genügend Notiz nimmt. Also, wenn ich Politiker wäre und Einfluss gewinnen wollte auf die Berichterstattung in der Zeitung, dann würde ich mich eher an diejenigen in der Zeitung wenden, die die tägliche Produktion machen, an die Redakteure und Ressortleiter, als an mich, der ich immer nur sagen darf: »Machen Sie eine gute Politik und sorgen Sie dafür, dass dies auffällt, dann werden diejenigen, die diese Zeitung schreiben, schon Notiz davon nehmen.« Meines Erachtens wäre es auch eine Zumutung für die gesamte Zeitung, wenn der Chefredakteur seinen Redakteuren im Detail sagt, was sie für wichtig und was sie für weniger wichtig zu halten haben.

Ein Politiker sagte mir, man muss mit den richtigen Leuten Tennis spielen. Mit wem spielen Sie Tennis?
Ich habe in Bonn mit Peter Struck Tennis gespielt. Seit er Fraktionsvorsitzender ist, haben wir uns aber kaum noch gesehen, und ich vermisse das sehr – womit ich die körperliche Betätigung meine, denn wir haben beim Tennis nicht über Politik geredet. Aber das stimmt, es ist wichtig, mit den richtigen Leuten Tennis zu spielen oder auf den Golfplatz zu gehen. Dadurch können Journalisten Vertrautheit schaffen, und damit Nähe zu ihrem Gegenstand. Abgesehen davon umgibt man sich natürlich auch gerne mit der Aura der Nähe zur Macht. Das ist keinem Menschen fremd, auch nicht dem Journalisten.

Fehlt Ihnen diese Aura ein bisschen, nachdem Sie nun mehr Distanz zu den Politikern haben?
Ich habe das mit dem Wechsel nach Berlin und dem Wechsel in der Funktion nicht direkt empfunden, aber wenn ich jetzt darüber nachdenke, muss ich sagen: »Ja, das geht mir ab.«

Was macht es so anziehend, in der Nähe der Mächtigen zu sein?
In der Frage liegt die Antwort: in der Nähe der Macht zu sein.

Strahlt von dieser Macht auch etwas auf die Journalisten ab? Werden sie durch die Nähe selbst mächtiger?
Das ist schwierig zu beantworten. Es gibt ja so eine Art Ringe der Macht. In der Mitte steht sozusagen die Person, die Macht ausübt, dann gibt's den ersten, zweiten, dritten, vierten Ring, und irgendwo in einem dieser Ringe stehen auch einige Journalisten, und die strahlen wiederum an die weiter außen liegenden Ringe ab. Aber in dem Augenblick, wo die Person in der Mitte zu einer Unperson geworden ist, sind natürlich auch diejenigen, die um sie herumstehen, nicht mehr so viel wert. Deshalb muss man sich in unserem Beruf ziemlich genau überlegen, wie stark man sich einfangen lässt von einem solchen Kristallisationspunkt, von dem vielleicht im nächsten Jahr niemand mehr spricht.

Sehen Sie Ähnlichkeiten zwischen Journalisten und Politikern?
Ja, natürlich. Beide sind eitel, gieren nach Anerkennung, halten sich für außerordentlich bedeutend. Und wenn ich jetzt noch weiter überlegen würde, würden mir bestimmt noch viele Dinge einfallen, die alle mit der Ich-Bezogenheit zu tun hätten. Aber das wäre natürlich ungerecht. Es gibt Journalisten und es gibt Politiker, die ganz zurückhaltend sind und die sich verzehren in ihrer öffentlichen oder publizistischen Aufgabe.

Was ist das Faszinierende an der Beziehung zwischen Politikern und Journalisten, und was ist das Abstoßende daran?
Im hinteren Drittel des Berufslebens finde ich nichts mehr faszinierend. Ich habe alles schon gesehen, nichts ist mir fremd geblieben. Und nach der langjährigen Beobachtung kann ich auch nichts mehr abstoßend finden.

Und wie war es im ersten Drittel?
Da ist man fasziniert von der Macht und wird gleichzeitig immer wieder abgestoßen davon, dass man sich faszinieren lässt – wenn man jemand ist, der darüber nachdenkt. Das Faszinierende ist ja zugleich abstoßend, wenn man es reflektiert. Wie kann man sich von etwas faszinieren lassen, was auf Eitelkeit beruht? Das kann ja einen denkenden Menschen nicht wirklich faszinieren. Abstoßend ist, dass man sich selber nicht frei machen kann von solchen Einflüssen.

Fühlt man sich als Journalist, der über die Macht reflektiert, auch manchmal benutzt?
Ja, natürlich. Worauf man sich einlässt, das prägt einen, und wer sich auf die Mächtigen einlässt, der wird auch benutzt. Und wenn man darüber nachdenkt, spürt man, hoppla, du bist auch schon mal hier oder da benutzt worden.

Wie würden Sie das Verhältnis von Macht und Ohnmacht bei den Journalisten beschreiben?
Wenn man schreibt, hat man das sehr starke Gefühl, eine ganz wichtige Stimme zu sein. Dieses Gefühl, wichtig zu sein, ist ja ein Gefühl von Macht. Das hat man während der Recherche, während des Schreibens und besonders an dem Tag, an dem es dann erscheint. Doch dann weicht es ganz schnell dem Gefühl, dass alles, was du gesagt hast, eigentlich gar nicht so wichtig war, zumal es gar nichts genützt hat. Das ist für mich sozusagen die Spanne zwischen Macht und Ohnmacht, immer wieder darauf aufmerksam gemacht zu werden, auf die Flüchtigkeit des eigenen Metiers und darauf, dass man bemerkenswerte Veränderungen nicht als Journalist herbeischreibt. Es gibt Leute, die haben ein unglaubliches Sendungsbewusstsein, verzweifeln an dieser Ohnmacht, gehen daran kaputt. Ich habe nie das Gefühl gehabt, dass ich die Menschen durch Schreiben würde ändern müssen oder wollen.

Wie wichtig ist es für Journalisten, dass man mit Namen bekannt wird?
Das ist natürlich ganz wichtig. Jeder, der anfängt in diesem Beruf, ist stolz darauf, wenn sein Name unter dem Artikel steht. Das nimmt im Laufe des Lebens ab. Nun gab es früher und gibt es immer noch Zeitungen, die sehr stark gele-

Reichstag

sen werden nach Autoren, also nach Namen. Jedoch glaube ich, dass Namen dieser Art, die sozusagen im ganzen Metier bekannt sind, eher abnehmen. Das Metier nimmt zu an Namenlosen und verliert an bekannten Namen. Das hat vielleicht etwas mit der Schnelligkeit zu tun, in der heutzutage Themen wechseln. Es können nicht mehr einzelne Publizisten, so wie früher, Themen setzen, die dann wochenlang von anderen Publikationsorganen weitergetragen werden. Die Kommunikationsrasanz und auch die Namenlosigkeit des Internet tragen dazu bei, dass es Journalisten immer schwerer haben, sich einen Namen zu erschreiben.

In dieser rasanten Zeit wechseln auch die Chefredakteure immer schneller.
Ja, im Herbst 2000 gab es in Berlin einen wirklich rasanten Wechsel von Chefredakteuren. Das hat vielleicht etwas damit zu tun, dass überall jüngere Leute gesucht werden, dass sozusagen ein Generationssprung stattfindet. In den Tageszeitungen nimmt auch die Nervosität über die Auflagenentwicklung zu, vor allem bei den Boulevardzeitungen, weshalb nun versucht wird, durch das Auswechseln von Personen Strukturen zu verbessern, was manchmal gelingt, manchmal aber auch nicht. Es herrscht ein bisschen Panik hier.

Wie groß ist Ihr Einfluss auf die Redaktion?
Der Einfluss des Leitartikel schreibenden, also sich publizistisch äußernden Chefredakteurs wird immer überschätzt. Der Einfluss auf seine Redaktion ist beträchtlich, jedoch eher durch Vorbild und durch den Versuch, einen größtmöglichen Konsens unter einem weiten Dach herzustellen, als durch Anweisungen. Je bessere Leute er hat, desto sträflicher wäre es, seinen Einfluss zu sehr geltend zu machen. Eine qualitätsvolle Zeitung entsteht durch die Kreativität und den Mut und das Sich-nicht-einordnen-Lassen ihrer Redakteure. Und der Chefredakteur muss dabei die Souveränität haben, sich zurückzulehnen, obwohl es natürlich auch Situationen gibt, in denen man sagen muss: »Ich will nicht, dass das gedruckt wird.« Und dann wird das auch nicht gedruckt. Das sind aber ganz, ganz große Ausnahmefälle.

Wie weit unterwerfen Sie sich der politischen Tendenz einer Zeitung, wenn Sie einen Chefredakteursposten annehmen?
Ich würde einen Chefredakteursposten nicht annehmen, wenn die Tendenz dieser Zeitung nicht meinen Vorstellungen entsprechen würde. Für mich persönlich füge ich hinzu, das muss ein ziemlich breites Dach sein, unter dem ich arbeiten kann. Ich könnte also keine Parteizeitung machen.

Können Sie das Dach der* Berliner Zeitung *skizzieren?
Ich würde sie eine aufklärerische Zeitung nennen, ich würde sie liberal nennen, eher links als rechts, wenn solche Einordnungen heutzutage noch sinnvoll sind.

Auch die* Berliner Zeitung *gehört einem Konzern, so wie inzwischen viele Blätter in der Medienlandschaft. Wieweit hat der Konzern Einfluss auf die Zeitung?
Der Konzern, also der Verlag, der diese Zeitung herausbringt, hat insofern einen Einfluss auf diese Zeitung, als er die wirtschaftlichen Bedingungen für das Erscheinen dieser Zeitung mit definiert. Aber er hat keinen Einfluss auf den Inhalt, auf keine einzige redaktionelle Zeile in diesem Blatt. Das ist, wenn es wirklich hart auf hart geht, dem Chefredakteur vorbehalten – wobei natürlich jeder Verlag zu jeder Minute jeden Chefredakteur feuern kann, das ist auch bekannt.

Die wirtschaftlichen Bedingungen beeinflussen letztlich aber doch auch die Arbeitsbedingungen?
Richtig. Man tut in unserem Geschäft gut daran, die Bedingungen des Erscheinens von Zeitungen nicht vollständig losgelöst von den Bedingungen des Marktes zu sehen, in dem eine solche Zeitung erscheint. Sich eine kunstvoll gemachte Zeitung ohne Käufer und ohne Anzeigenkunden vorzustellen ist nicht sinnvoll, weil es dieses Produkt dann nicht geben wird. Es muss eine gewisse Entsprechung geben zwischen Leserinteressen und Anzeigenkunden und dem, was diese Zeitung macht. Die Zeitungen, bei denen ich bisher gewesen bin, die *Süddeutsche Zeitung* und der *Kölner Stadt-Anzeiger*, sind auch deshalb erfolgreich, weil sie sich nicht allzu weit vom Markt oder von den Bedürfnissen der Leser entfernt haben. Auch die Entwicklung der *Berliner Zeitung* spricht dafür, dass wir da ein ganz vernünftiges Verhalten des Verlages haben, der die wirtschaftlichen Bedingungen für diese Zeitung schafft.

Wozu gibt es eigentlich noch Zeitungen? Haben Sie sich diese Frage schon mal gestellt?
Ich glaube, dass es an Qualitätszeitungen wie der meinen, insbesondere an solchen, die sich nicht nur auf einen kleinen lokalen Markt beschränken, in den nächsten Jahren eher mehr als weniger Bedarf geben wird. Also, es wird die Zahl der Zeitungen abnehmen, aber das Gewicht derer, die etwas zu sagen haben, die Qualität publizieren, wird

zunehmen. Und unter diesen Zeitungen zu sein, das muss der Ehrgeiz des anspruchsvollen politischen Journalisten sein. Es gibt davon vielleicht in Deutschland künftig nur noch fünf.

Gibt es ein Herdenverhalten in den Medien? Muss man manche Themen auch deshalb aufnehmen, weil ein Druck der anderen Zeitungen vorhanden ist.

Aber ja, natürlich. Und dann ist es besonders schwierig, genau den gegenteiligen Akzent zu setzen. Auf dem Berliner Zeitungsmarkt gibt es, sagen wir mal, zwei Zeitungen, von denen ich sagen würde, sie erfüllen mein Kriterium von Qualitätszeitungen, und häufig wählen wir das gleiche Thema zum Tagesthema – und sagen dann zweierlei: »Seht, haben wir doch Recht gehabt!« Und: »Hoppla, das ist aber nicht gut, dass diese beiden Zeitungen auf die gleiche Idee gekommen sind.« Es gibt bei gewissen Ereignissen den Zwang, sich dem Schwarm anzuschließen. Man würde keine Präsidentschaftswahlen in den Vereinigten Staaten nur deshalb kleiner schreiben, um sich von den anderen Zeitungen abzuheben. Aber man kann aus dem Nachrichtenstrom ausscheren, indem man Interviews und Stellungnahmen einholt, die einen anderen Akzent setzen als die Masse der Nachrichtenagenturen. Das ist ein Bestreben eines jeden, der eine Qualitätszeitung machen will, aber er kann sich manchmal den Zwangsläufigkeiten des Schwarmverhaltens nicht entziehen.

Welche Unterschiede sehen Sie zwischen Ihrer und der Generation der jungen Journalisten?

Ich habe den Eindruck, dass die junge Journalistengeneration, ja, nicht unbefangener mit allem umgeht, aber ein bisschen unberührter. Insofern ist sie nicht ganz so politisch anfällig wie die junge Journalistengeneration der beginnenden 70er Jahre, die fasziniert war von dem damaligen politischen Aufbruch, sofern sie eher links als rechts war, was sich dann in der Form eines Kampfjournalismus äußerte. Nach dem Verständnis der heutigen jungen Journalisten hat ihr Beruf mehr mit der Frage zu tun, wie schnell man ist, wie man im Wettbewerb mit anderen besteht, das heißt, der marktwirtschaftliche Teil dieses Berufes ist heute sehr, sehr viel prägender als der ideologische. Das kann man auch für einen Vorteil halten – und vielleicht trifft ja alles, was ich über Abhängigkeit und Eitelkeit, Macht und Ohnmacht gesagt habe, auf die heutigen jungen Journalisten gar nicht mehr zu?

Viele Politiker leiden unter Entzugserscheinungen, wenn sie sich aufs Altenteil zurückziehen müssen. Wird es Ihnen ähnlich ergehen, wenn Sie irgendwann einmal aus Ihrem Beruf aussteigen müssen?

Das wird sich zeigen. Zur Zeit ist diese Vorstellung, mal raus aus der Tretmühle, aus dem Stress zu kommen, etwas Wunderbares. Die Erfahrung von anderen zeigt aber, dass man, sobald man draußen ist, tatsächlich Probleme mit Entzugserscheinungen bekommt, die einem gelegentlich auch körperlich Schwierigkeiten machen. Was Politiker angeht, so haben sie es besonders schwer, weil der Fokus der Aufmerksamkeit, der sich auf sie richtet, ja so grell ist, während sie Macht haben, dass das Abtauchen aus dem Rampenlicht ins Halbdunkel und Dunkel für sie ganz besonders peinigend und auch krank machend sein muss, wenn sie nicht ganz gefestigte Charaktere sind. Bei den Ex-Journalisten leiden vor allem diejenigen unter Entzug, die direkt mit dem fließenden Blut zu tun hatten, und nicht so sehr derjenige, zu dem es gerührt kommt, denn er hat sich ohnehin schon das Stück entfernt, das notwendig ist, um da kein existentielles Problem mehr zu sehen.

Volker Jacobs

Jg. 1940, arbeitete als Auslandskorrespondent für die *dpa* und als Bonner Korrespondent für die *Saarbrücker Zeitung* und die *Welt*. Seit 1994 ist er Leiter der Parlamentsredaktion von *n-tv*.

Herr Jacobs, wie kurz ist das Verfallsdatum der Politiker für die Presse, wenn sie nicht mehr im Amt sind?
Das Verfallsdatum ist außerordentlich kurz. Denn wir haben ja nicht zu dem Menschen Heinz Müller eine Beziehung, sondern zu dem Amtsträger. Und wenn Heinz Müller nicht mehr im Amt ist, dann gibt es keine berufliche Beziehung mehr. Oft ist das Verfallsdatum bei den Politikern untereinander aber noch viel kürzer. Politiker, die aus dem Amt gestürzt wurden, laufen auf einmal in ihrer eigenen politischen Umgebung herum wie ein Stück Falschgeld, und keiner geht zu ihnen, keiner setzt sich im Restaurant zu ihnen. Manchmal ist das abstoßend.

Und wie steht es um das Verfallsdatum von Journalisten, wenn sie nicht mehr in ihrer Position sind?
Das ist genauso kurz. Jeder Journalist, der sich einbildet, der Herr Bundeskanzler oder der Herr Minister sei zu ihm so besonders freundlich, weil er ein so netter Mensch ist, wird sich im Regelfalle irren. Die Politiker brauchen uns, damit ihre Meinungen transportiert werden, aber wenn wir keine Transporteure mehr sind, dann ist das berufliche Interesse an uns erloschen. Bisweilen entwickeln sich da zwar auch persönliche Beziehungen, aber die sind wohl eher selten. Dann kann man nur hoffen, dass das Verfallsdatum etwas länger ist.

Gibt es denn auch bei Ihnen Politiker, denen Sie persönlich besonders nahe stehen?
Es gibt nur zwei Politiker, mit denen ich mich duze, und das schon seit vielen Jahren, seit ich ein junger Mann war. Ich denke, man muss sich immer bewusst sein, dass man auf der anderen Seite des Tisches sitzt. Aber auf beiden Seiten des Tisches gibt es Menschen, die in Gefahr kommen, bei allzu großer Nähe dieses zu verwischen.

Wie schaffen Sie es, die nötige Distanz zu halten?
Ich bemühe mich um eine freundliche Distanz. Ich rede mit jedermann, bin zu allen freundlich, versuche vor allem, etwas zu erfahren.

Haben sich die Beziehungen zwischen Politikern und Journalisten in Berlin verändert?
Der Ton ist hier rauher, die Manieren sind schlechter geworden, und insofern wurden auch die Beziehungen schlechter, auf beiden Seiten. Ich finde es zum Beispiel menschenunwürdig, wie wir manchmal die Politiker mit unseren Kameras bedrängen. Das ist etwas besser geworden, aber am Anfang war es unerträglich. Was hier teilweise betrieben wird, ist ein journalistischer Overkill. Es sind enorm viele Kollegen hinzugekommen. Manche Redaktionen sind so stark, dass ich mich frage, wie die Leute alle sinnvoll beschäftigt werden können. Die müssen sich um die Arbeit kloppen, und dann ist es kein Wunder, wenn manche Spielregeln nicht mehr eingehalten werden.

Nämlich welche?
Zum Beispiel ein Mindestmaß an Rücksichtnahme unter den Kameraleuten, die sich oft nicht kennen. Früher kannten die sich alle und wussten, den meisten Menschen begegnet man zweimal. Dann werden auch Absprachen von Journalisten nicht mehr eingehalten. Ein Politiker muss auch mal sagen können: Ich erzähle Ihnen jetzt was, aber das dürfen Sie nicht schreiben.

Halten Sie sich denn an solche Absprachen?
Ich ja. Und auch alle in dem Kreis, dem ich angehöre, ein Kreis von Journalisten ganz unterschiedlicher Couleur, die sich unregelmäßig mit Politikern zusammensetzen. Wir hatten aber auch schon den Fall, dass ein Kollege sich daran nicht gehalten hat. Dem stellten wir sofort das Consilium abeundi. Jetzt gehört er unserem Kreis nicht mehr

an. Bei den Politikern wächst durch solche Vorkommnisse natürlich ein gewisses Misstrauen. Dann heißt es, wie kürzlich bei einem Fraktionsvorsitzenden: »Also, ich sage nichts mehr, man hält sich ja doch nicht dran.«

Einige Ihrer Kollegen sagten mir, dass sie untereinander sehr viel weniger über politische Inhalte diskutieren als früher. Liegt das daran, dass die politischen Inhalte in der politischen Berichterstattung abgenommen haben?
Generell kann man das nicht sagen, aber der Zwang zur Kürze wirkt überall. Es gibt nur wenige Kollegen, die sagen können, ich brauche 120 Zeilen, und die sie dann auch kriegen.

Beim Fernsehen haben Sie nur ein bis zwei Sendeminuten für Ihre Berichte. Wie viel Inhalt können Sie denn da unterbringen?
Die Ergebnisse können Sie schon darstellen. Aber Sie können in 1:30 Minuten nicht den Prozess wiedergeben, der dazu geführt hat. Früher waren vielleicht zwei, zweieinhalb Minuten drin, aber die Erfahrung hat gezeigt, dass die deutsche Zuschauerschaft früher abschaltet.

Haben Sie eine Art journalistischen Moralkodex?
Ja, sicher, den sollte wohl jeder haben. Ich habe mich immer um ein objektives Bild bemüht. Wobei ich weiß, dass es mit der Objektivität wie mit der irdischen Gerechtigkeit ist. Sie ist nie zu erreichen, aber das entbindet uns nicht von der Verpflichtung, uns ständig darum zu bemühen.

Wie gehen Sie mit Vorurteilen oder Antipathien gegenüber Politikern um?
Wenn ich weiß, dass ich gegen irgendjemanden eine Antipathie verspüre, ist das ja nicht mehr gefährlich. Dann sage ich mir, Mensch, da musst du besonders gut zuhören und darauf achten, dass du den Menschen nicht schlecht oder unfair behandelst. Sie können sich als Journalist alles erlauben, Sie dürfen nur nicht unfair sein, und nicht unhöflich.

Was darf man sich denn alles erlauben als Journalist?
Sie können den Leuten unverschämte Fragen stellen, aber bitte in höflichem Ton. Sie können gnadenlos bei denen in ihren politischen Geschichten rumwühlen. Sie können die Leute auch gleichsam überfallen, weshalb schon Helmut Schmidt immer »Ihr Wegelagerer« zu uns sagte. Sie können sich auch mal irren, Sie können ein Fehlurteil abgeben, das kann alles passieren. Aber Sie müssen fair sein, und es darf nicht der Eindruck entstehen, Sie machen das, weil Sie die Partei oder den Mann nicht mögen.

Ist Ihnen schon mal ein Fehlurteil passiert?
Ja, das hat mir bitter Leid getan. Damals war ich bei einer Agentur und noch ganz jung im Job. Ich sollte etwas schreiben über den damals neu gewählten Wehrbeauftragten Fritz Rudolf Schulz. Ich kannte ihn nicht, niemand kannte ihn. Alles, was ich im Archiv fand, war ein Aufsatz, den er in einem Buch veröffentlicht hatte. Ich habe dann mein Urteil über ihn sozusagen aus Papier geschöpft: Sein Aufsatz, schrieb ich, lässt doch sehr daran zweifeln, ob er

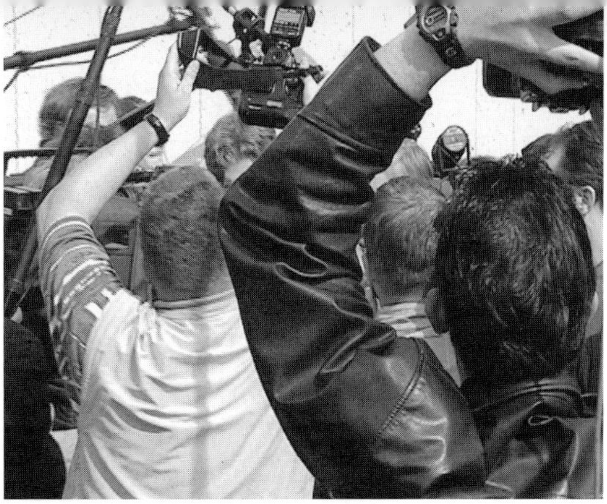

Präsidiumssitzung

für diese Aufgabe legitimiert ist. Da es allen Kollegen wie mir ging und keiner ihn kannte, haben viele von mir abgeschrieben. Und dann lernte ich Herrn Schulz kennen und merkte, dass er sehr wohl legitimiert war. Ich habe dem Mann bitter Unrecht getan, und ich konnte es nicht mehr reparieren.

Haben Journalisten Macht? Zum Beispiel, indem sie diesen oder jenen Politiker ins Fernsehen bringen oder nicht, ihn rauf- oder runterschreiben?
Die Macht besteht nur in Grenzen. Sie können keinen Politiker, der schlechte Politik macht, auf Dauer hochschreiben. Und einen Politiker, der gute Politik macht, können Sie auch nicht runterschreiben. Helmut Kohl wurde von einem Großteil der deutschen Journalisten als Dummbeutel dargestellt und war später doch ein außerordentlich starker Kanzler. Wie es um die Macht der Presse steht, hat Chrysostomus Zodel, der ehemalige Chefredakteur der *Schwäbischen Zeitung*, einmal sehr schön auf den Punkt gebracht. Als er seinen 60. Geburtstag feierte, gab es einen großen Empfang in der Stadthalle von Friedrichshafen. In seiner Rede sagte er: »Wir haben diese Stadthalle immer bekämpft, schon in der Planungsphase, und jetzt sind Sie alle hier versammelt zu meinem Geburtstag. Das beweist die Ohnmacht der Presse. Aber vor einiger Zeit haben wir in unserer Ausgabe Hintertupfing mal geschrieben, am Montag sei Sperrmüllabfuhr. Das war falsch, aber alle Leute haben ihre Sachen rausgestellt, und die Stadt musste sie abholen. Das beweist die Macht der Presse.«

Fred Brück

Jg. 1954, arbeitete zunächst freiberuflich und ist seit 1999 Kameramann bei *SAT.1*.

Herr Brück, Sie kommen gerade aus einer CDU-Präsidiumssitzung. Warum sehen Sie denn so verärgert aus?
Also, dass es bei solchen Geschichten wie hier ein Gedrängel gibt, ist ganz normal. Aber wenn dann jemand von hinten kommt, weil er sauer ist und meint, er kriegt sein Bild nicht, und einfach meine Kamera packt und nach oben wegdrückt, das ist einfach unfair.

Wie reagieren Sie da?
Ich versuche weiter, mein Bild zu machen, ganz einfach.

Und Sie schubsen nicht zurück?
In der Regel versuche ich, fair mit den anderen umzugehen. Aber wenn ich gestoßen werde, dann stoße ich auch zurück und versuche, mir durch meine Ellbogen eine gute Position zu verschaffen.

Warum sieht es im Pulk der Fotografen und Kameraleute immer so aus, als sei das ein einziges Geschiebe?
Wir stehen ja ziemlich dicht beisammen. Man schiebt natürlich mit, man bewegt sich einfach. Das ist wie eine Welle. Man bleibt irgendwie im Fluss der Welle und passt auf, dass man sich nicht nach außen abdrängen lässt. Ich versuche, in einer Linie zu bleiben und mein Bild zu bekommen.

Ist das nicht ziemlich stressig?
Es ist Stress, ja, vor allem bevor es endlich losgeht. Man steht, man wartet, man guckt, was die anderen machen. Es ist das Warten auf Erlösung. Und dann muss man plötzlich von Null auf Hundert und voll da sein, die Situation erfassen, schauen, wo sich eine Lücke ergibt – genau wie ein Boxer im Ring, der versucht, eine gute Position zu kriegen, und dann durch die Lücke reinstößt, ran an diesen Menschen.

Kommt es auch mal vor, dass Sie Ihr Bild nicht gekriegt haben?
Ganz selten. Ich versuche immer, irgendwie mein Bild zu kriegen. Dann reiße ich die Kamera halt hoch, um von oben zu kommen. Das ist wie eine Jagd. Man versucht zu gewinnen. Oder besser: Man versucht, nicht zu verlieren.

Welche Gefühle hat der Jäger, nachdem er die Beute erlegt hat?
Entspannung. Totale Entspannung. Man hat das, was man wollte. Und wenn man gute Bilder hat, ist auch noch eine große Zufriedenheit dabei.

Sie sind also zufrieden in Ihrem Job?
Das sind sehr ambivalente Gefühle. Einerseits liegt er mir und macht irgendwie auch Spaß. Und es ist spannend, am Puls der Zeit zu sein, hautnah dabei zu sein, wenn wirklich wichtige Entscheidungen getroffen werden. Aber dann denke ich wieder, es ist der absolute Nonsens, den ich hier mache. Die hohen Herren, die glauben, die seien Könige! Die werden von mir bezahlt, von mir als Steuerzahler, und dann kommen diese Herren hier an und glauben, sie könnten uns von ihren Bodyguards einfach beiseite schieben lassen und uns behandeln wie Schmeißfliegen. Da habe ich das Gefühl, es ist was aus dem Lot geraten, und dann geht mir der Job ziemlich auf den Keks.

Haben Sie eine moralische Grenze, wo Sie sagen würden, das drehe ich jetzt nicht mehr?
Ich kann mich an eine Situation erinnern, da ging ein Vater, nachdem seine kleine Tochter ermordet worden war, durch den Hausflur seines Wohnhauses, und der Redakteur verlangte von mir, ihn heimlich zu drehen. Das habe ich nicht gemacht. Da gibt es für mich Grenzen. Bei den Politikern aber habe ich seit dem CDU-Spendenskandal keine Grenze mehr. Da sind wir so verarscht worden. Wer Menschen so über den Tisch zieht wie diese Leute uns, der hat auch keine Grenze mehr verdient, ab der ich ihm per-

sönlich nicht zu nahe trete, wie zum Beispiel Herrn Schäuble. Früher war das anders, aber heute bin ich dran bis zum bitteren Ende.

Sie würden Herrn Schäuble also auch noch auf der Bahre zeigen?

Nein, ich respektiere es ja auch, dass man nicht zeigt, wie er aus dem Wagen gehoben und in den Rollstuhl gesetzt wird. Obwohl er dabei ja sehr gut abgeschirmt wird, versuchen viele Kollegen immer noch, eine Lücke zu finden. Das mache ich nicht. Aber ich zeige schon, wie er reinrollert, und bleibe möglichst nahe dran, einfach um seine Emotionen mitzukriegen.

mehr so dokumentarisch berichtet, mit der Kamera auf dem Stativ, sondern mehr mit bewegter Kamera. Da läuft man jetzt auch irgendwo hinterher und geht ran an die Politiker, einfach weil das spannender ist und die Leute dann auch dran bleiben am Bildschirm.

Kameraleute, die so rangehen an die Politiker, werden ja oft mit einer Meute verglichen, die sich auf ihr Opfer stürzt. Wie sehen Sie das selbst?

Meute finde ich zu abwertend. Wir sind alle Jäger und Sammler.

Als Schäuble plötzlich von einer Gallenkolik heimgesucht und ganz bleich im Gesicht wurde, haben sich Ihre Kollegen aber sehr wohl auf ihn gestürzt und ihn gefilmt.

Ja, das macht deutlich, wo wir schon hingekommen sind. Daran sind die Politiker aber auch selbst schuld, weil immer größere Schweinereien passieren und die Medien dann natürlich versuchen, darin zu rühren. Dabei passiert es dann eben, dass man die Grenze des Erträglichen überschreitet. Wenn man in der Menge steht, wenn man einfach mitgerissen wird, dann hält man da das Objektiv halt doch drauf.

Sie arbeiten für einen privaten Sender. Bekommen Sie da keine Probleme, wenn Sie sich weigern, bestimmte Dinge zu drehen?

Bisher noch nicht. Und ich denke, meine Chefs würden mich verstehen, wenn ich mich mit ihnen darüber unterhalten würde. Ich hatte bisher noch nie Angst, nicht mehr beschäftigt zu werden.

Gibt es bei den Privaten nicht eine große Konkurrenz durch junge Leute, die alles tun würden, um ins Geschäft zu kommen?

Natürlich gibt es viele junge Leute, die alles noch schneller, noch höher, noch weiter machen, um irgendwie in diesen Job reinzukommen. Aber da trennt sich schnell die Spreu vom Weizen.

Unterscheidet sich Ihr Arbeitsstil für die privaten Sender von dem für die öffentlich-rechtlichen?

Mittlerweile haben sich gerade die Nachrichten doch sehr angeglichen. Bei den Öffentlich-Rechtlichen wird nicht

Fühlten Sie sich auch als Jäger, als Sie mit der Polizei und den anderen Medien hinter dem Ausbrecher und Mörder Schmökel her waren?

Man fühlt sich dabei ein bisschen wie ein Kommissar – ein Kommissar der Öffentlichkeit. Für so einen Einsatz muss man sich eine Portion Abenteuergeist bewahrt haben. Wenn man sich dabei unwohl fühlt, dann hat man nicht mehr die innere Spannung und den Geist, um die Situation zu erfassen: In den Wagen rein, Gas geben, über die Landstraßen jagen, hinter dem Polizeiaufgebot her, immer dran bleiben.

Sind Sie ein Draufgänger?

Ich denke schon. Ich bin ja auch auf sehr vielen Demonstrationen zu sehen, weil ich es gut finde zu zeigen, was zwischen Demonstranten und Polizei passiert. Wenn ich Angst davor hätte, in die Festnahmen reinzugehen, um sie zu dokumentieren, dann würde ich mich nicht mehr sicher fühlen. Man braucht so einen gewissen Instinkt, um rechtzeitig zu erfassen, wann irgendwo was abgehen könnte. Das ist ein total harter Job.

Welche Eigenschaften muss ein guter Kameramann außer Instinkt noch haben?

Die Wichtigste ist eine schnelle Auffassungsgabe, weil ich in Bruchteilen von Sekunden erkennen muss, wo das Bild ist. Dann braucht man eine gewisse Erfahrung und darf sich trotzdem nie auf seine Routine verlassen, sondern muss sich jedes Mal wieder sagen: Hier bin ich zum ersten Mal. Pass auf, gleich passiert was! – Und dann ran!

Udo Röbel

JG. 1950, WAR REPORTER BEI *BILD*, STELLVERTRETENDER CHEFREDAKTEUR VOM KÖLNER *EXPRESS* UND VON *BILD AM SONNTAG*. VON 1998–2000 WAR ER CHEFREDAKTEUR DER *BILD*, DANACH VON *BILD.DE*.

Herr Röbel, einer Ihrer Kollegen meinte, neuerdings hätten die Chefredakteure den Status eines Fußballtrainers.
Da hat er vollkommen Recht. Der Chefredakteur einer großen Zeitung sitzt in der Tat auf einem Schleuderstuhl, weil er wie ein Fußballtrainer zum Erfolg verdammt ist, sprich zur hohen Auflage, und damit wird er angreifbar. Das muss man wissen, wenn man sich auf diesen Stuhl setzt.

Haben Sie es denn vorher gewusst?
Als ich vor drei Jahren den Anruf bekam, dass ich nun Chefredakteur der *Bild* werden soll, war ich gerade mit meinem kleinen Sohn auf Fuerteventura in Urlaub. An diesem Abend bin ich zum Strand runtergegangen und habe gesagt: »Röbel, ab heute musst du daran denken, wie es sein wird, wenn du diesen Stuhl wieder verlässt.«

Nun werden Sie den Stuhl Ihrem Nachfolger Kai Diekmann überlassen. Wären Sie nicht lieber noch ein Weilchen darauf sitzen geblieben?
Erstens war ich jetzt zehn Jahre bei *Bild*, davon drei Jahre als Chefredakteur, das ist schon eine Knochenmühle. Und dann sagt auch die Frau, dass es vielleicht mal Zeit wird, ein bisschen kürzer zu treten. Außerdem kann ich jetzt als Chefredakteur von *Bild.de* das tun, was ich schon vor Jahren angestoßen habe, nämlich *Bild* auch im Internet groß zu machen. Die Medienlandschaft wird sich in Zukunft vollkommen neu gestalten, und da dabei zu sein ist für mich noch mal richtig spannend, auch wenn ich mit einer kleinen Träne Abschied vom Geruch der Druckerschwärze nehme.

Meiner Erfahrung nach gibt kein Politiker freiwillig seine Macht ab – und auch kein Chefredakteur scheidet freiwillig aus.
Dann bin ich wahrscheinlich ein ganz exotisches Sonderexemplar. Und was die Macht angeht, so kann ich auch nach drei Jahren als Chefredakteur eigentlich nichts mit diesem Wort anfangen. Macht war nie ein Kick für mich, weshalb ich sie auch ganz einfach wieder aufgeben kann.

Sind Sie nicht doch ein bisschen gekränkt?
Nein, nein, wirklich nicht. Das muss man nüchtern sehen. Es gehört heute im Journalismus oder in der Politik einfach dazu, dass da Sachen auf einen zukommen können, die vielleicht wehtun. Wenn man so einen Job antritt, muss man von vornherein die Gefühle ausschalten, sonst wird es unsauber.

Wenn nicht die Macht, was gibt Ihnen dann einen Kick?
Eine wirklich gute Geschichte. Schon der kleine Röbel, der nach der Schule sein Volontariat begonnen hat, wollte immer nur Geschichten machen. Und wenn ich etwas bereut habe, als ich der Oberchef war, dann das, dass ich nie mehr vom Schreibtisch weg konnte, um mal schnell eine Geschichte zu machen. Geschichten sind mein Leben. Wenn ich abends irgendwo an der Hotelbar sitze, versuche ich, mit denen links und rechts von mir ins Gespräch zu kommen, um herauszufinden, was für eine Geschichte die haben. Das ist eine tiefe Veranlagung. Es gibt nichts Spannenderes als fremde Leute und fremde Geschichten.

Wenn Sie über andere Menschen schreiben oder schreiben lassen, denken Sie da nur an die Geschichte oder auch manchmal daran, was man den Menschen vielleicht antut?
Ich will nicht verhehlen, dass man auch die Kälte eines Chirurgen im Operationssaal braucht, sonst können Sie diesen Job nicht machen. Aber es gibt natürlich bestimm-

te Abstufungen, wie weit ich das aufdrehe. Das ist auch eine Sache der persönlichen Erfahrung, dass man dann als Chefredakteur sagt: »Nun pass mal auf, das brauchen wir jetzt nicht bis zum Letzten auspressen, lass uns mal ein bisschen gerechter gegenüber dem Menschen sein, der da im Sturm einer Schlagzeile steht.«

Hat das damit zu tun, dass Sie mit zunehmendem Alter vielleicht milder geworden sind?
Ja, das hat etwas mit dem Alter zu tun, und natürlich auch mit Nackenschlägen. Ich bin ja selbst einmal durch die Medienmangel gedreht worden nach dem Gladbecker Geiseldrama. Es ist vielleicht ganz gut gewesen für meinen Beruf, das mal selbst am eigenen Leib zu erleben, wie es ist, wenn man sich nicht richtig wehren kann, weil die Argumente nicht gehört werden wollen, weil die gerade nicht in den Kram passen.

Wie haben Sie sich da gefühlt, als Sie durch die Mangel gedreht wurden?
Furchtbar, ganz furchtbar. Ich habe wochenlang Magenschmerzen gehabt, ich war wütend, eben weil sich niemand für meine Sicht der Dinge interessiert hat. Das war sehr schmerzhaft, das war mit richtigem körperlichem Schmerz verbunden. Es ist nicht so, dass ich jetzt einen Schalter umgelegt hätte, aber so was prägt nicht nur den Menschen, sondern natürlich auch den Journalisten Röbel.

Hatten Sie danach auch ein bisschen mehr Verständnis für Politiker, die sich von der Presse ungerecht behandelt fühlen?
Das Bild vom wehleidigen Politiker, der keine Schlagzeile aushalten kann, stimmt ja nicht. Ich glaube, keine Spezies von öffentlichen Leuten weiß so gut über das Mediengeschäft Bescheid wie die Politiker, vielleicht sogar mehr als die Journalisten. Was den Politikern aber am Herzen liegt, ist eine gewisse Fairness. Und die muss man als Journalist über einen längeren Zeitraum beweisen. Dann ertragen die sehr, sehr viel.

Haben Ihnen Politiker auch mal eine besondere Zuwendung zukommen lassen, um Sie ein bisschen für sich einzunehmen?
Bei mir haben die schnell erkannt, dass ich gar nicht so bedacht bin auf Zuwendung, dass es mir auch teilweise ein Gräuel ist, an diesem ganzen Party- und Gesellschaftsleben teilzunehmen. Als Chefredakteur der *Bild* hat man das auch gar nicht nötig, denn es ist viel einfacher, zum Beispiel vom Kanzler eine Stellungnahme zu einem brennenden Thema zu kriegen, als es das vielleicht für den Politikchef einer respektablen Regionalzeitung ist. Insofern habe ich den Spieß umgedreht, und ich habe entschieden, wann Zuwendung da sein muss oder nicht.

Sie waren also am längeren Hebel?
Ja, logisch war ich am längeren Hebel. Das erklärt sich einfach von der Größe der *Bild* her. Mit täglich 4,5 Millionen verkauften Exemplaren und durchschnittlich 11 Millionen Lesern hat sie eine höhere Einschaltquote als die *Tagesschau*.

Berlinale

Wie schafft es denn die* Bild*, so viele Leser zu haben?
Ihr Erfolgsrezept ist, dass sie offensichtlich das ausdrückt, was die Menschen bewegt, und das formuliert, was vielleicht der Einzelne nicht so formulieren kann.

Woher wissen Sie, was die Menschen bewegt?
Dazu ist ein gewisser Instinkt nötig, eine Summe von journalistischen Erfahrungen und ein Netz von tausend Mitarbeitern, die uns aus ganz Deutschland, bis aus der tiefsten Provinz, tagtäglich die Gefühlslage der Nation signalisieren. Aber, mal ganz nüchtern auf den Punkt gebracht, letztendlich entscheidend bei der Festlegung des täglichen Schwerpunktthemas ist natürlich die Quote. Das Blatt muss sich Tag für Tag am Kiosk neu verkaufen, also muss man auf Themen setzen, bei denen das Interesse – auch das Kaufinteresse – des Lesers am größten ist.

Warum lesen Politiker jeden Tag die* Bild*?
Weil sie wissen wollen, was das Wahlvolk interessiert, das heißt, was wir zum Thema und damit letztendlich zum Wahlthema machen. Denn hinter den politischen Themen, die wir auf die Agenda setzen, stehen ganz einfach 11 Millionen potentielle Wähler.

Setzt die* Bild *auch Trends?
Das ist immer die große Diskussion. Und mir kommt sie vor wie die berühmte Diskussion um Henne und Ei. Ich glaube, man kann keine Kampagne am Reißbrett machen, auch nicht mit der größten publizistischen Macht. Wir können nur sich aufbauende Trends rechtzeitig erkennen und uns draufsetzen. Das kann einem Trend natürlich einen

unheimlichen Push geben. Aber die *Bild* schafft keine originären Trends.

Die* Bild *ist heute nicht mehr das Revolverblatt von einst. Warum diese Veränderung?
Ganz einfach weil bei uns durch den Konkurrenzdruck der elektronischen Medien das Marktschreiertum in den Hintergrund gerückt ist. Die heißen Nachrichten können Fernsehsender und Rundfunkstationen viel lauter und schneller rausschreien als wir. Mit denselben Storys wären wir am nächsten Tag veraltet. Ich versuche zwar schon, die Sensation aufzugreifen, aber ich versuche auch, den Hintergrund dazu zu liefern. Ein Beispiel: Die Nachricht, dass Schmökel gefasst wurde, war zwei Stunden später schon verbraucht. Mein journalistisches Pfund, wenn ich es mal so bezeichnen darf, war dann Schmökels Fluchttagebuch.

Hätte heute ein Günter Wallraff noch die Chance, sich bei* Bild *einzuschleichen?
Das bräuchte er gar nicht, er wäre jederzeit willkommen. Wir haben nichts zu verbergen, auch vor Herrn Wallraff nicht. Er würde sehen, dass da ganz normal und sauber gearbeitet wird.

In letzter Zeit hatte ich aber den Eindruck, dass sich* Bild *vom anerkannten Boulevardblatt wieder etwas zurückentwickelt und wieder eine deutlichere politische Richtung eingeschlagen hat.
Nein, das muss ich jetzt zurückweisen, zumindest was meine Person und meine Amtszeit bei *Bild* betrifft. Ich habe nie eine politische Richtung gehabt und werde sie auch nie haben. Ich bin immer meinem journalistischen Motto als Boulevardjournalist gefolgt: Wer was Gutes für dieses Land macht, wird dafür gelobt, und wer was verbockt hat, der kriegt was auf die Ohren.

Immer mehr Zeitungen werden in immer weniger Konzernen gebündelt, womit natürlich deren Meinungsmacht steigt. Wie ist der Einfluss des Hauses Springer auf die* Bild*?
Da muss ich wohl mit einem Mythos aufräumen. Um es ganz konkret zu sagen, bei mir hat nie ein Herr Kirch angerufen und gesagt, er möchte morgen gerne dies oder das in der Zeitung haben.

Welchen Unterschied sehen Sie zwischen Ihrer und der jungen Generation von Journalisten?
Eigentlich gar keinen. Die Jungen sind genauso heiß auf eine Geschichte, wie wir es damals waren. Nur das Tempo ist viel schneller geworden. Ich habe noch eine Zeit erlebt, draußen als Reporter, da hatte ich erst mal ein, zwei Tage Zeit, überhaupt ein Foto zu beschaffen. Dann brauchte ich noch einen Tag, um das irgendwie zu übermitteln. Heute geht das alles innerhalb von einer halben, dreiviertel Stunde.

Welchen Rat würden Sie einem jungen Kollegen mit auf den Weg geben?
Glaub an deine Geschichte und gib nie auf, auch wenn die Recherchespuren im Sand verlaufen! Irgendwann wird es die große Geschichte!

Warum die große Geschichte?
Weil jeder Journalist von einer großen Geschichte träumt, sonst ist er kein Journalist.

Was war Ihre große Geschichte?
Ach, ich habe viele gehabt. Die größte war vielleicht die Kießling-Geschichte, weil ich damals entscheidend dazu beigetragen habe, dass ein Skandal, der die Republik erschüttert hat, eine ganz andere Richtung nimmt. Ich glaube, da kann man sich auf die Schulter klopfen.

War das so eine Art Saulus-Paulus-Geschichte?
Ja, eigentlich schon, denn der Röbel ist ja damals nicht losgezogen, um dem General die Ehre wiederzugeben, sondern er wollte schmutzige Details über den General ausgraben. Als die Regierung den General Kießling damals als homosexuell abstempelte, da glaubte der Röbel wie die ganze Republik natürlich den Worten des Ministers. Doch irgendwann hatte er so viele Details zusammen, dass die Geschichte so einfach nicht stimmen konnte, und da wandelte sich der Röbel tatsächlich vom Saulus zum Paulus und wies nach, dass die Regierung ganz dubiosen Zeugen, sogar einem Doppelgänger aufgesessen war, mit dem Ergebnis, dass der General rehabilitiert wurde. Journalistisch betrachtet gibt es also vielleicht eine Legitimation, im Schmutz zu wühlen, denn siehe, im Schmutz sind manchmal ganz andere Sachen versteckt.

Worauf sind Sie noch stolz, wenn Sie auf Ihre journalistische Laufbahn zurückschauen?
Ich bin ein bisschen stolz auf unsere neu entwickelte Frauenseite in *Bild*. Die ist nicht mehr die reine Bratkartoffel-Kleider-Kosmetik-Mixtur, sondern da lassen wir nun in scharfzüngigen, frechen Kolumnen die Frauen mal ein bisschen stänkern.

Stänkern auch die Redakteurinnen bei* Bild *manchmal, weil es auf der Topebene kaum Frauen im Journalismus gibt?
Was ich immer bedauert habe. Ich habe in den drei Jahren vergeblich versucht, eine Frau in die Chefetage zu holen. Aber es gibt einfach zu wenig gute. Und die wenigen, die ich im Auge hatte, waren leider besetzt. Und dann muss ich Ihnen jetzt was ganz Machohaftes sagen: Ich habe bei *Bild* so viele hoffnungsvolle Talente gesehen, Volontärinnen, die jeden männlichen Kollegen um Längen geschlagen haben und nach zwei Jahren schon Ressortleiter waren. Doch leider Gottes waren sie dann alle irgendwann schwanger. Die einen versuchten noch, die Doppelbelastung Familie und Kind hinzukriegen, aber das ist keiner gelungen.

Das heißt, die Frauen müssen sich irgendwann entscheiden zwischen Karriere und Kindern?
Ja, so brutal würde ich es sehen. Da gibt es gar nichts schönzureden. Das ist wirklich die Tragik bei den Frauen.

Kai Diekmann

Jg. 1964, war Bonn-Korrespondent für *Bild*, Chefreporter für die *Bunte*, stellvertretender Chefredakteur von *B. Z.* und *Bild* und ab 1998 Chefredakteur der *Welt am Sonntag*. Seit 2001 ist er Herausgeber von *Bild* und *Bild am Sonntag* und Chefredakteur von *Bild*.

Haben Sie die Stürme der letzten Wochen gut überstanden?
Danke, ich bin sturmerprobt. Wer als Kapitän auf der Kommandobrücke von *Bild* steht, muss wissen: Man fährt einen großen Dampfer. Und wenn ein dicker Dampfer durch die See geht, dann bleibt das eine oder andere Schiffchen auch mal liegen.

Welche Konsequenzen haben Sie aus der Geschichte mit dem Foto von Trittin gezogen, wo die* Bild *ein harmloses Seil gleich zum Schlagstock umgedichtet hat?
Wir haben nichts umgedichtet, wir haben uns geirrt. Und wir haben uns sofort am nächsten Tag entschuldigt. Unbestritten ist: Auf diesem Foto ist Jürgen Trittin an der Seite von maskierten Mitgliedern des so genannten schwarzen Blocks bei einer Gewaltdemo in Göttingen zu sehen. Die schwarz vermummten Chaoten waren laut Polizeibericht schwer bewaffnet und beschossen Polizeibeamte mit Leuchtmunition. Das war kein Treffen linker Friedenstauben, an dem Jürgen Trittin damals teilgenommen hat.

Ich habe Sie neulich bei der Verleihung der Goldenen Kamera gesehen. Sind Sie ein guter Tänzer?
Nicht wirklich – und wenn Sie darauf hinauswollen: Es gehört zu unserem Geschäft, auch mal jemandem auf die Füße zu treten ...

Gibt es etwas, wovor Sie Angst haben?
Angst sollte man nie haben, denn das ist etwas, das man nicht kontrollieren kann. Wenn ich Angst habe, dann nur vor Ärzten und vor dem Fliegen.

Sie waren Chefredakteur der* Welt am Sonntag *und sind nun Chefredakteur der* Bild *und zugleich Herausgeber von* Bild am Sonntag. *Wie haben Sie es geschafft, mit 36 Jahren schon diese Karriere zu machen?
Ich habe einfach sehr jung in unserem Verlag angefangen, mit 21. Und habe dann das Glück gehabt, immer wieder auf die richtigen Menschen zu treffen, die mich gefördert haben, und Mitarbeiter gefunden, die mir geholfen haben.

Welche Qualitäten braucht man, um als Chefredakteur so eine große Truppe zu führen?
Man braucht ein Ziel und muss die andern dafür begeistern können. Man ist Leitwolf, Bindemittel und – wenn's sein muss – auch der Prügelknabe.

Nun wird von Ihnen erwartet, dass Sie die Auflage erhöhen. Stehen Sie deshalb unter Erfolgsdruck?
Natürlich wollen wir Erfolg, der Wunsch nach mehr Auflage ist das ureigenste Anliegen jeder Chefredaktion. Und wie alle Zeitungen hat auch *Bild* in den vergangenen Jahren Auflage verloren. Jetzt geht es darum, die Auflage zu stabilisieren.

Welche Unterschiede sehen Sie zwischen Ihrer Generation und den älteren Journalisten?
Ich stelle bei Männern wie Claus Jacobi, Peter Boenisch oder Peter Scholl-Latour – alle schon über 70 – fest, dass sie in ihrem Engagement, ihrer Frische und auch von ihrer Frechheit her vielfach zu den Jüngsten in der Redaktion zählen. Journalisten meiner Generation neigen viel eher zu Bedenkenträgerei und modischer Political Correctness. Die älteren Kollegen sind oft mutiger.

Ihre Generation ist also vorsichtiger und auch weniger politisiert als die ältere?
Ganz sicher sind die Zeiten harter ideologischer Konfrontation vorbei. Unsere Generation denkt zum Glück pragmatisch und nicht mehr in den Kategorien links, rechts, wo

stehen die Bataillone. Die ältere Generation ist in machen Fragen ideologischer und auch härter. Und wenn wir manchmal zu zögerlich sind, dann machen sie uns entsprechend Dampf.

Was hat sich für die* Bild *geändert, seit der Regierungssitz nach Berlin verlegt wurde?

Wenig. Die Zentrale von *Bild* war schon immer Hamburg und wird es auch bleiben. Ob Bonn oder Berlin – *Bild* hat eine gesunde räumliche Distanz zum Regierungsviertel und kann so die Mächtigen kritisch beobachten und begleiten. Das ist die Gnade der Entfernung. Täglich mit Politikern zusammenzusitzen, bringt die Gefahr mit sich, von ihnen vereinnahmt zu werden. Nach dem Motto: »Tach auch, wie geht's der lieben Frau und den Kindern?«

Ganz lässt sich diese Nähe aber wohl nicht vermeiden? Die Politiker wollen ja ihre Botschaften transportieren, und die Journalisten wiederum brauchen die Nähe, um an exklusive Informationen zu gelangen.

Das ist das tägliche Geschäft des politischen Journalisten in Berlin, ein Geben und Nehmen, ein journalistischer und politischer Teppichhandel. Ich kann mir Exklusivinformationen auf verschiedenen Wegen beschaffen, und natürlich gehört dazu auch, dass ich jemandem an einer anderen Stelle, wo es nicht wehtut, möglicherweise mal einen Gefallen tue.

Ihnen wird eine besondere Nähe zu Helmut Kohl nachgesagt. Sie waren auch Mitautor eines Buches über Kohl. Würden Sie dem Medienwissenschaftler Weischenberg zustimmen, dass es eine zunehmende Versippung der Medienelite mit der Machtelite gibt?

Ach, der Herr Weischenberg – immer für einen Spruch vom grünen Tisch gut ... Richtig ist: Journalisten müssen sich Zugänge zu den Machtzentren erarbeiten. Und jetzt fürs Protokoll: Das Buch, das ich gemeinsam mit dem Historiker Dr. Ralf Georg Reuth über Helmut Kohl und seine besondere Rolle bei der Wiedervereinigung geschrieben habe, ist vom *Spiegel* vorab veröffentlicht worden, gehörte damals zu den meistrezensierten Büchern des Jahres '96, ist mittlerweile in acht oder neun Sprachen übersetzt worden und wird von namhaften Historikern als Quelle von hohem Wert geschätzt. Also: Es ist ein Gewinn für jeden Chefredakteur, bedeutende Politiker nicht nur zu Tagesfragen zu interviewen, sondern sich mit ihnen über ihre Gedanken und Erfahrungen zu unterhalten.

Hat Gerhard Schröder Sie angerufen, als Sie Chefredakteur von* Bild *wurden?

Ja.

Wie viele Politiker haben noch angerufen?

Ich habe sie nicht gezählt, aber mich über jeden Glückwunsch aus jeder Richtung gefreut. Umgekehrt habe ich als neuer Chefredakteur auch meine Antrittsbesuche gemacht und versichert, dass man mich jederzeit anrufen kann, wenn etwas schief läuft. Das ist ein Moment der Vertrauensbildung.

Gibt es für Sie so etwas wie Treue zu manchen Politikern?

Ich war Volontär im Bonner Parlamentsbüro und als junger Journalist Parlamentskorrespondent. Es gab junge Politiker, mit denen man damals gemeinsam erwachsen geworden ist. Und diese Freundschaften pflege ich. Es ist ja zum Beispiel kein Geheimnis, dass ich mit dem Büroleiter von Joschka Fischer, Achim Schmillen, seit Jahren eng befreundet bin. Und wir stehen uns politisch nun wirklich nicht nahe. Aber wir gehen auch bei Konflikten fair miteinander um. Eigentlich ist das selbstverständlich, aber wenn man sich lange gut kennt, geht's leichter.

Wenn Sie zum Beispiel kritisch über jemanden berichten müssen, den Sie sympathisch finden?

Wenn es in der Sache Auseinandersetzungen gibt, dann muss man das aushalten. Damit habe ich keine Probleme, sonst müsste ich mir einen anderen Beruf suchen.

Wenn man als Journalist jemanden kritisiert, fühlt man sich da ein bisschen wie ein Chirurg?

Der Vergleich ist kühn, aber um im Bild zu bleiben: Ein politisches Geschwür ist ein politisches Geschwür. Da muss man schneiden – Rücksichtnahme auf den Patienten wäre fehl am Platze. Aber bevor es überhaupt ans Schneiden geht, ist unser täglich Brot zunächst das Ringen um die Diagnose: im Sport, in der Politik, in den Nachrichten. Menschen und ihren Leistungen gerecht zu werden. Und natürlich haben wir in unserer Gesellschaft die Tendenz zum »Hosianna, kreuzigt ihn!«-Gerufe. Wer gerade noch der gefeierte Superstar war, ist am nächsten Tag der Depp der Nation. Die Verantwortung des Chefredakteurs ist, darauf zu achten, dass die Zeitung nicht über das Ziel hinausschießt.

Ich habe manchmal aber den Eindruck, dass bestimmte Superstars von* Bild *symbolisch verhauen werden dürfen, während man andere nur mit Glacéhandschuhen anfasst. Ich denke da zum Beispiel an die Affäre um das uneheliche Kind von Franz Beckenbauer, der ja zufälligerweise Kolumnist der* Bild *ist.

Zu dieser Zeit war ich noch nicht bei *Bild*. Aber es ist die alte Gretchenfrage nach der Parteilichkeit. Über Leute sympathisch berichten, weil man sie dufte findet? Sie platt machen, weil sie einem quer gekommen sind? – Ich glaube, so funktionieren Medien heute nicht mehr. Dafür sind sie zu vielschichtig, dafür findet gegenseitige Kontrolle und ein gnadenloser Verdrängungswettbewerb statt, ob *Bild* das nun gefällt oder nicht. Im Fall der Beckenbauer-Vaterschaft hat Franz gestanden, *Bild* hat drüber berichtet. Und die Beckenbauers haben zumindest nicht öffentlich schmutzige Wäsche gewaschen. Sie haben nach dem Fehltritt Rücksicht aufeinander genommen und nicht wir auf sie.

Sie wären also mutig genug, auch Vertragspartner öffentlich zu kritisieren?

Ein Beispiel! Das Tagebuch von Helmut Kohl ist als Vorabveröffentlichung zunächst in *Welt am Sonntag* und *Welt* publiziert worden. Wie Sie sich erinnern, hat es seinerzeit eine heftige politische Debatte um dieses Tagebuch gegeben. Diese sehr scharfe politische Auseinandersetzung um Wort und Gehalt ist selbstverständlich auch bei uns geführt worden – obwohl wir mit dem Erwerb der Vorabveröffentlichungsrechte natürlich auch Vertragspartner von Helmut Kohl geworden waren. Da kann es keine journalistischen Rücksichten geben.

Von manchen Journalistenkollegen werden Sie wegen des Tagebuch-Abdrucks als »Kohl-Vasall« bezeichnet.
Papperlapapp! Würden eben diese Journalistenkollegen die Rechte zum Vorabdruck bekommen haben, hätten sie alle »Hier!« geschrien. Das Kohl-Buch war ein publizistischer und der Vorabdruck ein journalistischer Erfolg. Ein Jahr zuvor bescherte uns der Abdruck des Buches von Oskar Lafontaine den größten Auflagenerfolg des Jahres. Wir liegen nicht in der Sonne, sondern stehen, wie schon gesagt, im harten journalistischen Wettbewerb. Und den haben wir bei der *Welt* und *Welt am Sonntag* in den vergangenen zwei Jahren immer öfter gewonnen. Und nun versuche ich, ihn für *Bild* und *Bild am Sonntag* zu gewinnen.

Es heißt ja immer, Journalisten seien empfindlicher, wenn über sie geschrieben wird, als wenn sie selber austeilen. Wie ist das bei Ihnen?
Ich habe so viele erfundene Geschichten und absurde Klischees über mich gelesen, dass ich inzwischen eine Hornhaut habe. Neid muss man sich hart erarbeiten. Und wenn man jung ist, bekennend konservativ und dann auch noch ein gewisses Maß an Erfolg hat, dann kann das für manche irgendwie nicht normal sein, dann müssen die da eben draufhauen.

Decken sich Ihre privaten politischen Überzeugungen mit der Linie des Blattes?
Das sind zwei völlig verschiedene Dinge. *Bild* als unabhängige Zeitung hat die Pflicht, jede Regierung kritisch zu beobachten und zu begleiten, ganz gleich, ob das nun eine liberal-konservative oder eine rot-grüne Regierung ist. Da haben meine privaten Überzeugungen nichts zu suchen.

Warum lesen Politiker täglich* Bild*?
Weil sie wissen müssen, was 12 Millionen Menschen in Deutschland jeden Tag lesen, und weil sie exklusiv informiert sein möchten. Die große Kraft von *Bild* ist, dass wir in allen möglichen Bereichen, im Sport, in der Unterhaltung, in der Politik, einen hohen Anteil an Exklusiv-Geschichten haben. Die stehen eben zuerst bei uns. Und natürlich freue ich mich, wenn die *dpa* meldet, dass wir die meistzitierte Tageszeitung Deutschlands sind, dass *Bild* also mit seinen Themen und seinem Riecher für Trends doch so etwas wie ein Leitmedium ist, eine Art Leuchtturm im Dunst des Meldungsnebels.

Ich habe Gerhard Schröder einmal gefragt, ob die* Bild *so wichtig sei, dass man durch sie Wahlen gewinnen könne, und er meinte, sie sei jedenfalls so wichtig, dass man durch sie Wahlen verlieren könne. Hat er denn damit Recht?
Natürlich ist *Bild* eine mächtige Stimme. Aber wir können Trends nicht wirklich umdrehen. Wir können Trends nur verstärken. Letztlich bilden sich 12 Millionen Leser ihr eigenes Urteil.

Mit Ihrer Kampagne gegen die Ökosteuer haben Sie immerhin erreicht, dass bei der Kilometerpauschale nachgebessert wurde.
Wenn die Wähler diese Nachbesserung nicht erwartet hätten, hätte sie auch nicht von *Bild* herbeigeschrieben werden können. Stellen Sie sich *Bild* als Volkes Hand vor, die ihre Finger in offene Wunden legt, auch wenn das den Politikern wehtut.

Wie würden Sie es nennen, wenn nun ein Thema erst in* Bild *und* Bild am Sonntag *und danach vielleicht in der* Welt *und* Welt am Sonntag *zum Schwerpunkt wird? Würden Sie sagen, das ist Einfluss?
Das ist Schnelligkeit. Wir sprechen nicht irgendwelche Kampagnen ab. Und wie stellen Sie sich eigentlich unseren internen Wettbewerb vor? Dass alle Springer-Chefredakteure sich abends mit Mathias Döpfner zum Kakaotrinken treffen, um die Tagesbefehle für morgen entgegenzunehmen? So funktioniert Zeitungsmachen nicht. Zeitungsmacher – bei uns sind das die, die täglich am »Balken«, dem zentralen Arbeitstisch sitzen – sind autonom.

Wie wichtig können Sie Politiker machen?
Wir sind die Bühne, auf der jeder seine Rolle spielen darf. Vorhang auf! Singen müssen die Sänger selber. Und 12 Millionen Leser applaudieren – oder eben nicht. Die Qualität der Darbietung begründet ihren Erfolg – nicht die *Bild*.

Wie wichtig sind Sie selbst?
Ich bin einer im Team an der Spitze der *Bild*. Ich versuche, eine inhaltliche Richtung vorzugeben. Ich bin derjenige, der antreiben muss, der nörgeln muss, der nicht zufrieden sein darf, der immer wieder behaupten muss: »Das könnten wir noch besser machen!« Der fragt: »Haben wir dieses oder jenes Thema im Blatt?« Und es muss einen geben, der im Konfliktfall entscheidet. Womit wir wieder beim Kapitän auf der Brücke wären. Aber ich dränge mich nicht vor, wenn es in den Tanzsaal geht. Deshalb werden Sie mich auch nicht bei Talkshows sehen. Das ist nicht mein Platz.

Sind Sie eitel?
Jeder Mensch ist ein bisschen eitel. Ich bemühe mich, dass es beim »bisschen« bleibt. Vielleicht ist das die eine große Gemeinsamkeit zwischen Politikern und Journalisten.

Gibt es noch andere Gemeinsamkeiten?
Beide brauchen eine besondere Leidenschaft für den Beruf und auch den Hauch einer Profilneurose. Und beide müssen eine gewisse Leidensfähigkeit mitbringen. Auch ein Journalist stellt sich ja mit seiner Arbeit jeden Tag auf den Marktplatz, gibt sich selbst zum Besten und muss dann vielleicht zusehen, wie alles zerpflückt wird.

Verleihung der Goldenen Kamera

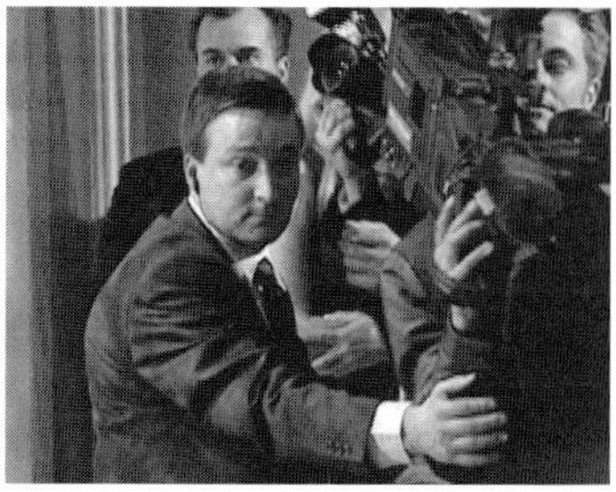

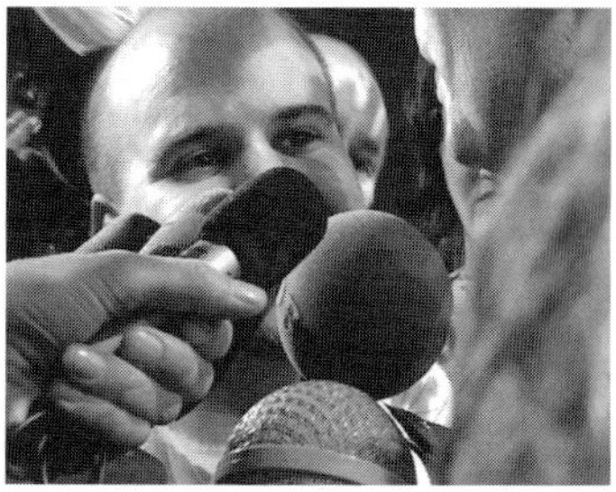

Giovanni di Lorenzo meinte, Chefredakteure hätten heute den Status von Fußballtrainern, weil sie ähnlich schnell ihre Stühle wechseln. Wie sehen Sie das?

Ich frage mich: Wovor hat Giovanni Angst, so lange ist er ja noch gar nicht Chefredakteur? Aber im Ernst: Ich denke, es ist ganz gesund, wenn es hin und wieder einen Wechsel gibt. Zeitungen müssen mit der Zeit gehen und brauchen regelmäßig einen neuen Impuls. Aber verglichen mit Fußballtrainern haben Chefredakteure einen sicheren Job.

Bei welcher Zeitung würden Sie denn in Zukunft noch gerne Trainer werden?

Die *Bild* ist schon Nationalmannschaft. Es kann für mich keine schönere Aufgabe geben.

Klaus Peter Schmidt-Deguelle

JG. 1950, WAR REPORTER UND REDAKTEUR BEIM *HESSISCHEN RUNDFUNK*, *ARD*-AUSLANDSKORRESPONDENT, NACHRICHTENCHEF BEI *VOX* UND AB 1994 SPRECHER DER HESSISCHEN LANDESREGIERUNG. SEIT 1999 IST ER PR-BERATER DER BUNDESREGIERUNG (FINANZ- UND ARBEITSMINISTERIUM).

Herr Schmidt-Deguelle, Sie sind Berater der Minister Eichel und Riester. Was raten Sie Ihren Ministern im Umgang mit den Journalisten?
Die Wahrheit zu sagen, weil alles andere doch rauskommt.

Und wenn umgekehrt mal die Journalisten aus Ihrer Sicht nicht die Wahrheit berichten?
Dann haben meistens die Pressestelle oder der Minister etwas falsch gemacht. Wobei in Berlin Falschmeldungen geradezu zur Tagesordnung gehören. Der Medienmarkt dreht sich hier in einer Geschwindigkeit, die zum Rausfliegen schnell ist. In Bonn gab es noch eine gewisse Kontrolle untereinander, da wusste man, worüber der Kollege berichtet. Hier dagegen kommt es schon mal vor, dass mich Journalisten großer Zeitungen anrufen und fragen, ob ich zufällig weiß, was der Kollege XY von der anderen Zeitung morgen macht. Seit auch die Privatsender die politische Berichterstattung entdeckt haben, gibt es einen Overkill der politischen Meldungen, die dann an die Agenturen gegeben werden, in einer solchen Fülle, dass die Redaktionen oft gar nicht mehr die Chance haben, den Wahrheitsgehalt zu überprüfen. Bestimmte Medien heizen das noch an und produzieren ganz bewusst Falschmeldungen. Die kann man dann aber schon ein bisschen erziehen.

Wie sehen diese Erziehungsmaßnahmen aus?
Man schließt sie mal eine Zeit lang von bestimmten Hintergrundinformationen aus und versorgt die Konkurrenz damit. Nehmen wir das Beispiel *Financial Times* und *Handelsblatt*, die direkte Konkurrenten sind. Wenn der eine zwei Wochen lang die Exklusivinformationen hat, dann fragt natürlich der andere: »Warum haben wir die nicht?« Auf diesem Weg kriegen Sie wieder ein bisschen Fairness in die Berichterstattung.

Streuen Sie auch mal gezielt Exklusivinformationen, um etwas in der Öffentlichkeit anzutesten?
Wir haben das ausprobiert, als es um die Steuerreform ging. Da haben wir mit dem *Spiegel* und der *Bild am Sonntag* getestet, wie es denn ankäme, wenn man Bewirtungsspesen nicht mehr steuerlich absetzen könnte. Der Aufschrei der Gastwirte und die Gefahr einer ziemlich breiten Anti-PR-Kampagne aller Gaststätten hat dazu geführt, dass dieser Punkt dann doch nicht auf der Agenda erschien.

Woher nehmen Sie eigentlich die Sicherheit, dass Ihre Informationen auch gedruckt werden?
Sie müssen natürlich einigermaßen brisant sein. Dass eine Meldung wirklich gedruckt wird, erreicht man am besten, indem man sie ein bisschen aufmotzt, ein bisschen mehr zuspitzt, als vielleicht der Inhalt hergibt, und die Exklusivität dadurch herstellt, indem man sagt, »Sie haben das als Einzige morgen früh, und die anderen werden Sie zitieren.« Das wirkt dann auch oft.

Wenn Sie einen Journalisten mit Ihren exklusiven Bonbons versorgen, können Sie da auch eine Gegenleistung erwarten?
Ja, durchaus. In dem Maße, in dem ich einen Kollegen mit

Exklusivinformationen versorge, kann ich auch davon ausgehen, dass er mich oder den Minister fair behandelt.

Werden manche Journalisten oder Medien mehr gepflegt als andere?
Die wichtigen Medien, die die Politik sozusagen an die Leute bringen, müssen mehr gepflegt werden. Zum Beispiel, indem man einem kurzfristigen Interviewwunsch nachkommt, in Hintergrundgesprächen bestimmte Dinge erzählt oder auch mal den Rat der Journalisten einholt. Aber das darf man nicht übertreiben. Sonst gerät man in den Verdacht, jemanden mit Bevorzugung bestechen zu wollen, und die Journalisten fühlen sich missbraucht.

Auf welche Medien setzen Sie ganz besonders in einer Zeit, in der die Politikverdrossenheit der Leute zunimmt?
Das ist ja nicht nur Politikverdrossenheit, sondern es gibt auch die informationellen Totalverweigerer, die weder den politischen Teil einer Zeitung lesen noch Nachrichtensendungen anschauen. An die kommen Sie fast überhaupt nicht mehr ran. Daher müssen Sie auch andere Formen nutzen und ins Feuilleton, auf die Sportseite oder eben zu *Big Brother* gehen, wie Guido Westerwelle. Auch die *Bild* ist wichtig. Wenn man eine Story hat, mit der man die breite Masse der bundesdeutschen Bevölkerung erreichen will, dann muss man die *Bild* mit im Boot haben.

Macht die* Bild *nicht auch selbst in einem gewissen Maße Politik, indem sie Kampagnen lostritt?
Sie macht es, und einzelne Redakteure machen es noch mal verschärft. Aber man sieht am Beispiel der Ökosteuer, dass der Versuch, eine solche Kampagne so hoch zu schrauben, dass die Regierung die Maßnahme zurücknimmt, auch von der *Bild* nicht durchgehalten werden kann.

Haben manche Politiker auch Angst vor der* Bild*?
Ich glaube ja, obwohl das Unsinn ist. Man muss ihre Art, Storys zu machen, kennen und muss wissen, auf was man sich einlässt, dann braucht man auch keine Angst zu haben. Das versuche ich meinen Beratungsobjekten klarzumachen, und in der Regel gelingt das auch. Meist ist es ja so, dass die *Bild* anruft und sagt, wir haben da eine Information. Da bringt es überhaupt nichts, auf Tauchstation zu gehen, sondern man muss Herr des Verfahrens bleiben und sagen: »Kommt her, wir reden darüber.«

Wer sitzt am längeren Hebel? Die Politiker oder die Journalisten?
Die Presse sitzt immer am längeren Hebel, weil Sie als Politiker, siehe den Fall Klimt, wenn Sie einen falschen Schritt gemacht haben, jeden Tag gejagt werden. Und in dem Moment, in dem die Phalanx der Bundespressekonferenz unisono eine politische Entscheidung kritisiert, wird ein Politiker nicht umhin können, sich zu fragen, ob er was falsch gemacht hat. Besonders wenn eine Regierung wie die Regierung Schröder sehr viel Wert darauf legt, nicht gegen die öffentliche Meinung zu agieren, kann die Presse politische Entscheidungen gelegentlich beeinflussen.

Wie kann man Politik am besten verkaufen?
Ich glaube, man muss heutzutage Botschaften auch mit Köpfen verbinden, das heißt, dass die Köpfe für die Botschaften stehen müssen. Wunderbar ist es natürlich, wenn der Minister das auch verkörpert, was er als Politik propagiert. Das ist mit Hans Eichel idealtypisch gelungen. Aber das können Sie nicht backen, da müssen Sie Glück haben.

Was können Sie denn dann backen? Ich nehme an, die Inszenierung von Politik gehört zu Ihren Aufgaben?
Ja, sicher. Politik muss sich auch in Bilder übersetzen, und diese Bilder müssen Sie komponieren, herstellen, inszenieren. Wenn Sie eine große politische Geschichte planen, dann müssen Sie überlegen, wie kriege ich es hin, dass möglichst viele Medien darüber berichten. Das heißt, Sie müssen einen Timetable machen, ob die Rahmenbedingungen optimal dafür sind, ob »Konkurrenzveranstaltungen« anliegen und vieles mehr. Sie gehen nicht einfach vor die Tür des Ministeriums, sondern Sie suchen dafür einen Raum, der vom Bild her positiv ist und das wiedergibt, was Sie rüberbringen wollen.

Wie weit entscheiden Sie auch über das Äußere der Minister Eichel und Riester?

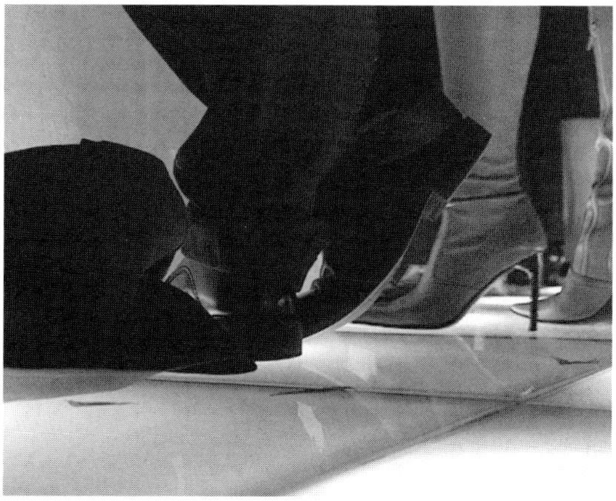

Bei Hans Eichel ist das ein langer Prozess gewesen. Ich habe ihm zum Beispiel Krawatten gekauft, denn wenn die Krawatte zu schrill ist, gucken die Leute auf die Krawatte und hören nicht mehr auf das, was der Minister sagt. Und ich habe darauf gedrungen, dass bestimmte Sakkos nicht mehr getragen werden. Walter Riester musste ich nicht mehr viel raten, weil er schon Abschied genommen hatte von den großen Karos.

Beraten Sie Ihre Minister auch darin, wie sie vor der Presse sprechen sollen?

Ja, sie müssen Bilder benutzen. Bilder sind hilfreich, um die Notwendigkeit einer bestimmten Politik zu vermitteln. Wenn Herr Eichel im Zusammenhang mit seiner Sparpolitik erklärt, dass der Bundesetat jede Stunde ein Einfamilienhaus als Zinsen an die Banken zahlt, dann verstehen das die Leute, weil sie diese Größenordnung kennen. Außerdem sollte ein Politiker seine Politik in kurzen, präzisen Sätzen erklären. Wenn er die Chance haben will, sich in der *Tagesschau* wiederzufinden, müssen in einem Statement die ersten drei Sätze die Botschaft und die Konsequenzen enthalten. Die politische Berichterstattung konkurriert nun mal mit der Sex-and-Crime-und-Katastrophen-Berichterstattung, selbst in seriösen Nachrichtensendungen. Entsprechend kürzer werden die Zeiten, die für Politik übrig bleiben, und wenn Sie eine Botschaft dort platzieren wollen, muss sie knapp und präzise sein.

Sie waren früher Journalist. Was hat Sie daran gereizt, die Seite zu wechseln?

Vielleicht einfach die Neugier, nach zwölf Jahren *ARD* und einem Jahr Privatsender mal zu sehen, wie das auf der anderen Seite so ist. Vor allem zu sehen, was gerade hier in dieser Berliner Medienrepublik in der Politikvermittlung anders läuft, als es in Bonn passierte, wo alles viel gemütlicher, gesitteter und auch seriöser zuging. Von daher glaube ich, dass die Rolle eines Medienberaters absolut Zukunft hat, weil wir auf dem Gebiet der PR in Deutschland ja eigentlich ein bisschen unterbelichtet sind.

Sie sind jetzt auf der Seite der Macht. Was fasziniert Sie an der Macht?

Ich bin ja nicht wirklich auf der Seite der Macht. Aber ich kriege schon viel mit und kann einiges vielleicht auch mitdrehen. Aber ich könnte mir genauso gut vorstellen, wieder auf der anderen Seite zu sein, zumal mit den Einblicken in die Politik, die ich jetzt habe.

Was könnten Sie denn jetzt besser beurteilen?

Ich kenne die Mechanismen, wie Entscheidungen zustande kommen, und die Leute, die solche Entscheidungen vorbereiten, und könnte schon früher in den Prozessen sozusagen abgreifen, was da passiert. Und ich könnte bestimmte Entwicklungen besser einschätzen, weil ich weiß, welche Rücksichten sie auf welche Gruppe in der Fraktion warum nehmen mussten oder wer wem mit was weiß ich für bösen Dingen gedroht hat.

Wo konnten Sie Ihre Eitelkeit besser ausleben? Als Journalist oder als Berater?

Als Journalist. Jetzt bin ich ein Mann im Hintergrund. Eine Zeitung hat mich mal als »den Schattenmann« betitelt. Und der Schattenmann muss die Uneitelkeit haben, auch Dinge nicht zu tun, die man tun könnte, um in die Öffentlichkeit zu kommen. Er muss darauf achten, sich nicht selbst in die Rolle des Politikverkäufers zu begeben.

Dann ist Ihre Rolle also mehr eine dienende?

Man muss die Maus sein, die mithört und Informationen sammelt und ihre Einschätzung wiedergibt. Das ist eine dienende Funktion, aber eine notwendige.

Und Sie dienen gerne?

Ja, solange ich mich nicht selbst verbiegen muss.

Medientreff von Reemtsma, Berlin

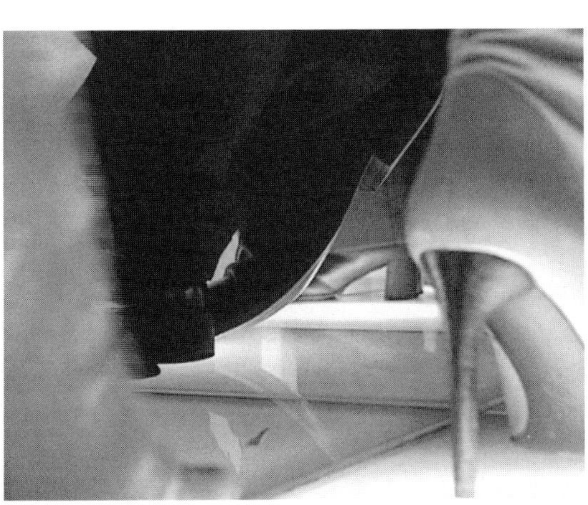

Armin-Paul Hampel

Jg. 1957, war Bonner Korrespondent zunächst für *SAT.1* und ab 1988 für *RTL*. 1992 wurde er Chefreporter des *MDR*. 1996–99 ging er als *ARD*-Korrespondent nach Indien. Heute ist er Redakteur bei *ARD-aktuell* (*Bericht aus Berlin*).

Herr Hampel, der Bundeskanzler gab heute seine Bilanzpressekonferenz. Wie haben Sie das erlebt, als alter Hase des Politjournalismus?
Das war genauso wie schon bei Helmut Kohl. Wenn es den Herren gut geht, dann sind sie immer sehr entspannt, haben viel Zeit, beantworten alle Fragen. Aber bei Fragen, die ihnen unangenehm sind – das fällt mir besonders bei Gerhard Schröder auf –, weichen sie sehr schnell vom Thema ab. Und die sind natürlich alle rhetorisch so gut, dass Sie das ganz schwer abbiegen können. Bei Schröder folgt dann auch häufig als Antwort, gepaart mit einem entsprechendem Stirnrunzeln, er habe leider die Frage nicht verstanden. Spätestens dann weiß man, aha, über das Thema redet er nicht gerne.

Wie würden Sie Ihr Verhältnis zu Gerhard Schröder beschreiben?
Positiv distanziert mit einem gesunden Schuss Kritik. Er ist noch keine Person, bei der ich persönliche Nähe spüre. Dafür waren unsere Zusammentreffen auch zu kurz, um so etwas zu entwickeln.

Schröder weiß, dass Sie wichtig sind bei der* ARD. *Tut er denn nichts für ein gutes Verhältnis mit Ihnen?
Er weiß natürlich, wie wichtig wir sind. Die Nachrichtenkompetenz der *Tagesschau* ist ihm sehr klar bewusst. Und er verhält sich hochprofessionell. Der Mann ist medienerfahren und hat auch die richtigen Berater und pflegt uns genau in der Weise, dass er weiß, zumindest formal können wir ihm nichts übel nehmen.

Wie pflegt er Sie?
Indem er zum Beispiel sehr viel eher Interviews mit uns zustimmt. Anders als Helmut Kohl und seine Vorgänger kommt er sehr viel häufiger in unsere Sendungen. Er ist zur Zeit noch sehr viel offener. Und er weiß natürlich, dass bei uns eine Sendestrecke vorhanden ist, wo vieles, was er sagt, auch in irgendeiner Form verarbeitet wird.

Wie wichtig sind Journalisten? Und wie wichtig sind Sie ganz persönlich?
Wir nehmen uns alle zu wichtig. Ich glaube, dass in den Nachrichten nach wie vor die Inhalte dominieren sollten. Aber ich bin da immer etwas zwiegespalten, weil ich früher, bevor ich beim Fernsehen gearbeitet habe, die Nachrichten oder zum Beispiel einen Washington-Korrespondenten immer mit einer bestimmten Person verbunden habe. Da wusste man genau, wenn jetzt nach Washington geschaltet wird, dann sitzt da der Charly Weiss. Den habe ich immer ganz toll gefunden mit seiner nett-ironischen Art. Aus dieser Erfahrung als Zuschauer heraus weiß ich, wie wichtig es für den Zuschauer ist, dass der Nachrichtenfilm mit einer Person verbunden ist.

Sie selektieren die Nachrichten und bestimmen, was in die* Tagesschau *reinkommt und was nicht, haben also als Entscheidungsträger ein gewisse Macht.
Ich selektiere nach Wichtigkeit, nach Themen, die, wie ich persönlich glaube, derzeit die interessantesten und wichtigsten sind. Aber wir folgen den Themen ja nur, wir machen sie nicht. In der Regel ist das Thema das gewichtigste, das entweder unmittelbar zur Entscheidung ansteht oder das schon in den vergangenen Wochen die Zuschauer bewegt hat. Und natürlich schaue ich auch in die Agenturen oder gucke nach, was die Kollegen denn als wichtigstes Thema erkannt haben. Und wenn 15 oder 20 Kollegen die Rentenreform als wichtig eingestuft haben und Sie kommen vielleicht mit einem Gerichtsbeschluss in Athen, dann wissen Sie, dass Sie völlig falsch liegen. Also, Sie haben schon die Möglichkeit abzuschätzen, ob das die Richtung ist, die auch die anderen sehen. Und des-

wegen ist an sich die Gruppe entscheidend, nicht wir alleine.

Sind Sie eitel?
Eine Kollegin sagte einmal: »Jeder, der vor der Kamera arbeitet, muss in gewisser Weise etwas Exhibitionistisches haben.« Ich glaube, jeder, der etwas anderes behauptet, sagt nicht die Wahrheit.

Welches Gefühl ist das für Sie, vor laufender Kamera auf der Brücke zu stehen und eine Ansage zu machen?
Wenn ich auf dieser berühmten Brücke vor dem Reichstag stehe, dann denke ich mir, jetzt muss ich möglichst flüssig und verständlich den Text rüberbringen, auswendig, nicht abgelesen. Und ich achte darauf, dass ich halbwegs ordentlich aussehe, weil ich nicht möchte, dass es hinterher heißt, der Hampel sei so schlunzig aufgetreten. Das optische Erscheinungsbild muss stimmen. Und ich glaube, wir machen uns im Gegensatz zu den Amerikanern viel zu wenig Gedanken über die optische Wirkung des Bildes.

Finden Sie, dass Sie ein schöner Mann sind?
Meine Frau sagt, ich sei ein interessanter Mann.

Finden Sie sich auch interessant, wenn Sie sich selbst auf dem Bildschirm sehen?
Also, am Anfang war ich natürlich immer ganz gespannt und habe auch geguckt, wie ich wirke. Es ist ja interessant, dass die schönsten Menschen auf dem Bildschirm oft gar nicht die Ausstrahlung haben, die sie in natura haben. Und relativ blasse Typen erscheinen auf dem Fernsehbild wiederum als eindrucksvolle Figur. Also, die Fernsehwirkung ist noch mal eine andere.

Wie finden Sie, dass Sie im Fernsehen wirken?
Zu alt. Ich fühle mich jünger.

Welche Ethik- oder Moralgrenze haben Sie als Journalist?
Ich halte es nach wie vor für ein wunderbares stillschweigendes Abkommen, dass wir uns nicht um die Privatsphäre von Politikern kümmern, solange sie nicht die Politik betrifft. Ich fände es auch schrecklich, mich zum Beispiel mit Herrn Schröders dritter oder vierter Ehe beschäftigen zu müssen. Das würde ich nicht machen. Eine andere Grenze wäre, wenn man eine politisch handelnde Person so stark verletzen würde, dass das nicht nur Narben und oberflächliche Verletzungen, sondern wirklich tiefe Wunden hinterließe.

Haben Sie das schon mal getan?
Bestimmt, aber unbeabsichtigt. Immer dann, wenn es persönlich wird, ziehe ich eigentlich die Reißleine und sage, das passt hier nicht hin. Das kann man nicht immer so genau voneinander trennen, aber man sollte sich darum bemühen. Wir piesacken die natürlich oft genug, aber auf der anderen Seite geben wir denen auch eine Chance, sich darzustellen.

Wenn man einen Politiker jahrelang kennt und ein fast schon persönliches Verhältnis aufgebaut hat, ist es dann schwierig, eine harte Geschichte über ihn zu machen?
Nein. Aber natürlich gibt es da persönliche Sympathien und Antipathien, und mit Sicherheit werden Sie bei jemandem, den Sie nicht mögen, ein bisschen schärfer fragen als bei jemandem, den Sie mögen. Das liegt in der Natur der Sache. Es wird heute aber ein bisschen schwieriger, weil die Politiker mehr und mehr mediengeschult sind. Das heißt, die führen Sie sehr viel schneller aufs Glatteis als früher. Und wann kriegen Sie heute noch einen Politiker dazu, vor der Kamera zu explodieren? Das ist ja höchst selten der Fall, und wenn, dann überlegen Sie dreimal, ob das jetzt nicht eine künstliche Erregung war, die er gezielt eingesetzt hat.

Politiker werfen manchmal ihre kleinen exklusiven Meldungen als Köder aus. Erlebt man das als Journalist dann ein bisschen wie eine Auszeichnung?
Gerade in der Richtung Vertraulichkeiten austauschen und Zückerchen geben muss man schwer aufpassen. Dem darf man nicht erliegen! Unterschwellig ist es natürlich da, dem kann man sich auch nicht entziehen. Wir sind keine Roboter, das wäre ja auch schrecklich. Eine Tendenz ist überall mit drin. Wenn da ein Unionschrist oder ein Sozialdemokrat unter den Journalisten seine Klientel aber zu sehr pflegt, dann wird das unter den Kollegen nicht sehr positiv gesehen – und manchmal nicht mal von den Politikern. In den Anfangsjahren des *Mitteldeutschen Rundfunks* hatte ich den Fall, dass mich ein Ministerpräsident angerufen hat und gesagt hat: »Können Sie diesen Kollegen nicht abziehen, der ist so auf meiner Linie, dass es mir schadet.« Das war zu viel der Zuwendung für den. Das gibt es auch.

Sind Sie selbst auch schon mal solchen kleinen Schmeicheleien erlegen?
Das ist bestimmt schon passiert. Wenn ich zum Beispiel glaube, ein Thema gefunden zu haben, das man viel ernster nehmen müsste, und meine Umgebung, Journalisten wie Politiker, da zunächst anderer Meinung ist, ich aber später merke, aha, dieser oder jener Politiker hat mein Thema doch aufgepickt, darüber zum Beispiel freut man sich.

Haben die Medien Macht?
Die Medien sind eine Macht in diesem Staate, glücklicherweise. Sie sind ein Korrektiv und haben, das ist vielleicht der entscheidende Punkt, eben die Macht zum Korrektiv. Und natürlich kann ich das manchmal spielen und sagen: »Du weißt genau, wie wichtig die *Tagesschau* ist, und ich würde es mir dreimal überlegen, uns abzusagen, wenn wir dich in der Sendung haben wollen.«

Wie erleben Sie persönlich das Gefühl von Macht?
Wenn ich im Interview jemanden live vor dem Mikrophon habe, dann kann ich die Klaviatur so spielen, wie ich das will. Das ist dann natürlich manchmal ein gutes Gefühl – gerade vor dem Hintergrund, wie medienwendig heute

Politiker geworden sind –, wenn Sie ihn in einem Live-Gespräch genau dahin kriegen können, wo er offen und frei von der Leber weg spricht. Das passiert aber relativ selten. Aber ist das ein Machtgefühl wie: »Hach, jetzt habe ich dich!«? Nein, ich freue mich nur, dass ich ihn dahin gebracht habe.

Was lieben Sie an Ihrem Beruf?
Die Abwechslung. Ich mache ja teilweise schwerpunktmäßig Sicherheits- und Verteidigungspolitik. Auch als Millionär könnten Sie zum Beispiel nie auf einen Flugzeugträger. Da war ich schon zweimal. Tolles Erlebnis! Das ermöglicht mir mein Beruf.

Sind Sie der Typ, der Abenteuerurlaube macht?
Ich habe sehr viele Abenteuerurlaube gemacht. Ja, ich bin noch ein großer Junge, deswegen gehe ich immer noch gerne ins Abenteuer.

Haben Sie als Journalist auch mal Fehler gemacht oder sogar richtig daneben gehauen?
Ich habe mich mal ganz am Anfang im Hörfunk furchtbar verhauen. Da habe ich im Zusammenhang mit Italien Lire und D-Mark durcheinander gebracht, und es wurde immer schrecklicher, und ich wusste hinterher gar nicht mehr, was ich sagen wollte. Da dachte ich nur: »Gott o Gott, was hast du da nur erzählt?« Ich habe daraus eines gelernt: dass wir zu häufig zur Spekulation neigen. Wir werden auch zu häufig danach gefragt, wie sich etwas entwickeln könnte. Aber wir sollten uns mehr an den Fakten orientieren und das weitergeben, was wir wirklich schwarz auf weiß oder aus einer seriösen Quelle haben.

Die Konkurrenz unter den Medien, auch unter den Fernsehsendern, hat zugenommen. Ist Ihr Job dadurch härter geworden in den letzten Jahren?
Ja, die Belastung hat zugenommen, weil wir als Nachrichtenjournalisten heute einen ganz anderen Tagesablauf haben als noch vor zehn Jahren. Heute gibt es *Morgenmagazine*, das *Mittagsmagazin*, eine *Tagesschau* um 12, um 15, um 17, um 20 Uhr, dazu *Tagesthemen* und *Nachtmagazin* und bei wichtigen Ereignissen auch noch einen *Brennpunkt* und Sondersendungen. Das hat extrem zugenommen. Während der Spendenaffäre hatten wir teilweise schon um 9 Uhr morgens das erste Ereignis, und dann zog sich das über den ganzen Tag hin, bis abends um 22 Uhr dann noch eine Präsidiumssitzung der CDU endete. Das steckt mir dann am nächsten Morgen in den Knochen.

Wo erleben Sie noch Stress?
Wenn ich einen Aufsager vor der Kamera machen soll und die Zeit drängt, weil der Beitrag bis zur *Tagesschau* um 20 Uhr fertig sein soll. Ich bin kein guter Aufsager-Mensch und brauche drei, vier Versuche. Dann muss es aber auch sitzen. Die Inhalte müssen rüberkommen, darauf konzentriert man sich am meisten. Aber dann merke ich, dass ich so verkrampft gucke, weil es so schnell gehen muss, oder dass meine Krawatte schief hängt, und ich weiß genau, dass x Leute hinterher sagen werden: »Hör mal, Paul, ich habe dich im Fernsehen gesehen, du musst aber mehr auf deine Krawatte achten.« – Dann scheint der Inhalt schnurzpiepegal, und es ist richtiger Stress, sich trotzdem mehr auf den Text als auf die Optik zu konzentrieren.

Wie bauen Sie den Stress wieder ab?
Ich gehe aus dem Büro nach Hause zu meiner tollen Familie, und hinter der Haustür macht es klack, und der Beruf ist ausgeschaltet. Früher in Bonn bin ich viel zu Fuß unterwegs gewesen, das ist auch ein gutes Anti-Stress-Programm und hält körperlich fit. Aber in Berlin fahren wir mehr. Wir sind hier alle ein bisschen bräsiger geworden.

Gunter Hofmann

JG. 1942, ARBEITETE FÜR DIE *STUTTGARTER ZEITUNG* UND ALS BONNER KORRESPONDENT FÜR DIE *ZEIT*. HEUTE LEITET ER DAS BERLINER BÜRO DER *ZEIT*.

Herr Hofmann, Sie haben gleich ein Interview mit Außenminister Fischer. Ist ein erfahrener Profi wie Sie vor solchen Gesprächen noch nervös?
Nein, nervös bin ich vor Kameras und Mikrofonen, aber nicht bei solchen Gesprächen. Der Kontakt in der politischen Welt wird im Lauf der Zeit so eng, dass man jede Nervosität ablegt, speziell bei Joschka Fischer, den ich schon sehr lange, um nicht zu sagen, schon aus dem Kindergarten, kenne.

Wenn man sich so gut kennt, traut man sich dann alles zu fragen, oder hat man doch noch eine Schere im Kopf?
Keine politische Schere, aber Befangenheiten. Man führt ja keine Privatgespräche, sondern es sind Gespräche mit öffentlichen Figuren. Und da gibt es Sachen, die anzusprechen mir peinlich wäre. Ich würde niemanden nach seinem intimen Privatleben fragen, auch wenn ich damit Schlagzeilen machen könnte. Unser Job ist, die Akteure der Politik nach den öffentlichen Angelegenheiten zu befragen und nicht nach ihrer soundsovielten Ehe.

Ist es immer leicht, ein Interview zu bekommen? Oder zieren sich manche Politiker auch?
Eitel sind sie alle, und sie wissen auch, dass wir in einer Mediendemokratie leben. Aber es gibt auch die Hochmütigen, da könnte ich Ihnen viele Beispiele nennen. Das wechselt aber, manchmal alle paar Wochen. Mal behandeln sie die Journalisten wie Helmut Schmidt als Wegelagerer, und dann brauchen sie die Medien wieder und lassen sich umarmen. Das wird dann manchmal ganz merkantil oder auch unterwürfig. Trotzdem finde ich, dass die Politiker zu Unrecht verachtet werden. Das ist ein verflixt schwieriger Job. Sie müssen sich vielen Bedingungen fügen, und natürlich auch dem Wähler. Und ständig fährt ihnen jemand an den Karren, und sie müssen sich rechtfertigen. Das müssen Journalisten in dem Sinne ja nicht. Wenn ich Politiker wäre, bekäme ich Klaustrophobie.

Zum Glück sind Sie ja stattdessen Journalist geworden. Was hat Sie ausgerechnet auf diesen Beruf gebracht?
Eigentlich wollte ich Fotograf werden. Ich habe, vor allem in der Schwarz-Weiß-Fotografie, immer dieses Moment von Wahrheit bewundert, das die ganz großen Fotografen in ihren Bildern haben. Aber ich habe mir nicht zugetraut, das hinzukriegen. Deshalb bin ich statt Fotograf dann eben Journalist geworden. Der zweite Grund ist, dass ich in den 60er Jahren politisiert wurde und immer den Wunsch hatte, an dieser Gesellschaft zu partizipieren und auch gehört zu werden.

Wie verstehen Sie Ihre Rolle als Journalist?
Ich mag am liebsten einen Journalismus, den man gar nicht sieht. Wir haben es auch bei der *Zeit* immer für das Beste gehalten, wenn keine Fotografen dabei sind und die Leser uns einfach als schreibende Autoren betrachten. Denn sobald man gesehen wird, kommt man in Rollenzwänge, und die Verführung zur Eitelkeit ist groß. Die Folge sind diese beruflichen Deformationen, denen vor allem die Fernsehkollegen erliegen. Ich weiß, dass mein Journalismusverständnis als sehr altmodisch gilt, aber ich halte es für wahnsinnig modern. Ich glaube, gerade in dieser flirrenden Medienwelt wäre es besonders wichtig, dass jeder ganz altmodisch auf seine Rolle insistiert.

Sehen Sie denn die Gefahr, dass sich die Rollen von Journalisten und Politikern vermischen?
Ja, denn ausgerechnet in diesem weitläufigen, offenen Berlin ist alles ein bisschen enger geworden. Berlin ist ein einziger Kommunikationsraum, hier ist alles eins. Die Abgeordneten, die Beamten, die Journalisten bewegen sich in diesem Raum, und die Rollen zerfließen und sind nicht mehr unterscheidbar. Der Politiker kann meine Rolle

spielen, ich kann in seine Rolle schlüpfen, der Meinungsforscher schlüpft in die Rolle des Abgeordneten und der in die Rolle des PR-Menschen. Hier in Berlin hat auch eine Revolution in den Kommunikationsverhältnissen stattgefunden.

Was heißt das?
Die Medien spielen in Berlin eine viel größere Rolle. Größer im Sinne von Quantität und Dominanz. Ich finde aber nicht, dass die Medien auch eine bessere Rolle spielen, und schon gar nicht finde ich, dass sie noch die kritische Institution sind, die sie einmal waren. Das ist hier eher so ein selbstreferenzieller Betrieb. Die politische Klasse ist diffuser geworden, und ebenso wir Medien. Wir nehmen unsere klassische Rolle als autonome Beobachter und Wächter nicht mehr wahr, die niemandem verantwortlich sind, niemandes Knecht sind. Die Medien wünschen heute vor allem Entertainment und dass die Politik mehr Events bietet, und die Politiker machen sich dann eben schnell mal zum Hampelmann, degradieren sich ins Niveaulose.

Wenn es so wichtig für die Politiker ist, vor der Öffentlichkeit den Hampelmann zu spielen, gibt es dann auch gezielte Versuche, sich bei den Medien einzuschmeicheln?
Das ist ein altes Problem. Schon bei Adenauer ging es darum, ob man zu Teegesprächen eingeladen wurde oder nicht und ob man es dann gedankt hat oder nicht, je nachdem, wie autonom man war. Und am Hofe von Herrn Kohl wurde die Gunst erteilt oder nicht, im Flugzeug zu irgendeinem Staatsbesuch mitreisen zu dürfen. Da hat er dann höchstpersönlich die missliebigen Journalisten von der Liste gestrichen. Wenn ich auf mein kleines Bonn zurückblicke, dann gab es da sehr viel Nähe, und die Verführbarkeit war groß. Die ist aber auch in Berlin nicht kleiner geworden.

Das heißt, die heutigen Politiker können auch nicht besser mit Kritik umgehen und streichen noch immer missliebige Journalisten von der Liste?
Im Großen und Ganzen wirken sie relativ professionell. Es gibt Mimosen, bei der Opposition erkennbar die Frau Merkel, aber auch innerhalb des Kabinetts einige der Minister, die nicht mit freier Kritik umgehen können. Aber ich spüre nicht direkt diese Art von Gunstpolitik, vielleicht weil der Schock der Kohl-Ära noch allen in den Knochen sitzt. Man möchte als Journalist nicht noch einmal in diese Lage kommen, dass man zu nahe am Hofe ist und als Liebediener des allmächtigen Herrn Bundeskanzler in Verruf gerät. Dieser Schock könnte heilsam gewesen sein, hoffentlich für beide Seiten.

Besteht bei Ihnen denn überhaupt die Gefahr, dem Hof zu nahe zu kommen? Ich könnte mir vorstellen, dass eine Wochenzeitung im schnelllebigen Mediengeschäft von den Politikern nicht mehr so wichtig genommen wird?
Ich hoffe, doch. Generell bin ich eher überrascht, dass die Politiker die Medien überhaupt noch ernst nehmen und wie groß die Resonanz ist. Manchmal finde ich, die Politiker haben unser Blatt genauer gelesen als wir selber. Dafür muss es einen Grund geben. Und das ist auch eine Mahnung an unsere Adresse, die kritische Richterfunktion noch auszuüben.

Was könnte der Grund dafür sein, dass Ihre Zeitung so genau gelesen wird?
Wenn mein Bild von diesem etwas diffusen Kommunikationsraum überhaupt stimmt, dann haben wir darin alle die Orientierung verloren, und alle sind schwach, und die Schwachen klammern sich an die anderen Schwachen. Alle sind im Grunde auf Orientierungssuche. Und deshalb wird auch so genau gelesen, weil die politische Welt sich orientieren muss. Und in der Tat sind die Medien diejenigen, die Orientierung geben können, weil Journalisten keine Fachleute sind, die sich im Detail verlieren, sondern Generalisten.

Können die Medien in unserer Gesellschaft etwas verändern?
Wer denn sonst als die Medien könnte irgendetwas verändern? Aber den ganz großen missionarischen Optimismus habe ich mir da abgeschminkt. Es gibt heute keine wirklich freien kontroversen Debatten über die großen Fragen, weder im Parlament noch innerhalb der Medien. Es ist alles ein bisschen schwammig geworden. Die Medien spiegeln zu sehr das Diffuse der Politik wieder. Und wenn wir Debatten führen würden, wäre das nur ein Papierrascheln, weil es in der Politik keine Resonanz gibt. Wir Journalisten brauchen etwas, an dem wir uns reiben können. Aber wenn Sie in Watte greifen, ist das schwer.

Gibt es denn noch große Themen, die die Gesellschaft bewegen?
Ich finde, sie liegen geradezu in der Luft. Das spürt hier in Berlin jeder. Wir befinden uns in einer großen Transformation. Außerhalb des Reichstags bleibt kein Stein auf dem anderen. Die Parteienwelt ist untergegangen, die Kommunikationsverhältnisse haben sich revolutioniert, die Politiker spielen manchmal nur noch eine Randrolle – was ich gar nicht so tragisch finde. Im Grunde könnte jetzt die Politik neu erfunden werden. Aber die Gesellschaft der Bundesrepublik ist dafür einfach zu unpolitisch geworden und lässt es die Politiker im Moment ganz unter sich aushandeln.

Immer mehr Zeitungen gehören zu großen Konzernen. Sehen Sie da eine Gefahr für die inhaltliche Unabhängigkeit?
Ich sehe keinen direkten Einfluss einer Holding, wie in unserem Falle Holtzbrinck, auf die Zeitung. Aber indirekt kann man natürlich überhaupt nicht von dem Rahmen absehen, in dem man arbeitet. Ich hoffe, wir tauschen den schönen altmodischen Satz »Wir machen das Blatt, das uns gefällt« nicht so schnell aus gegen den Satz, der bei den Verlagsgruppen so selbstverständlich geworden ist: »Wir müssen unsere Nische am Markt suchen.« Das wäre dann der Marketingjournalismus, der in Zukunft die Zeitungslandschaft dominiert, der aber unsere Zeitung kaputt machen würde.

Tränenpalast, Berlin

Die Auflagen der Zeitungen sinken, die Menschen lesen immer weniger, sogar die Artikel in der* Zeit *sind kürzer geworden. Wird es in Zukunft vielleicht eine Welt ohne Zeitungen geben?

Was die *Zeit* betrifft, ist es sicher kein Naturgesetz, dass lange Artikel gute Artikel sind und kurze Artikel schlechte Artikel. Umgekehrt wird ein gut recherchierter langer Artikel auch sein Publikum finden. Andererseits bin ich mir nicht so sicher, ob es in Zukunft in dem Maße noch Zeitungen gibt oder ob das amerikanische Verhältnisse werden, in denen 50 Prozent der Studenten nur noch im Internet lesen. Aber die Wortewelt stirbt deshalb ja nicht aus. Und wenn der elektronische Journalismus die Verantwortung übernehmen will, die Öffentlichkeit mit Informationen zu versorgen, dann muss er sich auch anstrengen, sein Niveau zu heben.

Nicole Maskus

Jg. 1969, absolvierte ihr Volontariat bei der *dpa* und arbeitet seitdem als freie Fotografin mit Schwerpunkt Politik.

Frau Maskus, Sie sind seit acht Jahren Pressefotografin. Wie kamen Sie auf diesen Beruf?
Noch während meiner Ausbildung wollte ich keinesfalls Presseknipse werden, wie ich damals abfällig sagte. Ich träumte davon, Mode- oder Landschaftsfotografie zu machen, und das möglichst kreativ und abgefahren. Aber bei einem *dpa*-Praktikum merkte ich dann, dass es mir mehr Spaß macht, Beobachter zu sein und Dinge mit der Kamera einzufangen, als Wirklichkeiten zu inszenieren.

Wollten Sie auch deshalb keine Presseknipse werden, weil Pressefotografen so einen schlechten Ruf haben?
Ja, ich kannte ja nur diese Schlagzeilen über die Meute, die auf die Jagd geht, und diese Bilder aus dem Fernsehen: ein Pulk von Menschen mit Kameras vor den Gesichtern, die sich auf Politiker oder Prominente stürzen. Erst wenn man selber dabei ist, betrachtet man das aus einem anderen Blickwinkel.

Nämlich aus welchem?
In der politischen Fotografie ist das keine einseitige Jagd, sondern ein Geben und Nehmen zwischen Fotografen und Politikern. Wir brauchen die Bilder, und der Politiker will gut rüberkommen. Wir benutzen uns gegenseitig. Und wir Fotografen lauern ja nicht heimlich irgendwo an einer Haustür oder hinterm Gartenzaun, sondern sind in einem öffentlichen Bereich tätig. In dem Moment, in dem ein Politiker vor dem Bundestag aus dem Auto steigt, weiß er, dass ab hier Bilder gemacht werden können.

Aber es gibt durchaus Kollegen, die bei Politikern vor der Haustür stehen.
Ja, aber das ist selten, weil es sich meist nicht lohnt, und geschieht nur in Extremfällen. Als zum Beispiel Lafontaine sich plötzlich von der Politik zurückzog, war natürlich ein ganz großer Bedarf an Bildern da. Dann gibt es immer Leute, die diesen Bedarf decken. Das muss jeder für sich entscheiden, wo seine Grenze liegt. Mir ist so etwas unangenehm. Ich möchte gute und aussagefähige Bilder machen und nicht nur das, was dem Politiker gefällt. Aber ich würde niemanden heimlich beobachten. Für mich muss es ein Fair Play sein.

Kommt es Ihnen eigentlich entgegen, dass sich Politiker so gerne selbst inszenieren?
Teils, teils. Natürlich freut man sich, wenn sich ein Mensch vor der Kamera gut bewegen kann und auch noch schöne Gesten zu den Worten liefert. Aber Politiker setzen diese Gesten ja ganz bewusst ein. Es ist ein Spiel, und die Kunst besteht darin, dieses Spiel umzudrehen und den Menschen hinter der Maske des Schauspielers zu zeigen.

Welche Bilder erwarten Ihre Auftraggeber von Ihnen?
Gefragt ist immer das andere Bild. Aber das will jeder, das ist ein großes Wort, und keiner weiß, wie denn das andere Bild genau aussehen soll. Es ist eben nicht das alltägliche Bild, wie man es immer sieht, sondern es zeigt einen neuen Blickwinkel oder eine neue Situation.

Das andere Bild will jeder Fotograf haben, aber die Konkurrenz schläft nicht. Ist man da nicht einem riesigen Konkurrenzdruck ausgesetzt?
Vor allem die Agenturfotografen sind einem großen Druck ausgesetzt. Da wird immer genau verglichen, wer welches Bild gemacht hat und wie es sich von anderen unterscheidet. Das ist manchmal nur ein Unterschied von einer 125stel Sekunde, dass der Finger an einer anderen Stelle im Bild ist und dadurch die Aussage verändert wird. Aber es ist auch sehr subjektiv, welches Bild nun das bessere ist. Und wenn das eine Bild gedruckt wurde, denken sich die anderen Fotografen natürlich oft: Warum dieses und nicht meines?

Staatsempfang für die Queen

Haben Agenturfotografen auch deshalb einen größeren Druck, weil sie sehr schnell sein müssen?

Ja, Schnelligkeit ist sehr wichtig, weil die Agenturen als Erste die Nachricht liefern. Die freien Fotografen unterliegen diesem Schnelligkeitsdruck nicht so sehr, weil es bei ihnen mehr darauf ankommt, ein anderes Bild zu bringen als die Agentur. Ohne Zeitdruck kann man vielleicht eher mal ein anderes Foto machen und die Entwicklung eines Ereignisses abwarten, als jemand, der schnell sein muss und deshalb früher wieder geht.

Wird das nicht zunehmend Alltag für die meisten Fotografen?

Ja, das wird immer schlimmer, weil die Technik einem auch dazu verhilft, immer schneller zu sein. Aber ich versuche, mich ein bisschen dagegen zu wehren, und hoffe, trotzdem erfolgreich zu sein und dass es in den Redaktionen wieder verstanden wird, dass nicht nur die Form, sondern auch der Inhalt stimmen muss.

Wie ist das für Sie, wenn Sie in einem Pulk von 40, 50 Fotografen und Kameraleuten stehen und manchmal stundenlang warten, Sie aber stets bereit sein müssen, weil es jeden Augenblick losgehen könnte?

Bei den alltäglichen Fototerminen ist viel Routine dabei. Man spricht miteinander, und irgendwann unterbricht man das Gespräch und fängt an zu fotografieren. Wenn es aber ein wichtiger Termin ist, dann packt mich schon eine innere Unruhe, weil ich halt nicht weiß, wo und wie es passiert und weil es auch so eine Art sportlicher Wettkampf mit den Kollegen ist, wer nun vielleicht die entscheidenden 20 Zentimeter weiter links oder rechts steht, um das bessere Bild zu machen. Da bin ich dann froh, wenn es endlich losgeht und ich mich ausagieren kann. Das ist ein kurze, extreme Belastung, man kriegt einen Adrenalinstoß, aber man braucht diese Anspannung auch, um in diesem einen Moment alles geben zu können.

Können Sie den Stress danach gleich wieder abbauen?

Das ist ganz unterschiedlich. Manchmal ist er schnell weg. Man sackt zusammen und sagt sich: »Uff, geschafft!« oder auch: »Mist, nicht geschafft, aber jetzt kann ich es eh nicht mehr ändern.« Und manchmal träumt man noch in der Nacht davon und sucht im Schlaf nach seiner Ausrüstung und denkt, o Gott, ich komme nicht an meine Kameras ran.

Wenn schon 20 Zentimeter darüber entscheiden können, ob ein Bild gut oder schlecht wird, kommt es da nicht zum Kampf um den besten Platz?

Es gibt einfach Regeln, und eine heißt: Wer zuerst kommt, malt zuerst, kann sich also den Platz frei aussuchen. Wenn einer zu spät kommt, dann sagt man halt: »Komm, hier ist noch eine Lücke.« Wenn keine mehr da ist, muss er zurückstecken. Wenn er das nicht tut oder bei Terminen, bei denen wir ständig in Bewegung sind, kommt es dann eher darauf an, wer der geschicktere Drängler ist. Das sage ich aber in Anführungszeichen, weil schon alles seinen Rhythmus und seine Ordnung hat. Denn jeder weiß: Wir sehen uns morgen wieder und müssen uns noch in die Augen gucken können.

Stimmt es, dass Fotografen in der Redaktionshierarchie unter den schreibenden Kollegen stehen?

Ja, das würde ich bestätigen. Die schreibenden Kollegen sind einfach tiefer in den Themen drin und haben auch einen besseren Kontakt zu den Politikern. Ein Fotograf ist immer eher der Überspringer, der von allem ein bisschen etwas wissen muss.

Warum sieht man unter den Pressefotografen so wenige Frauen?

Es wird immer noch als ein eher männlicher Beruf angesehen, weil man sich körperlich durchsetzen und das ganze Equipment mitschleppen und sich damit auch noch schnell bewegen können muss. Es ist schon ein anstrengender Job. Man hat als Frau aber auch kleine Vorteile. Wenn im Pulk unter all den Männern ein, zwei Frauen stehen, dann bekommt man vielleicht eher mal den Blick eines Politikers.

Wie ist das für Sie, wenn Sie selbst fotografiert werden?

Ich überlege natürlich sofort: Wie wirke ich und was wird derjenige, der dieses Foto sieht, über mich denken? Man macht sich schon Gedanken, weil man sich ja der Macht dieses Mediums bewusst ist.

Welche Macht hat denn dieses Medium?

Je nachdem, welchen Bildausschnitt man wählt, kann man den Sinn ziemlich entstellen. Und es ist relativ einfach, einen Menschen unsympathisch oder ungeschickt darzustellen, weil in dieser 125stel Sekunde, in der man fotografiert, natürlich die Augen mal schief sein können oder weil jemand zufällig gerade die Zunge draußen hat. Deshalb spüre ich auch eine Verantwortung und überlege sehr genau, ob ich dieses Bild unbedingt nehmen muss, und auch, was es über mich aussagen würde, gerade dieses Bild auszuwählen. Das heißt nicht, dass ich die Politiker immer nur positiv darstellen will, sondern ich will, dass sie echt sind.

Gibt es auch Situationen, in denen Sie sich ohnmächtig fühlen?

Ja. Wenn ich meinem Auftraggeber verpflichtet bin und ein Bild mitbringen muss, dann aber unmögliche Arbeitsbedingungen vorfinde, weil ein Raum für die vielen Menschen zu klein und keine Absperrung da ist.

Ich dachte, eine Absperrung wäre eher ein Hindernis für Pressefotografen?

Teils, teils. Eine Kordel sorgt für Abstand, gibt Sicherheit, ordnet so ein Menschengefüge. Dahinter kann sich der Politiker frei bewegen, und jeder Fotograf hat die Chance, ein Bild zu kriegen. Andererseits habe ich als Fotograf nicht mehr die Freiheit, mir uneingeschränkt einen Standpunkt und damit meinen »Blickwinkel« aussuchen zu dürfen und unterliege also damit der Kontrolle des Politikers.

Peter Kleim

JG. 1956, ARBEITET SEIT 1988 BEI *RTL*, AB 1989 ALS KORRESPONDENT IN (OST-)BERLIN UND AB 1992 IN DEN USA. 1997 KEHRTE ER ALS LEITER DES *RTL*-STUDIOS NACH BERLIN ZURÜCK.

Herr Kleim, Sie sind Studioleiter bei* RTL*. Worin unterscheidet sich die politische Berichterstattung bei den öffentlich-rechtlichen und den privaten Sendern?
Sicherlich gibt es inhaltliche Unterscheidungen dahingehend, wie die Nachrichtensendungen zusammengestellt sind, über welche Ereignisse berichtet wird und über welche nicht. Aber im Grunde berichten wir alle über die gleichen Geschichten, nur legen die Privaten etwas mehr Wert auf eine bildgerechte Umsetzung. Und wir berichten etwas kompakter, das heißt, wir gehen nicht zur SPD und dann zur CDU und machen getrennte Beiträge darüber, sondern wir fassen das Ganze in einem Beitrag zusammen. Allerdings machen das die Öffentlich-Rechtlichen jetzt immer stärker nach. Der Hauptunterschied ist der, dass wir nicht zur CDU vorzugsweise einen Journalisten mit CDU-Parteibuch schicken und zur SPD einen mit SPD-Parteibuch, um nirgends anzuecken.

Sie glauben also, dass die Privaten freier in der Berichterstattung sind?
Ja, das glaube ich schon. Wir unterliegen natürlich alle den gleichen journalistischen Standards, aber keiner direkten politischen Einflussnahme. Wir haben keine Politiker in unseren Aufsichtsgremien.

Sie sagten, die Privaten berichten kompakter. Heißt das auch, dass es ihnen mehr um die schnelle Nachricht geht als darum, auch Hintergründe zu erklären?
Nein. Die Öffentlich-Rechtlichen geben vielleicht mehr Sendezeit für reine Partei-Politik aus. Insofern können sie detaillierter berichten. Ich glaube aber nicht, dass unsere Berichterstattung darunter leidet, sondern sie ist vielleicht pointierter. Im längeren *Nachtjournal* geben wir sehr wohl Hintergrundinformationen, da haben wir auch die Sendezeit. In den kürzeren Nachrichtensendungen geht das schon mathematisch nicht. Wir haben ungefähr zehn, zwölf Themen in einer Sendung.

Wie viel Zeit bleibt da für das Statement eines Politikers?
Dafür gibt es keine Regel. Manchmal acht Sekunden, manchmal eine Minute, meist sind es 15 oder 20 Sekunden.

Was kann man in dieser kurzen Zeit denn überhaupt sagen?
Man kann in acht Sekunden keine komplexen Zusammenhänge darstellen, aber man kann Antworten geben. Das Mitleid mit Politikern hält sich bei mir in Grenzen. Die haben ganze Heerscharen von Schreibern, die ihnen Acht-Sekunden-, Zwölf-Sekunden- oder 15-Sekunden-Antworten vorbereiten. Kein Politiker geht morgens aus dem Haus, ohne nicht seine drei Soundbites bereits im Kopf zu haben.

Was kann eine Nachrichtensendung mittels solcher Soundbites noch vermitteln?
Die Nachricht eben. Wer was gesagt hat, was passiert ist in der Welt, und häufig sind das nur Schlagwörter, gar keine Frage. Aber ich glaube, niemand informiert sich nur durchs Fernsehen, und keine Fernsehanstalt erhebt den Anspruch, die Zuschauer in den Nachrichten umfassend zu informieren. Das ist vergleichbar mit dem Printjournalisten, der in einer Boulevardzeitung in 60 Zeilen das unterbringen muss, wofür der Kollege von einem Magazin 400 Zeilen Platz hat. Man muss sich verdammt konzentrieren, damit das Wichtigste rüberkommt und auch noch die Fakten und die Einordnung stimmen.

Nachrichten werden nicht nur immer kürzer, sondern auch immer schneller umgesetzt.
Ja, natürlich. Man kann heute schneller senden, als man denken kann. Das ist ein Teufelskreis, in dem wir uns

befinden, dass die Medien technisch immer schneller werden, dass es also machbar ist, und dass das technisch Machbare dann auch eingefordert wird, weil es sonst im Zweifel die Konkurrenz tut. Man muss sich dem anpassen, muss versuchen, schneller zu sein als die anderen, das heißt, dass man immer weniger Zeit hat, sich zu informieren und zu recherchieren. Und es kommt häufig genug vor, dass ein Reporter vor der Fernsehkamera live auf Sendung ist und eigentlich nur kurz vorher aus dritter Hand erfahren hat, was er jetzt zu erzählen hat. Das ist häufig eine Gratwanderung, weil niemand weiß, ob das eine Stunde später oder am nächsten Tag auch noch Bestand haben wird. Das kommt auch bei Zeitungen vor, in den letzten Minuten vor dem Redaktionsschluss, aber bei uns ist das häufiger der Fall.

Ein Fernsehansager sagte mir, er bekäme oft mehr Echo auf das, was er an diesem Abend trug, als auf das, was er sagte.

Das kommt vor, natürlich. Die visuellen Reize stehen beim Fernsehen häufig stärker im Vordergrund, und es gibt genügend Zuschauer, die nur die Oberflächlichkeit oder den ersten visuellen Reiz wahrnehmen und eigentlich nicht zuhören, was passiert. Es geht durch das rechte Ohr rein und durch das linke wieder raus. Aber bei einer Zeitung wissen Sie ja auch nicht, wer sie nur durchblättert und wer einen Artikel wirklich liest. Da sind wir Journalisten gefordert, den Zuschauer oder den Leser zu gewinnen.

Wie wichtig ist das Fernsehen für Politiker. Kann es zum Beispiel Wahlen entscheiden?

Das ist eine Gelehrtenfrage, ob Medien grundsätzlich Wahlentscheidungen beeinflussen können. Aber natürlich ist das Fernsehen enorm wichtig, vor allem dafür, Personen populär zu machen und sie sympathisch rüberzubringen. Ohne die Medien wird kein Politiker bekannt, weil er nicht stattfindet. Und es ist gar keine Frage, dass die Parteien versuchen, uns zu benutzen. Aber ich denke, wir kennen das Spiel auf der anderen Seite und nehmen davon, was wir gebrauchen können.

Wie wichtig ist Ihr Sender, um Politiker wichtig zu machen?

Ein einzelner Fernsehsender ist nur ein Rädchen im Getriebe. Es gibt zu viele, als dass einer allein jemanden berühmt machen könnte. Die *Bild* hat vielleicht diese Möglichkeit, aber nicht ein einzelner Fernsehsender.

Wer braucht den anderen mehr in diesem Spiel auf Gegenseitigkeit, die Politiker oder die Journalisten?

Zu Beginn ihrer Karriere brauchen die Politiker die Medien mehr, weil sie berühmt werden wollen. Und dann gibt es die Momente, wo der Journalist den Politiker braucht, weil er eine Story braucht, und der andere hat sie, und ich habe sie noch nicht, und ich kann sie nur von ihm kriegen. Aber es gibt auch immer wieder Momente, wo der Politiker ohne die Medien so aufgeschmissen wäre, dass er gar nichts ist, dann haben wieder die Medien so etwas wie Macht.

Ist das ein Gefühl der Erniedrigung, wenn man nur wegen der Story so sehr auf den anderen angewiesen ist?

Da kommt man sich manchmal bescheuert vor, klar. Aber es gehört zum Beruf des Journalisten.

Und mit der Zeit wächst eine Hornhaut?

Ja, es gibt so etwas wie eine Hornhaut, eine Abstumpfung. Aber wenn man das gar nicht mehr ertragen könnte, dann würde man den Beruf wechseln.

Was halten Sie davon, dass Politik immer mehr fürs Fernsehen inszeniert wird?

Ich will in das allgemeine Wehklagen darüber nicht einstimmen, weil Fernsehen schlicht und einfach ein optisches Medium ist und Bilder braucht. Und zum Beispiel Parteitage sind genau so gemacht, dass es schöne Fernsehbilder gibt. Da freut sich der Fernsehjournalist, und wer das Gegenteil behauptet, der heuchelt. Weil er weiß, der Beitrag sieht besser aus und die Zuschauer bleiben dran, weil ihnen optisch was geboten wird. Zum Beispiel war zum Zeitpunkt des Leipziger Parteitages klar, dass Schröder Kanzler wird. Das war eine Krönungsmesse, von der man nicht erwarten darf, dass da Grundsatzdiskussionen stattfinden, die Messe hat man mitgelesen und übertragen. Es zeigt den Zustand der Partei.

Wolfgang Schäuble empfand die vielen Kameras oft als Jagdformation und fühlte sich bedroht, aber er sagte, er verabscheue nicht die Kameraleute, sondern deren Auftraggeber. Sie sind einer der Auftraggeber. Verabscheut Schäuble Sie zu Recht?

Wenn er sich körperlich bedroht fühlt, tut mir das Leid, das könnte man natürlich besser organisieren. Aber es gehört zum Geschäft – auch zu seinem Geschäft. Er ist Politiker geworden und damit in die Öffentlichkeit getreten, und ohne die Öffentlichkeit, ohne die Fotografen und Kameraleute wäre er nicht das geworden, was er geworden ist. Zu einem früheren Zeitpunkt seiner Karriere hat er sich gefreut über so viele Kameraleute. Und wenn er sie in einem anderen Moment dann hasst, kann man ihm das leider nicht ersparen, da habe ich dann auch weniger Mitleid.

Journalisten werden von den Politikern manchmal als Wegelagerer beschimpft. Wie ist das für Sie, wenn Sie einen O-Ton erjagen wollen und einfach stehen gelassen werden?

Es gehört dazu und ist manchmal frustrierend. Andererseits ist es oft die vielsagendere Antwort, wenn der Politiker auf eine kritische Frage hin einfach weiterläuft und abwinkt, als wenn er ein vorfabriziertes Statement absondert, in dem er alles irgendwie relativiert. Das kommt spontaner und menschlicher rüber, und man ahnt als Zuschauer sofort, warum er nicht sprechen will.

Werden Sie oft einfach stehen gelassen?

Nein, das kommt so häufig nicht vor, weil die Politiker das Fernsehen ja auch brauchen. Oft weiß man es auch schon vorher, wenn es zum Beispiel um ein Thema geht, das an dem Tag erst noch zur Entscheidung ansteht, weshalb die Politiker dazu noch nichts sagen wollen. Man versucht zwar trotzdem, einen O-Ton zu bekommen, aber man rechnet nicht wirklich damit. Etwas anderes ist es natürlich, wenn man aus purer Ignoranz stehen gelassen wird oder weil der einfach keine Lust hat.

Wer sitzt am längeren Hebel?
Das Fernsehen. Wir werden ja nicht abgewählt.

Haben Sie deshalb Machtgefühle?
Keinesfalls. Weder Macht- noch Genugtuungsgefühle. Die Zeiten, wo man dachte, dass man als Journalist wahnsinnig viel Macht hat, sind lange vorbei. Das war vielleicht früher mal so, als es ein, zwei Fernsehanstalten gab. Die waren wirklich wichtig, und keiner konnte an ihnen vorbeigehen, und 70 Prozent des Publikums dachten, Karl-Heinz Köpke sei der Regierungssprecher. Da hatte Fernsehen Macht. Heute relativiert sich das. Unsere Macht wird immer kleiner. Es gibt so viele Kanäle, und der durchschnittliche Zuschauer sieht so viele verschiedene Sendungen und bekommt hier die eine Information und politische Meinung und dort die andere. Die Zeiten sind vorbei, wo einzelne Fernsehjournalisten im Bewusstsein der Bevölkerung wirklich wichtige Personen waren. Klar gibt es noch den einen oder anderen Kollegen, der das noch immer glaubt, weil bei ihm die persönliche Eitelkeit etwas stärker ausfällt als bei den anderen. Aber vor allen Dingen bei jüngeren Kollegen ist das heute nicht mehr so. Sie stehen unter einem viel größeren Konkurrenzdruck, und das lässt die Eitelkeit in einem gewissen Maß einfrieren.

Ein jüngerer Journalist sagte, eben dieser große Konkurrenzdruck sei wie ein erfrischender Luftzug oder ein Adrenalinstoß.
Ja, da ist was dran. In Konkurrenz kann man sich beweisen, und jeder hat irgendwo auch so einen Rest von Jagdinstinkt. Ich glaube schon, dass Reporter besser arbeiten in der Konkurrenz und dass es auch letztlich mehr Spaß macht – es sei denn, man ist immer der Verlierer.

Wie pflegen die Politiker die Journalisten, und wie werden Sie ganz persönlich gepflegt?
Ach, das sind die berühmten Hintergrundzirkel, in denen Politiker versuchen, Journalisten durch persönliche Nähe, durch Zuwendung von Aufmerksamkeit zu bestechen. Da gibt es genügend Kollegen, die sich dadurch geschmeichelt fühlen, und das ist ja auch das größte Kapital, das Politiker haben, ein bisschen von ihrer Macht, von ihrem Glanz sozusagen auf Journalisten abzustrahlen und sie glauben zu machen, sie seien Teil der Macht, indem sie ihnen Hintergrundinformationen geben und sie zu Mitwissern machen nach dem Motto: »Das ist so und so, und jetzt weißt du es, aber berichte nicht drüber!« Dann schicken sie den Journalisten damit nach Hause und kalkulieren damit, dass er die Meldung doch irgendwie lanciert, nur halt erst einen oder zwei Tage später oder im Konjunktiv drei, wenn es den gäbe.

Wie verführbar sind Journalisten?
Sie sind verführbar. Und je länger man diesem Betrieb angehört, desto schwieriger wird es wahrscheinlich, zu unterscheiden, ob das nun persönlich ist oder ob man nur benutzt wird, um etwas zu lancieren. Persönliche Freundschaften sind ja nicht ausgeschlossen. Das ist die Frage des professionellen Standards von Journalisten, sich davon nicht zu sehr gefangen nehmen zu lassen – so sollte es jedenfalls sein. Und es ist eine Frage, wie lange diese Beziehungen andauern, denn irgendwann wird jeder schwach. Ich habe den Eindruck, dass die jüngeren Korrespondenten eine größere Distanz haben als die älteren, vielleicht weil die jüngeren ein weniger festgefahrenes Weltbild haben und weniger stark Parteisoldaten sind, als es ältere Kollegen waren.

Was ist für Sie das Faszinierende und was das Abstoßende an dem Verhältnis zwischen Politikern und Journalisten?
Ich sehe da nichts wirklich Faszinierendes. Am abstoßendsten ist für mich, wenn es teilweise eine zu große Nähe zu Politikern gibt und Kollegen wider besseres Wissen anfangen, anders zu berichten, weil es letztlich ihren politischen Zielen näher kommt, also wenn sie das Parteibuch höher stellen als die Fakten, nur weil das bei der Karriere hilft. Das kommt vor.

Gibt es Ähnlichkeiten zwischen Journalisten und Politikern?
Vor allem die Eitelkeit. Politiker sind noch eitler als Journalisten. Beide reden gern und meinen, auf alles eine Antwort zu haben.

Es heißt oft, heute sei alles erlaubt in den Medien. Haben Sie eine Grenze?
Das stimmt nicht, dass alles erlaubt ist. Es gibt nach wie vor gewisse moralische Standards und so etwas wie Menschenwürde, und die Fakten müssen stimmen. Ich denke, am vorsichtigsten müssen wir in dem Bereich sein, der nichts mit Politik zu tun hat, wo man mit Menschen konfrontiert ist, die kein Medientraining und keine Pressestellen im Hintergrund haben. Da kann man sehr viel schneller Fehler machen, weil die wirklich schutzlos und uns ausgeliefert sind. Politiker sind nicht schutzlos.

Schutzlos ist auch die Witwe, die gerade erfahren hat, dass ihr Mann gestorben ist, und der nun der Kameramann die Linse vors verheulte Gesicht hält. Finden Sie das okay?
Das ist keine Erfindung der privaten Fernsehanstalten. Das Schlagwort »Witwenschütteln« gab es schon vorher. Das kommt aus dem Printbereich und ist eine oft verwendete journalistische Handhabung. Die Frage ist nur, wie geht man dabei vor. Da muss der Reporter vor Ort entscheiden, ob und wann er abbricht. Und wenn er es nicht getan hat, muss hinterher der Redakteur in der Sendezentrale entscheiden, das nicht zu senden.

Wie sehen Sie dabei Ihre persönliche Verantwortung?
Das ist die normale journalistische Verantwortung. Es ist eine Gratwanderung. Auf der einen Seite müssen Sie den

Konkurrenzdruck aushalten und versuchen, besser zu sein als andere. Und auf der anderen Seite dürfen Sie die Menschenwürde nicht verletzen, also niemanden vor der Kamera billig vorführen.

Einige Kameramänner haben mir erzählt, sie würden solche Sachen nicht mehr machen wollen. Haben Sie auch manchmal ein schlechtes Gefühl?
Das kommt nicht häufig vor. Es gibt nicht nur Kameraleute, sondern auch Redakteure, die so was ungern machen. Manche Redakteure arbeiten lieber im Feuilleton und sind nachdenkliche Menschen, und es gibt andere, die sind von Natur aus robuster und arbeiten im Boulevardbereich. Das hat nichts mit Systemen, also nichts mit öffentlich-rechtlich oder privat zu tun, sondern mit Menschen und wie sie gestrickt sind.

Kann man sich solchen Jobs denn überhaupt entziehen?
Man kann sich dem entziehen, und ich kenne niemanden, der deshalb irgendeinen Nachteil in Kauf nehmen musste. Die Gefahr ist eher, dass man einem kollektiven Jagdinstinkt oder -trieb anheim fällt, ohne sich dessen bewusst zu werden.

Sie erwarten von Ihren Kameraleuten, dass sie von einer bestimmten Veranstaltung auch bestimmte Bilder bringen. Was passiert, wenn sie die nicht kriegen?
Dann müssen sie den Kopf hinhalten und stecken Prügel ein. Das ist bei allen Journalisten so. Man versucht, besser zu sein als die Konkurrenz und das Bild zu haben oder den O-Ton oder die Informationen, und man steht unter einem relativ starken Konkurrenzdruck. Wenn jemand nur geschlafen hat, dann gibt's Ärger, und zwar zu Recht. Es gibt aber auch so etwas wie Künstlerpech oder dass andere eben mehr Reporterglück hatten – am nächsten Tag ist es dann wieder andersherum.

Erleben Sie auch selbst Druck von oben?
Ja, nämlich auch immer dann, wenn man was verpasst hat, wenn die Konkurrenz schneller oder besser war. Dann bekommt man das zu spüren. Das bin ich aber von klein auf so gewohnt, also jedenfalls seit ich Journalist bin. Ich habe früher bei Zeitungen gearbeitet, und da gab es jeden Morgen eine Redaktionskonferenz, in der der Chefredakteur die Konkurrenzzeitungen auf den Tisch legte und fragte: »Warum haben die das und wir nicht?« Das war das Gleiche wie jetzt auch.

Hat sich Ihre Einstellung zu Ihrem Beruf verändert, seit Sie als Journalist angefangen haben?
Ja. Man fängt mit romantischeren Vorstellungen an, so nach dem Motto: durch die Welt reisen, interessante Menschen kennen lernen und über sie berichten. Der Alltag ist dann häufig grauer und ein Geschäft, das mit hohem Wiederholungsdruck läuft und mit einer hohen Frequenz an Output. Ich wollte zwar nie die Welt bekehren, aber als ich jung war, dachte ich schon noch, ich könnte etwas verändern, zumindest ein bisschen. Davon nimmt man immer mehr Abstand. Es ist einfach so, dass sich manches abschleift, dass man in manchem realistischer wird, in manchem älter wird. Aber es macht trotzdem noch immer Spaß.

Jörg Rohne

Jg. 1963, war von 1986–89 Kameramann beim *DFF* und ist heute freiberuflich tätig.

Herr Rohne, warum machen Sie als Kameramann lieber Politik als andere Themen?
Das ist angenehmer, weil man jeden Tag fast dieselben Menschen vor der Kamera hat und weiß, wie sie reagieren werden. Früher habe ich auch in anderen Bereichen gearbeitet, vor allem für private Sender. Die wollen Tränen und das Leid der Menschen zeigen, und die Leute wollen es ja scheinbar auch sehen, sonst würde es nicht gesendet werden. Aber irgendwann sagte ich mir, ich tue das nicht mehr. Ich stehe nicht mehr mit der Kamera bei Leuten vor der Tür und sage: »Schönen guten Tag, Ihr Mann ist gerade gestorben.«

Nicht mehr?
Ich habe es sicherlich an die zehnmal getan, aber jetzt arbeite ich glücklicherweise mehr für die Öffentlich-Rechtlichen. Da muss ich nicht mehr bei den Leuten am Küchentisch sitzen und dem Mann oder der Frau gegen das Schienbein treten, damit endlich die Tränen fließen.

Wie fühlt man sich dabei, wenn man die Tränen von Leuten filmt, deren Mann oder Kind gerade gestorben ist?
Ich habe überlegt, ob ich die Kamera ausmache und sage: »Schluss, aus, ich höre hier auf!« Man darf aber nicht darüber nachdenken, sonst packt man wirklich die Kamera ein. Und das geht einfach nicht. Wenn ich den Job angenommen habe, muss ich ihn auch zu Ende bringen. Ein Vertrag ist ein Vertrag, den muss ich erfüllen.

Bleibt da irgendetwas an Ihrer Seele haften, wenn Sie Menschen gefilmt haben, die gerade ein schreckliches Unglück erlebt haben?
Nein, das versuche ich zu vergessen. Es ist ja nicht mein Leid. Diese Menschen überfallen wir wie ein Heuschreckenschwarm. Die wissen gar nicht, wie ihnen geschieht, und bevor sie es begriffen haben, sind wir wieder weg. Es ist nicht meine Familie, ich bin mit denen weder verwandt noch verschwägert. Ich möchte keine Beziehung zu diesen Menschen herstellen. Sonst würde ich jeden Abend zu Hause sitzen und heulen.

Auch im politischen Journalismus ist es ja nicht immer ganz einfach. Vor allem Fotografen und Kameraleute werden manchmal als Meute oder als Wegelagerer beschimpft. Ist Ihnen das schon mal passiert?
Nein, noch nie, ich wurde weder von Politikern noch von den Leuten auf der Straße beschimpft. Höchstens von meiner Mutter. Die meinte, als ich mit diesem Beruf anfing: »Du gehst zu den Zigeunern.« Aber auch wenn das ein bisschen rassistisch klingt, sie hat wirklich den Kern der Sache getroffen. Wir hausen ja mehr oder weniger auf der Straße, haben kein Dach über dem Kopf und nirgendwo eine Kaffeemaschine. Und wenn wir etwas essen wollen, gehen wir in die Fast-Food-Shops oder lassen den Pizza-Dienst kommen.

Ist so ein Leben auf Dauer nicht etwas frustrierend?
Ich habe nie Frust. Und wenn, dann schließe ich mich in mein stilles Kämmerlein ein. Aber bei der Arbeit bin ich immer nett, aufgeschlossen und freundlich.

Wie ist Ihr Verhältnis zu den Kollegen?
Super. Es gibt natürlich immer wieder welche, die sich daneben benehmen und es nie lernen werden, aber 95 Prozent der Kollegen sind sehr, sehr angenehm.

Auch dann, wenn Sie gemeinsam im Pulk hinter ein Geländer gesperrt sind und jeder sein Bild haben will?
Am Anfang, als die Regierung nach Berlin gezogen ist, gab es noch ein bisschen Gerangel. Da kannten viele Bonner Kollegen die Berliner Kollegen nicht und umgekehrt, und jeder meinte, er sei der Wichtigste, die *ARD* sei wichtiger

Untersuchungsausschuss Schäuble

als *RTL* und so weiter. Aber mittlerweile hat sich jeder so arrangiert, dass wir keine Probleme mehr miteinander haben.

Denken Sie, dass Sie mit Ihrer Kamera wichtig sind?
Teils, teils, würde ich sagen. Grundsätzlich ist es schon wichtig, dass das Medium Fernsehen hier dabei ist. Aber das wirklich Wichtige in der Politik findet immer ohne Kamera statt und wird auch nie gesendet.

Werden Ihre Bilder von der Redaktion unter einem bestimmten Aspekt selektiert?
Kaum. Die Redakteure stehen unter einem solchen Zeitdruck, dass sie dafür gar nicht die Zeit haben, sondern einfach das nehmen, was sie kriegen, und das wird dann auch gesendet. Natürlich verlangt die Redaktion, dass ich ihnen die wichtigen Bilder liefere, aber die habe ich in der Regel auch.

Mit welchem Ziel sind Sie ursprünglich als Journalist angetreten?
Ich sehe mich weniger als Journalist. Aber sicherlich hat auch jeder Kameramann eine eigene Meinung, die er dann in seinen Bildern ausdrückt. Und er bildet sich auch eine Meinung darüber, was hier politisch überhaupt geschieht.

Wie bilden Sie Ihre politische Meinung?
Indem ich mich mit meiner Redaktionsleiterin unterhalte und jeden Tag mindestens drei Tageszeitungen lese. Und wenn mir abends noch die Zeit bleibt und ich nicht tot umfalle, schaue ich mir die Konkurrenz im Fernsehen an.

In welchem politischen Lager stehen Sie?
Ich würde sagen: Mitte-rechts.

Welchen Politikern gelten Ihre Sympathien?
Das ist schwer. Wenn Sie mich jetzt festnageln würden auf den, der es heute ist, dann würde ich sagen: Friedrich Merz. Bei dem habe ich nicht das Gefühl, seine Augen lügen mich an, wie bei vielen anderen Politikern, bei denen nur noch Kälte in den Augen ist. Ich habe ja das Glück, dass ich dem Menschen nur einen Meter entfernt gegenüber stehe und ihn genau beobachten kann. Die Kamera verfremdet vieles, was Ottonormalverbraucher im Fernsehen gar nicht sieht. Und wenn die Kamera aus ist, sehe ich den Politiker immer noch.

Christian Rymell

Jg. 1956, war Fotoassistent in seinem Geburtsland Australien. 1983 kam er nach Deutschland und arbeitet seit 1989 bei *RTL*, zunächst als Kameraassistent, seit 1994 als Kameramann.

Herr Rymell, Sie sind Kameramann. Machen Sie diesen Job gern?
Es ist eine Hassliebe. Ich kann es nicht lassen, aber manchmal würde ich lieber etwas anderes tun. Man macht auch Witze darüber: »Heute bin ich noch News-Kameramann, aber nächste Woche arbeite ich für *National Geographic*.« In Wahrheit ist es aber so, dass ich das wahrscheinlich nie tun werde.

Warum Hassliebe? Weil Ihr Beruf auch frustrierend sein kann?
Ja, Kameraleuten ergeht es manchmal ein bisschen wie vergessenen Kindern. Es ist schon nach Mitternacht, es ist unter fünf Grad minus, und dann fällt es der Redaktion doch noch ein, dass da ja ein Team draußen ist. Oder man wartet stundenlang bei einem Termin, und dann ist man doch falsch, weil der Politiker, den man filmen soll, woanders steht, und du hast nur den Hinterkopf. Das ist fürchterlich frustrierend, aber das gehört eben zum Job. Dann flucht man ein bisschen herum, und das war's dann.

Gibt es auch Politiker, die Ihnen das Leben leichter machen?
Gerhard Schröder ist sehr pressebewusst. Er dreht sich immer schön hierhin und dahin, so dass die Fotografen gute Bilder bekommen, und lässt sich beim Shakehands ein bisschen mehr Zeit oder macht es auch noch ein drittes Mal. Ich würde sagen, er ist recht pflegeleicht für uns. Der ehemalige Herr Bundeskanzler, Dr. Kohl, war da sehr zäh und eher unfreundlich uns gegenüber. Nur in den letzten Jahren hat er offensichtlich eine bessere Beratung bekommen.

Fotografen und Kameraleute werden von Politikern manchmal als Wegelagerer bezeichnet. Sind Sie auch schon mal beschimpft worden?
Ja, manchmal heißt es: »Die Geier sind da.« Oder: »Die Meute kommt.« Oder: »Das Pack liegt auf der Lauer.« Aber solche Schimpfwörter kommen selten von den Politikern, sondern eher aus unseren eigenen Reihen. Manchmal bekommt man von Leuten auf der Straße zu hören: »Hier kommt der Tittensender, scheiß *RTL*«, und dann kriegt man so eine Tirade ab, was da alles gesendet wird. Dann muss man halt ein bisschen wie eine Ente sein und das wie Wasser auf dem Rücken einfach abperlen lassen und sich sagen: »Wow, sind die aber gut informiert, was wir alles für Scheiße senden.«

Gibt es etwas in Ihrem Job, was Sie nicht mehr tun würden?
Kriegsberichterstattung mache ich nicht mehr. Ich würde nie mehr in ein Krisengebiet gehen, wo geschossen wird. Denn ich bin jetzt Familienvater und habe eine fünfjährige Tochter, und es gibt genug Kollegen, die das gerne und sehr gut tun.

Haben Sie auch moralische Grenzen?
Das ist schwierig. Denn die Redaktion bestimmt, wo man hin muss. Aber es gibt auch Dinge, die hinterher doch aufstoßen und die ich lieber gelassen hätte, wenn ich alleine hätte entscheiden können.

Was hat Ihnen aufgestoßen?
Zum Beispiel hatte ich einmal mit einer amerikanischen Kollegin den Auftrag, ein Elternpaar zu besuchen, dessen Kind an Krebs gestorben war, in der Nähe eines Atomkraftwerks. Da sollte ich vom tränenüberströmten Gesicht der Mutter rüberschwenken auf das Foto des Kindes, das an der Wand hing. »Und jetzt bitte noch mal das Bild verdichten!« Da kam mir wirklich die Galle hoch. Und als wir nach fünf Minuten Interview rausgingen, weil die Mutter vor lauter Trauer einfach nicht weiterreden konnte, habe

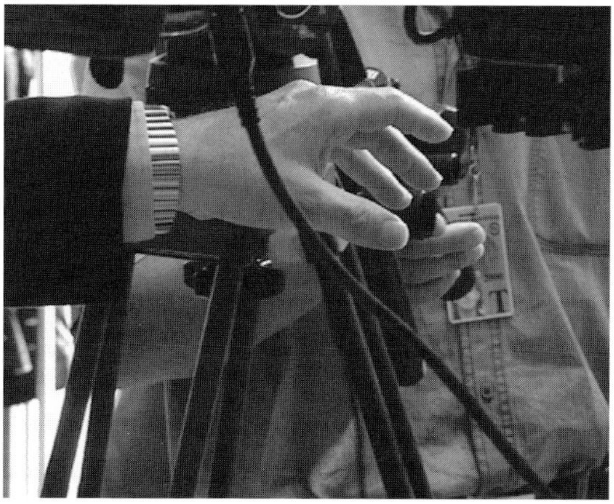

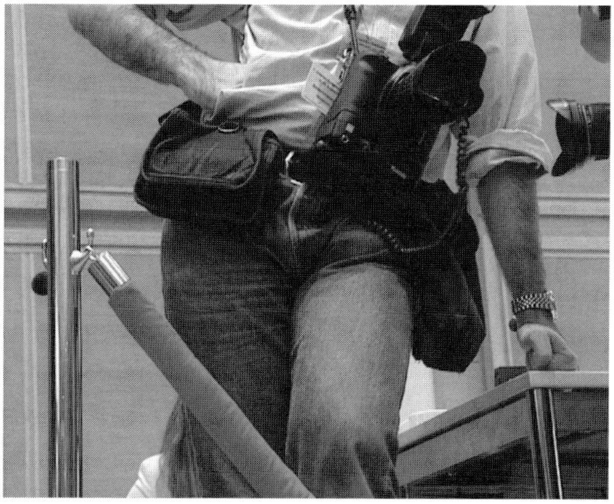

ich gesagt: »Tu das nie wieder, das nächste Mal stelle ich die Kamera ab.« Ich kann das nicht, das ist kein professioneller Journalismus. Da kommt es mir wirklich hoch!

Wie gehen Sie persönlich mit all dem Leid um, das Ihnen in Ihrem Beruf begegnet?

Ich muss eine Mauer aufbauen zwischen mir als Privatperson und meinen Gefühlen und dem, was ich tue. Ich war, noch als Kameraassistent, sechs Monate nach einem Erdbeben in Armenien. Die Leute dort waren alle obdachlos und hatten fast nichts, aber die kamen raus und boten uns die paar Äpfel oder Birnen an, die sie noch hatten, weil diese Freundlichkeit ihrer Kultur entspricht. Und in einem Container stand eine alte Frau und weinte, und der Dolmetscher sagte, sie weint, weil sie weiß, dass sie jetzt hier in dieser Notunterkunft und nicht in ihrem Zuhause sterben wird. Da nahm der Kameramann die Kamera runter und sagte, »Ich muss hier raus«. Die Redakteurin, tränenüberströmt, und auch ich, wir sind alle raus und haben nur noch geheult.

Weil Sie es in diesem Moment zugelassen hatten, dass die Mauer einstürzt?

Ja, und das darfst du nicht, sonst bist du betroffen. Du darfst diese Schicksale nicht persönlich nehmen. Du gehst ran, auf das Blut, auf den Menschen, der gerade sein Bein verloren hat, und sagst dir: »Habe ich alles im Kasten, ist das Bild gut, ist der Ton gut?« Nur ja nicht in dem Moment damit auseinander setzen! Das hört sich vielleicht eiskalt an, und im Fernsehen sieht es dann auch eiskalt aus, wenn wir da so dicht rangehen und draufhalten, aber wir sind nicht eiskalt. Du brauchst nur eine gewisse Kälte, um dein eigenes Ich zu schützen. Sonst bist du ganz schnell am Ende.

Untersuchungsausschuss Schäuble

Bascha Mika

Jg. 1954, arbeitet seit 1988 als Redakteurin und Reporterin bei der *taz* in Berlin. Seit 1998 ist sie Chefredakteurin.

Frau Mika, Sie sind die einzige weibliche Chefredakteurin einer Tageszeitung. Werden Sie genauso ernst genommen wie die männlichen Chefredakteure?
Wenn es anders ist, lassen es mich die Herren Kollegen nicht spüren. Sie sind alle viel zu höflich, vielleicht weil die einzige Chefin einer Tageszeitung in Deutschland auch einen gewissen Exotenbonus hat. Ich weiß natürlich nicht, was sie insgeheim denken, aber ich glaube, die Zeiten sind vorbei, in denen sie dachten, ein Weib könne es vielleicht nicht so gut wie ein Mann. Was nicht bedeutet, dass es für eine Frau inzwischen einfacher ist, in eine Führungsposition zu kommen. Es ist ja kein Zufall, dass es keine Frauen gibt in den Chefredaktionen der großen Tageszeitungen.

Warum ist das so?
Ein Grund liegt sicherlich darin, dass viele Frauen sich fragen: »Warum soll ich mir das eigentlich antun? Ich bin kompetent, ich bin gut ausgebildet, ich weiß, dass ich Karriere machen kann, aber warum soll ich dann auch noch Chefredakteurin werden, was ja nun wirklich nicht immer Spaß macht?«

Wann macht es Ihnen keinen Spaß?
Zum einen ist es natürlich extrem viel Arbeit. Das geht auf Kosten des Privatlebens, der Lebensqualität jenseits der Arbeit. Zum anderen handelt man sich häufig Ärger ein, der sehr unangenehm ist: Man muss unter Umständen Kollegen disziplinieren, sich gegen Widerstände im Haus durchsetzen, man muss ums Geld kämpfen. Was dagegen wirklich Spaß macht, ist, eine Zeitung zu gestalten, einen journalistischen Prozess voranzutreiben. Das hat man zwar auch in einer Chefredaktion, aber leider Gottes nicht ausschließlich.

Vermissen Sie es manchmal, nicht mehr draußen an der Front zu sein?
Ich war ja lange Zeit Reporterin und hatte meine Nase in allen Ecken, im politischen wie im sozialen Bereich. Ich habe mich leider Gottes auch relativ viel mit Rechtsradikalismus beschäftigen müssen, war vor Ort, wenn der Mob mal wieder versucht hat, irgendein Haus in Brand zu stecken. Das sind schon sehr intensive Erlebnisse. Aber auch Porträts zu recherchieren und zu schreiben kann sehr intensiv sein. Das vermisse ich manchmal sehr, die Intensität in der Auseinandersetzung mit einer Person, mit einem Thema für ein paar Tage, dann die Quälerei am Schreibtisch: Wie bringe ich es zu Papier, wie kann ich das erzählen, was mir wichtig ist? Auf der anderen Seite kann man als Chefredakteurin mit Politikern auch wieder anders umgehen, weil man von seinem Gegenüber nicht mehr nur Informationen haben will und er sich nicht mehr bedrängt fühlt und ständig überlegt, wie er jetzt was am besten sagt.

Journalisten sind ja oft sehr eigenwillig. Wie ist es denn für Sie, diese schwierige Truppe aus Individualisten zu führen?
Die *taz* ist ja noch stärker als andere Häuser ein Zusammenschluss von sehr vielen eigenen Köpfen. Das ist immer ihre große Stärke gewesen. Sie wurde nie nur von oben zentral gedacht, sondern sie hat eine flache Hierarchie und eine Redaktion, die lebt von den individuellen Ansätzen. Was ich versuchen muss, ist, das Ganze zu einer Zeitung zusammenzuschweißen. Wobei ich überhaupt keine Berührungsängste habe vor Widersprüchen, im Gegenteil. Die *taz* ist eine Zeitung, die die Debatten oder auch den Streit, wenn er denn notwendig ist, fördern muss, und dazu braucht man unabhängige Köpfe. Mir war es immer absolut unverständlich, wie ein Journalist einerseits das selbstständige Denken der Leser und ihr Bewusstsein als politische Bürger fördern soll und gleichzeitig selbst extrem abhängig ist von Chefs, von Hierarchien. Das ist einfach ein Widerspruch.

Ist Ihre politische Haltung identisch mit derjenigen der taz?
Die *taz* ist eine Ansammlung von vielen politischen Meinungen und Überzeugungen, grob zusammengefasst lässt sich sagen, wir haben einen radikal-kritischen Aufklärungsanspruch. Und wenn man nun diese platte Einteilung von links und rechts benutzen will, dann würde ich sagen, die *taz* ist publizistisch so links, wie die *Welt* rechts ist. Selbstverständlich bin ich politisch nicht immer einig mit Kollegen und Kolleginnen aus der Redaktion, das wäre ja auch furchtbar, gerade weil wir uns als streitbares Blatt verstehen. Deshalb habe ich mit unterschiedlichen Meinungen überhaupt kein Problem – was aber nicht heißt, dass mir immer alles passt.

Ihr Kollege Giovanni di Lorenzo meinte, der Job des Chefredakteurs sei heute mit der unsicheren Position von Fußballtrainern zu vergleichen. Können Sie dem zustimmen?
Sicher, vor allen Dingen hier in Berlin, wo der Medienmarkt der härteste, brutalste Kampfplatz der Republik ist. Das geht auf Kosten der Menschen, die diese Jobs machen, auch auf Kosten der Chefs. Es ist kein Zufall, dass der Kollege di Lorenzo und ich inzwischen die dienstältesten Chefredakteure einer Zeitung in Berlin sind.

Mit einem Dienstalter von gerade mal zwei Jahren?
Für mich sind es zweieinhalb Jahre, Giovanni di Lorenzo ist, glaube ich, etwas kürzer in dieser Position. Ja, die Umschlagszeit ist sehr viel knapper geworden. Es hat zwar auch Vorteile, dass solche Positionen keine Lebensposten mehr sind, denn wenn jemand 40 Jahre ein und denselben Job macht, muss nicht 40 Jahre etwas Gutes herauskommen. Aber die Tendenz mancher Verlagshäuser, sehr kurzatmig zu handeln und die Chefredakteure häufig auszuwechseln, nur weil die Auflage nicht stimmt, vielleicht noch bevor jemand beweisen konnte, was eigentlich in ihm steckt – das tut niemandem gut, weder dem Blatt noch den Kollegen und Kolleginnen, die da arbeiten, denn man muss ja miteinander etwas schaffen. Man kann eine Tageszeitung nicht innerhalb weniger Monate renovieren. Man kann sie vielleicht in einem Jahr verbessern, aber sicherlich nicht völlig verändern.

Sie haben als Journalistin viel über andere Menschen geschrieben. Seit Sie Chefredakteurin sind, wurde nun auch vermehrt über Sie geschrieben. Wie fühlt man sich da?
Das ist nicht leicht auszuhalten. Es ist es eine Situation, die mit sehr viel Anspannung zu tun hat. Man hat einen Kollegen, eine Kollegin da sitzen, man weiß, die wollen etwas schreiben über meine Zeitung, über mich, und dann fragt man sich selbstverständlich, was dabei rauskommt. Die Unabhängigkeit, die ich bei Kollegen und Kolleginnen sehr schätze, kann dann durchaus auch nach hinten losgehen. Das heißt, die können natürlich auch ganz viel Unsinn schreiben, ganz vieles, wo ich mich ungerecht behandelt fühle.

Nehmen wir mal an, es ist nichts Gutes herausgekommen, wie reagieren Sie dann?
Ich werde wütend. Wenn ich das Gefühl habe, jemand schreibt und hat eigentlich gar nichts verstanden, dann ärgere ich mich, und zwar richtig. Und diese Wut hilft dann auch, über die Kränkungen, die in einer Kritik immer mitschwingen, hinwegzukommen und zu sagen, ich lasse mir davon meinen Schneid nicht abkaufen. Es ist keine einfache Situation, aber ich glaube auch nicht, dass es wünschenswert wäre, so abgebrüht zu sein, dass man das alles an sich abprallen lässt. Man muss sich mit der Kritik auseinander setzen, aber man darf sich davon nicht niedermachen lassen.

Könnte man sagen, dass Journalisten empfindlicher als andere Menschen sind, wenn über sie geschrieben wird?
Das glaube ich nicht, denn ich habe die Erfahrung gemacht, dass eigentlich alle Menschen sehr empfindlich sind, wenn man ganz nah an sie rangeht. Und genau das passiert ja in einem guten Porträt, in dem es nicht nur darum geht, was eine Person tut und sagt, sondern auch darum, wie sie aussieht, wie sie wirkt, wie sie spricht. Das auszuhalten, ist für jeden erst mal schwer. Mit Journalisten wird ja nicht unbedingt härter umgegangen als mit anderen Menschen, die man porträtiert, sie sind es nur weniger gewohnt und kommen mit dem Rollentausch schwer zurecht. In diesem Punkt können Journalisten wirklich empfindlicher reagieren. Wenn sie sich dann aber vergegenwärtigen, wie sie oft selbst mit Menschen umgegangen sind, müsste das eigentlich ihre Kritik relativieren.

Die* taz *spart nicht gerade mit Kritik an den Politikern. Ich könnte mir vorstellen, dass da der eine oder andere auch mal sehr empfindlich reagiert.
Ja, es gibt da sogar ein paar Spezis, die versuchen, uns abzustrafen, indem sie uns kein Interview mehr geben. Ein Blatt wie der *Spiegel* kann alle ärgern, und trotzdem wissen alle ganz genau, sie kommen am *Spiegel* nicht vorbei. Wenn dagegen die *taz* jemandem auf die Füße tritt, kann der- oder diejenige durchaus sagen, das war's, mit euch rede ich nicht mehr. Bei der *taz* können sie sich das leisten, weil wir eine Zeitung mit relativ geringer Auflage sind. Frau Merkel zum Beispiel hat sich noch in ihrer Zeit als Umweltministerin so über die *taz* geärgert, dass sie uns bis zum heutigen Tage kein Interview gegeben hat. Und wenn ich das jetzt öffentlich sage, wird sie sehr wahrscheinlich ihre Frist bis zum nächsten Interview noch einmal verlängern. Das ist eine Haltung, die ich überhaupt nicht verstehe. Sie ist sehr unprofessionell.

Die taz hat eine Sonderrolle unter den Tageszeitungen. Merkt man das auch am Verhältnis der Politiker zu den Journalisten?
Wenn Sie damit meinen, dass Journalisten und Politiker in den letzten Jahren enger zusammengerückt sind, dann hat die *taz* da immer eine Sonderrolle gespielt. Politiker haben nie verstärkt den Kontakt zu uns gesucht. Und die *taz* hat sich immer relativ fern gehalten von Politikern. Und weil sich die Politiker häufig über die *taz* geärgert haben, waren wir nun nicht gerade Everybody's Darling. Was übrigens auch furchtbar wäre, denn es ist nicht unser Job, Every-

Brandenburger Tor (oben)
Hotel Adlon, Berlin (links)

body's Darling zu sein. Seit mindestens zehn Jahren finden wir es zwar nicht mehr bäh, uns den Personen, die Politik betreiben, zu nähern, was aber nicht heißt, die kritische Distanz zu ihnen aufzugeben. Dass man beruflich sehr eng miteinander umgeht, gehört zum Job und ist eine Art von Professionalität, die inzwischen auch bei der *taz* gepflegt wird. Aber wir stehen noch immer klar auf der anderen Seite und sehen uns als diejenigen, die im Politikgeschäft eine Kontrollfunktion haben. Wir betreiben auch keine Politikberatung wie andere Medien, die die politischen Projekte den Bürgern und Bürgerinnen nahe bringen aus der Sicht der Politiker. Das war nie unser Ding.

Hat sich die Beziehung zwischen den Politikern und den Journalisten Ihres Blattes verändert, seit Berlin Regierungssitz geworden ist?
Wir haben einen großen Vorteil. Wir sind die einzige überregionale Tageszeitung, die schon lange in Berlin gemacht wird und nicht erst hierher gekommen ist – sei es mit dem ganzen Blatt wie die *Welt* oder mit zusätzlichen Redaktionen. Und für uns bedeutet das, dass nicht nur unser Parlamentsbüro ganz nah dran ist, sondern dass wir mit der ganzen Zeitung ganz nah dran sind am politischen Geschehen. Von unserer Hauptredaktion in der Kochstraße ist es sozusagen nur ein Steinwurf bis zum Reichstag. Das ist immer ein Vorteil, wenn man sich in Laufnähe irgendwo begegnen kann.

Ist diese Nähe nicht auch gefährlich? Gelingt es den taz-Journalisten wirklich, die von Ihnen propagierte Distanz aufrecht zu erhalten, wenn sie den Politikern Tag für Tag so nahe sind?
Es gibt eine Nähe zu Politikern, die würde ich für Journalisten strikt ablehnen, zum Beispiel persönliche Freundschaften. Die haben im Verhältnis zwischen Politikern und Journalisten nichts zu suchen, es sei denn, man berichtet dann nicht mehr über diese Personen. Politiker und Journalisten sitzen nicht im selben Boot. Sie sitzen auf verschiedenen Seiten, und das sollte man nie vergessen, auch dann nicht, wenn man einen Politiker oder eine Politikerin als Person mag.

Politiker entscheiden sehr genau, welche Information sie welcher Zeitung geben. Wie wichtig ist in diesem Sinne die taz für die Politiker?
Im Laufe ihrer immerhin 21-jährigen Geschichte hat die *taz* sehr an Bedeutung gewonnen, und zwar in dem Maße, in dem sie immer weniger marginalisiert werden konnte als das Blättchen der Linksalternativen. Die *taz* hat zwar eine kleine Auflage, ist aus der Medienlandschaft aber nicht mehr wegzudenken. Deshalb muss sie auch von Politikern ernst genommen werden. Wir kriegen zum Beispiel immer wieder von führenden grünen Politikern zu hören: »Wissen Sie, ich möchte die *taz* ja oft gar nicht lesen, weil ich mich viel zu sehr darüber ärgere, was Sie schreiben, aber ich muss es tun, weil die linke Basis die *taz* liest und ich doch wissen muss, was meine Basis denkt.«

Werden Sie demnach durch Ihre Nähe zum grünen Milieu besonders von den Grünen mit exklusiven Informationen gefüttert?
Könnte man meinen, ist aber mitnichten so. Herr Fischer sucht sich inzwischen Zeitungen mit einer wesentlich höheren Auflage aus, um Nachrichten bewusst zu lancieren. Von seiner Seite aus ist das verständlich, für uns aber natürlich ärgerlich. Und auch die anderen Parteien ziehen Medien mit höherer Auflage vor, obwohl die *taz* ja einen

sehr starken Multiplikationseffekt hat, weil sie unter anderem von vielen Journalisten gelesen wird. Wenn die Politiker zu uns kommen, dann nur mit Themen, für die die *taz* steht, also im weitesten Sinne für Menschenrechtsfragen und für Fragen der sozialen Gerechtigkeit. Für alle anderen Informationen müssen wir richtig hart arbeiten.

Viele männliche Kollegen haben mir ganz freimütig bekannt, dass sie eitel sind. Wie ist das denn bei den Journalistinnen?
Ich fände es schrecklich, wenn wir nicht eitel wären, und das soll gefälligst nicht nur unsere Haare und den neuen Lippenstift angehen, sondern auch den Job. Ich bin selbstverständlich eitel, denn zu dieser Eitelkeit gehört auch der entsprechende Ehrgeiz. Ich glaube, Ehrgeiz ohne Eitelkeit funktioniert nicht. Die Frage ist nur, wie stark diese Eitelkeit ins Unerträgliche tendiert. Und da gibt es sowohl Politiker als auch Journalisten, bei denen sie durchaus unerträglich ist.

Gibt es noch weitere Ähnlichkeiten zwischen Politikern und Journalisten?
Selbstverständlich. Journalisten beschäftigen sich mit denselben Themen, bewegen sich im selben Umfeld und stehen auch in irgendeiner Form in der Öffentlichkeit. Vor allem die, die man ständig im Fernsehen sieht, und die Printjournalisten haben natürlich auch einen großen Einfluss durch das, was sie schreiben. Ich glaube, was Journalisten und Politiker auch verbindet, ist eine Affinität zur Macht. Politiker üben direkt Macht aus, und die Journalisten sollen diese Mächtigen eigentlich kontrollieren, partizipieren dadurch aber natürlich auch an der Macht. Das ist die große Verführung im Journalismus: »Wie bleibe ich auf der Seite der Kontrolleure und wie schütze ich mich davor, nicht so weit an der Macht teilhaben zu wollen, dass ich mit den Politikern ins selbe Bett krieche?«

Verführt dieses Partizipieren an der Macht auch dazu, zu glauben, dass man selbst Macht hat?
Natürlich. Und die Journalisten haben ja tatsächlich Macht. Natürlich ist diese Macht anders definiert als die von Politikern, aber die Grenzen verwischen. Wenn es darum geht, ein Thema in die Öffentlichkeit zu bringen und die Diskussion darüber in die eine oder andere Richtung zu lenken, haben natürlich sowohl Politiker als auch Journalisten Einfluss darauf. Der Dumme ist häufig der Leser, weil er ganz schlecht beurteilen kann, wer ihm da was, wie und warum verkauft. Oder vielleicht arbeiten Presse und Politik auch ganz wunderbar zusammen, und es gibt sozusagen die große Absprache, wie man ein Thema behandelt.

Wie ist das Verhältnis von Macht und Ohnmacht bei den Journalisten?
Ich glaube, Journalisten schwanken ständig zwischen dem Gefühl der Macht und der Ohnmacht, da sie von so vielen Bedingungen abhängig sind. Sie sind ja nicht nur eingebunden in die eigene Redaktion, ins eigene Verlagshaus, sondern sie sind natürlich auch abhängig von Informationen und deshalb auch davon, die richtigen Leute zu finden, die ihnen genau das liefern, was sie wissen wollen. Und dieses Gefühl der Abhängigkeit führt dazu, dass es oft so eine Berg- und Talfahrt ist zwischen dem Gefühl, ganz mächtig zu sein, Einfluss zu haben auf die öffentliche Meinung, und dem Gefühl, eigentlich ganz ohnmächtig zu sein, wenn es zum Beispiel nicht gelingt, die Hintergründe eines Themas aufzudecken.

Haben Sie sich schon manchmal von einem Politiker benutzt gefühlt?
Ja. Politiker versuchen selbstverständlich, Medien zu benutzen, aber es ist ein Spiel auf Wechselseitigkeit, und man muss es beherrschen. Dann darf man sich zwar ärgern, wenn man mal ausgetrickst worden ist, muss aber auch sagen: »Okay, das ist das Spiel.«

Und Sie benutzen auch andere?
Selbstverständlich. Jede Zeitung, jeder Journalist, jede Journalistin benutzt andere Menschen, und sei es nur dazu, um an ganz harmlose Informationen ranzukommen oder Kontakte zu knüpfen. Ich glaube, diese Frage von Benutzen wird dann zum Problem, wenn sich Journalisten als Erfüllungsgehilfen der Politiker begreifen oder wenn Politiker, die gegenüber der Öffentlichkeit Rechenschaft ablegen müssen, einfach lügen.

Haben Sie manchmal Rachegelüste, wenn Sie bemerken, dass Sie benutzt wurden?
Ich neige durchaus zu Rachegelüsten, lebe sie aber selten aus. Ich denke, Professionalität und eben die Distanz halten einen dabei zurück – und schließlich die Kollegen und Kolleginnen. Auch als Chefredakteurin gebe ich keinen Artikel einfach unredigiert ins Blatt. Sollte mir also doch mal die Wut durchgehen, hoffe ich, dass dann ein Kollege oder eine Kollegin bereitsteht und sagt: »Stopp, so geht es aber nicht!«

Vieles in der Politik ist heute Inszenierung. Wie wirkt sich das auf die Berichterstattung der taz aus?
Die *taz* hat ein ganz besonderes Verhältnis zur Inszenierung, weil sie die erste überregionale Tageszeitung war, die diesen Aspekt der Politik überhaupt richtig zum Thema gemacht hat. Aus ihrer links-alternativen Überzeugung heraus – die machen ja sowieso nur Theater, versuchen, mit uns zu machen, was sie wollen, und wir müssen dagegen halten – hat die *taz* sehr schnell einen Blick für Inszenierung entwickelt und darauf hingewiesen: »Leute, thematisch ist das nur heiße Luft. Was wichtig ist, ist die Show, und wir erzählen euch, wie die abläuft.«

Warum sind Sie Journalistin geworden?
Weil ich Geschichten erzählen wollte – Geschichten über Menschen, über das Leben, über diese Gesellschaft, über Politik. Und weil ich, um es mal etwas pathetisch zu sagen, immer eine Heldin der Aufklärung werden wollte.

Wolfgang Herles

Jg. 1950, leitete von 1987–91 das *ZDF*-Studio Bonn. Er moderierte u. a. *Bonn direkt* und die *ZDF*-Talkshow *Live*. Seit 2000 ist er Leiter des Kulturmagazins *aspekte*.

Herr Herles, Sie sind nun Leiter der* Aspekte*-Sendung im* ZDF*. Weshalb dieser Wechsel von der Politik zur Kultur?
Weil die Politik langweilig geworden ist und weil das eigentlich Interessante an der Politik der kulturelle Aspekt ist. Man kann die Verkrümmungen, die Verformungen, die Plastiken besichtigen, die Politiker aus sich machen, wenn sie zu lange in ihren Ämtern sind. Schauen Sie sich das neue Kanzleramt an! Es schaut aus wie Herr Kohl. Herr Kohl ist das neue Kanzleramt. Man wird längst vergessen haben, wie viel Geld er für was kassiert hat, aber dieses scheußliche Kanzleramt wird ewig sein und immer von seiner Einstellung zur Demokratie künden.

Hat sich denn durch die Schröder-Regierung oder den Wechsel nach Berlin nichts geändert?
Also, ich habe jeden Tag Déjà-vu-Erlebnisse. Das Regierungsviertel ist genau wie in Bonn, nur noch kleiner. Der Raum ist kleiner, aber es sind immer noch dieselben Leute da. Es sind nur mehr Journalisten geworden, die noch weniger Ahnung von der Sache haben als früher. Es gibt dumme Kolleginnen, die wollen unbedingt ein Soundbite abfangen und tun das auch mit entsprechendem Ellbogeneinsatz. Hinterher drehen sie sich dann um und fragen einen älteren Kollegen: »Wen habe ich da eigentlich interviewt?«

Und das war früher nicht so?
Nein. Früher war man als Korrespondent doch in stärkerem Maße ein Begleiter der Politik. Man hat beobachtet und überlegt, was die da eigentlich treiben. Heute betreiben die Journalisten das Geschäft mehr als Entertainment. Es geht nur noch darum: Wer kriegt wen exklusiv, wer hat einen Politiker schneller als die anderen vor der Kamera, wer hat die Promis mit irgendetwas in Ton und Bild. Es geht nicht mehr darum, was man hat, sondern dass man überhaupt etwas hat.

Eine Aufgabe der Journalisten ist ja eigentlich, die Politik zu kontrollieren. Ist das überhaupt noch möglich in einer Zeit, in der fast jeder Auftritt eines Politikers als Medienereignis inszeniert wird?
Es sind nicht die Journalisten, die die Politik kontrollieren, sondern die Tatsache, dass alles öffentlich ist. Es gibt eine Kontrolle durch die Öffentlichkeit. Dadurch, dass man immer weniger geheim halten kann, gibt es auch die Möglichkeit der Kontrolle. Früher war die Recherche im Vordergrund, man hat versucht, etwas herauszubekommen, und das, was man herausbekommen hat, abgeklopft, abgeglichen, zur Diskussion gestellt. Heute ist es mehr so, dass irgendetwas rausgepustet wird und sich dann sozusagen die Kontrolle selbst entzündet. Dies ist ein Prozess, bei dem das Medium immer mehr zum reinen Medium, also zum neutralen Instrument wird.

Sie sehen Ihre Kollegen also eher mit kritischem Blick?
Ja, und ich habe auch auf mich selber einen kritischen Blick. Ich habe immer gesagt, was für Politiker gelten sollte, muss auch für Journalisten am Regierungssitz gelten: Höchstens zwei Legislaturperioden!

Sehen Sie auch die Nähe der Journalisten zu den Politikern kritisch?
Sie brauchen Nähe, sonst kriegen Sie nichts raus. Sie brauchen aber auch Distanz, sonst können Sie mit dem, was Sie rauskriegen, nichts anfangen. Das ist das spannende Spiel. Das muss jeder für sich selbst beantworten. Ich habe zum Beispiel nie einen geduzt, keinen einzigen Politiker, auch wenn ich Gelegenheit gehabt hätte. Ich habe das abgelehnt. Wahrscheinlich galt ich daher für viele als arrogant, als unnahbar, als einer, der vielleicht gar nicht richtig dazugehören will.

Was haben Sie unternommen, um Ihre Beziehungen zu den Politikern zu pflegen?
Man lebt mit ihnen. So ein Regierungsviertel ist ja ein kleines Biotop. Das reicht vom Reichstag bis zum Alexanderplatz, und wenn das Kanzleramt fertig ist, ist es noch ein bisschen kleiner. In diesem Biotop sehen Sie sich an der nächsten Ampel, Sie sehen sich im *Café Einstein*, Sie sehen sich möglicherweise bei *Schinken Becker*. Denn wir sind fast alle abends Junggesellen. Und auch der Politiker muss was essen, und dann geht er sich ein halbes Pfund Parmaschinken kaufen. Das ist die Nähe, nicht die Pressekonferenzen.

Was tut der Politiker, um Ihre Nähe und Ihre Gunst zu gewinnen?
Das ist ganz einfach. Er versucht, mich mit Informationen zu kaufen. Und ich versuche, ihn zu kaufen, indem ich mich gelegentlich einverstanden erkläre, eine Billardbande zu sein, das heißt, mich der Information zur Verfügung zu stellen, die auf etwas zielt. Ein Politiker will mit einer Information etwas erreichen. Er will einen Gegner treffen, innerparteilich, außerparteilich, eine Diskussion anzetteln. Das ist ein Spiel, wofür bezahlt wird. Jeder bezahlt und jeder kassiert auch.

Was war der höchste Preis, den Sie bezahlt haben?
Ich habe nicht viel bezahlt, was mir insofern vielleicht nicht geschadet hat, aber doch meine Aufenthaltszeit in Bonn verkürzt hat, da ich sehr trotzig war. Ich musste ja im Unfrieden mit einem gewissen Herrn Kohl die Szene verlassen. Aber davor habe ich wunderbare Geschichten bekommen, durch Nähe. Morgens um sechs klingelt das Telefon. Ich schlafe, wanke zum Hörer, ja, Kohl, ruft vom Wolfgangsee an. Und dann sage ich, verscheißern kann ich mich selbst. Aber das war der echte Kohl, um mir zu sagen, dass Lothar de Maizière die Wiedervereinigung verlangt hat. Ich sage daraufhin: Vielen Dank, wir machen sofort ein Interview und pusten das raus. Herr Kohl wollte natürlich, dass es rausgepustet wird, weil er nicht der Meinung war, dass die DDR sofort beitreten soll. Das ist ein Spiel.

Welchen Preis haben Sie persönlich bezahlt in diesem Spiel?
Ich habe nur gewonnen. Da bin ich mir ziemlich sicher, weil ich das ja nur vier Jahre lang gemacht habe. Ich habe viel gelernt über Politik, und nicht nur über Politik, vor allen Dingen über Menschen. Ich habe das Projekt Beobachtung von Macht ja dann fortgeführt und ungefähr zwanzig Filme gemacht über große Unternehmer wie Bill Gates oder Jack Welch. Und ich fand, dass die oft interessanter und vielschichtiger sind als die Politiker. Ohne die Erfahrungen in Bonn hätte ich diese Filme nicht machen können.

Weshalb sind Sie gerade Journalist geworden?
Also, wenn ich hätte Geld verdienen wollen, wäre ich Unternehmensberater geworden. Wenn ich hätte wichtig werden wollen, wäre ich in die Junge Union gegangen. Aber ich möchte meine Neugier befriedigen. Da ist unser Beruf ganz prima. Da kann ich auch Milieus sammeln und Milieus wechseln.

Verleihung der Goldenen Kamera

Renate Schmidt sagte einmal, Politiker sind eitler als andere Menschen. Sind Journalisten auch eitler?
Ja, selbstverständlich. Wenn sie nicht eitel sind, können sie den Job nicht machen, das ist leider so. Ich bin auch eitel. Aber als Talkmaster bin ich noch eitler geworden, als ich vorher als Korrespondent schon war. Heute greife ich nach meinem Schlips, früher hatte ich gar keinen.

Und Sie greifen nicht mehr so sehr nach den Worten?
Doch, nach den Worten greift man immer. Das ist auch eine Form der Eitelkeit. Aber da hilft einem mit der Zeit die Routine.

Haben Sie keine Angst, in der Routine zu ersticken?
Also, ich freue mich zum Beispiel, wenn jemand wie Sie mich interviewt. Ich weiß zwar, dass man dann Sachen sagt, die man nicht sagen würde, wenn man vorher hätte überlegen können, aber genau das ist es. Es ist ein Stück weit Exhibitionismus. Jetzt, in dieser Sekunde, in der Sie mich interviewen, bin ich ein Exhibitionist. Ich genieße das.

Glauben Sie, dass Sie dieses Gefühl des Exhibitionismus ab einem bestimmten Alter nicht mehr brauchen werden?
Oh, ich glaube, je älter, desto mehr brauche ich das. Je älter man wird, desto mehr wird man zum Exhibitionisten seiner selbst. Man spielt sich selbst was vor, man spielt sich sein Leben vor. Mit jedem Tag, den man älter wird, muss man sich sein Leben mehr vorspielen.

Andreas Michaelis

JG. 1959, TRAT 1989 IN DEN AUSWÄRTIGEN DIENST EIN. SEIT 1999 IST ER SPRECHER DES *AUSWÄRTIGEN AMTES*.

Herr Michaelis, welche Eigenschaften braucht man als Sprecher des Außenministeriums?
Zuallererst Erfahrung im Bereich Außenpolitik. Deshalb ist auch noch nie ein Journalist Sprecher des *Auswärtigen Amtes* geworden. Außerdem ist eine hohe Loyalität gegenüber dem Minister wichtig. Er muss sicher sein können, dass man alles mit ihm teilt, alle Informationen an ihn weitergibt. Und dass man nicht überzieht, dass man seine eigene Eitelkeit zurücknimmt, denn Sie stehen in der zweiten Reihe. Und so muss das sein, alles andere wäre eine verantwortungslose Selbstüberschätzung. Jemand, der in so ein Amt hineingerät und meint, er sei eine für die Medien interessante Person, der ist falsch platziert.

Welche besonderen Qualitäten brauchen Sie noch?
Man muss in der Lage sein, einen sehr intensiven, persönlichen Kontakt zu den Journalisten aufzubauen und eine Vertrauensbasis zu schaffen. Vertrauen ist ein entscheidender Faktor in meinem Beruf. Vorsicht darf ich nicht vergessen und dass man jedes Wort dreimal abwägt, bevor man spricht. Die kleinste Randbemerkung kann zu den größten Verstimmungen bei anderen Staaten führen. Eine Basisqualität ist sicherlich, dass Sie physisch einigermaßen robust sind. Die Tage sind lang und reichen oft bis in die Nacht hinein. Im Gegensatz zu den Journalisten, die zum Ausgleich am Morgen später in die Redaktion kommen, lebe ich sozusagen in zwei Welten – in der Welt des Ministeriums und der Welt des Journalismus. Die kombinieren sich zu einem sehr, sehr langen Tag.

Wie bewältigen Sie den Stress und halten sich fit?
Dadurch, dass es Spaß macht. Das reicht beinahe, außer dass man viel Sport machen muss.

Joggen Sie zusammen mit dem Außenminister?
Bei Auslandsreisen nutze ich die Gelegenheit, ansonsten laufe ich alleine.

Wie ist Ihre Beziehung zu Joschka Fischer?
Entscheidend ist, dass Sie wirklich alles wissen – alles, was notwendig ist. Jemand, der über so viel Erfahrung verfügt wie er, weiß, was er Ihnen sagt. Ich habe mich da noch nie, wie man im Englischen sagt, at a loss gefühlt.

Ihre Aufgabe ist das Verkaufen der Außenpolitik – und auch das Verkaufen des Außenministers. Welche Medien sind besonders wichtig für diese Aufgabe?
Wie mein Chef dasteht, ist sicherlich ein wichtiger Punkt, weil sich gerade in Berlin Politik sehr stark personalisiert hat. Aber ich finde diesen Ausdruck »verkaufen« immer etwas unangenehm. Es geht letztendlich darum, etwas zu vermitteln, Politik verstehbar zu machen. Außenpolitik ist aber sehr komplex und deshalb nicht immer einfach zu vermitteln. Sie bedarf der analytischen Arbeit. Das leisten die Printmedien besser als die elektronischen Medien, und deshalb sind sie für mich wichtiger.

Sie müssen oft auch unangenehme Themen vermitteln. Spielen Sie solche Themen dann auch mal kleiner und dafür etwas anderes größer, um abzulenken?
Das ist zu strategisch gedacht.

Aber es kommt vor?
Selten.

Wenn Sie bestimmte Nachrichten an ausländische Medien vermitteln wollen, wie gehen Sie da vor?
Man kennt durch die Auslandsreisen eine Unzahl von Korrespondenten. Zu denen haben wir über die Jahre gute Kontakte aufgebaut. Man kann sich vertrauensvoll im Hintergrund an diese Kollegen wenden und Botschaften so setzen, wie man sie haben möchte.

Wie wichtig ist es dabei, auch mal über Bande zu spielen?
Eigentlich sollte ich sagen, es ist nie wichtig, wir haben immer ein offenes Visier. Aber es gibt Situationen, da lässt es sich nicht vermeiden.

Die Journalisten beklagen sich immer, dass die Sprecher mehr wissen, als sie sagen.
Das liegt in der Natur der Sache. Natürlich gibt es dilemmatische Situationen, wenn Sie bestimmte Aspekte öffentlich nicht darstellen können und wirklich nur die zwei Hörner eines Dilemmas haben. Wenn man dieses Dilemma dann aber selbst benennt, kann man auch darauf zählen, dass dies auf der anderen Seite verstanden wird.

Viele Journalisten geben zu, dass sie eitel sind. Wie setzen Sie diese Eigenschaft für Ihre Ziele ein?
Eitelkeit ist eine Eigenschaft, die auf beiden Seiten existiert. Sie ist sicherlich ein Faktor, der auch die Arbeit bestimmt. Es gibt Erwartungen im Bereich der Eitelkeit, die befriedigt werden müssen.

Hat sich Ihre Beziehung zu den Journalisten verändert seit dem Umzug nach Berlin?
Es ist hier wesentlich schwieriger, Kontakt zwischen Politikern und Journalisten herzustellen. In Bonn ging man durchs Regierungsviertel und traf alle fünf Minuten einen Journalisten. In Berlin muss alles organisiert werden, was dem Klima hier eine gewisse Künstlichkeit verleiht. Sobald man anruft und Kollegen zu einem Gespräch bittet, ist gleich eine Erwartungshaltung damit verbunden. Das beiläufige Gespräch, bei dem man das eine oder andere wirklich politisch Interessante einfach fallen lässt, ist wesentlich seltener geworden. Das macht die Arbeit schwieriger.

Ist es da noch möglich, wie Joschka Fischer es früher gemacht hat, eine Idee mal im Gespräch anzutesten?

Natürlich kann er das machen. Das ist für seine Arbeit sehr wichtig, seine Ideen im Dialog auch mit den Journalisten zu entwickeln. Es gibt viele Hintergrundgespräche, und es gibt Gelegenheiten bei den vielen Reisen. Aber was es wirklich schwieriger gemacht hat in Berlin, das ist die hohe Konkurrenz, die Rivalität unter den Medien, das ist die hohe Personalisierung der Politik und vor allen Dingen das enorme Interesse an Exklusivität.

Führt die hohe Konkurrenz der Medien auch mal dazu, dass ein Stillschweigeabkommen bei Hintergrundgesprächen nicht eingehalten wird?
Es hat, insbesondere in der Anlaufphase hier in Berlin, einige große Enttäuschungen mit der Vertraulichkeit gegeben. Auf einmal wurden Informationen aus solchen Gesprächen weit gestreut. Das hat für beide Seiten nicht unbedingt zu einem Gewinn geführt.

Wie äußert sich das enorme Interesse an Exklusivität? Hat die Jagd nach neuen Statements zugenommen?
Nicht nur nach Statements, sondern auch nach ganzen exklusiven Geschichten. Allerdings erliegen Journalisten oft der fälschlichen Meinung, dass sie als einzige an dieser Geschichte dran sind. Dann kriegt man, was sehr häufig passiert, am Morgen zehn Anrufe von zehn Journalisten, und alle zehn sind der Meinung, es ist ihre exklusive Geschichte. In Bonn wäre das anders gewesen. Es hätte vielleicht ein Journalist in der Bundespressekonferenz eine Frage gestellt, man hätte sie beantwortet, und es hätten zehn gleichzeitig die Antwort gehabt. Hier dagegen wird wesentlich stärker mit dem Telefon gearbeitet.

Die stärkere Konkurrenz macht das Mediengeschäft auch schneller. Manche Journalisten beklagen, jedes Gerücht werde gleich zur Wahrheit, und man habe keine Zeit mehr, es zu überprüfen.
Ich gebe Ihnen mal eine der unangenehmsten Erfahrungen, wie schnell Sachen heute nach oben geraten. Es ist sehr oft so, dass die Sonntagszeitungen oder die Magazine, die bereits Vorabmeldungen am Sonntag herausgeben, die Nachrichtensituation am Wochenende bestimmen. Die Agenturen, die früher bis zu einem gewissen Grad noch nachrecherchiert haben, neigen in Berlin oft dazu, die Meldung eines anderen Kollegen eins zu eins zu übernehmen und diese dann im Agenturstil hochzuziehen. Das macht es sehr, sehr schwierig, eine solche Sache dann vor den Journalisten noch ausgewogen darstellen zu können.

Welche Bedeutung haben Nähe oder auch Freundschaft im Umgang mit Journalisten?
Nähe ist ganz natürlich im Verhältnis von Politikern und Journalisten. Man verbringt sehr viel Zeit miteinander, insofern gibt es auch intensive Freundschaften. Berlin ist allerdings von einer Geschwindigkeit und von einer Qualität, dass hier nicht solche intensiven Freundschaften wie in Bonn entstehen können. Dazu ist das Mediengeschäft und auch der Wechsel der Journalisten bei den einzelnen Medien zu schnell.

Sind auch alte Freundschaften in Berlin verloren gegangen?
Nein, die alten Freundschaften haben eindeutig Bestand.

Wie wirken sich solche Freundschaften auf die Politikvermittlung aus?
Also, es ist nicht so, dass man einen Journalisten anruft und sagt: »Rüdiger oder Volker, schreib mir mal diese Geschichte!« Das gibt es zum Glück nicht, auch wenn man sich das manchmal wünschen würde. Insofern hat Freundschaft keine Wirkung auf das Produkt, das hinterher entsteht. Im Gegenteil, es gibt sogar sehr viele Freunde, die in hoher kritischer Distanz zum befreundeten Politiker stehen, manchmal sogar in einer, aus unserer Sicht, überzogenen Distanz.

Ein NATO-Sprecher definierte seine Arbeit so: »Habe ein paar wohlklingende Botschaften, die deine Ziele erläutern, und wiederhole sie in jedem Interview – nach dem Motto: Steter Tropfen höhlt den Stein.« Ist das auch Ihre Taktik?
Ich glaube, dazu ist die Nachrichtenlandschaft zu schnelllebig. Es kommt noch viel stärker als je zuvor auf eine gründliche Hintergrundarbeit an.

In letzter Zeit gab es im Zusammenhang mit seiner Vergangenheit eine sehr kritische Berichterstattung über Joschka Fischer. Wie wirkt sich das auf Ihre Arbeit aus?
Was unangenehm aufstößt, ist, dass die Frage, ob wir gute Politik machen, dabei völlig in den Hintergrund gerät. Es hat vor kurzer Zeit einen Artikel gegeben in einem größeren Magazin, da ging es in keinem einzigen Punkt um politische, sondern nur um persönliche Qualitäten. Dieser Ansatz führt, wie ich das hier in Berlin für typisch halte, zu einer Überpersonalisierung der Politik und zu einer Reduktion des politischen Fundaments.

Warum polarisiert gerade Joschka Fischer so sehr?
Weil er authentisch ist.

Einerseits spielen Inszenierungen vor Fernsehkameras heute eine immer größere Rolle für Politiker, andererseits hat man den Eindruck, Joschka Fischer verweigert sich den Journalisten. Wie passt das zusammen?
Journalisten vermuten immer, es gibt große Präsentationsstrategien für eine Person. Joschka Fischer aber ist eine Person mit starker politischer und persönlicher Vorprägung. Um eine authentische Person wie ihn zu inszenieren, muss man keine große Leistung vollbringen. Ich glaube nicht, dass sich sein Verhältnis zu den Journalisten verändert hat – aber das Verhältnis der Journalisten zu ihm, insbesondere ihre Erwartungshaltung. Man erwartet extra viel von ihm, man erwartet den kreativen Impuls. Seine Erfolge in den ersten beiden Regierungsjahren, etwa die friedliche Lösung des Kosovo-Konfliktes, haben zusätzliche Erwartungen erzeugt.

Warum wird gerade von ihm so viel erwartet?
Ich glaube, weil er bis zu einem gewissen Grad eine Stellvertreterfunktion für viele Journalisten der gleichen Generation hat. Viele der eigenen biographischen Erwartungen und Hoffnungen werden an Joschka Fischer festgemacht – und auch viele der eigenen Enttäuschungen. Dies schafft ein sehr komplexes psychologisch-biographisches Verhältnis, das man als Subtext bei jeder Berichterstattung über die Person mitlesen muss.

Journalisten verletzen andere manchmal durch einen Artikel oder Kommentar. Sind sie umgekehrt, wenn über sie gesprochen oder geschrieben wird, aber nicht besonders empfindlich?
Das ist eine der Fragen, zu denen ich einfach schweige.

Wenn Sie schweigen, würde das ein Ja bedeuten?
Dann schweige ich.

Erik Kirschbaum

Der New Yorker Erik Kirschbaum, Jg. 1960, begann seine journalistische Laufbahn in den USA und berichtet seit 1989 aus Deutschland für amerikanische Zeitschriften und internationale Nachrichtenagenturen.

Herr Kirschbaum, Sie berichten als Ausländer über Politik in Deutschland. Haben Sie eine andere Sicht auf die Dinge als Ihre deutschen Kollegen?
Ja, manchmal schon. Die deutschen Journalisten schreiben nicht immer über die gleichen Themen wie ich oder betonen nicht die gleichen Dinge. Beim Rechtsradikalismus zum Beispiel habe ich manchmal das Gefühl, das wird hier in Deutschland ganz kurz hochgepuscht, und dann verschwindet das Thema wieder. Viele ausländische Journalisten dagegen haben da ein konstantes Auge drauf – vor allem darauf, was die Regierung dagegen unternimmt.

Sehen Sie im Rechtsradikalismus eine ernste Gefahr für Deutschland?
Ernsthafte Gefahr ist sehr übertrieben, denn Deutschland hat eine sehr stabile Demokratie. Es gibt ja in vielen Ländern Probleme mit Rechtsradikalen. Aber wegen seiner besonderen Geschichte ist das Interesse des Auslandes an Deutschland natürlich größer.

Gibt es noch Unterschiede zwischen Ihnen und Ihren deutschen Kollegen?
Die deutschen Medien berichten viel weniger neutral, als ich für meine Agentur schreibe. Manche Zeitungen und Fernsehprogramme haben eine linke Tendenz, manche eine rechte. In den verschiedenen Zeitungen gibt es jeweils eine andere Version oder eine andere Betonung. Und es gibt kaum eine Sendung in Deutschland, die keine politische Färbung hat. Ich bin immer wieder erstaunt, wie viele Leute mit Parteibüchern es bei den öffentlich-rechtlichen Sendern gibt. In den USA wäre es für Leute mit Parteibuch nicht so einfach, in einer Fernsehanstalt unterzukommen.

Denken Sie, dass Sie wirklich objektiv berichten?
Ja, natürlich. Es gibt natürlich immer die eine oder andere Betonung, aber ich habe den Anspruch, so neutral wie möglich zu sein. Ich schreibe ja nicht für eine Regierung, ich schreibe für eine Nachrichtenagentur. Und diese Nachrichten gehen an viele Tausende von Zeitungen und Radio- und Fernsehanstalten in der ganzen Welt.

Haben Sie den Eindruck, dass sich die politische Berichterstattung in Deutschland verändert hat?
In den zehn Jahren, die ich nun in Deutschland bin, wurden die politischen Wahlkämpfe immer mehr amerikani-

Demonstration gegen das Verbot der NPD

siert. Es geht ein bisschen weniger um Sachthemen, sondern mehr um populäre Themen. Und man sieht in Deutschland immer häufiger diese TV-gerechten, mediencharismatischen Politiker und immer seltener diesen alten Typ von Politikern, die im Hinterzimmer mit der Zigarre sitzen. Aber diese Entwicklung ist in vielen Ländern zu beobachten.

Haben die Inhalte in der Berichterstattung abgenommen?
Ja, manchmal schon, wenn man zum Beispiel bedenkt, wie intensiv und konzentriert die Parteitage vor fünfzehn, zwanzig Jahren waren. Es gab nur Sachthemen. Heutzutage sind Parteitage ein Medienereignis, fernsehgerecht gemacht. Ich denke da an die SPD-Parteitage vor ein paar Jahren, wo es vor allem darum ging, Schröder und Lafontaine den Medien zu präsentieren. Für eine Partei wie die SPD war das schon ein großer Sprung. Bundeskanzler Schröder ist ein Paradebeispiel für jemanden, der ganz genau weiß, wie er die Macht der TV-Kameras für sich nutzen kann. Er macht das sehr geschickt. Die CDU versucht das jetzt ein bisschen nachzumachen, und die FDP sowieso. Das geht in eine Richtung, wie wir sie in Amerika seit 30 Jahren kennen. John F. Kennedy, glaube ich, war der Erste, der die Macht des Fernsehens wirklich gut genutzt hat.

Die deutschen Politiker haben also von Amerika gelernt?
Ja, das hat man letzten Sommer gesehen, als ziemlich viele deutsche Politiker bei den amerikanischen Parteitagen in Philadelphia und in Los Angeles waren. Die haben da sicher viel gelernt. Ich kann mir vorstellen, dass in zwei Jahren der Wahlkampf in Deutschland mehr wie ein amerikanischer aussieht.

Welche Rolle spielen dabei die Journalisten?
Die sind zum Teil Mitläufer und begleiten diesen Trend. Aber sie müssen ja ihre Zeitungen und Abendprogramme füllen, die brauchen das auch. Man kann einfach nicht weggucken und sich nur auf die Themen konzentrieren, man muss auch die Quoten oder Leserzahlen im Auge behalten.

Lassen sich die Journalisten von den Politikern auch benutzen?
Ja, aber nicht alle. Sicherlich gibt es manchmal eine enge Kooperation. Man sieht das überall, zum Beispiel wie die TV-Bosse auf Veranstaltungen mit den Politikern sprechen. Aber nicht jeder Journalist wird so beeinflusst. Ich schreibe, was ich sehe und höre und empfinde.

Haben Sie einen Grundkodex in Ihrer journalistischen Arbeit?
Ja, sicherlich: die Wahrheit und so ehrlich wie möglich zu schreiben. Und dass persönliche Verbindungen dabei keine Rolle spielen. Ich bewundere manchmal deutsche Kollegen, die etwas sehr Hartes gegen jemanden schreiben, den sie gut kennen. Und dann sehe ich wiederum andere Kollegen, die sehr sanft mit jemandem umgehen, den sie kennen. Für mich ist das manchmal ein bisschen komisch. Denn in Amerika ist man sehr stolz darauf, auf Distanz zu den Hauptfiguren zu gehen und keine zu enge Verbindung zu haben. Man ist stolz darauf, wenn man wirklich hart gegen etwas schreibt, das schlecht läuft.

Bei Ihnen gibt es also keine Nähe zu Politikern?
Nein. Ich schreibe ja für eine englischsprachige Agentur, und da ist es nicht immer leicht, Interviews mit Politikern zu bekommen. Nur im Wahlkampf sind sie öfter dazu bereit. Dann schnappe ich zu. Aber ich habe manchmal bittere Fragen, und die mögen sie nicht besonders.

Und wegen Ihrer bitteren Fragen bekommen Sie so selten Interview-Termine?
Nein, ich glaube nicht. Die deutschen Politiker wollen eher mit deutschen Medien sprechen, weil sie damit ihre Wählerschaft besser erreichen. Obwohl es Spitzenpolitiker gibt, die auch immer bereit waren, Fragen von ausländischen Medien zu beantworten. Helmut Kohl zum Beispiel. Er hat ausführliche und ehrliche Antworten gegeben und keine Witze über unseren Akzent gemacht. Es gibt andere deutsche Politiker, die machen Witze über den Akzent – nicht böse, sondern freundlich –, und die wollen die Fragen vermeiden und tun deshalb so, als ob sie nichts verstehen. Schröder versucht auch, normale und ehrliche Antworten zu geben, aber Kohl war in dieser Hinsicht etwas Besonderes. Der hat wirklich ein Auge auf das Ausland gehabt.

Wie sieht Ihr Fazit über den politischen Journalismus in Deutschland aus?
Das Publikum hier ist sehr an Politik interessiert. Hier sind die Zeitungen voll mit Politik. In Amerika haben es die Politiker viel schwerer und müssen darum kämpfen, in die Nachrichten zu kommen. Die breite Masse hat weniger Interesse an Politik und Geschichte. Hier dagegen liest man ziemlich viel über Politik und redet viel von Politik, man ist sehr gut informiert. In jeder U-Bahn, in jedem Café kann man über Politik reden, wenn man will. Und ich erlebe in Deutschland oft Leute, die nicht nur über deutsche Politik gut Bescheid wissen, sondern auch mehr über die politischen Probleme in Amerika als der Durchschnittsamerikaner. Und deswegen finde ich es so schön, in Deutschland zu wohnen und zu arbeiten.

Tim Brakemeier

JG. 1963, WAR FREIER MITARBEITER DER *HUSUMER NACHRICHTEN* UND ARBEITET HEUTE ALS BILDJOURNALIST FÜR DIE *DPA* IN BERLIN.

Herr Brakemeier, Sie hatten heute eine kleine Meinungsverschiedenheit mit einem Ihrer Kollegen. Es hat Sie geärgert, dass er seine Tasche durch irgendeine andere Tür bereits vorher in den Presseraum bringen durfte und Sie nicht.
Man muss halt hin und wieder deutlich machen, dass man nicht alles mit sich machen lässt. Ich fand, wenn so ein Saal verschlossen ist, dann sollte er überall verschlossen sein, damit alle die gleichen Startpositionen haben. Dafür gibt es hier zu viele Kollegen und zu wenige gute Positionen, die aber natürlich jeder haben will.

Und Ihr Kollege konnte mit seiner Tasche eine dieser Positionen schon vorher besetzen?
Ja. Das Problem ist, dass jeder den Kanzler mit diesem Rund von Bundespressekonferenz im Hintergrund haben will, aber diesen Spot kriegt man nur von zwei, drei Plätzen. Und wenn man sich davon einen gesichert hat, dann kann man natürlich vorher relaxt draußen stehen.

Und Sie konnten nicht relaxen, sondern mussten sich schon lange vor dem Termin vor der Tür anstellen. Dann rannten aber plötzlich alle zu einer ganz anderen Tür. Was ist da passiert?
Wir hatten uns vor der richtigen Tür gesammelt und relativ sauber aufgereiht. Dann aber ging wegen eines Organisationsfehlers plötzlich die andere Tür auf. Normalerweise ist es ein ungeschriebenes Gesetz, dass man halbwegs geordnet ohne großes Tohuwabohu in den Raum geht. In dem Fall aber kamen dann Leute wie ich, die zwei Stunden vor der richtigen Tür gewartet hatten, plötzlich als Letzte in den Saal und kriegten auch die schlechtesten Plätze. Das ist natürlich ärgerlich. Und wenn dann noch ein, zwei Fotografen den einen Spot für die ganze Stunde besetzen, dann ist das ein Problem.

Ist das immer ein Kampf jeder gegen jeden unter den Kollegen?
Ach, letzten Endes sind die Politikfotografen wie eine große Familie, und wie in jeder Familie gibt es Onkel und Tanten, mit denen man nicht unbedingt Kaffee trinken will. Aber im Großen und Ganzen versteht man sich. Wir sehen uns ja alle Morgen wieder, und dann würden die Spielchen umgekehrt laufen, aber wir wollen ja hier keinen Krieg anfangen. Nur bei manchen Events gibt es kein Halten mehr, wenn sie von der Wichtigkeit so heiß sind, dass man nur noch begrenzt Rücksicht nimmt. Dann versucht halt jeder, zuerst seine Schäfchen ins Trockene zu bringen, das ist ganz normal. Da achtet dann aber die Gruppe drauf, dass es nicht überhand nimmt. Normalerweise arrangieren wir uns ganz gut und wechseln uns im Laufe einer Pressekonferenz auf den Toppositionen ab.

Trotzdem kommt es immer wieder zu Reibereien?
Oft liegt das nur an einer mangelnden Organisation, wenn man nicht rechtzeitig irgendwo rein darf und der Raum zu klein ist. Da fängt dann diese Stampede an, die man aus dem Fernsehen kennt, wo 50 Kollegen gleichzeitig durch eine Tür wollen. Da wird es dann ruppig. Hier in Berlin kommt auch noch hinzu, dass sehr viele Kollegen das erste Mal auf einem Termin sind oder vielleicht nur jeden Monat einmal. Die halten sich dann nicht an die Spielregeln, weil sie nicht befürchten müssen, dass sie das nächste Mal hinten stehen und dann auf Solidarität bauen müssten.

Warum ist die Rivalität so groß unter den Kollegen?
Gerade bei den Agenturfotografen gibt es einen großen Konkurrenzdruck. Denn in den Zentralen der Agenturen wird täglich ganz genau gezählt, wie viele Bilder von welcher Agentur gedruckt worden sind.

Sie sind selbst Agenturfotograf und arbeiten für die* dpa*. Was passiert denn mit einem Kollegen, der unter dem Limit liegt?
Ein Limit in dem Sinne gibt es nicht. Natürlich gewinnt

Untersuchungsausschuss Schäuble

man und verliert man mal. Wenn man ein-, zweimal verliert, ist das kein Beinbruch. Aber wenn das längere Zeit so geht, dann wird man schon mal zu einem Gespräch gebeten.

Welche Unterschiede außer dem höheren Konkurrenzdruck gibt es noch zwischen einem Agenturfotografen und einem freien Pressefotografen?
Vor allen Dingen den Zeitdruck. Wir arbeiten zum einen den Tageszeitungen zu, die täglich recht früh andrucken, und zum Zweiten bekommt das Online-Geschäft bei uns immer mehr Gewicht, wo es ja gar keine Andruckzeiten mehr gibt. Diese Zwänge hat ein freier Fotograf so nicht. Besonders deutlich wird der Unterschied auf Reisen, wenn wir mittels Laptop und Handy unsere Bilder sofort bearbeiten und verschicken, während der freie Fotograf später zu Hause in aller Ruhe seine Bilder entwickeln kann.

Worin unterscheiden sich Agenturbilder von denen anderer Fotografen?
Für einen mehrseitigen Artikel im *Stern* kann der Fotograf eine Geschichte in Einzelbilder aufsplitten. Das kann ich als Agenturfotograf nicht. Ich habe für die *F.A.Z* oder die *Süddeutsche Zeitung* in der Regel nur ein einziges Bild, um eine Geschichte zu erzählen. Deswegen sind Agenturbilder oft sehr verdichtet. Das heißt, Sie müssen zum Beispiel den Kanzler mit der richtigen Gestik und Mimik und vor dem richtigen Hintergrund auf ein Bild bekommen. Sie können nicht erst auf einem Bild den Hintergrund zeigen und auf dem nächsten den Kanzler. Allerdings ist da heute ein Umbruch im Gange. Man kann nicht mehr so einfach sagen, dies ist ein Agenturfoto und jenes ein Illustriertenbild.

Warum nicht?
Weil immer mehr Zeitungen das so genannte »andere Bild« bevorzugen. Es sind heute oft nur noch die kleineren Zeitungen, die keine eigene Bildredaktion haben, die auf die typischen Agenturbilder zurückgreifen. Die größeren Zeitungen dagegen wollen nicht mehr die Standards wie: drei Minister unterhalten sich und stehen dabei möglichst kompakt zusammen, sondern dass man zum Beispiel ein bisschen mit leeren Räumen spielt, also quasi kompositorisch anders arbeitet. So ein anderes Bild wäre etwa, wenn man als extremes Panorama die ganze Ehrenfront abbildet und an einem Ende davon, ganz klein, die beiden Staatsgäste.

Wie alle Fotografen schleppen Sie immer viel Gepäck mit sich herum, so an die zwanzig Kilo. Haben Sie keine Probleme mit dem Kreuz?
Doch, ich komme gerade vom Orthopäden. Ich bin jetzt 37, und die Probleme fangen bereits an, was natürlich auch mit meiner Körpergröße zu tun hat. Jetzt soll ich ein bisschen öfter schwimmen gehen, Muskulatur aufbauen, ein bisschen weniger mit mir herumschleppen. Ob sich das mit dem Beruf vereinbaren lässt, steht auf einem anderen Blatt.

Es ist auch ein sehr stressiger Beruf. Hält man das auf Dauer denn lange durch?
Es gibt einige, die mit Mitte 40 von der Agentur zu einer Zeitung wechseln, weil sie diesen Stress nicht mehr aushalten, vor allem nicht diesen ständigen Konkurrenzdruck und die Angst, nicht mehr solche Bilder machen zu können wie vielleicht der 25-jährige Kollege von der anderen Agentur. Das schlägt sich bei einigen Kollegen dann seelisch nieder, und sie leiden an Depressionen.

Wie gehen Sie mit diesem Stress um?
Mein Stress hält sich in Grenzen, denn ich habe mit zwei Metern Größe ja körperliche Vorteile. Ich muss nicht in der ersten Reihe stehen, sondern kann durchaus mal Kollegen vor mich lassen. Und dann mache ich bestimmte Dinge einfach nicht mit. Denn wenn ich mich an das unwürdige Treiben in der Mauerstraße im vergangenen Winter erinnere, dann muss ich mich schon fragen, ob das noch der Beruf ist, für den ich mich einmal entschieden habe.

Was war denn so unwürdig in der Mauerstraße?
Es war die heiße Phase der Spendenaffäre der CDU. Die CDU-Gremien tagten in diesem Gebäude in der Mauerstraße, wo es für uns keinen Raum gab. Das heißt, wir mussten draußen auf der Straße herumlungern und warten, bis die Herrschaften rein- oder rausgehen. Es war nichts abgesperrt, und dann bildet sich kaum eine Gasse, weil jeder vor den Herrschaften steht und sie nicht durchlässt, weil er sie fotografieren oder interviewen will. Die Sicherheitsbeamten versuchen natürlich, den Weg zu bahnen, aber jemand wie Wolfgang Schäuble wird dann fast von Mikrophonkabeln erdrosselt, weil der Tonmann auf der einen Seite des Gewühles steht und der Kameramann auf der anderen. Da fragt man sich schon, ob es das wirklich wert ist, sich vor diesen Leuten so unwürdig verhalten zu müssen.

Sind Sie ein politisch interessierter Mensch?
Das wird man zwangsläufig in diesem Beruf. Sonst könnte man ihn auch nicht machen. Sehen Sie, Sport interessiert mich zum Beispiel gar nicht, und ergo bin ich ein vernichtend schlechter Sportfotograf. Das wissen meine Chefs auch, weshalb sie mich lieber im Bundestag als bei Hertha BSC einsetzen.

Welche Eigenschaften muss ein guter Pressefotograf haben?
Durchsetzungsvermögen, aber auch ein gutes Benehmen, weil man sich halt auf diesem öffentlichen Parkett bewegt. Ein breites Kreuz und eine gewisse Körpergröße schaden nicht, aber eigentlich ist das zweitrangig. In Bonn gab es mal einen zwergwüchsigen AP-Fotografen namens Schlagmann, der kam genauso gut zurecht wie ich mit meinen zwei Metern, weil er immer nach vorne gelassen wurde.

Hat irgendeines Ihrer Bilder etwas bewirkt?
Ich glaube, im Kleinen bewirken sie manchmal schon etwas. Ich habe Rückmeldungen aus Ministerien bekommen, dass meine Bilder teilweise sehr, sehr unangenehm aufgefallen sind – und das gerade bei Ministern, die ich eigentlich sehr gerne mag.

Mit welchen Ministern ist Ihnen das passiert?
Ich war damals während des Golfkrieges mit Blüm in einem kurdischen Flüchtlingslager, und er wurde von den Flüchtlingen auf Schultern zum Hubschrauber zurückgetragen und winkte in die Menge. Ein sehr schönes Bild. Aber im Ministerium wurde es dann so aufgefasst, dass sich jetzt der Blüm wie ein kleiner König feiern lässt. Das hat mir sehr Leid getan. Ein andermal waren wir in Nepal, und Blüm machte auf einer Wanderung in einer Blechhütte einen Kopfstand. Ich habe ihn sogar gefragt, ob ich das Bild verwenden darf, und Blüm sagte ja. Aber am nächsten Tag stand ich dann in der ganzen Delegation wie der Buhmann da, weil die *Bild* dieses Foto völlig aus dem Zusammenhang gerissen und für eine ganz andere Geschichte verwendet hatte. Da ist man machtlos.

Weshalb haben Sie Blüm um Erlaubnis gefragt?
Das war ja eine halb private Geschichte, deshalb gebot es mir der Anstand, mich rückzuversichern. Die Privatsphäre zu verletzen, wäre für mich eine Tabugrenze. Außerdem will ich den Herrschaften auch vermitteln, dass sie sich auf mich verlassen können, dass ich sie nicht über den Tisch ziehe. Denn was nutzt mir dieser eine Erfolg auf der Titelseite, wenn ich für die nächsten drei Jahre nicht mehr angeguckt werde?

Herr Blüm war ja ein dankbares Objekt für Fotografen. Ist er die große Ausnahme?
Ein Problem sind vor allem diese ganzen Wichtigtuer, die um die Politiker herum sind. Dieses Abblocken, dieses Auf-Distanz-Halten! Es gibt da diesen vorauseilenden Gehorsam, der es nicht erlaubt, einen Minister auch mal was Lustiges machen zu lassen. Der Herr Minister würde sich vielleicht ganz gern mal in einen alten Rennwagen setzen, wenn die Fotografen das wünschen. Aber dann heißt es gleich: O mein Gott, der Herr Minister, das darf auf gar keinen Fall passieren!

Aber nicht nur die Sicherheitsleute, auch die Politiker selbst behandeln die Fotografen manchmal eher wie lästige Fliegen.
Ja, aber das rächt sich natürlich irgendwann. Damit will ich jetzt nicht sagen, dass man absichtlich von einigen Politikern schlechte Bilder macht. Das liegt mir völlig fern. Aber wenn einem die Politiker keine Chance für bessere

Bilder geben, kommt irgendwann der Punkt, an dem man Bilder auf den Draht gibt, auf denen sie ungünstig aussehen, denn die Zeitungen wollen was sehen.

Auf welches Ihrer Bilder sind Sie besonders stolz?
Da fällt mir ein Bild von Wolfgang Schäuble ein, das ich an dem Tag gemacht habe, als der Spendenuntersuchungsausschuss ins Leben gerufen wurde. Wir kamen gerade von einem Fototermin aus der Fraktion, und ich sah Schäuble gerade noch von hinten, wie er einen langen Gang entlangrollte. Da blieb gerade so viel Zeit, noch instinktiv die Kamera hinzuhalten und draufzudrücken und zu hoffen, dass die Programmautomatik und der Autofokus den Rest machen. Und das Bild hat gesessen! Da ist man dann stolz drauf, da ist man zufrieden. Aber so ein wirklich schöner Schuss gelingt vielleicht alle fünf, sechs Monate mal.

NPD
Argumente statt Verbote
NEIN ZUM NPD VERBOT!
Infos unter: http://www.npd.net
NPD
BERLINER MOR
POLIZEI

Dieter Schröder

JG. 1931, ARBEITETE, ABGESEHEN VON EINEM INTERMEZZO BEIM *SPIEGEL* (1964–65), AB 1953 BEI DER *SÜDDEUTSCHEN ZEITUNG*, SEIT 1985 ALS CHEFREDAKTEUR. 1996 WECHSELTE ER ALS HERAUSGEBER ZUR *BERLINER ZEITUNG*.

Herr Schröder, Sie sind seit fünf Jahren Herausgeber der* Berliner Zeitung*. Was hat sich in Berlin geändert in dieser Zeit?
Seit die Bundesregierung hierher gekommen ist, herrscht in Berlin ein geradezu mörderischer Konkurrenzkampf. Die Journalisten sind sehr viel härter hinter Exklusivgeschichten her. Das hat den Vorteil, dass die Aktualität enorm gestiegen ist, aber den Nachteil, dass die Sitten ein bisschen wilder geworden sind.

Wenn jeder möglichst schnell und exklusiv seine Geschichte haben will, fehlt da nicht die Zeit, um etwas wirklich zu recherchieren?
So allgemein würde ich das nicht sagen, aber es gibt nachweislich Fälle, wo in zu großer Eile eine Geschichte sozusagen abgeschossen wird ohne die notwendige Recherche.

Was tun die Politiker hier in Berlin, um die Journalisten zu pflegen?
Sie bemühen sich darum, Journalisten mit Informationen für sich einzunehmen. Es ist ein symbiotisches Verhältnis, aber die Politiker betrachten das immer unter dem Gesichtspunkt, was kann es mir nützen, was kann es mir schaden. Wenn eine Zeitung oder ein Journalist zweimal negativ über sie berichten, dann kühlt sich das Verhältnis schnell ab.

Das heißt, Sie werden vom Informationsfluss ausgeschlossen?
Ja. Wobei das in Berlin nicht mehr so leicht geht wie in Bonn. Dort gab es ja das Kartensystem. Die gelbe Karte waren zum Beispiel die SPD-Journalisten. Man hat also immer nur die Leute der eigenen Couleur eingeladen und denen Informationen gegeben. Das funktioniert in Berlin nicht mehr, weil einfach alles zu groß geworden ist. Es gibt zwar immer noch nahe stehende Journalisten, die möglicherweise mehr zu hören kriegen, aber insgesamt ist der Markt der Informationen offener geworden.

Was tun die Journalisten, um die Politiker zu pflegen?
Man muss einen ständigen Kontakt unterhalten. Wir haben ein so genanntes Bundesbüro mit Leuten, die sich um bestimmte Parteien oder Politiker kümmern. Das darf natürlich nicht so weit gehen, dass sie denen nach dem Mund reden oder schreiben. Sonst verlieren sie in diesem Geschäft sehr schnell den Respekt der Politiker. Journalisten können sich ihre Achtung eigentlich nur erhalten, indem sie ihre Geschichten schreiben ohne Rücksicht auf Beeinflussungsversuche.

Wie sehen solche Beeinflussungsversuche denn aus?
Die können einmal darin bestehen, dass man bei einem Glas Bier versucht, einem Journalisten im Guten zuzureden, weil man den gut kennt und weiß, ach Gott, der will es sich mit mir ja vielleicht nicht verderben. Die Beeinflussung kann aber auch darin bestehen, dass man ihn, wie schon gesagt, ausschließt von Informationen und Veranstaltungen, ihn zum Beispiel nicht mehr zu Reisen einlädt. Sie kann viele Formen annehmen, normalerweise aber nicht diejenige – wir sind ja hier in einem demokratisch gesitteten Land –, über die Verlage Einfluss zu nehmen. Das heißt, unter Adenauer kam das gelegentlich vor. Kohl hat es auch mal versucht, hat es sich aber bald wieder abgewöhnt. Das bringt keinen Erfolg.

Ist das nicht schrecklich für einen Journalisten, von der Information ausgeschlossen zu sein, nachdem der Informationsdruck so zugenommen hat?

Demonstration gegen NPD-Verbot

Kann, muss aber nicht unbedingt so sein. In Wahrheit ist möglicherweise die schnelllebige Information gar nicht so wichtig. Es ist wichtiger, seine Unabhängigkeit zu bewahren und seine Meinung offen zu sagen ohne Rücksicht auf irgendwelche Animositäten.

Sind Sie frei von Animositäten gegenüber Politikern?
Nein, das wäre ja ganz unmenschlich. Es ist der alte journalistische Streit, ob es so was wie absolute Objektivität gibt. Die gibt es natürlich nicht. Egal, welchen Politiker Sie betrachten, mit wem Sie umgehen, da spielen natürlich Gefühle oder auch Vorurteile immer eine Rolle. Was ich aber nicht weiter schlimm finde, wenn das erkennbar ist und man sich nicht verstellt. Wie jeder Mensch haben auch Journalisten eine eigene Meinung, und die sollten sie nicht unterdrücken.

Hat Ihre persönliche politische Richtung immer zur Richtung des Blattes gepasst, bei dem Sie gerade waren?
Im Großen und Ganzen schon, sonst wäre ich bei dem Blatt nicht gewesen. Aber das heißt natürlich nicht, dass ich immer mit allem einverstanden bin, was in dem Blatt erscheint, oder dass die anderen einverstanden sind mit dem, was ich selber da schreibe. Auch in einer Redaktion gibt es ständige Auseinandersetzungen über die politische Linie.

Beschreiben Sie doch mal Ihre Rolle als politischer Journalist!
Auf jeden Fall ist sie nicht parteipolitisch geprägt. Ich habe niemals einer Partei angehört und will keinem Politiker helfen, bestimmte Ziele durchzusetzen, das müssen die schon selber machen. Meine Aufgabe ist nur, zu informieren, so gut und so breit wie möglich, und dem Leser damit die Möglichkeit zu geben, sich selber eine Meinung zu bilden. Ich halte mich für einen Liberalen in dem Sinne, dass ich viele verschiedene Meinungen honoriere, von denen ich auch denke, dass sie in einer großen Zeitung vertreten sein müssen. Massenblätter wie die *Süddeutsche Zeitung* mit ungefähr 1,2 Millionen Lesern oder auch die *Berliner Zeitung* mit über 600.000 Lesern bedienen ein Publikum, in dem unmöglich alle die gleiche Meinung haben können. Das sollte die Zeitung berücksichtigen. Mit meinem Eintreten für ein breites Meinungsspektrum habe ich mir auch schon viele Feinde gemacht. Aber ich bin einfach dagegen, sich so einengen zu lassen. Die Zeiten der Parteiblätter sind vorbei, die gibt's nicht mehr.

Verstehen Sie sich auch als Kontrolleur der Politik?
Ja, natürlich. Das wird besonders bei Enthüllungsgeschichten deutlich. Als zum Beispiel Streibl wegen der Amigo-Affäre zurücktreten musste, war das eindeutig ein Erfolg der *Süddeutschen Zeitung*. Das ist nicht der Normalfall. Aber wenn man Glück hat, funktioniert es.

Sie haben früher selbst als Enthüllungsjournalist gearbeitet. Glauben Sie, dass Sie mit Ihren Artikeln irgendetwas in der politischen Landschaft bewirkt haben?
Also, ich sehe das heute mit einer gewissen Abgeklärtheit. Ich habe zum Beispiel eine Menge über Strauß als Verteidigungsminister und über Rüstungsskandale geschrieben mit dem Erfolg, dass die SPD 1957 einen Untersuchungsausschuss einberufen hat, in dem ich dann als Zeuge auftrat. Damals übrigens war mir die SPD sehr viel lieber als andere Parteien, und ich galt als sehr links und kess. Der Untersuchungsausschuss hat der SPD aber leider nichts geholfen. Das Ergebnis war, dass die CDU hinterher bei der Wahl das einzige Mal eine absolute Mehrheit bekam.

Fühlten Sie sich auch mal von den Politikern instrumentalisiert?
Ich persönlich nicht, aber die Gefahr ist sehr groß. Sogar der Enthüllungsjournalist unterliegt immer der Gefahr, instrumentalisiert zu werden. Denn Enthüllungen beruhen ja auf irgendwelchen Informationen. Und woher kommen die? Von Leuten, die selber politische Interessen haben und irgendjemandem schaden wollen. Wie gesagt, habe ich in meiner Jugendzeit als Bonner Korrespondent viel über Strauß geschrieben. Und wenn ich irgendwas über Strauß wissen wollte, bin ich natürlich zu seinen politischen Gegnern gegangen, auch in der CSU. Zu Richard Jäger, der den Strauß gehasst hat und mir immer mit großem Interesse – eigenem Interesse – brühwarm Geschichten erzählt hat, die für Strauß schädlich waren. Aber wenn Sie Informationen haben wollen, können Sie das gar nicht vermeiden. Das Einzige, was Sie dann machen müssen, ist, diese Informationen noch mal nachzuprüfen. Die Gefahr ist nämlich sehr groß, dass Ihnen irgendeiner aus Eigennutz was erzählt, das nicht stimmt.

Sie sagten, Sie waren früher links und kess. Was sind Sie heute?
Ich bin mit zunehmendem Alter natürlich etwas konservativer geworden. Ich halte es mit dem alten Churchill-Wort: Wer mit zwanzig nicht links ist, hat kein Herz, und wer mit vierzig noch links ist, hat keinen Verstand.

Markus Deggerich

Jg. 1969, war drei Jahre lang Korrespondent der *dpa*. Er arbeitete für die *Süddeutsche Zeitung*, den *Stern* und die *Wochenpost*. 1999 ging er als erster politischer Online-Korrespondent für *Spiegel-Online* nach Berlin.

Herr Deggerich, Sie waren der erste parlamentarische Berichterstatter, der ausschließlich ins Internet berichtete. Welchen Einfluss auf die Politik hat das Internet?
Der Einfluss des Internets steigt in dem Maße, in dem die Parteien sich stärker um die so genannten Wechselwähler bemühen müssen. Die Zeit der klassischen CDU- oder SPD-treuen Wähler ist ja ein bisschen vorbei. Die neuen Wähler sind selbstbewusste, selbst denkende Menschen, die sich viel mehr übers Internet als über die klassischen Medien informieren. Wollen die Politiker diese Leute erreichen, müssen sie ins Internet.

Wie reagieren die Politiker auf diese Entwicklung?
Verunsichert. Wenn man etwas nicht kennt, zieht man sich auf das Altbekannte zurück, das heißt, man versucht mit der *Bild* und dem Fernsehen zu regieren. Je stärker sie aber mitbekommen, dass sie, wenn sie uns Interviews geben, genau das erreichen, was sie wollen, nämlich Öffentlichkeit und Meinungsbildung, umso stärker öffnen sie sich auch für das Medium und für die Journalisten, die in diesem Medium arbeiten.

Aber Sie werden noch nicht so umworben wie die Fernsehjournalisten?
Im ersten Jahr war es eher so, dass ich werben und Überzeugungsarbeit leisten musste. Inzwischen gibt es einen Bewusstseinswandel und die Politiker wenden sich an uns, und nicht nur, um Interviews zu geben, sondern auch, um sich Rat zu holen für die Homepage der eigenen Partei oder wie sie Kampagnen im Internet führen können. Es dreht sich also langsam um, das heißt, sie werben jetzt um uns.

Wie erleben Sie das Verhältnis zwischen Journalisten und Politikern?
Als Rollenspiel. Man erreicht kaum den Menschen und hat das Gefühl, sowohl ich als Journalist als auch der Mann oder die Frau, die mir jetzt gegenüber steht, werden beide immer in ihrer Rolle sein. Auch wenn sie sich für ein Hintergrundgespräch verabreden, mal ein Bier trinken gehen und off the records reden, auch dann ist es eigentlich ein gesteuertes Gespräch, auch dann will der Politiker mich irgendwie einfangen. Das hat ein bisschen was von Schachspielen.

Wie unterscheidet sich ein Interview fürs Internet von einem Interview für Print oder Fernsehen?
Gar nicht. Journalistisch machen wir ja nichts anderes. Wir führen Interviews, schreiben Kommentare und Reportagen, machen Filme und Audiofiles. Die Politiker äußern sich für uns nicht anders. Nur wenn sie noch nicht genau wissen, um was es geht, versuchen sie sich ein bisschen anzubiedern, indem sie in so eine Jugendsprache verfallen. Aber das gibt sich sehr schnell.

Weil sie einsehen, dass das Internet nicht nur ein Spielzeug für Jugendliche ist, sondern ein ernst zu nehmendes Medium?
Ich würde sagen, man muss es sogar sehr ernst nehmen, da es viel weniger oberflächlich als etwa Fernsehen ist. Wenn ich heute als Politiker in die Nachrichten will, muss ich zugespitzt drei Sätze sagen, sonst komme ich nicht rein. Es geht nicht mehr darum, Themen zu besetzen, sondern Begriffe zu besetzen. Das haben wir ja erlebt in dieser Diskussion um die Leitkultur. Keiner weiß, was darunter zu verstehen ist, aber jeder hat darüber geredet. Diese Oberflächlichkeit erlaubt das Netz nicht. Ich bin gezwungen, mich stärker um Inhalte zu kümmern und sie auch entsprechend darzustellen, so dass sie jeder verstehen kann. Das Netz kann Inhalte vertiefen und komplett darstellen, optisch und akustisch und auch schriftlich. Das erlaubt kein anderes Medium. Bei den klassischen elektronischen

Medien heißt es ja sowieso immer, alles versende sich, sei also schnell wieder vergessen. Und man kann auch gar nicht so viele Bäume abholzen und Zeitungspapier bedrucken, um so viel Tiefe herzustellen, wie es das Internet kann. Nirgendwo können die Parteien deshalb ihre Kandidaten und auch ihre Inhalte so gut transportieren wie über das Internet.

Wie weit könnte das Internet die Wahlen 2006 beeinflussen?
Es wird schon 2002 eine große Rolle spielen. Die Parteien informieren sich bereits bei uns, wie sie ihre Kampagne für den Bundestagswahlkampf 2002 im Internet führen sollen. Da wird das Internet vielleicht noch ein bisschen eine Experimentierstube für die Parteien sein. Aber 2006 wird man die Erfahrung, die man 2002 gesammelt hat, auswerten und professionalisieren. Dann kann das Internet entscheidend sein.

Das heißt, es kann die Wahl entscheiden?
Entschieden wird sie durch Inhalte und Personen, und es gibt kein Medium, das Inhalte und Personen umfassender und tiefer und vollständiger transportieren kann als das Internet. Insofern ist das Internet wahlentscheidend, ja.

Was macht Sie da so sicher?
Wir haben circa 25 Millionen Anschlüsse in Deutschland. Das heißt, über ein Viertel der Bevölkerung kann bereits ins Netz, obwohl wir gerade erst die Gutenberg-Zeit des Internets verlassen haben. Noch immer ist das Netz ja zu sperrig und auch zu teuer. Man muss den Computer erst einschalten und sich dann übers Modem ins Netz einwählen. Das ist alles noch ein bisschen zu kompliziert. Wenn das Internet aber billiger und die Handhabung leichter wird, dann wird sich dieses Medium als Lead-Medium durchsetzen. Dann wird keiner mehr darum herumkommen, weder als Wähler noch als Politiker. Und bis 2006 wird die Verbreitung des Internet und die Gewöhnung an dieses Medium bei Politikern, Journalisten und Wählern so ausgeprägt sein, dass das Netz absolut wahlentscheidend sein wird. Wer da bestehen will, kann das Netz nicht mehr ignorieren.

Wird das Internet dann auch zur Wahlurne?
Ich glaube nicht, dass wir 2006 virtuell wählen werden, aber es laufen schon die ersten Versuche an einigen Universitäten. Und Otto Schily träumt inzwischen auch schon von der Online-Wahl.

Welche Funktion könnte das Internet haben, bei den Wahlen der Zukunft?
Es flammt ja immer mal wieder die Diskussion über eine Urwahl von Kandidaten auf. Sozusagen in der alten Welt ist das sehr schwer zu organisieren und kostet eine Menge Geld. Im Netz ließe sich das relativ schnell und auch preiswert realisieren. Das heißt, das Internet könnte basisdemokratische Elemente in das Verhältnis zwischen Wähler und Politiker einführen und zum Beispiel auch bei der Entwicklung von Parteiprogrammen eine Rolle spielen. Diese Möglichkeiten sind ja schon da, sie werden nur noch nicht genutzt – vielleicht weil die Politiker lieber auf den alten Wegen bleiben, die ihnen etwas mehr Einfluss garantieren. Aber es gibt bereits erste Ansätze: Die CDU hat ihren Bildungsparteitag im Internet vorbereitet, indem sie die Leitanträge ins Netz stellte und ihre Mitglieder dort darüber beraten ließ. Sie haben zwar nicht online abstimmen lassen, aber sie haben Änderungsvorschläge aus dem Netz dann mit in den realen Parteitag genommen. Die Grünen werden demnächst sogar einen virtuellen Parteitag im Netz veranstalten. Das ersetzt zwar nicht das persönliche Gespräch, aber es bietet die Chance, dass jeder an diesem Parteitag mitarbeiten kann, egal ob er in Hamburg oder Stuttgart sitzt.

Das Internet wird also die politische Kultur der Parteien verändern?
Das hat es bereits. Bei der SPD ist es zum Beispiel so, dass morgens der Generalsekretär Müntefering die Parole des Tages ausgibt – nicht im Internet, aber im Intranet der SPD, an das alle Ortsvereine angeschlossen sind. Der Generalsekretär formuliert in drei Sätzen die Haltung etwa zur Steuerreform und sorgt auf diese Weise dafür, dass alle SPD-Funktionäre im ganzen Land die gleiche Meinung äußern können, egal ob jetzt die Lokalzeitung einen Ortsvereinsvorsitzenden anruft oder der Fraktionsvorsitzende im Bundestag befragt wird. Natürlich sagt er nicht, dass nun alle so denken müssen wie er, aber er kann die Partei stärker führen, um es vorsichtig zu formulieren.

Und was heißt das unvorsichtig formuliert? Dass das Internet auch zur Gleichschaltung dienen kann?
Das Internet ist ja erst mal basisdemokratisch, das heißt, Menschen dort zu beeindrucken ist sehr viel schwieriger als mit klassischen Medien, weil die Leute, die mit dem Netz aufgewachsen sind, sehr viel freier in ihren Gedanken sind, sehr viel selbstbewusster und auch sehr viel kritischer. Wir merken das auch an unserer eigenen Berichterstattung, da das Internet ja die Möglichkeit der Interaktion bietet und jeder Leser sofort auf unsere Artikel reagieren kann. Unsere Namenszeile ist gleichzeitig auch die E-Mail-Adresse. Dadurch ist der Journalist und auch der Politiker, der ein Interview gibt, sehr viel stärker gefordert, sich mit seinen Lesern oder Wählern auseinander zu setzen. Das heißt, die Politiker und auch die Journalisten geben einen Teil ihrer Macht ab, was sicher auch ein Grund für ihre Verunsicherung gegenüber dem Internet ist.

Welche Macht müssen die Politiker denn abgeben?
Politiker versuchen ja, die öffentliche Meinung zu steuern über Informationen, die sie rausgeben oder verschweigen. Das wird sehr viel schwieriger durch das Netz, weil ich als Journalist, aber auch jeder Leser oder Wähler, viel mehr Möglichkeiten habe, gegenteilige Positionen, gegenteilige Informationen zu recherchieren.

Und welche Macht müssen Online-Journalisten abgeben?
Der Journalist, der im Internet arbeitet, tritt sehr viel stärker in den Hintergrund, er ist stärker Vermittler. Er ist nicht mehr der große Leitartikelschreiber, der ex cathedra das

Pressekonferenz Kohl

Gebot für den politisch denkenden Menschen verkündet, und der Leser kann seine Meinung teilen oder nicht und bestenfalls einen Leserbrief schreiben. Im Internet ist die Auseinandersetzung über Inhalte keine Einbahnstraße mehr, sondern der Leser hat Einfluss auf die Inhalte, die produziert werden. Wir haben ja keinen Redaktionsschluss und keine Layoutvorgaben. Wenn eine Recherche beendet ist, schreibe ich den Text, stelle ihn ins Netz – und habe im Glücksfall fünf Minuten später ein Feedback vom Leser, der mir sagt, dass ich da noch diesen Aspekt vergessen hätte oder dass ich unbedingt noch auf diese Website in den USA gucken solle, weil dort ganz andere Forschungsergebnisse stehen. Wenn eine Zeitung gedruckt ist, ist sie gedruckt und mein Artikel in der Welt. Wenn ich als Online-Redakteur solche Informationen von einem Leser bekomme, setzt er mich unter Druck. Entweder ich verändere meinen Artikel, oder ich muss mich dafür rechtfertigen, dass ich mein bisheriges Rechercheergebnis für vollständig halte. Das heißt, ich teile meine Macht mit dem Leser.

Das heißt umgekehrt aber auch, dass der Leser sich verändern muss, dass er aktiv am Geschehen partizipieren muss?
Richtig, aber genau das will er ja auch. Unserer Erfahrung nach wird es dankbar angenommen, dass nicht mehr der große *Spiegel* von oben herab den Leuten die Welt erklärt, sondern dass er seine Leser ernst nimmt und sie sich einmischen können – und je mehr sie das können, desto aktiver werden sie. Dieser Prozess wird sich auch übertragen auf das Verhältnis zwischen Politikern und Wählern. Die Wähler werden sehr viel stärker eingebunden sein in die Entwicklung von Programmen und Inhalten und werden dadurch sehr viel selbstbewusster. Und je selbstbewusster sie werden, desto ohnmächtiger werden die Politiker.

Klingt das nicht ein bisschen zu utopisch?
Nein, es gibt ja bereits Beispiele dafür. Zum Beispiel hat die SPD überlegt, nach Art der Hauswurfsendung eine Kampagne per E-Mail zu starten und den Leuten ungebetene elektronische Post zu schicken. Das gab einen Aufschrei im Internet, und die SPD-Zentrale ist bombardiert worden mit E-Mails, bis ihr Server lahm lag. Im Internet können sich die Menschen wehren und mit relativ wenig Aufwand und ohne Millionenetats Kampagnen für oder gegen etwas organisieren. Der Wähler kann sich stärker wehren, er kann Einfluss nehmen auf die Politiker. Er wird nicht mehr von oben dominiert, sondern der Politiker ist gezwungen, stärker auf ihn zu hören.

Für welche Leser schreiben Sie?
Für alle politisch interessierten Menschen. Für die, die sich über die Tageszeitung, das Wochenmagazin, die *Tagesschau* und zusätzlich eben auch übers Netz informieren. Und für die, die nicht mehr mit den klassischen Medien aufwachsen, sondern sich fast ausschließlich übers Internet informieren. Und die sind sehr viel schwieriger zu erreichen, weil sie nicht mehr diese Markentreue entwickeln wie etwa die *Spiegel*-Leser, sondern sich immer wieder umgucken, wer sie am besten informiert, bei wem sie sich am besten aufgehoben fühlen. Um diese User muss man jeden Tag neu kämpfen.

Wie meinungsbildend können Sie sein?
Sehr stark meinungsbildend, weil Meinung im Netz sehr stark gefragt ist. Im Gegensatz zu anderen Medien haben wir ja die Möglichkeit, für jeden einzelnen Artikel, den wir schreiben, genau nachprüfen zu können, wie oft er gelesen wurde. Und während Kommentare, wie ich glaube, in Tageszeitungen kaum noch wahrgenommen werden, können wir beweisen, dass gerade Kommentare bei uns die meistgelesenen Artikel sind. Ich führe das darauf zurück, dass das Internet so vielfältig und unübersichtlich ist, dass diese klassische journalistische Funktion »Bitte, nimm mich an die Hand und führe mich und gib mir Orientierung« dadurch wieder stärker gefragt ist.

Sie schreiben zwar für ein modernes Medium, unterliegen andererseits aber den ganz klassischen Bedingungen des Journalismus.
Richtig. Es ist der klassische Dreiklang im Journalismus: Information, Bildung, Unterhaltung. Und den aufs Netz zu übertragen, ihn dort dem Medium gemäß umzusetzen mit Text, Hintergründen, Filmen und Audiofiles, ist die Aufgabe des Online-Redakteurs. Wenn er es schafft, das Medium sinnvoll zu nutzen, also nicht nur zu spielen mit den technischen Möglichkeiten, dann erreicht er den Leser. Und wer den Leser erreicht, ist meinungsbildend.

Sie arbeiten für ein sehr schnelles Medium. Sind Sie demnach noch mehr darauf angewiesen, schnelle, exklusive Meldungen zu bekommen?
Natürlich brauchen wir wie jedes Medium, das Leitmedium sein will, exklusive, schnelle Meldungen. Und natürlich ist das Internet im Zweifelsfalle das schnellste Medium der Welt. Mit meinem Laptop und meinem Handy kann ich von jedem Ort aus arbeiten. Sobald ich mich per Handy in ein Telefonnetz einwählen kann, kann ich veröffentlichen. Aber es ist ein Irrtum, dass das Internet immer nur schnell sein muss. Ich kann in jeden Gang schalten, je nachdem, welchen ich für nötig halte. Wenn ich schnell sein will oder muss, kann ich schnell sein. Wenn ich nachdenklich sein will und möglichst viele Hintergrundinformationen anbieten will oder wenn ich Reportagen recherchieren und schreiben will, kann ich auch das. Dieses Medium ist also keineswegs nur dafür da, schnelle, oberflächliche Nachrichten hinauszublasen.

Warum sind Sie ausgerechnet Online-Journalist geworden?
Weil ich das Gefühl habe, in diesem Medium endlich all das gefunden zu haben, was ich, als ich noch für Print gearbeitet habe, immer ein bisschen vermisst habe, nämlich die anderen Darstellungsformen und auch die Nähe zum Leser oder Zuschauer. Das Internet ist das Medium, das alles vereint.

Jörg Gerresheim

Jg. 1964, arbeitete als Bauschlosser und war Inhaber einer Kinobestuhlfirma. Seit 1993 ist er freiberuflicher Kameramann und Mitinhaber einer Produktionsfirma.

Herr Gerresheim, Sie waren gestern bei der Verleihung der Goldenen Kamera und standen da in einem Pulk von 50 Kameraleuten und Fotografen. Wie erleben Sie das, wenn Sie so eingezwängt sind und warten müssen, bis endlich die Tür aufgeht?
Man könnte es, glaube ich, auch bequemer haben. Sie müssen sich das so vorstellen: Sie haben eine schwere Kamera auf der Schulter, und von allen Seiten wird gedrängelt. Man steht in den Startlöchern und wartet und hofft, dass man ein gutes Bild bekommt. Es kann jeden Augenblick losgehen, aber es geht nicht los, und die Kamera wird immer schwerer. Zuerst hieß es »zehn Minuten«, dann »eine Viertelstunde«, und am Ende sind wir eine Dreiviertelstunde vor dieser Tür gestanden.

Hat sich diese Tortur wenigstens gelohnt?
Es waren alles relativ unnütze Bilder, weil sich in dem Gedrängel alle gleichzeitig nach vorne geschoben haben. Und zwischendrin drängelten aus Gott weiß welchen Gründen auch noch Redakteure mit, die bei Bildterminen nun wirklich nichts zu suchen haben. Da fühlt man sich wie in einer Herde Hammel, die durch eine enge Stalltür gezwängt wird. Das macht unsereins nicht unbedingt Spaß, aber wir müssen halt mit.

Könnte man solche Termine auch besser organisieren?
Bestimmt! Man könnte die Leute in Gruppen reinlassen oder im Zweifel sogar aussortieren. Man lässt drei Kameraleute und drei Fotografen nach vorne, und die verteilen dann ihre Sachen an die anderen. Das fände ich völlig okay.

Obwohl Sie dadurch dann vielleicht arbeitslos werden würden?
Da mache ich mir keine Sorgen. Ich habe bei so einer Veranstaltung ja auch noch anderes zu tun, laufe herum und mache O-Töne. Mein Klagen und Jammern betrifft nur diese eine Situation, weil einem dieses Stehen und Warten und Eingezwängtsein jedes Mal wieder passiert.

Wenn der Pulk nach vorne drängt, schieben Sie da auch selbst mit?
Ich schiebe eigentlich gar nicht. Aber wenn von allen Seiten geschoben wird, dann setze ich mich natürlich auch durch. Aber das ist nicht bösartig. Man verträgt sich schon wieder.

Wenn alles vorbei ist?
Auch währenddessen. Wenn Sie sich in der Masse umdrehen, dann stößt die Kamera schon mal gegen jemand anderen, aber das nimmt der einem nicht übel. Und ich nehme es auch niemandem übel, wenn ich mal was abkriege.

Wie groß ist die Rivalität unter den Kollegen?
Das kommt darauf an, bei welchen Anlässen wir sind. Bei Boulevardsachen ist die Rivalität größer als zum Beispiel bei Politik. Denn die Stars versuchen im Zweifel, sich an der Presse vorbeizumogeln. Da geht es etwas wilder und bewegter zu, weil man mehr dahinter her sein muss, um ein Bild zu bekommen. Politiker dagegen lassen sich nicht lange bitten, zumindest vor der Wahl. Nach der Wahl machen sie sich dann auch wieder rarer.

Könnten Sie als freier Kameramann solche stressigen Termine wie die Verleihung der Goldenen Kamera nicht auch ablehnen?
Natürlich könnte ich das, aber an sich sind das gute Termine. Da sieht man Sachen, die man normalerweise nicht unbedingt sieht, und hat hinterher was zu erzählen. Außerdem gibt es immer gutes Essen.

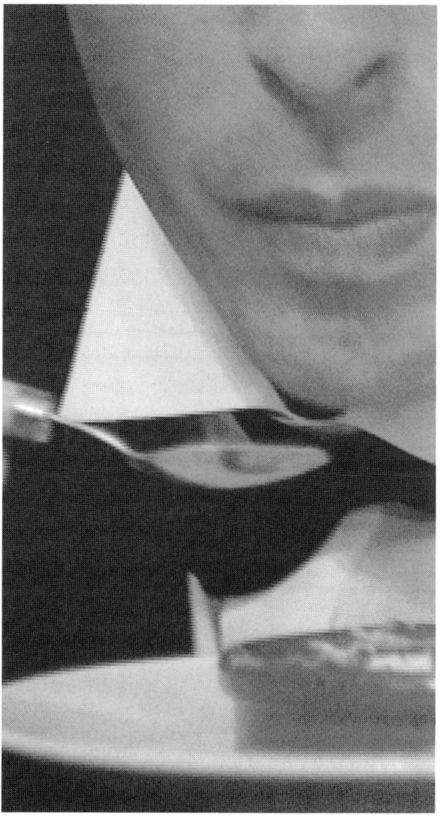

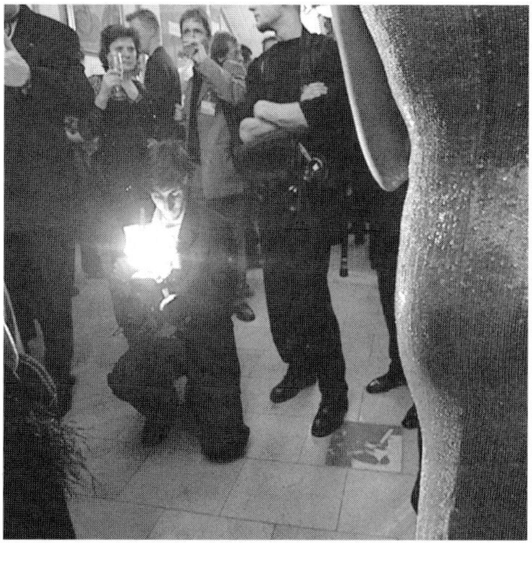

Verleihung der Goldenen Kamera

Peter Hahne

Jg. 1952, arbeitete ab 1972 in der Chefredaktion (Politik) des *Saarländischen Rundfunks* und ab 1985 als Moderator beim *ZDF* (*heute* und *heute journal*). Derzeit ist er stellvertretender Leiter des *ZDF*-Hauptstadtstudios in Berlin. Der Diplomtheologe ist Mitglied des Rates der Evang. Kirche Deutschlands (EKD) und Kolumnist der *Bild am Sonntag*.

Herr Hahne, Sie sind stellvertretender Leiter des ZDF-Hauptstadtstudios. Was für ein Chef sind Sie?
Ich versuche, gute Laune und Optimismus zu verbreiten und gehe auch selber voran an der Nachrichtenfront. Und ich erwarte, dass meine Mitarbeiter dieselbe Schwäche wie ich haben, nämlich Neugier. Dass sie Themen aufspüren, immer am Ball bleiben. Nach 27 Jahren im Nachrichtengeschäft lasse ich mir nichts mehr vormachen, wenn einer sagt, es geht nicht. »Geht nicht« gibt's nicht, selbst wenn das Licht ausfällt. Dann muss man wenigstens ein paar gute O-Töne nach Hause bringen.

Haben Sie noch andere Schwächen außer der Neugier?
Ich esse bei der Arbeit am liebsten Süßes. Schokolade soll ja Nervennahrung sein, die einen wieder auf Vordermann bringt.

Müssen Sie bei der Arbeit oft auf Vordermann gebracht werden?
Nein, ich fühle mich eigentlich durch meinen Optimismus und meine Lebensbejahung auch in schwierigen Phasen relativ stark.

Ich habe den Eindruck, dass Sie ein Mann sind, der nicht zu fassen ist. Könnte man sagen, Sie sind ein Mann ohne Eigenschaften?
Ich kann nur sagen, ich bin der ich bin. Theaterspielen kann man in unserem Beruf nicht, da zählt nur das Echte. Man kann nur die eigene Persönlichkeit über den Schirm bringen, sonst verliert man die Glaubwürdigkeit.

Schon bei der Vorbereitung auf dieses Gespräch fand ich aber keine fassbaren Konturen bei Ihnen.
Freundlich sein, auf Menschen zugehen, fair bleiben sind doch Eigenschaften, die fassbar sind. Sogar meine Kritiker werfen mir immer vor, dass ich zu freundlich bin. Und was kritisierbar ist, muss fassbar sein. Außerdem schafft nicht nur das Harte Konturen, die liegen auch auf der weichen Seite.

Lächeln ist eine Hemmschwelle für Angreifer. Ist Ihr Lächeln auch Ihr Schutz?
Ich kann das nicht auf Knopfdruck einsetzen. Ich versuche, echt zu sein, und wenn das nachher zu einem Schutz führt, wäre es nicht das Schlechteste. Dann perlt so manches, was einen im Inneren aufwühlen würde, an mir ab.

Was muss an Ihnen abperlen?
Zum Beispiel die Dinge, von denen ich in den Nachrichten berichte, die vielbeschworenen Negativmeldungen. Ich brauche immer erst eine Zeit, um das zu verarbeiten und frage mich: »Mensch, wie kommst du da wieder raus?« Nur ist unser Geschäft der Aktualität so hektisch, dass Sie vieles schlichtweg überspielen und in der Fülle der Arbeit auch bequem verdrängen.

Können Sie auch mal fies sein?
Vielleicht ist manches harmlosere kritische Wort aus meinem Mund für Leute fieser, als wenn einer, der als fies gilt, noch viel kritischer ist.

Setzen Sie diese Harmlosigkeit auch bewusst ein?
Ich setze bewusst eigentlich nichts ein, sonst wäre ich ja ein Schauspieler.

Sind Sie das wirklich nicht? Oder sind Ihre optimistische Haltung und Ihre Freundlichkeit vielleicht nur eine Maske?
Leute, die mich privat kennen, sagen immer: »Eigentlich bist du auf dem Schirm genau der, als den wir dich kennen.« Ich empfinde das als Lob. Und ich glaube, man darf Eigenschaften, die man auch ein Stück weit, wie ich, von seinem Vater geerbt hat – manche sagen sogar, »der Herr Hahne ist das Ebenbild seines Vaters« –, nicht gleich als Maske bezeichnen.

Was haben Sie von Ihrem Vater geerbt? Welche Eigenschaften gehen auf ihn zurück?
Von meinem Vater, der viel Schlimmes im Krieg erlitten hat, habe ich diesen unglaublichen Optimismus. Die Zähigkeit und der Lebenswille meines Vaters sind Lebensbejahung pur, und ich bin dankbar, dass ich das ein Stück geerbt habe. Als mein Vater unheilbar an Magenkrebs erkrankte und sofort operiert werden musste, da meinte er nur: »Junge, mach dich nicht verrückt, es wird schon gut gehen.« Und es ist nun bereits seit sieben Jahren gut gegangen.

Waren Sie schon als Kind immer so optimistisch und freundlich?
Ja. Bei meiner 30-jährigen Abiturfeier sagten mir alle ehemaligen Mitschüler, ich sei schon damals in der Schule immer derjenige gewesen, der die anderen zum Lachen gebracht habe. Aber ich bin nie der Kasper gewesen, ich war von der Ausstrahlung her eher einer, der die anderen mitgezogen hat, zum Beispiel meinen Sitznachbarn, für den bei jeder schlechten Zensur gleich die Welt unterging. Schon damals in der Schule habe ich übrigens gerne erzählt und Dinge wiedergegeben. Deshalb kam es nicht von ungefähr, dass ich mich schon früh für den Journalismus interessierte. Als ich meine ersten Sendungen machte, war ich ja fast noch ein Jugendlicher. Irgendwie hat mir das im Blut gelegen.

Sind Sie nun ein Mann ohne Eigenschaften oder nicht?
Wenn Sie keine Eigenschaften haben, absolut nicht fassbar, nicht greifbar und deshalb auch nicht angreifbar sind, dann sind Sie in der heutigen Gesellschaft ein solcher Durchschnittstyp, dass Sie keiner kennt und erkennt. Diese austauschbaren gestylten Teflontypen, die Sie teilweise in den Nachrichten sehen, kennt keiner, das beweist jede Umfrage. Ich dagegen habe einen bestimmten Erkennungswert. So ganz unerkannt bleibe ich nirgends. Wenn ich »Unter den Linden« spazieren gehe, und die Leute steigen aus dem Bus aus und wollen das Brandenburger Tor sehen und rufen plötzlich: »Da ist Peter Hahne!«, da muss man ja wohl etwas haben, was für die Leute so fassbar ist, dass sie einen nicht aus dem Kopf verlieren. Ich bin ein Mann mit Eigenschaften, der in seinem Optimismus kantiger ist als viele, die das heute nur spielen. Und ich habe Glaubwürdigkeit und Kompetenz und kann dem Zuschauer vermitteln, dass ich das nicht nur fürs Geld oder für die Popularität mache, sondern weil ich ein Dienstleister bin. Das will ich sein, das ist meine Eigenschaft.

Wenn Sie also doch ein Mann mit Eigenschaften sind, dann haben Sie sicher auch negative Eigenschaften, über die Sie vielleicht nicht so gern sprechen?
Ich erwecke zwar berufsbedingt immer den Eindruck, als würde ich über alles gerne sprechen. Aber bei mir gibt es bestimmte Grenzen. Ich denke immer, je näher die Menschen einem kommen, desto mehr schauen sie auch hinter das, was man sonst vielleicht leicht verdrängen und überspielen kann.

Was ist Nähe für Sie?
Nähe ist für mich, wenn ich mich wirklich auf einen Menschen einlasse, auf ein intensives Gespräch. Ich bin kein Typ, der sich abschottet. Ich komme immer ein bisschen in Schwierigkeiten, wenn ich mit wildfremden Leuten im Zugabteil sitze, und es herrscht eisiges Schweigen. Dann versuche ich, ein Gespräch anzufangen. Ich bin neugierig, will etwas wissen über die Menschen, unterhalte mich wirklich gerne – alles Gründe, warum ich Journalist geworden bin.

Wie hat sich der Mensch Peter Hahne verändert, in den vergangenen Jahrzehnten?
Da fällt mir nichts ein. Ich bin nicht der Typ, der in sich rumbohrt, bis er endlich was findet. Aber natürlich wird man reifer, und manche Kanten werden abgeschliffen.

Welche Kanten wurden abgeschliffen?
Ich bin ein sehr impulsiver Mensch, was dem strengen Nachrichtengeschäft nicht angemessen war, als ich in diesem Beruf anfing. Ich musste also ruhiger, sachlicher, kurzum: angemessener werden. Das geschah, als ich den Sprung vom Hörfunk zum Fernsehen machte. Sobald man sichtbar wird, kommt die Botschaft des Gesichtes und die Körperhaltung mit rüber. Da muss man sich disziplinieren.

Sie sind nicht nur erfolgreich im Fernsehen, sondern auch in der* Bild am Sonntag *mit Ihren Kommentaren zu allen möglichen Themen. Warum können Sie über so gut wie alles schreiben?
Weil ich nah bei den Leuten bin. Ich fahre gerne mit der U-Bahn und höre den Leuten zu, da schnappe ich meine Themen auf. Und mir ist es auch wichtig, in meinem Bekanntenkreis nicht nur Journalisten und Politiker zu haben, sondern ganz normale Leute.

Warum halten Sie sich in Ihren Kommentaren immer so im Allgemeinen? Um nicht fassbar zu werden?
Im Mediengeschäft bleibt man immer distanziert – durch die Mattscheibe, durch die Zeitungsseiten. Selbst wenn es die schönsten Bilder sind, ist das immer ein Stück aus der kalten Distanz und bleibt eine Einbahnstraße. Ich glaube, niemand, der im Mediengeschäft ist, ist fassbar. Andererseits reiben sich die Zuschauer und Leser ja immer wieder an meinen Kommentaren, weshalb man eben doch fassbar ist.

Vielleicht reiben die sich ja an Ihrer Nicht-Fassbarkeit?
Wenn mir das gelingen würde, so nicht-fassbar zu werden, dass ich nicht mehr kritisierbar bin, dann wäre das ja geni-

al. Aber den Eindruck habe ich nicht. Ich beziehe schon in manchen Dingen klare Position, und dann wird mir sogar noch eine politische Haltung nachgesagt, obwohl ich Mitglied keiner Partei bin. Vielleicht ist man durch die Distanz der Medien nicht greifbar, was aber nicht bedeutet, dass man für die Leute nicht be-greifbar ist.

Was begreift man an Ihnen?
Manche Leute sagen mir: »Wenn Sie bei uns ins Wohnzimmer gucken, habe ich immer den Eindruck, als gehörten Sie einfach dazu und wollten mir jetzt persönlich was erzählen.« Das heißt, ich nehme den Zuschauer ernst, belehre ihn nicht von oben herab, mülle ihn nicht nur zu mit Negativem, sondern vermittle ihm schlimme Nachrichten so, als müsste ich ihm im persönlichen Gespräch beibringen, seine Verwandten seien gerade umgekommen. Kurzum, ich suche nach einer Formulierung, um es dem Menschen fassbarer, begreifbarer zu machen. Ich denke, das ist eine Kunst.

Wenn ich jetzt mal dieses Gesamtkunstwerk Hahne nehme, den Fernsehmann, den Kolumnisten, den Buchautor, den Prediger, könnte man sagen, dass Sie das Idol der schweigenden Mehrheit sind?
Erst mal will ich gar kein Idol sein, sondern ich will einfach ein ganz normaler Mensch sein, der auch in einem anderen Beruf Erfolg haben könnte – als Lehrer oder als Pfarrer, was ich ja mal werden wollte. Dann hätte ich zwar einen viel kleineren Kreis von Zuschauern, wäre aber auch greifbarer für die Menschen. Zur schweigenden Mehrheit muss ich sagen: Wenn es einem gelingt, in unserer Zuschauerdemokratie die schweigende Mehrheit zu mehr Selbstbewusstsein und zum Mitdenken und Mittun zu bringen, raus aus der Zuschauermentalität, dann gelingt einem heute Entscheidendes. Das gelingt aber nur, indem Sie ein Stück Optimismus verbreiten, indem Sie sagen, dass es sich lohnt, sich zu engagieren statt zu resignieren, dass man dafür Motivation braucht, ein Ziel, Hoffnung, Visionen und Werte, von denen heute so viel geredet wird. Aber die Leute brauchen Werte nicht als Worte, sondern sie wollen Menschen haben, die das glaubwürdig vorleben, die den Leuten das Gefühl geben, dass man mit ihnen lebt und mit ihnen denkt.

Sie geben, wie Sie sagten, den Menschen sogar das Gefühl, mit ihnen im Wohnzimmer zu leben. Wie ist das, wenn die Leute Sie dann auf der Straße wiedererkennen. Genießen Sie es, so bekannt zu sein?
Genießen wäre das falsche Wort, es zu genießen wäre Hochmut. Aber ich freue mich, mit den Leuten ein bisschen ins Gespräch zu kommen, und ich freue mich, wenn Leute mir schreiben und ihre Sorgen anvertrauen. Als Nachrichtenmann ist man ein Kummerkasten der Nation, aber das zeugt ja nur davon, dass die Leute mir vertrauen. Wenn man aalglatt, unnahbar und nicht fassbar wäre, kriegte man keinen einzigen Brief.

Sind Sie eitel?
Eitel genug, um zum Fernsehen gegangen zu sein. Ohne Eitelkeit können Sie in diesem Job nicht überleben. Bescheidenheit, das beweisen meine Antworten, ist meine Stärke …

Würden Sie es aushalten, vom Publikum nicht geliebt zu werden?
Das, was von Zuschauer- oder Leserseite kommt, ist ja auch keine Liebe, sondern eher ein Stück Bewunderung, die schnell abebbt, wenn man nicht mehr auf dem Schirm ist. Liebe dagegen ist mehr. Und ich habe eine feste Grundhaltung in meinem Glauben: Wenn Gott einen liebt, hat man immer auch Menschen, die einen lieben, denn in der menschlichen Liebe verleiblicht sich die Liebe Gottes.

Viele Fans von Ihnen sind Frauen?
Gott sei Dank.

Was begeistert die Frauen so an Ihnen?
Ganz ehrlich, das weiß ich nicht. Das schreiben einem die Frauen ja auch nicht. Sie schreiben: »Wir finden Sie ganz toll, und jetzt vertraue ich Ihnen irgendein Problem an, bei dem Sie mir vielleicht helfen können.«

Sind das vielleicht Frauen, die vom Leben und ihren Männern enttäuscht sind und in Ihnen die sanfte, liebenswürdige, charmante Alternative sehen?
Ach, wenn es denn so wäre, wäre das ja nicht das Schlechteste. Nur würde es mich überfordern, weil ich, aus der Nähe betrachtet, vielleicht die gleichen Schwächen hätte wie der eigene Mann. Also, ich habe da schon eine Idolfunktion, die ich allerdings von mir weise, indem ich Briefe mit bestimmten Inhalten nie beantworte.

Sie sind ein Mann des Glaubens. Glauben beinhaltet aber immer auch Sündigen. Was ist für Sie eine wirklich große Sünde?
Die größte Sünde ist, Gott zu vergessen. Wenn ich Gott vergesse, vergesse ich letztlich auch den Menschen, denn ohne Divinität gibt's keine Humanität, höchstens Bestialität, denn als Mensch muss ich immer wissen, dass ich nur der Zweite bin.

Könnten Sie sich vorstellen, ein richtiger Sünder zu sein?
Das bin ich. Theologisch betrachtet heißt Sünde ja, dass man aus der Spur Gottes herausgeht, und das macht man jeden Tag in vielen Dingen. Ich kann mich immer nur bemühen, das, was ich an mir selbst als negativ empfinde, zu korrigieren. Man muss korrekturfähig bleiben, das ist ein geistiger Wachzustand, der einen auch davor bewahrt, übermütig und selbstgefällig zu werden.

Haben Sie außer einer theologischen auch eine politische Haltung?
Bewährtes bewahren, für Neues offen sein, aber immer dem Zeitgeist widerstehen. Denn wer sich mit dem Zeitgeist vermählt, das wissen wir von Kierkegaard, der wird bald zur Witwe.

Was fasziniert Sie an Ihrem Beruf?
Dass man dem Weltgeschehen so unwahrscheinlich nahe

ist. Und ich finde es faszinierend, die Menschen in Form zu bringen, denn genau das bedeutet ja vom Wortstamm her »Information«, obwohl es heute oft als »gleichförmig machen« missverstanden wird. Ich möchte die Menschen trainieren wie ein Fußballtrainer und sie fähig machen, ihren Alltag zu bewältigen. Informationen sollen helfen, Gutes von Bösem zu unterscheiden und das Gute nachahmenswert sein lassen.

Sind Sie ein kompetenter Trainer Ihrer Zuschauer?
Absolut nicht. Das ist ja die große Gefahr und ein Stück Blendwerk unseres Berufes, dass wir immer so erscheinen, vielleicht auch erscheinen wollen, als seien wir in allen Fragen total auf dem Laufenden. Wenn Sie als Berichterstatter vor Ort sind, glauben die Zuschauer, Sie sind unmittelbar dabei. In Wirklichkeit ist vieles Secondhand-Wissen: Manches habe ich gerade erst von einem Kollegen erfahren, vieles ist angelesen. Wir müssen froh sein, dass wir unsere Agenturen haben. Wenn man das verschleiert, dass das meiste nur aus zweiter Hand ist, dann wird der Journalismus zum Blendwerk.

Auch Politik besteht oft aus Blendwerk – aus Inszenierungen für die Medien. Erkennen Sie das immer gleich, wenn Sie geblendet werden sollen?
Da unser Beruf auch aus Inszenierung besteht und jede Nachrichtensendung einer genauen Dramaturgie folgt, damit die Leute nicht abschalten, habe ich einen Sensus dafür, wenn sich Politik inszeniert und zum Infotainment wird. Auch weil ich als Journalist sehr nahe an den Politikern bin, merke ich gleich, ob sie da etwas zu schwergewichtig daherkommen.

Wie wird Peter Hahne umworben von den Politikern?
Wenig. Politiker und Journalisten halten sich ja alle für unwahrscheinlich wichtig. Und weil sich jeder selbst für so wichtig hält, findet das Umwerben von anderen kaum statt. Es würde auch keiner versuchen, mich zur Parteilichkeit zu zwingen, weil er genau wüsste, dass dann das Tischtuch zu Hahne zerschnitten wäre.

Welche Macht haben Sie?
Viel weniger, als manche denken. Der angeblich so mächtige Medienmacher ist oft der, der ohnmächtig zusehen muss, was in der Welt geschieht, und es transportieren muss, ohne selbst irgendetwas daran ändern zu können. Diese Ohnmacht finde ich besonders schrecklich, wenn ich Bilder von Kindern in Kriegs- und Katastrophenzusammenhängen sehe. Kinder, schreckerstarrt vor einer Leiche. Kinder, schreckerstarrt vor einem Gewehrlauf. Das bringt mich unwahrscheinlich oft in eigene Trauer, und dann frage ich mich auch: »Warum? Ja, warum?«

Wann in Ihrem Leben haben Sie sich noch ohnmächtig gefühlt?
Immer in Prüfungssituationen. Noch heute habe ich deshalb manchmal Albträume, wache schweißgebadet auf und sage mir erleichtert: »Wie toll, nie wieder eine Prüfung, du hast es eigentlich geschafft!«

Und sonst schlafen Sie gut?
Meistens, außer ich habe abends ein bisschen zu viel gegessen, was eine kleine Schwäche von mir ist. Ich bin jemand, der gerne gut isst und ein gutes Glas Rotwein dazu trinkt, der die schönen Seiten des Lebens gar nicht verachten kann. Denn jemand, der weiß, wem er das letztlich zu verdanken hat, nämlich einem Schöpfer, der kann das ohne jedes schlechte Gewissen genießen.

Wer so viel Gottvertrauen hat wie Sie, der muss sich bestimmt auch vor nichts fürchten im Leben?
Richtig, weil ich keine Grundangst habe. Wenn die Frage des Todes gelöst ist, wenn man weiß, wem die letzte Stunde gehört, braucht man den nächsten Augenblick nicht zu fürchten, also keine Angst zu haben – keine Lebensangst und auch keine Angst, zu versagen oder beruflich unterzugehen, weil das alles nur relative Dinge sind. Es gibt einen schönen Satz des Philosophen Kierkegaard: »Ein Spießbürger ist, wer ein absolutes Verhältnis zu relativen Dingen hat.« Das muss man gerade im Journalismus, in der Mediengesellschaft sehen. Was wir hier machen, ist absolut relativ. Sie sind heute der Liebling, und morgen werden Sie durchs Dorf gejagt, das wissen wir aus vielen Biografien. Das muss man ganz gelassen sehen.

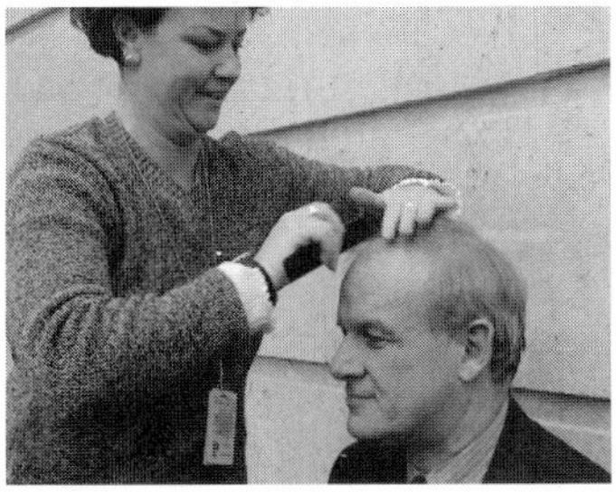

Untersuchungsausschuss Kohl

Patricia Vortkamp

Jg. 1970, berichtete als Klatschreporterin für das Szenemagazin *100 Grad* und verschiedene Berliner TV-Sender, ehe sie 1999 als News-Volontärin bei *RTL* anfing.

Frau Vortkamp, Sie sind Gesellschaftsreporterin. Ist das Ihr Traumberuf?
Absolut, ich bin mit Leib und Seele dabei. Ich mag das sehr gerne, schöne Menschen zu treffen und sie zu befragen, wie sie Berlin erleben, und mich von diesem Glamour ein bisschen mitziehen zu lassen.

Was können schöne Menschen denn in Berlin erleben?
Berlin hat sich ziemlich verändert. Vor zehn Jahren war das mehr so eine trashige Stadt mit Kneipen und Bars in Hinterhöfen. Aber jetzt auf der Berlinale kann man erleben, dass die Hollywood-Stars richtig gerne nach Berlin kommen. Und wenn man die fragt, was sie an Berlin mögen, dann sagen die alle: » It's like New York«. Und das stimmt auch. Wenn es eine Stadt in Deutschland gibt, die interessant ist und wo sich was bewegt, dann ist das Berlin.

Und die Menschen in dieser Stadt, sind die auch interessant?
Das kann ich schlecht beurteilen. Ich treffe ja nur die Leute auf gesellschaftlichen Ereignissen, wie auf der Berlinale bei der Verleihung der Goldenen Kamera. Und ob die alle so sind, wie sie sich vor der Kamera geben, mit Glitzer und Glamour im Haar, das ist eine andere Frage, aber das interessiert mich im Moment ja auch nicht.

Sie haben vorhin ein Paar interviewt. Wissen Sie, wer das war?
Nein, kannte ich nicht. Die meisten hier kenne ich natürlich vom Sehen, und die Namen besorge ich mir nachher von meinen lieben Kollegen.

Ist es für Sie nicht so wichtig, wer das ist, den Sie interviewen?
Das finden Sie jetzt peinlich, dass ich nicht jeden kenne? Für mich ist viel wichtiger, dass sie was Interessantes erzählen über Berlin als Glamourstadt und dass die Zuschauer sie kennen. Ich muss ja nicht jeden kennen. Namen sind Schall und Rauch.

Einer der Gäste, die vorhin reingekommen sind, hat Sie mit Küsschen begrüßt. Haben Sie seinen Namen auch nicht gekannt?
Doch, doch, diesen jungen Mann mag ich persönlich sehr gerne. Er ist ein absoluter Partygänger. Der kennt hier jede Location in Berlin und öffnet mir jede Tür. Wenn ich in irgendeine Bar rein will, dann muss ich nur fragen: »Ist der Dark schon da?« Das ist sozusagen das Zauberwort, und die Tür geht auf. Solche Menschen muss man als Klatschreporterin kennen, sonst kommt man nirgendwo rein.

Beziehungen sind also wichtig für eine gute Gesellschaftsreporterin?
Total wichtig! Zum Beispiel sollte man auch die Türsteher und Portiers der Hotels kennen. Dann kann man anrufen und fragen, wer zurzeit im Hotel ist. Wenn ich Glück habe und die mögen mich, gehe ich mit denen ab und zu mal was trinken. Dann verraten die mir auch, ob Madonna oder Mick Jagger gerade angekommen ist. Von solchen Beziehungen lebe ich.

Geben Ihnen solche Beziehungen auch persönlich etwas?
Ich bin, wenn Sie mich in diese Ecke reindrücken wollen, keine oberflächliche Frau. Wenn ich Beziehungen zu solchen Leuten pflege, dann habe ich auch privat mit denen zu tun. Und dass die mir Türen öffnen können, ist ein netter Nebeneffekt. Aber in erster Linie bedeuten mir die Menschen etwas, und deshalb werde ich jetzt mit dem Türöffner Dark gleich was trinken gehen und sicher noch sehr viel Spaß haben.

BAMBI

Honza Klein

Jg. 1961, begann seine journalistische Laufbahn beim Hörfunk (u. a. *Radio DDR*). Seit 1994 ist er Redakteur und Fotograf bei der *Berliner Morgenpost*.

Herr Klein, Sie sind zugleich schreibender Journalist und Fotograf und zuständig für die Gesellschaftskolumne der* Berliner Morgenpost*. Welche Unterschiede gibt es zwischen politischen und gesellschaftlichen Veranstaltungen?
Die Unterschiede werden immer kleiner. Gerade hier in Berlin kann man beobachten, dass die politischen Veranstaltungen gesellschaftlich werden und die gesellschaftlichen Veranstaltungen politisch, weil sich die Gesellschaftsszene mit der Politikszene immer mehr vermischt. Das fing an, als die Regierung und danach die Botschaften hierher kamen. Bei vielen Veranstaltungen tauchen heute plötzlich irgendwelche Minister auf. Da hat insgesamt ein Wechsel in der Berliner Gesellschaft stattgefunden.

Wer geht lieber vor die Kameras? Die Gesellschaftsdamen und -herren oder die Politiker?
Eindeutig die Gesellschaftsdamen. Die Politiker mögen es manchmal nicht und manchmal gern, je nachdem, ob gerade Wahlen anstehen. Aber es gibt auch welche in der Regierung, die immer ziemlich locker drauf sind, zum Beispiel der Bundeskanzler. Neulich auf einem Ball war der so was von entzückend und entspannt, und man konnte alles mit ihm machen. Bei solchen Veranstaltungen verlieren viele ihre Steifheit, plaudern gern und lassen auch mal einen Satz fallen, der nicht ganz so druckreif ist.

Wie nett müssen Sie schreiben, damit die anderen wieder nett zu Ihnen sind?
Das ist eine ziemliche Gratwanderung. So eine Gesellschaftskolumne ist ja nicht dazu da, irgendjemanden fertig zu machen. Man schreibt den einen oder anderen süffisanten Satz, erzählt irgendwelche Schmankerl, die am Rande passiert sind. Aber ich gebe mir schon Mühe, niemandem wirklich weh zu tun, denn irgendwie brauchen wir uns ja gegenseitig.

Hat schon mal jemand gesagt, also dem Honza Klein erzähle ich jetzt nichts mehr?
Da fällt mir keiner ein.

Sie waren also immer nett genug?
Ich glaube schon.

Müssen Sie die Leute eher bitten, sich fotografieren zu lassen, oder kommen die zu Ihnen und posieren freiwillig?
In der Regel fragt man natürlich vorher. Aber wenn man den Job wie ich schon ein paar Jahre macht, dann kennt man sich, und alles ist relativ unkompliziert, da die Betroffenen wissen, was daraus wird. Es gibt sozusagen eine Vertrauensbasis. Aber natürlich gibt es auch Leute, die unbedingt immer fotografiert werden wollen. Aber die fotografiert man dann irgendwann gerade nicht mehr. Mein Lieblingsbeispiel ist da Ariane Sommer.

Die fotografieren Sie jetzt nicht mehr?
Never ever. Zumindest nicht in den nächsten fünf Jahren.

Wer ist voyeuristischer, die Gesellschaft oder die Medien?
Beide gleich. Ich brauche sieben Tage die Woche Geschichten. Also bin ich voyeuristisch und rede mit den Leuten und suche auf den Veranstaltungen wie ein Trüffelschwein nach Geschichten. Andererseits haben die Leute natürlich alle ein Sendungsbedürfnis und wollen auch erwähnt werden. Das ist ein ständiges Geben und Nehmen. Richtig spannend wird es erst, wenn sie nicht aufs Geben eingestellt sind, wenn Sie zum Beispiel durch Zufall in irgendeiner Bar jemanden treffen, der eigentlich nicht darauf gefasst war, dass in diesem Augenblick jemand von der Presse da ist.

Presseball

Welche kleinen Tricks wenden Sie dann an, um bestimmte Dinge zu erfahren?
Ich trickse nicht. Tricksen mag ich nicht. Ich muss einfach ehrlich zu den Leuten sein, ihnen sagen, was ich von ihnen will. Und dann sagen sie entweder ja oder nein.

Machen Sie auch Homestorys?
Mitunter ja. Aber da frage ich auch vorher, ob ich kommen darf, sonst wäre es ja Hausfriedensbruch. Natürlich kann ich mich dann mehr oder weniger süffisant über irgendwelche lila Sofas oder schräge Bilder an der Wand auslassen, aber man sollte den Leuten nicht wehtun.

Fällt es Ihnen leicht, immer nett sein zu müssen?
Manchmal fällt es natürlich schwerer, aber wenn man diesen Job ein paar Jahre gemacht hat, kennt man sehr, sehr viele und ist mit vielen per du und mit einigen befreundet. Da ist es dann nicht so schwierig, wirklich freundlich zu sein.

Müssen Sie sich auch manchmal selbst verleugnen, also nett zu Leuten sein, die Sie eigentlich nicht nett finden?
Ja, das kommt vor. Und es kommt ebenfalls vor, dass ich irgendwann am Abend einfach nicht mehr nett sein will und niemanden mehr sehen kann und nur noch weg will. Dann gehe ich einfach, und am nächsten Tag ist wieder alles in Ordnung.

Die Gesellschaft ist eitel und hofiert Sie, weil sie in Ihre Kolumne will. Wird man da selbst nicht auch immer eitler?
Ich halte mir da immer meinen Lieblingssatz von Herrn Friedrichs vor: »Wir sind überall dabei und gehören nirgends dazu.« Meine Lieblingsrolle ist die der Kritiker in der Muppets-Show, und ich hoffe, dass ich das immer irgendwie hinkriege.

Bei der Verleihung der Goldenen Kamera standen Sie im Pulk der Kameraleute und Fotografen vor einer verschlossenen Tür und mussten lange warten, bis Sie endlich in den Saal durften. Wie erleben Sie solche Situationen?
Wie in einem Rudel Löwen vor einem großen Gitter, und hinter dem Gitter liegt viel Fleisch, und alle lauern darauf, bis irgendwann dieses Gitter aufgeht.

Erleichtert es Ihren Job, dass Sie fotografieren und schreiben?
Auf jeden Fall. Wenn man mit dem, mit dem man sich unterhalten hat, ein gutes Vertrauensverhältnis hat, ist es kein Problem, hinterher auch noch ein Foto machen zu dürfen. Ein Vorteil ist auch, dass ich keinem Fotografen lange erklären muss, welche Fotos ich zu meinem Text eigentlich haben will.

Sind Sie als Schreiber in der Gesellschaft mehr anerkannt, als wenn Sie nur Fotograf wären?
Ja, die Schreiber werden alle ganz gerne gesehen. Aber unter den Fotografen gibt es einige, die doch eher rabiat sind und die dann vonseiten der Gesellschaft Ablehnung erfahren. Das ist aber, glaube ich, generell so bei Fotografen.

Warum ist das so?
Ich glaube, die haben einfach Angst, dass Fotos gemacht werden, die sie nicht mögen. Es gibt ja Kollegen, die einfach draufdrücken, und dann wird das auch gedruckt. Ich dagegen frage vorher immer und mache auch keine Fotos,

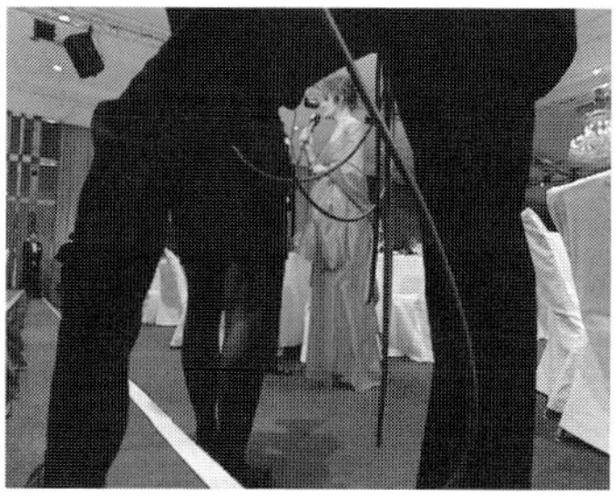

mit denen man irgendjemanden verletzt. Und wenn mich mal jemand bittet, ein bestimmtes Foto nicht zu drucken, dann komme ich dieser Bitte auch nach.

Das klingt, als wären Sie der Hofberichterstatter der Berliner Gesellschaft.
Ja, das ist ein bisschen Hofberichterstattung, und irgendwie bin ich so eine Art Erfüllungsgehilfe. Ich sage dazu immer: Eitelkeiten befriedigen. Und wenn ich beim Befriedigen der Eitelkeiten doch mal jemandem auf die Füße trete, dann ist am Ende alles schnell wieder gut – denn lieber so in der Zeitung als überhaupt nicht in der Zeitung.

Wie wichtig sind Sie in diesem Spiel?
Als Hofberichterstatter? Man ist so lange wichtig, wie man sozusagen der Gesellschaft etwas Nettes tut und über sie schreibt. In dem Moment, in dem Sie damit aufhören, sind Sie weg. Ich habe das schon bei Kollegen gesehen. Allerdings gibt es unter denen, über die ich schreibe, einige, die man duzt oder mit denen man sogar befreundet ist. Ich glaube, da bleiben dann am Ende welche übrig, mit denen man immer noch befreundet sein wird.

Gehen Sie deshalb so gnädig mit Ihrer Klientel um, weil Ihnen diese Freundschaften so wichtig sind?
Ich finde einfach, es gibt für jeden eine Privatsphäre, und die sollte man respektieren. Ich möchte auch nicht, dass jemand permanent in meinem Leben herumbohrt. Als zum Beispiel Ben Becker bei einer Filmpremiere die Fotografen bat, sein Baby nicht zu fotografieren, habe ich mich daran gehalten. Da gab es hinterher dann einen Streit mit den Kollegen von anderen Zeitungen, weil ein paar das Baby eben doch gedruckt haben. Ich finde, das tut man nicht, wenn man so explizit darum gebeten wird.

Stephan Schraps

Jg. 1956, war zunächst Agenturfotograf und arbeitet seit 1981 freiberuflich mit Schwerpunkt Gesellschaft.

Herr Schraps, zurzeit ist Berlinale. Wie viele Tage und Nächte sind Sie schon unterwegs?
Mehr Nächte als Tage. Bis jetzt sind es vier komplette Nächte. Das heißt, den ganzen Abend Termine wahrnehmen und dann die ganze Nacht arbeiten, die Sachen am Rechner verwerten und dann rausschicken.

Sie besuchen vor allem gesellschaftliche Ereignisse. Wie würden Sie Ihre Arbeit im Vergleich mit den Parlamentsfotografen sehen?
Der Parlamentsfotograf hat ein relativ ruhiges Leben. Bei der Verleihung der Goldenen Kamera standen ein paar hundert Leute auf der Gästeliste, von denen ich einen substanziellen Teil abarbeiten, das heißt fotografieren musste. Das waren ziemlich genau 900 Belichtungen, und danach saß ich die ganze Nacht bis halb sieben an der Bearbeitung, habe dann drei Stunden geschlafen und arbeite seitdem wieder, und sicher noch die ganze Nacht hindurch. Das ist schon ein bisschen mehr Stress, als den ganzen Tag den Kanzler zu fotografieren.

Wie stark ist der Konkurrenzdruck?
Den haben wir natürlich. Wenn man für eine Zeitung arbeitet, bekommt man die Sache ja nicht geschenkt. Das ist ein langer Prozess, bis man sich seine Position erarbeitet hat. Aber hinter den Kulissen gibt es unter den Kollegen eigentlich keine Konkurrenz. Jeder wird akzeptiert, wir helfen uns gegenseitig, tauschen uns untereinander aus, amüsieren uns und erzählen uns dummes Zeug, um uns die Zeit zu vertreiben, wenn wir bei den Terminen lange warten müssen.

Was braucht man, um sich als Gesellschaftsfotograf durchzukämpfen?
Eine gute Gesundheit, Kraft und, in meinem Fall, eine funktionierende Familie.

Wie bauen Sie Ihren Stress wieder ab?
Ein Glas Wein, eine halbe Stunde fernsehen und dann ab ins Bett. Man muss sehr diszipliniert sein, das ist ein großes Problem. Als Gesellschaftsfotograf hat man ja auch immer wieder Ruhephasen. Allerdings sind wir in den Ruhezeiten, wenn nichts los ist, oft noch nervöser und gestresster, als wenn viel los ist.

Bambi-Verleihung

Patricia Riekel

Jg. 1949, arbeitete als Autorin und Redakteurin u. a. für *Quick*, *freundin*, *Petra*, *Cosmopolitan* und *Bild am Sonntag*. Seit 1995 ist sie als Chefredakteurin tätig, zunächst von 1995–97 bei *Die Aktuelle*, heute bei *Bunte* und *InStyle*.

Frau Riekel, Sie sind Chefredakteurin der* Bunten. *Was ist für Ihre Leser so interessant an Klatsch und Tratsch?
Es entspricht dem menschlichen Naturell, über andere etwas wissen zu wollen. Und es gibt ja nicht nur den negativen Klatsch, mit dem man Bösartiges verbreitet, sondern auch den Community Chat, um es in Neudeutsch zu sagen. Da geht es darum, dass man Nachrichten übereinander austauscht, etwas von anderen Menschen erfährt. Das ist ganz wichtig, weil wir soziale Wesen sind. Und schließlich definiert man mit Klatsch auch seine eigene gesellschaftliche Position, weil man feststellen kann, ob man dazugehört oder nicht.

Ob über jemanden geschrieben wird, entscheidet also darüber, wie wichtig man in dieser Gesellschaft ist?
Nicht immer, denn es gibt ja viele reiche, talentierte Menschen, von denen Sie nie etwas in den Medien lesen. Die wollen nicht in den Medien vorkommen. Wer aber etwas in der Gesellschaft darstellen will und, vor allem, wer sich selber vermarkten möchte, der braucht die Medien. Menschen, die in den Medien vorkommen, wollen auch zu 90 Prozent da drinstehen. Weil sie ihre Person, ihre Idee, ihre Firma, ihre Familie oder was auch immer vermarkten wollen.

Wo ist Ihre Grenze? Ab wann sagen Sie: »Darüber dürfen wir nicht schreiben.«?
Das ist eine sehr schwere Frage, die wir uns bei jeder Geschichte neu stellen. Grundsätzlich gilt: »Möchte ich, dass das, was ich über andere Menschen schreibe, auch über mich geschrieben wird?« Eine andere Regel heißt: Man darf zwar über menschliche Katastrophen schreiben, aber man sollte nie eine Katastrophe auslösen. Wir müssen also immer an die Menschen denken, die von dem, was wir erzählen, betroffen sind, und uns fragen: »Weiß das eigentlich die Familie, wissen das die Kinder oder die Eltern?« Für ein People-Magazin wie *Bunte* ist Fairness im Umgang mit den Menschen die Grundlage. Wenn Sie die Fairness vergessen, kriegen Sie einmal eine tolle Story, dann aber nie wieder.

Bei welchen Geschichten müssen Sie besonders auf Fairness achten?
Es gibt ja positiven und negativen Klatsch. Positiver Klatsch wäre zum Beispiel, dass eine Frau heiratet oder sich verliebt hat. Negativer Klatsch wäre, dass sie ihren Mann betrogen oder sonst etwas getan hat, was von allen verurteilt wird. Da müssen wir dann überlegen, wie weit wir gehen können. Es passiert häufiger, als den Lesern vielleicht bewusst ist, dass wir auf etwas verzichten. Wenn wir zum Beispiel das Gefühl haben, ein Rosenkrieg wird über die Öffentlichkeit immer wieder gesteuert und verletzt viele Beteiligte, zum Beispiel Kinder, dann sagen wir schon mal: »Diese Details veröffentlichen wir jetzt nicht.«

Wie weit können Prominente wie etwa Boris Becker es selbst steuern, was da über sie geschrieben wird?
Boris Becker ist ein gutes Beispiel, weil er daran interessiert ist, sich selber zu vermarkten, sich als Werbefigur einzubringen und damit Geschäfte zu machen. Herr Becker versorgt die Presse auch mit Informationen und führt Hintergrundgespräche mit Chefredakteuren, wenn er möchte, dass ein bestimmtes Bild von ihm korrigiert oder ergänzt wird. Und das macht er ganz geschickt. Als er erfahren hat, dass die *Bunte* ein Interview mit Barbara Becker veröffentlichen wird, hat er beim *Spiegel* angerufen und gesagt: »Leute, ich brauche eine Titelgeschichte und ein Interview, aber bitte sofort!« So konnte er sein Interview noch einen Tag vor Barbaras Interview erscheinen lassen, um aus seiner Sicht die Dinge geradezurücken.

Wenn auch die Prominenten die Presse ganz gezielt benutzen, dann ist das also ein Spiel auf Gegenseitigkeit?

Ganz klar. Du sagst mir etwas, und ich bringe etwas über dich. Und wenn ich dann mal etwas über dich wissen will, was du mir aber nicht so gerne sagen möchtest, dann musst du es zum Ausgleich trotzdem tun. Das ist ein Geben und Nehmen. Und ich kann nur noch mal betonen: Die meisten Prominenten, die in den Medien auftauchen, die wollen da drinstehen – aber natürlich nur mit dem von ihnen selbst entworfenen Image. Nur wenn dieses Image nicht mehr stimmt oder durch irgendetwas erschüttert wird, dann möchte der Prominente plötzlich kein Interview mehr geben und spricht von einer Hetzjagd der Medien auf ihn. Aber ich finde, wenn er schon in die Öffentlichkeit geht, dann muss er es sich auch gefallen lassen, wenn das Bild von ihm mal korrigiert wird.

Kommt es auch mal vor, dass Sie über jemanden, der Sie angreift, zur Strafe nichts mehr bringen?

Das ist eine sehr verführerische Idee, die man immer hat, wenn man sich von einem Prominenten an der Nase herumgeführt fühlt. Das passiert gelegentlich, dass man sauer ist und seine Objektivität vergisst und sagt, die verschwinden jetzt aus unserem Register. Aber wir dürfen unsere persönlichen Gefühle natürlich nicht über das Informationsbedürfnis der Leser stellen.

Sie sagten, der Klatsch definiere die gesellschaftliche Position. Sind Sie persönlich auch wichtig für die Gesellschaft geworden?

Es ist schon so, dass die Position der Chefredakteurin eines People-Magazins viele Menschen dazu verführt, mich anders zu behandeln, als sie es normalerweise tun würden, weil sie in mir die Funktion sehen und nicht den Menschen. Wenn man das aber erkennt, ist es kein Problem mehr. Und wenn über mich mal geklatscht wird und ich selber Zielscheibe von Spekulationen werde, dann denke ich: »Wer keine Hitze aushalten kann, der darf auch nicht in die Küche gehen.«

Roger de Weck

Jg. 1953, arbeitete als Journalist in Genf und Zürich, war ab 1983 für die *Zeit* tätig (u. a. als Frankreich-Korrespondent und als Leiter des Wirtschaftsressorts) und wechselte 1992 als Chefredakteur zum *Tages-Anzeiger* nach Zürich. Von 1997–2000 war er Chefredakteur der *Zeit* in Hamburg.

Früher bestimmten Chefredakteure jahrzehntelang den Kurs ihrer Zeitung ...
... und heute wechseln sie wie Fußballtrainer.

Denken Sie, ihr Einfluss wird dadurch geringer?
Unterschiedlich! Es gibt starke Chefredakteure und schwache, wie es auch starke und schwache Verleger gibt. Alles in allem wandelt sich das Berufsbild. Wo früher die Auseinandersetzung mit Inhalten Vorrang hatte, wird für manchen Chefredakteur das Marketing wichtiger.

Liegt das daran, dass sich die Medienlandschaft verändert?
Ich sehe einen Gegensatz zwischen dem Medienbetrieb und dem eigentlichen Journalismus. Die Kunst heute besteht darin, Journalismus zu machen trotz der Medien. Der Journalismus ist neugierig, der Medienbetrieb kalt. Journalismus ist unabhängig, der Medienbetrieb liebt Synergien. Journalismus bürstet wider den Strich, der Medienbetrieb unterliegt dem Mainstream. Der Journalist schuldet den Lesern, Zuschauern, Hörern und Internet-Nutzern Respekt, der Medienbetrieb sieht sie vor allem als Konsumenten.

Wie sieht ein Journalismus aus, der Ihren hohen Ansprüchen genügt?
Unsere Aufgabe ist es, die Wirklichkeit wiederzugeben, statt sie vornehmlich zu inszenieren. Die Wirklichkeit ist selten schwarz-weiß, also geht es darum, Grautöne zu unterscheiden. Ein wirklichkeitsnaher Journalismus ist etwas weniger spektakulär.

Hat ein solcher Journalismus Zukunft, nachdem die wirtschaftlichen Interessen der Medien immer mehr im Vordergrund stehen?
Ich glaube nicht, dass man mit Fastfood mehr Geld verdient. Blätter, die auf Kompetenz setzen, werden auf Dauer die Gewinner sein.

Was müssten die Journalisten anders machen, um sich Ihrem Ideal von Journalismus anzunähern?
Berufshalber beobachten Journalisten die Dinge, statt sie zu tun. Im normalen Leben arbeiten Sie Tage, Wochen, Monate, Jahre, gar Jahrzehnte, bis etwas vollbracht ist. Der Journalist dagegen schreibt einen Artikel, anderntags steht der im Blatt; auf die Schnelle hat der Schreiber ein Erfolgserlebnis. So verlieren nicht wenige Journalisten den Sinn dafür, wie viele Zwänge es im realen Leben gibt. Sie glauben, alles müsse sich im Nu verwirklichen. Deshalb ist es wichtig, dass sich Journalisten immer mal mit langfristigen Projekten befassen: damit sich ihr Sinn für die Langsamkeiten des wirklichen Lebens schärft.

Das heißt, ihr Horizont ist beschränkt?
Sie leben in der selbstbezogenen Medienwelt, die nur das für Wirklichkeit hält, was von Medien aufgegriffen worden ist. Was die Medien beiseite lassen, ist für sie keine Realität. Mancher Zuschauer und Leser ist viel mehr im Leben als der Journalist in seinem Medienhaus, in welchem er Medien macht, Medien sieht, mit anderen Medienleuten über Medien spricht. Und: Fast alle haben die gleichen Filter, was ein Medienthema ist und was nicht. Es wäre schlimm, wenn die Medienmaschine nur homogenisierte Milch herstellte.

Was heißt das?
Dass die Maschine ein Einheitsprodukt verfertigt: immer mal anders verpackt, aber im Grunde dasselbe, jedenfalls

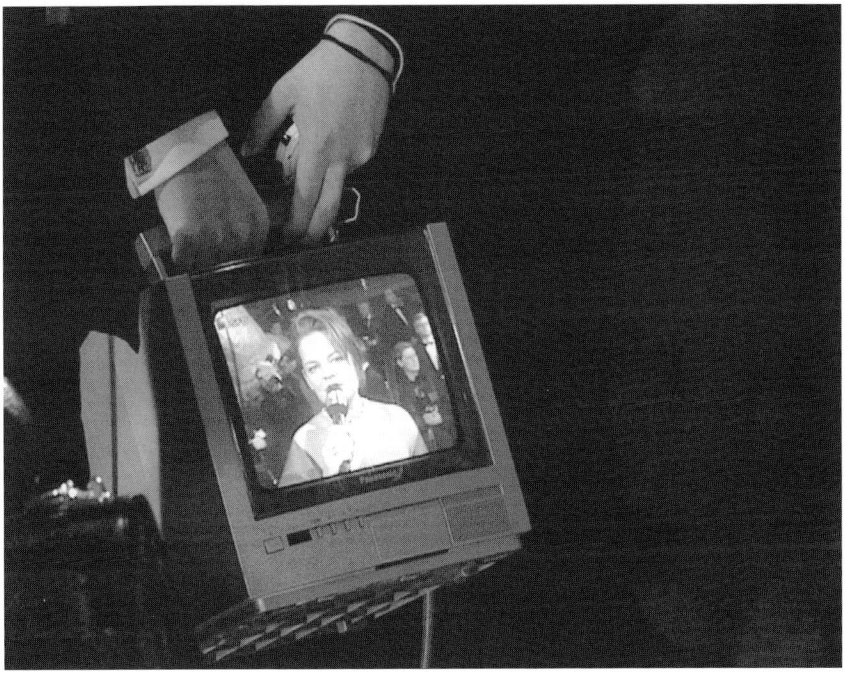

Presseball

das Gleiche. Neulich warb ein Medienhaus mit folgendem Spruch: »Content for people«, Inhalt für die Leute. Dahinter steckt das Gegenteil journalistischen Denkens: die Verwertungsmentalität. Man sucht nicht relevante Information (was aufwendig ist), man verwertet irgendwelche Inhalte viermal: in der Presse, im Fernsehen, im Rundfunk, im Internet. Manchmal ähnelt der Medienbetrieb einer Kuh, die dasselbe käut und wiederkäut. Und abermals wiederkäut.

Sie sprachen gerade davon, dass Journalisten die Langsamkeit wieder entdecken müssten. Wenn man mit Ihren Kollegen spricht, hört man aber vor allem die Schlagworte Exklusivität und Schnelligkeit.

Schnelligkeit ist ein Gesetz des Berufs. Genauer gesagt Eile mit Weile, um die Informationen zu prüfen, zu gewichten, einzuordnen. Der Markt hat sich zweigeteilt. Auf der einen Seite bewährte Blätter und junge Internet-Anbieter, die Qualität bieten. Auf der anderen Seite Medienbetriebe mit schnellen Themen; manche sind in die Defensive geraten.

Woran liegt das?
Im Boulevardismus oder gar Boulevardissimus, den wir erleben, wirkt das angeblich Unterhaltsame oft langweilig bis grobschlächtig. Ich habe allerdings rein gar nichts gegen Boulevard an sich, er stellt hohe Ansprüche: Guter Boulevardjournalismus ist immer ein Journalismus mit Esprit.

Wie wichtig ist es für einen Journalisten, Flagge zu zeigen?
Wer sich lieber bedeckt hält, hat vermutlich den Beruf verfehlt.

Ist es ein Trieb, Journalist zu sein?
Eine schöne Sucht, darüber hinaus ein Lebensstil, mit allen Vor- und Nachteilen einer starken Kadenz. Vor allem ist es so spannend! Man bleibt neugierig, also jung, wenn man nicht zynisch wird. Das Schlimmste, was einem Journalisten widerfahren kann? Zynisch zu werden! Ein Schuss Zynismus, ja, der ist wohltuend. Doch richtiger Zynismus ist das Ende der Neugierde. Der Zyniker nimmt an, dass die denkbar schlechteste Hypothese auch die wahrscheinliche ist. Nicht selten bekommt er Recht, aber wo bleibt die Neugierde für all das, was auf den ersten Blick nicht zu sehen ist? Ein Journalist sollte so etwas bewahren wie eine hochintelligente Naivität.

Sie sind also nicht zum Zyniker geworden?
Um Gottes willen, sehe ich so aus?

Welche Macht haben die Medien?
Oft heißt es, die Presse sei die vierte Gewalt. In Wahrheit ist die Wirtschaft die vierte Macht im Staate. Die Presse ist die fünfte Gewalt; sie kann Entwicklungen, die sich bereits entfalten, verstärken, aber kaum eine Entwicklung selbst initiieren. Die Wirtschaft ist stärker. Sie übt eine subtile Macht aus. Plumpe Versuche, Druck auf Qualitätsblätter auszuüben, gibt es selten. Jedoch hat es die Wirtschaft verstanden, ihre Wertehaltung in die Gesellschaft diffundieren zu lassen, in die Politik wie in die Medien und über die Medien. Viele Menschen sind nicht mehr in der Lage, die dominant gewordenen Wertvorstellungen der Wirtschaft in Frage zu stellen: Wir haben zwei Jahrzehnte erlebt, in denen das Materialistische überwog. Ich würde mir wünschen, dass allmählich eine Gegenbewegung einsetzte.

Warum erkennen die Journalisten, die ja sonst sehr kritisch sind, nicht diese subtilen Einflüsse der Wirtschaft?
Gerade der Wirtschaftsjournalismus ist – mit löblichen Ausnahmen – konformistisch; es gibt Denkverbote. Als Anfang der 90er Jahre der Euro auf die Tagesordnung kam, war ich der einzige Wirtschaftsjournalist in Deutschland, der ohne Wenn und Aber für die gemeinsame Währung der Europäer eintrat. Ich erlebte damals alle Strategien zur Ausgrenzung einer neuen und mithin unwillkommenen Idee. Es hieß: »Du bist nicht kompetent; du bist nicht auf dem Stand der Wissenschaft; du willst dich profilieren; du bist eitel; du bist der Handlanger bestimmter Kräfte; du meinst etwas anderes, als du sagst.« – all die Strategien, die verhindern sollen, dass eine Idee aufkommt. Neue Ansätze in der Wirtschaftspolitik brauchen lange, bis ihnen die Medien eine Chance geben.

Ein ehemaliger Ministersprecher sagte, dass man keine Reform mehr durchbringen kann gegen die Macht der Wirtschafts- oder Wohlfahrtsverbände. Ist ihr Einfluss wirklich so groß?
Deutschland ist ein korporatistisches Land. Der deutsche Korporatismus ist noch krasser als der französische Dirigismus. Alle sitzen zusammen; auf wenig transparente Weise wird vieles vorgedacht und vereinbart.

Wie groß ist der Einfluss der PR-Agenturen auf die Medien?
Nicht mehr so stark wie früher. Das PR-Gewerbe hat dermaßen überhand genommen, dass seine Wirkung abnimmt. Vor 30 Jahren, als es wenige PR-Strategen gab, konnten sie mehr bewirken als heute, wo im PR-Getöse kaum noch klare Laute zu vernehmen sind.

Aber ist es nicht so, dass in vielen Redaktionen wegen des Zeitdrucks und des Personalmangels immer häufiger PR-Texte ins Blatt kommen?
In der Qualitätspresse nicht. Es mag geschehen bei wirtschaftlich schwachen Blättern und vor allem in jenen Medien, die nicht auf Information aus sind, sondern auf Unterhaltung. Da gibt es eine bewusste Zusammenarbeit zwischen PR-Leuten und Redaktionen.

Welchen Einfluss haben die Journalisten, wenn sie bloß fünfte Gewalt im Staate sind?
Natürlich hat der Journalist, zumal der Chefredakteur, Einfluss und Macht. Deshalb steht er in der Pflicht, auch das eigene Blatt, die eigene Branche kritisch zu beobachten und – bei aller Leidenschaft für den Beruf – sich selbst zu fragen: »Ticken wir Journalisten richtig?« Wir sind schön taff im Austeilen, nicht so hart im Nehmen. Immerhin beschäftigen wir uns heute stärker mit Unsitten des Medienbetriebs. Keine andere Branche, weder das Bankwesen noch die Industrie, setzt sich so offen und öffentlich mit eigenen Schwächen auseinander. Das ist eine Stärke.

Sie sind in Ihrer journalistischen Laufbahn immer wieder in die Kritik geraten. Waren Sie da auch nicht so hart im Nehmen?
Ich war schon 1000-mal in der Kritik. Die Kritik, die mich berührt, ist die differenzierte – diejenige, die nicht pauschal verdammt. Es ist die Kritik, die kompetent den Blick auf Schwächen und Versäumnisse wendet. Kritik ist die Dau-

erbegleiterin eines Chefredakteurs. Es gibt ja auch die rituelle Dauerkritik der Blätter aneinander. Die Kunst ist es, relevante Kritik herauszuhören, sie ernst zu nehmen, daraus Schlüsse zu ziehen.

War es schmerzhaft für Sie, wenn Kritik persönlich wurde?
Selbstverständlich. Als ich zum ersten Mal Chefredakteur wurde, war es für mich verwunderlich, dass ich allein kraft meines Amts plötzlich Feinde hatte. Leute, die ich nicht kannte und die mich nicht kannten. Daran musste ich mich gewöhnen – denn es ist ein unnatürliches, aber verbreitetes Phänomen.

Wie wichtig sind die Medien für die Politiker?
Wichtig, aber die Mediengesellschaft überschreitet nun ihren Höhepunkt. Vieles lässt sich medial nicht mehr vermitteln. Der unmittelbare Kontakt anstelle des mittelbaren, also medialen, wird oft wirksamer. Das merken Politiker, die stärker wieder den direkten Kontakt zu Bürgerinnen und Bürgern suchen. Erst wenn dieser Kontakt besteht, kann der Politiker seine Präsenz über die Medien aufrechterhalten. Eine rein mediale Präsenz, das hat sich inzwischen erwiesen, ist flüchtig.

Trotzdem werden die Politiker immer medialer. Und gilt nicht: Wer nicht im Fernsehen ist, existiert nicht auf der Welt?
Jeder Politiker, seit es Politiker gibt, musste sich darstellen. Das galt für den römischen Volkstribun, der auf dem Forum sprechen musste und zuvor mit Steinen im Mund seine Diktion verbesserte. Ein Forum jetzt ist das Fernsehen. Politiker, die sich dieses Forums zu bedienen wissen, haben Vorteile. Aber Gerhard Schröder zum Beispiel ist nun wirklich nicht nur Medienkanzler. Hätte er keine Basisarbeit geleistet, dann hätte er niemals den heutigen Erfolg. Nichts ersetzt auf Dauer den persönlichen Kontakt. Politiker, die nur Medienstars sind, können schnell emporkommen, werden aber bald vom Sockel heruntergestoßen. Die Medien genießen die Dramaturgie des Aufbaus eines Politikers genauso wie später die Dramaturgie seiner Demontage.

Was finden Sie an der Beziehung zwischen Journalisten und Politikern faszinierend, was vielleicht abstoßend?
Die Beziehung an sich ist uninteressant. Interessant ist immer nur die Beziehung zwischen zwei Menschen. Es finden sich wunderbare Gesprächspartner unter den Politikern. Und stinklangweilige.

Zur Beziehung zwischen Journalist und Politiker gehört ja auch das Brauchen und Gebrauchen.
In menschlichen Verhältnissen ist fast immer ein utilitaristischer Zug. Das muss nicht schlecht sein – wenn jeder genau weiß, was er vom anderen erwarten kann. Ich strebe mit Politikern und Wirtschaftsführern meist eine Geschäftsbeziehung an: Du willst was von mir, ich was von dir. Aus der einen oder anderen Geschäftsbeziehung kann Geschäftsfreundschaft erwachsen. Warum nicht? Das ist schön. Hauptsache, man macht sich nichts vor, und es entsteht keine Abhängigkeit.

Zur Geschäftsbeziehung gehört, dass exklusive Informationen an Journalisten weitergegeben werden. Einer Ihrer Kollegen meinte, das sei die vornehmste Art der Bestechung.
Wenn es Hintergrundinformationen sind, um ein Problem besser zu verstehen und klarer einzuordnen, dann ist es in keiner Weise Bestechung. Die noch wichtigere Information jedoch ist die, die man nicht zugesteckt bekam oder von der man nur ein Bruchstück zugesteckt bekam: die Information, die man aktiv recherchiert hat. Die ist noch spannender.

Informationen, die einem zugespielt werden, verfolgen in der Regel ein bestimmtes Interesse. Besteht da nicht die Gefahr, dass man als Journalist benutzt wird?
Wenn Politiker mit Informationen gewisse Interessen verfolgen, ist das nicht problematisch, that's the game! Wichtig ist bloß, die Information nicht eins zu eins zu übernehmen, sondern sie zu prüfen, Gegenstimmen einzuholen, andere Blickwinkel zu berücksichtigen.

Sie stammen aus gutem Hause, Ihr Vater war Bankier. Hat Ihnen das als junger Journalist die Karriere erleichtert?
Als ich, nach dem Studium in St. Gallen, in den Journalismus wollte, öffneten sich ein paar Türen, weil ich der Sohn eines berühmten Schweizers bin. Es gab auch Türen, die deswegen geschlossen blieben. Ausgleichende Ungerechtigkeit! Vielleicht ging ich nach Frankreich und Deutschland, weil ich hier nicht vornehmlich als Sohn meines Vaters wahrgenommen wurde, sondern mich allein durchsetzen konnte, wollte, musste.

Was würden Sie einem jungen Kollegen mitgeben, der mit seiner Karriere beginnt?
Er soll er selbst bleiben. Natürlich wird er, gerade wenn er am Anfang steht und in ihm ein Feuer brennt, in seiner Arbeit aufgehen. Aber er soll seine Identität in die Aufgabe einbringen und nicht von der Aufgabe seine Identität beziehen. Vor Jahren war ich bei der Verabschiedung eines verdienstvollen Medienmanns. Seine Kollegen hielten Ansprachen; sie würdigten eines: seine Leistung. Niemand würdigte das, was noch wichtiger ist, nämlich ihn selbst. Das hat mich gestört – dieser Gedanke, dass die Medienmaschine nur Rädchen hätte und nicht treibende Kräfte: Individuen, Menschen. Die Achtung vor dem Menschen, gibt's was Wichtigeres?

Ute Rademacher

JG. 1972, WAR ZUNÄCHST WERBEFOTOGRAFIN. AB 1997 ARBEITETE SIE FÜR DIE *DPA* UND IST SEIT 1999 ALS FREIE FOTOGRAFIN TÄTIG, VOR ALLEM FÜR DIE *BERLINER ZEITUNG* UND DIE *FINANCIAL TIMES DEUTSCHLAND*.

Frau Rademacher, Sie haben gestern zwölf Stunden hier vor dem Untersuchungsausschuss gewartet. Hat sich das wenigstens gelohnt für Sie?
Das Ergebnis war leider, dass in meiner Zeitung ein Agenturbild gedruckt wurde. Der Kollege stand ein bisschen weiter vorne und hat im entscheidenden Moment eben das bessere Bild gemacht. Zumindest entsprach es mehr dem Geschmack meiner Zeitung. Das war ein bisschen frustrierend im Nachhinein.

Zwölf Stunden Warten haben Ihnen also keinerlei Ergebnis gebracht?
Na ja, es gab sehr schöne Bilder, aber eben fürs Archiv.

Fällt es Ihnen da nicht schwer, sich heute wieder zu motivieren?
Im Gegenteil, gerade das war die Motivation. Hätte ich heute mein Bild in der Zeitung gehabt, wäre ich vielleicht nicht hier, sondern hätte ausgeschlafen. Aber jetzt hat es mich selber so gewurmt, dass ich es eben noch einmal versuche, um dann vielleicht sagen zu können: »Ätsch, hier ist das bessere Bild.«

Hatten Sie heute eine bessere Position als gestern?
Vielleicht hatte ich heute die Position, die die anderen gestern hatten. Das bringt mir aber relativ wenig, weil das gleiche Bild nicht noch mal gedruckt wird.

Sie fotografieren nur aktuelles politisches Geschehen?
Ja. Zum einen macht mir Politik Spaß, zum anderen bin ich kein Geduldsmensch. Ich könnte keine Studiofotografin sein und dann drei Tage an einer Aufnahme sitzen. Ich brauche dieses Schnelllebige und dass jeden Tag was Neues passiert, dass man sich immer wieder neu auf die Situation einstellen muss.

Wie gehen Sie mit dieser Spannung um? Dem stundenlangen Warten, bis Sie dann plötzlich von Null auf Hundert müssen?
Na ja, vielleicht ist das ja der Kick daran und diese Spannung gerade das, was einem das lange Warten irgendwie erträglich macht. Aber das erste Bild verpasst man eigentlich immer, weil es gar nicht geht, so schnell hochzufahren.

Finden Sie es ungerecht, dass die Fotografen oft als Meute bezeichnet werden?
Ein bisschen stimmt das schon, aber es ist eine nette Meute. Und manchmal kann die Meute auch ganz diszipliniert sein.

Gestern ging es aber nicht sehr diszipliniert ab.
Das hat mit den Voraussetzungen zu tun, unter denen wir arbeiten müssen. Wenn man uns, wie gestern, erst reinlässt, wenn die Person bereits drin ist, muss jeder im Bruchteil von einer Sekunde entscheiden, wohin er sich am besten stellt. Dann geht es eben heftiger zu, als wenn wir vorher schon reindürfen und jeder in Ruhe seine Position suchen kann.

Wie ist das Verhältnis zu den Kollegen?
Ich finde es sehr gut. Natürlich passiert es, dass man sich mal rangelt, aber nachher klopft man sich wieder auf die Schulter. Berlin wird ja immer so beschrieben, als wäre das hier ein einziges Hauen und Stechen und Kämpfen mit den Ellbogen, aber ich empfinde das gar nicht so. Im Gegenteil, das Klima ist sehr kollegial. Man kennt sich und hilft sich gegenseitig.

Katja Keßler

Jg. 1969, studierte Zahnmedizin und wurde bekannt durch ihre Texte unter den *Bild*-Mädchen. Seit 1999 hat sie eine eigene Klatschkolumne in der *Bild*.

Frau Keßler, wie hoch ist Ihr IQ?
Keine Ahnung, ich habe ihn nie messen lassen. Aber ich komme mit dem, den ich habe, ganz gut durchs Leben.

Es wird so viel geredet und geschrieben über Ihren hohen IQ. Sind das alles nur Fantasiezahlen?
Ich falle eben von der Optik her in ein gewisses Klischee. Und wenn ich dann trotzdem in ganzen Sätzen rede und auch noch ein Medizinstudium absolviert habe, dann sind die Leute irritiert, und die Mär vom hohen Intelligenzquotienten geht um.

Worüber haben Sie promoviert?
Über Thalassämie, das ist so eine Blutmangelkrankheit aus dem Mittelmeerraum. Die fertige Arbeit hieß »Eisenexkretion unter dem Chelator Deferiprone und Anti-Oxidantienstatus bei einer Gruppe von Patienten mit homozygoter Beta-Thalassämie und hoher Eisenüberladung«. Heute halte ich das Buch manchmal in Händen und denke: »Hey, das hast du geschrieben!«

Wie viel Intelligenz braucht man denn, um Gesellschaftsreporterin zu sein?
Ich denke, es geht nicht ohne.

Jeder Gesellschaftsreporter hat seinen eigenen Stil. Wie würden Sie den Ihren beschreiben?
Ich hinterfrage die Dinge und schreibe nicht nur: »Super Buffet, tolle Leute, prima Party«, denn dann könnte ich nach 14 Tagen wieder anfangen, die erste Kolumne nachzudrucken. Mein Kriterium ist: Wenn meine Oma dabei einschlafen würde, dann ist es ein schlechter Klatsch.

Was reizt Sie am Klatsch und Tratsch?
Mich reizt vor allem das Beobachten von Leuten. Für mich ist zum Beispiel das Paar interessant, das sich mitten im Tumult immer wieder an die Hände fasst. Das sagt mehr als Worte, genauso wie bei dem Paar, das groß über seine Liebe schwätzt, sich dabei aber nicht ein einziges Mal anguckt. Schon als ich während meines Studiums gekellnert habe und um drei Uhr morgens nach Hause kam, war ich dann noch bis fünf auf und vorm Fernseher und habe mir überlegt, wer an diesem Abend was zu wem gesagt hat, wer mit wem gekommen ist und wie das alles zu bewerten ist. Wenn ich andere Leute verstehe, verstehe ich mich selbst vielleicht ein bisschen besser.

Der Klatsch ist für Sie also nur ein Mittel zur Selbstreflexion?
Auch wenn das sehr pathetisch klingt, ich bin schon so ein bisschen auf der Suche nach mir selbst. Ich bin wie eine Märchenerzählerin, die in den Märchen eine Moral sucht, und sei es eben die Moral für mich selbst. Ich möchte mit meinen Geschichten etwas transportieren, so ein bisschen die Moral von »Unter jedem Dach ein Ach« und »Die Reichen haben es auch nicht besser«.

Hat Ihre Suche nach sich selbst schon ein Ergebnis gebracht?
Der Schlüssel zu meiner Person ist sicherlich meine Erziehung. Mein Vater war sehr, sehr katholisch. Ich bin auf ein altsprachliches Gymnasium gegangen und hatte neun Jahre Latein und fünf Jahre Altgriechisch. Ich habe es gehasst, war aber zu feige, stattdessen das zu machen, was ich machen wollte. Heute weiß ich, dass ich selbst, ich als Person, von einer Sache überzeugt sein muss. Und dann klappt es auch. Es nimmt dich keiner an die Hand und zeigt dir die Tür, durch die du gehen musst.

Sie sagten gerade, Sie reizt das Beobachten der Leute. Sind Sie in gewisser Weise eine Voyeurin?
Ich habe sicher ein gesundes Maß an Neugier. Aber man

Presseball

muss nicht durch Schlüssellöcher gucken. U-Bahn-Fahren reicht auch. Viele Menschen entblößen sich mehr, als ihnen bewusst ist, schon allein durch die Art, wie sie gucken. Düster, finster – wenn dann jemand sagt: »Hey, ich bin ein lustiger Zeitgenosse«, dann finde ich das sehr verdächtig.

Vielen lustigen Zeitgenossen begegnen Sie auch auf den Partys, die Sie ständig besuchen müssen. Gehen Sie da eigentlich gerne hin?
Ich stelle mir immer die Frage nach dem Sinn, und zwar nicht nach dem Sinn des Seins, sondern nach dem Sinn dieser Partys. Ich gehe da gerne aus beruflichen Gründen hin, aber als Privatperson würde ich einen Koller kriegen. Dieses ständige »Hallo und wie geht's dir«, das würde mich belasten. Wenn ich beruflich unterwegs bin, dann höre ich zu, wenn jemand mir seinen Kummer beichtet, weil ich ein Ventil habe, es weiterzugeben – das Schreiben. Privat würde ich mir diesen Kummer nicht erzählen lassen wollen, weil er auf mir lasten würde wie ein Hinkelstein.

Sie sind mittlerweile aber doch auch selbst ein Teil dieser Gesellschaft geworden?
Das ist die klassische Frage an mich. Ich kann dazu nur sagen, ich bin kein fertiger Mensch und hatte auch schon ein Leben vor dem Klatsch, als ich während meiner Doktorarbeit noch mit einem vollgekleckten Kittel im Labor stand und mit Blutproben hantierte. Da war ich Katja Keßler, und jetzt bin ich Katja Keßler, und ich laufe nicht Gefahr, zwischen all diesen gestylten Menschen zu stehen und zu denken: »Hach, wie schön, ich gehöre dazu.« Das Schönste, was es für mich gibt, ist, ins Auto zu steigen und heim nach Kiel zu fahren, in dieses eigentlich ziemlich belämmerte Nest mit seinen vielen Rotklinkerbauten, aber dort bin ich ich.

Könnten Sie sich vorstellen, einmal die Seite zu wechseln, also Ihren Beruf aufzugeben und jemanden aus der guten Gesellschaft zu heiraten?
Nein, ich hätte ein ganz großes Problem damit, meinen Beruf aufzugeben. Ich erlebe ja täglich die Frauen in diesem Society-Umfeld. Die sitzen zu Hause und suchen Vorhänge aus, und wenn sie die Vorhänge haben, sind die Stuhlbezüge dran, und nach den Stuhlbezügen widmen sie sich der Sofagarnitur, und irgendwann sind sie wieder bei den Vorhängen, und die große Langeweile bricht aus. Und irgendwann sagt der Mann zu dieser Frau, du bist zu dick, du bist nicht mehr attraktiv, und das ganze Kartenhaus, in dem sie lebt, bricht zusammen. Ich

möchte das nicht erleben müssen. Selbst wenn ein Mann mal zu mir sagt, du bist zu dick und zu hässlich und nicht mehr adäquat für mich, dann soll es mich trotzdem weiterhin geben.

Bevor Sie Kolumnistin wurden, waren Sie berühmt als die Frau hinter den Texten unter den Frauen. Wie kamen ausgerechnet Sie in die Abteilung Nackedei-Poesie?
Ich saß bei *Bild* – im Praktikantenzimmer zwar – und hatte das erste Mal in meinem Leben das Gefühl, hier möchte ich sein. Und dann kam am zweiten Tag die Sekretärin mit einem Nacktfoto rein. Ein Absurdum sondergleichen, mir vorzustellen, dass Männer diese Frau, die da hockte und auf ihre Art wirklich null erotisch war, in ihren Spind hängen würden. Also brachte ich diese Verwunderung zum Ausdruck, indem ich mir irgendwelchen Blödsinn über die Schwester im Wartezimmer und den Doktor mit der großen Spritze ausdachte. Mein Chef fand das putzig und ließ es unredigiert drucken, und ich hatte, ohne es zu wissen, in dem Augenblick eine neue Stilform für die *Bild*-Miezen entwickelt. Später wurden die Geschichten dann immer abgedrehter, die Wortspiele immer verrückter, zum Beispiel: »Martha hat einen Marthapfahl«. Als ich merkte, dass plötzlich immer mehr Männer mit rotierenden Pupillen vor mir standen und meinten, das hat sie alles einmal selbst erlebt, da ist mir langsam die Euphorie vergangen. Und mit Beginn der Kolumne habe ich die Miezen wieder aufgegeben.

Kamen Sie bei dieser Arbeit nicht in Konflikt mit Ihrer katholischen Erziehung?
Natürlich hat man irgendwie so eine innere Jury im Kopf, und da sitzen dann vielleicht der Vater drin und die Tante und die Oma. Aber die haben das alle völlig locker genommen, und wenn ich meiner Mutter mal so einen Text vorgelesen habe, dann hat sie gelacht. Ich bin ja auch nicht unreflektiert mit diesen Bildern umgegangen, sondern habe mich ironisch damit auseinander gesetzt, das war meine Art von Absage an diese Art von Fotos.

Gibt es Dinge, über die Sie in Ihrer Kolumne nicht berichten würden, wo Sie eine moralische Grenze hätten?
Ich habe da sehr viel Freiheit bei *Bild* und dürfte theoretisch relativ weit gehen, aber es gibt natürlich ein Limit. Ich habe keinen missionarischen Eifer, zum Beispiel irgendwelche Leute als homosexuell zu outen oder einen Seitensprung öffentlich zu machen, bevor die Ehefrau davon weiß. Wenn ich denke, ich würde einem Menschen massiv schaden, würde ich die Geschichte nicht machen. Ab und an erinnere ich mich daran, was wir im Griechisch-Unterricht übersetzt haben. Da gibt es das schöne Wort Empathie. Das setzt mein Beruf voraus, sich in die Leute reinfühlen zu können. Dieses Sich-Öffnen für andere hat aber auch den Nachteil, dass ich verletzbar bin und belastet werde durch die Dinge, die mir erzählt werden.

Haben Sie es sich schon mal verscherzt mit Leuten, über die Sie geschrieben haben?
Komischerweise habe ich die Erfahrung gemacht, dass es ein Heer von Masochisten gibt. Man schreibt etwas geharnischter, haut drauf, und bei der nächsten Veranstaltung kommen sie und schütteln einem die Hand und freuen sich, einfach weil sie in der Zeitung gewesen sind – und ganz egal, was da über sie in der Zeitung stand. Es gibt aber auch Enttäuschungen. Manchmal wundere ich mich, dass Personen mir Dinge erzählen und nachher nicht den Schneid haben, es zuzugeben, sondern ihre Hände in Unschuld waschen und sagen: »Keine Ahnung, wie die Geschichte in die Presse kommt.« Und natürlich gibt es manchmal auch Leute, die so richtig böse werden über das, was ich geschrieben habe. Ich habe auch Feinde, sehr viele Feinde sogar.

Wie gehen Ihre Feinde mit Ihnen um?
Es gibt extrem viele Gerüchte über mich, die mich am Anfang unheimlich verletzt haben. Im Internet hat irgendein angeblicher Graf anonym geschrieben, er habe mich auf irgendeiner Party mit einer Frau knutschen sehen. Tatsächlich habe ich außer meiner Mutter noch nie eine Frau auf den Mund geküsst. Mittlerweile habe ich eine Gegenstrategie gegen solche Gerüchte entwickelt: Ich klappe einfach die Ohren zu.

Haben Sie sich schon mal gesagt: »Okay, ich schreibe jetzt nicht mehr über dich«?
Es gibt so Fälle, in denen das bisschen Klatsch über diesen oder jenen in keiner Relation zu dem Stress steht, der daraus resultiert. Ich mache keinen Aufdeckungsjournalismus, ich will leicht und ironisch sein in meiner Kolumne. Und einige Kandidaten eignen sich einfach nicht dafür. Dann bleiben die halt draußen.

Werden Sie auch manchmal benutzt, um gezielt Affären oder Geschichten in der Zeitung zu lancieren?
Das passiert viel mehr, als man annimmt. Das Telefon klingelt häufig, und dann sind Leute dran, die mir Geschichten erzählen. Zum Beispiel macht da ein Star seine Trennung publik – just an dem Tag, an dem sein neuer Film startet. Da steckt viel Politik dahinter, und die eigentliche Kunst in dem Job ist, sich aus diesen ganzen Grabenkriegen und Guerillascharmützeln herauszuhalten und trotzdem eine Leichtigkeit zu behalten

Wie würden Sie sich dabei fühlen, wenn jemand genauso über Sie schreiben würde, wie Sie über andere schreiben?
Ich glaube, ich würde nicht in meiner eigenen Kolumne stehen wollen. Ich mag persönliche Sachen über mich nicht lesen, weder in wen ich verliebt bin noch von wem ich mich gerade getrennt habe. Ich würde mir eher die Zunge abschneiden, als über die Gründe einer Trennung zu sprechen. Solange aber andere über ihre Trennungen reden möchten, haben sie in mir den richtigen Ansprechpartner.

Sie sind recht kess gekleidet. Wie weit ist diese Kleidung wichtig für Ihren Job?
Nicht die Kleidung allein ist wichtig, sondern das gesamte

Auftreten. Ich kleide mich so, dass ich mich wohl fühle und in der richtigen Stimmung bin, um allen die Stirn bieten zu können.

Das klingt sehr selbstbewusst.
Tief in meinem Inneren ist null Selbstbewusstsein. Früher in der Schule habe ich sehr darunter gelitten, wenn ich nicht zu einer Klassenfeier eingeladen wurde. Das hat immer sehr an meinem Selbstbewusstsein genagt. Mittlerweile geht es besser, aber es gibt noch immer Situationen, in denen ich sehr zögerlich bin und nicht weiß, ob es jetzt falsch ist, wie ich bin, was ich mache, wie ich es sage. Das macht mich aus, das ist ein ganz ausgeprägter Part von mir, und ich glaube, der wird auch nie weggehen. Allerdings habe ich heute eine größere Selbstsicherheit. Aber die kommt nicht aus dem Bauch, sondern ist irgendwie über den Kopf bestimmt.

Sind Sie manchmal aufgeregt oder haben Angst, wenn Sie Hollywood-Stars interviewen oder selbst im Rampenlicht stehen?
Nein, nicht wirklich. Ich bin nicht der Typ, der wegen Nervosität und Prüfungssituation Schweißausbrüche hat. Aber es gibt so ein Wechselbad. Es gibt Tage, da könnte ich die Welt umarmen, und dann habe ich wieder Phasen, in denen ich denke, »ach, ich kann nicht schreiben, die Pointen sitzen nicht.« Oder wenn ich im Hotel bin und gleich zu einem Termin muss, dann würde ich da manchmal gerne einfach bleiben. Aber ich weiß, ich muss jetzt raus, ich muss mich dem stellen. Um so größer ist dann die Befriedigung, es trotzdem zu machen. Unterm Strich verblasst der Anlass, aber es bleibt so etwas wie das Gefühl von Kraft und innerer Stärke.

Was tun Sie, um sich von dem Stress der vielen Partys wieder zu erholen?
Ich müsste jetzt sagen: Tennisspielen, Reiten, Freunde treffen. Aber tatsächlich verkrümele ich mich in eine Art Gehirn-Schneckenhaus. Ich möchte nach all den vielen Menschen und dem Trubel lieber für mich sein und nachdenken. Das ist wie ein Wiederkäuen von Situationen, von Worten, von Sätzen – danach geht es mir besser. Früher habe ich das eher runtergekämpft, seit ein paar Jahren kultiviere ich es. Ich muss mich wohl fühlen. Wenn der Druck mal zu groß wird, rufe ich zu Hause bei meinen Eltern an, manchmal sogar um vier Uhr morgens. Und dann sagt meine Mutter ihre magischen Sätze wie: »Es kommt alles, wie es kommen soll« oder »Wart's ab«. Und die haben auf mich einfach eine Wirkung, die ich nicht erklären kann. In dem Augenblick werde ich ganz entspannt und denke mir, ja stimmt, wart´s ab, so what.

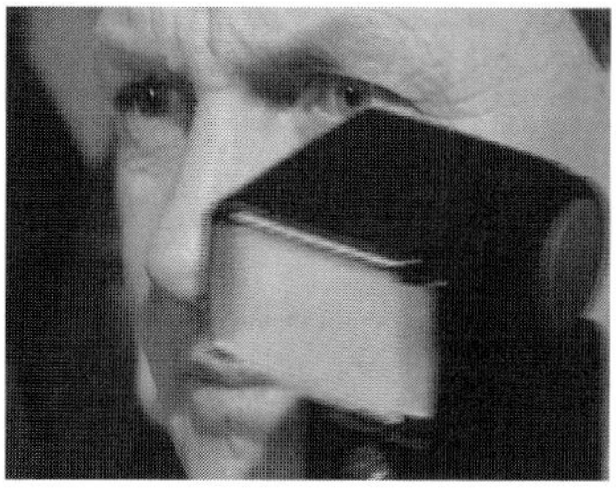

Carl Weiss

Jg. 1925, begann als schreibender Journalist u. a. bei der *Süddeutschen Zeitung*, war einige Jahre im Auswärtigen Dienst in Neu-Delhi und Djakarta und berichtete von 1964–78 als Auslandskorrespondent für das *ZDF*. Von 1978–82 war er Koordinator für Politik und Kultur bei der *ARD*, bis 1988 *ARD*-Korrespondent in Brüssel. Heute lebt er als freier Journalist in München.

Herr Weiss, Sie gehen noch immer jedes Jahr auf den Presseball?
Ja, es ist ziemlich idiotisch. Eigentlich tun meine Frau und ich es nur, damit wir jedes Mal auf der Tanzfläche denselben Witz über uns machen können: »Guck mal, wie die beiden da drüben herschauen. Er sagt jetzt sicher zu ihr: ›Ist das nicht der Dingsda, dieser Charly Weiss?‹ Und sie: ›Ach was, der ist doch längst tot.‹ ›Nein‹, sagt er, ›grad hat er sich noch bewegt.‹« – Da haben wir immer was zu lachen.

Herr Weiss, warum sind Sie eigentlich Journalist geworden?
Ich glaube, ich war gut im Aufsatz. Ich wollte schon als Schüler Journalist werden. Ich habe mir gar nicht klar gemacht, was das damals im Dritten Reich bedeutet hätte. Es wäre wohl auf Feuilleton hinausgelaufen.

Was hat Sie so fasziniert am Journalismus?
Die Oberflächlichkeit dieses Berufes, bei dem man nicht gezwungen ist, allzu sehr in die Tiefe zu gehen, und es reicht trotzdem. Ein Brückenbauer oder ein Lungenfacharzt könnte es sich nicht leisten, so wie wir im Ungefähren zu bleiben und trotzdem akzeptiert zu werden. Verzeihen Sie, dass ich auf meine alten Tage gegenüber meinem Beruf so zynisch bin.

Weshalb sind Sie denn so zynisch geworden?
Sagen wir besser, skeptisch. Wenn Sie über 50 Jahre deutsche und internationale Politik gesehen haben und jetzt gerade wieder die amerikanischen Wahlen oder die Nahostsituation betrachten, was um Himmels willen wollen Sie da anderes sein als Skeptiker?

Aber die Journalisten schreiben alle, als ob es um das Wesentliche der Welt ginge.
Man muss ernst nehmen, worüber man schreibt. Ich bin von jener Nachkriegsgeneration, die bei den Angelsachsen gelernt hatte, Nachrichten und Meinung zu trennen. Dass sich das jetzt immer häufiger wieder verwischt und dass Leute kommentieren, die dazu gar nicht befähigt sind, das ärgert mich. Wenn sich im alten *Prager Tagblatt*, dieser wundervollen Zeitung, in der Redaktionskonferenz einer um den Leitartikel bewarb, konnte es sein, dass man ihn fragte: »Und womit, Herr Kollege, haben Sie sich für dieses Thema ausgewiesen?« Ziemlich gravitätisch, nicht wahr, aber darum geht es doch: Zum Kommentieren gehört glaubhaft Kompetenz! Nicht bloß eine im Moment als korrekt oder modisch angesagte Gesinnung. Ich misstraue jeglichem Gesinnungsjournalismus.

Sie haben lange als Auslandskorrespondent gearbeitet. Wie wichtig fanden Sie sich selbst als Kommentator des Weltgeschehens?
Na, überhaupt nicht. Mein Gott, das wäre doch eine völlige Überschätzung. Vielleicht habe ich, zusammen mit all den anderen Kollegen, den Horizont der Nachkriegsdeutschen ein bisschen erweitert. Das wäre doch schon eine ganze Menge.

Welche Qualitäten hatten Sie, um diesen Beruf so ausüben zu können, wie Sie es getan haben?
In erster Linie das Glück einer einigermaßen soliden Physis. Das ist für diesen Beruf, noch dazu beim Fernsehen, ganz entscheidend. Man muss energisch genug sein, zu den Ereignissen und in die Milieus vorzudringen, rechtzei-

Presseball

tig, schnell. Man muss robust und kräftig sein, denn der Kameramann trägt das schwere Gerät nicht immer allein. Man muss seine Hausaufgaben machen, sich einlesen, sich vorbereiten. Als ich 1983 als Asienkorrespondent des *ZDF* begann, hatte ich schon fast vier Jahre als Presse-Attaché in Neu-Delhi und Djakarta abgedient. Ich hatte Kenntnisse und schon ein Netz von Freunden und Bekannten auf diesem Kontinent. Meine Frau, eine prima Gastgeberin, hat sehr dabei geholfen, dieses Netz aufzubauen und zu pflegen. Denn ein Reporter braucht immer Leute, die er fragen kann.

Haben Sie den Eindruck, dass die jüngeren Kollegen ihre Hausaufgaben machen?
Ich habe da höchst unterschiedliche Meinungen von den jüngeren Kollegen, aber im Großen und Ganzen ist die Meinung eher hoch. Der beste Auslandskorrespondent dieser Tage ist in meinen Augen eine Frau, Sonja Mikisch.

Denken Sie, dass die Frauen im Kommen sind?
Na, hören Sie mal, sie sind ja schon voll drin.

Es heißt ja immer, gerade die Journalisten beim Fernsehen seien recht eitel. Waren Sie es auch?
Hoffentlich nicht. Ich gehöre zu der ersten TV-Generation, die zunächst mal bei einer Zeitung was geworden war. Viele der Jungen fangen heute gleich beim Fernsehen an. Wie sollen sie in diesem Betrieb vor lauter Technik, Hektik, Mimik eigentlich zum Denken und zum Formulieren kommen? Nachrichtenagenturen, Zeitungen und Hörfunk disziplinieren die Sprache so viel besser. Für die Eitelkeit bringen sie freilich weniger.

Wenn Ihnen die Sprache so wichtig ist, warum sind Sie dann zum Fernsehen übergewechselt?
Weil ich 1963 in Asien bleiben wollte. Bald hat mich das Bildermachen fasziniert. Ich habe es geliebt, fremde Länder, ihre Politik, ihre Wirklichkeit in Bilder zu fassen. Illustriere ich das fair und richtig, diese Frage hat mich am Schneidetisch immer gequält. Das war meine handwerkliche Begeisterung für diesen Job. Wie gelingt das Zusammenspiel zwischen Wort und Bild!

Wie beurteilen Sie die gegenseitige Abhängigkeit von Journalisten und Politikern? Hat sich das verändert im Vergleich mit Ihrer Zeit?
Ich sehe da vor allem einen Unterschied zwischen Deutschland und Ländern wie England, Frankreich oder auch Amerika. Die Distanz zwischen Politikern und Journalisten ist in diesen Ländern größer. In der Bundesrepublik gab es immer reichlich Kumpanei. Es hieß, das liege an der Intimität des kleinen Bonn. Wir werden ja sehen, ob sich das in Berlin verändert.

Wenn Sie nun zurückblicken, was ist das Ergebnis Ihrer journalistischen Arbeit?
Ein ordentliches Rentnerauskommen. Vielleicht habe ich sogar ein bisschen zur Durchlüftung der deutschen Nachkriegsgesellschaft beitragen können.

Pierre Bouchez

Jg. 1953, war ursprünglich Grundschullehrer und arbeitet seit 1988 als freier Kameramann.

Herr Bouchez, könnten Sie sich vorstellen, auch mal vor der Kamera zu stehen?
Das wäre mir unangenehm. Es nimmt einem ein bisschen die Seele weg und ist auch eine kleine Vergewaltigung. Ich war mal mit der Kamera in der U-Bahn, nur um ein paar Schnittbilder zu bekommen. Da stand ganz am Ende des Wagons einer auf und sagte: »Ich will nicht.« »Wieso«, fragte ich, »sind Sie vielleicht vom Fach?« »Ja«, sagte er, »ich bin Redakteur bei der *Deutschen Welle*.« Das ist absolut typisch. Wenn man in dem Beruf ist und weiß, dass man die Leute wiedergeben kann, wie man will, dann geht man das Risiko nicht ein, irgendwie schlecht behandelt zu werden.

Das heißt, Sie behandeln die Leute schlecht, die Sie filmen?
Nein. Aber nicht jeder, der vor der Kamera steht, ist einem sympathisch. Da ist es dann sehr schwierig, objektiv zu arbeiten. Ich versuche immer, eine gewisse Distanz zu halten, auch dann, wenn ich die Leute sympathisch finde, damit ich sie der Öffentlichkeit zeigen kann, ohne dass sie irgendwie belastet wären mit meinen persönlichen Empfindungen.

Sie empfinden es als Vergewaltigung, gefilmt zu werden. Fühlen Sie sich dann nicht auch als Vergewaltiger, wenn Sie jemanden filmen?
Nein, das empfinde ja nur ich so. Ich habe eben Angst, dass man mich nicht gut wiedergibt. Und ich will auch nicht, dass Bilder von mir übrig bleiben, wenn ich tot bin. Die sollen mit mir verschwinden. Nur zu Hause mache ich manchmal Aufnahmen von mir, zum Beispiel wie ich mit den Kindern spiele. Aber das ist eine Privatangelegenheit.

Haben Bilder Macht?
Das kommt darauf an. Die Bilder in den Nachrichten haben

sicher keine Macht, denn die werden immer austauschbarer. Wir machen alle die gleichen Bilder und bebildern eigentlich nur irgendeinen Text. Man könnte auch die Augen dabei zumachen. Man bräuchte die Bilder gar nicht, sie transportieren bei den Nachrichten sehr wenige Informationen.

Sie haben hier zusammen mit Ihrem Redakteur, der einen O-Ton wollte, sehr lange gewartet, um Kanzler Schröder vor die Kamera zu bekommen. Das hat nicht geklappt. Wie fühlt man sich da?
Das ist die Realität. Immerhin äußert sich der Schröder und sagt nein, das finde ich gut, oder er zeigt irgendwie den Rücken. So gibt es wenigstens eine Kommunikation, auch wenn er nicht einverstanden ist.

Fühlen Sie sich manchmal als Wegelagerer, wenn Sie mit Ihrer Kamera jemandem auflauern?
Das gehört zu dem Job ein bisschen dazu. Aber meistens nehmen die Politiker einen ja nicht mal wahr, sondern nur die Redakteure. Die Kameraleute nehmen sie fast nie wahr. Wozu auch?

Sie arbeiten als freier Kameramann. Wie ist das Verhältnis zu den fest angestellten Teams?

Demonstration gegen das Verbot der NPD

Es gibt weder eine Konkurrenz noch einen Austausch. Man redet kaum miteinander, wir sind anders. Die Freien sind ein bisschen wie Söldner und haben eine Einzelgängermentalität. Ich mache das hier, weil ich das machen muss. Aber als Freier kann ich dann auch wieder andere Aufträge annehmen. Ich könnte mir niemals vorstellen, dass ich irgendwo fest angestellt bin und jeden Tag das Gleiche machen muss. Zum Glück kann ich immer noch Dokumentarfilme drehen.

Würde der Söldner Bouchez jeden Auftrag annehmen, oder hätten Sie Ihre Grenzen? Würden Sie zum Beispiel einer Witwe, die gerade erst ihren Mann verloren hat, die Kamera vors Gesicht halten?
Es gibt Dinge, die ich nicht drehe. Ich würde niemals Boulevard machen. Und ich würde niemals etwas zeigen, wofür ich mich hinterher nicht mehr im Spiegel ansehen könnte.

Hans Leyendecker

Jg. 1949, ist einer der besten investigativen Journalisten in Deutschland. Er hat als Redakteur des *Spiegel* und der *Süddeutschen Zeitung* (seit 1997) zahlreiche Affären aufgedeckt.

Herr Leyendecker, sind Sie gerade mal wieder einer großen Verschwörung auf der Spur?
Nein, denn die großen Verschwörer sind nie am Werk. Es sind immer die ganz einfachen Dinge des Lebens, die zu Affären führen. Da spielen Frauen eine Rolle, es spielt Geld eine Rolle, und es spielt Korruption eine Rolle. Das Leben ist banal, und oft geht es nur darum, dass jemand die Steuer nicht zahlen will.

Sie werden Enthüllungsjournalist genannt. Ist das ein Kompliment für Sie?
Ein Enthüllungsjournalist versucht, Geschichten zu finden, die öffentlich nicht zugänglich sind, und sie dann so darzustellen, dass die Leser sich eine Meinung dazu bilden können. Von daher nehme ich es als Kompliment. Aber es gibt eine Menge Leute, die das als Kampfbegriff verwenden.

Welche Eigenschaften braucht ein guter Enthüllungsjournalist?
Sie müssen zwei Stunden mehr arbeiten als die anderen. Sie müssen relativ geduldig sein. Sie müssen Buchhalterfähigkeiten haben, das heißt, Sie müssen akribisch Akten verwalten. Und Sie sollten wissen, wie man mit Leuten umgeht und wie man sie für die Sache gewinnen kann, die man darstellen will.

Sie haben sich selbst einmal als Staubsaugervertreter bezeichnet. Warum?
Weil ich zu Leuten hingehe, die nicht möchten, dass ich zu ihnen komme, und die mich dann rauswerfen. Wenn man älter wird, ist es manchmal gar nicht mehr so einfach, sich die Tür weisen zu lassen. Aber da darf ich nicht sagen, ich bin so wichtig und lasse so nicht mit mir umgehen, sondern ich muss immer wieder kommen wie der Staubsaugervertreter von Vorwerk.

Woher beziehen Sie Ihre Informationen?
Ich habe sechs oder acht Kerninformanten in unterschiedlichen Bereichen. Mit wem ich zusammenarbeite, hängt von den Gebieten ab, über die ich schreibe, ob ich nun einen Spezialisten für ABC-Waffen, Geheimdienste, Steuern oder Korruption brauche. Diese Leute rufe ich immer morgens an und frage, ob es was Neues gibt. Wenn man dann auf irgendwas gestoßen ist, das es wert ist, in der Zeitung zu stehen, beginnt man, die Sache langsam aufzurollen. Man liest viel Literatur, man spricht mit Leuten, man schaut, dass die Geschichte zustande kommt.

Wie pflegen Sie Ihre Quellen?
Indem ich sie schütze. Das ist das Wichtigste, was es gibt. Denn wenn Ihnen einmal eine Quelle verloren geht, können Sie den Beruf aufgeben. Das heißt, man muss auch falsche Spuren legen, damit niemand herausfindet, mit wem man zu tun hat. Wenn man das Gewerbe kennt, ahnt man immer, wer dahinter stecken könnte. Deshalb muss man versuchen, die Quelle jedes Mal noch besser zu tarnen. Ich pflege meine Quellen auch, indem ich privat mit ihnen zu tun habe. Wir reden über die Ehe, über die Kinder. Zum Teil sind das Beziehungen, wie man sie zu Freunden hat.

Sie haben Ihre Quellen über viele Jahre hinweg aufgebaut, schon als Sie beim* Spiegel *waren. Schöpfen Ihre ehemaligen Kollegen noch dieselben Quellen ab?
Ja, Georg Mascolo, mit dem ich damals zusammengearbeitet habe. Er ist zwar viel größer als ich, aber wir beide waren wie Zwillinge. Wir versuchen, uns nicht in die Quere zu kommen und anständig miteinander umzugehen, aber wir sind natürlich immer um die Wette gerannt, auch in der Kohl-Affäre. Da hatte er zwar den Nachteil der Jugend, dass er diese alten Geschichten und Quellen nicht so rich-

tig kannte. Aber ansonsten hat mein Freund oft die Nase vorn.

Sie waren ja fast verheiratet mit Ihrem Beruf. Welchen Preis haben Sie dafür bezahlt?
Den Preis zahlt natürlich zuerst die Frau. Ich bin jetzt 29 Jahre verheiratet und war schon in manchen Momenten nicht da, wo ich hätte da sein müssen, weil ich zu sehr am Blatt hing. Aber trotzdem ist es ja gut gegangen, da kann ich ihr nur danken. Wenn man eine zu enge Beziehung zu einer Zeitung oder einem Magazin hat, nimmt man dieses ganze Biotop viel zu wichtig. Das ist durch den Wechsel zur *Süddeutschen Zeitung* verloren gegangen. Ich habe wieder Abstand zu mir selbst bekommen. Und als ich mich dann fragte: »Wie warst du eigentlich?«, da habe ich vieles gefunden, was ich nicht so toll fand.

Sie haben also ein Stück Ihrer Eitelkeit abgelegt?
Ich hoffe. Man ist immer wieder gefährdet, aber ich glaube, dass die Verbissenheit, die ich manchmal hatte, jetzt weg ist.

Hat das eine Krise in Ihnen ausgelöst, als Sie sich sozusagen nach 18 Jahren Ehe vom* Spiegel *getrennt haben?
Ja, das war wohl ein Trennungsschmerz, wie ich ihn mir vorstelle, wenn langjährige Beziehungen auseinander brechen. Schon als kleiner Junge wollte ich zum *Spiegel*. Dann war ich beim *Spiegel* und war auch stolz darauf. Ich gehörte dazu, die journalistischen Freunde waren beim *Spiegel*, ich verehrte Rudolf Augstein – wie auch heute noch. In dieser kleinen Welt spielt sich alles ab. Und dann kam der große Schnitt. Ich habe eine Weile gebraucht zu sagen: Jetzt gibt es kein Zurück. Und ich war auch unsicher, wie das wohl wird, wenn ich jetzt draußen bin. Ob ich mich bei der *Süddeutschen Zeitung* bewähren kann oder ob ich bisher nur deshalb erfolgreich war, weil ich beim *Spiegel* war. Aber meine Informanten und die neuen Kollegen haben mir dann geholfen, darüber hinwegzukommen.

Warum sind Sie überhaupt weggegangen vom* Spiegel, *wenn Ihnen das so schwer fiel?
Es gab da den Krieg der kleinen Männer. Stefan Aust und ich, wir hatten unsere Schwierigkeiten miteinander, und da habe ich dann fristlos gekündigt.

Haben kleine Männer vielleicht doch ein Problem mit ihrer Größe?
Ich glaube schon. Die großen Männer, die einen Raum betreten, füllen einen Raum, und die kleinen Männer, die den Raum betreten, suchen ihren Platz. Große Männer können auch Probleme miteinander haben, aber bei kleinen Männern finden Auseinandersetzungen manchmal anders statt. Wenn ich mir die bedeutenden Gestalten im deutschen Journalismus anschaue, wie Rudolf Augstein, der ja auch nicht groß ist, dann haben die eine bestimmte Hartnäckigkeit, mit der sie ihre Ziele verfolgen, und die hängt ein bisschen mit der Größe zusammen. Im Wirtschaftsleben hat man meist Leute ab 1,86 Meter in höheren Positionen. Aber im Journalismus scheint es mir so zu sein, dass die Kleinen hartnäckiger sind. Das sind die Terrier.

Wie sind Sie mit Ihrer Größe umgegangen?
Als ich eines Tages einsehen musste, dass bei 1,70 Meter Schluss ist, habe ich das wohl durch andere Dinge ausgeglichen. Eben durch Verbissenheit oder, wohlwollender ausgedrückt, durch eine sehr starke Hartnäckigkeit.

Und inzwischen haben Sie Ihre Größe akzeptiert?
Ich lerne langsam, mit mir selbst zu leben. Das ist ja auch eine Frage des Alters. Das Erste, was ich gelernt habe: Ich möchte nie mehr jung sein und all das noch mal machen, was ich gemacht habe. Das Zweite ist, dass man mit sich einigermaßen ins Reine kommen muss. Und da habe ich in letzter Zeit ein paar Fortschritte gemacht.

Was haben Sie gewonnen durch den Wechsel zur* Süddeutschen Zeitung*?
Ich habe jetzt größere Freiheiten. Die *Süddeutsche Zeitung* ist eine Autorenzeitung. Ich habe dort ein Stück meine rituellen Spiegelgeschichten ablegen dürfen und kann jetzt so schreiben, wie ich glaube, dass es richtig ist, um den Leser zu fangen.

Schreiben Journalisten wirklich für die Leser oder in erster Linie für die Kollegen?
Eine Menge Leute richten ihre Geschichten tatsächlich danach aus, dass der Kollege sagt, du bist gut durch den Ring gesprungen. Das ist albern und heißt auch, dass man ein Stück am Leser vorbeischreibt. Richtig abstoßend finde ich diese Paladine der Parteien – manche Journalisten verstehen sich ja so –, die für die Politiker schreiben. Es gibt ja diese klebrige Nähe zu Politikern, wenn die Journalisten mit ihnen sozusagen in einem Tross um die Welt ziehen und alles mit der Sicht des Politikers wahrnehmen. Das finde ich absurd. Man schreibt nicht für die Politiker, man schreibt für die Leser. Und man sollte die notwendige Distanz haben und auf diesen Politikbetrieb schauen wie der Insektenforscher auf sein Insekt.

Hat ein Enthüllungsjournalist wie Sie Einfluss auf die Politiker?
Ich glaube nicht, dass man durch Schreiben die Welt verändert. Sie bewirken höchstens eine Veränderung in der fünften, zehnten Stelle hinterm Komma, oder es gibt Momente, in denen die Oligarchen staunen, dass sie gewatscht werden, dass irgendjemand sich traut zu sagen, da ist eine Affäre. Wenn man dann für einen Augenblick Aufmerksamkeit erregt, ist das für ein kleines Leben schon eine ganze Menge.

Durch die CDU-Affäre, die Sie indirekt ausgelöst haben, haben Sie aber doch eine Menge verändert. Die CDU steckt in einer großen Krise, sie konnte sich schneller von Helmut Kohl trennen und einen Generationswechsel in der Partei herbeiführen.
Ich habe ja schon die erste große Parteispendenaffäre mitgemacht, sozusagen meine staatsbürgerliche Bildung, und

die Flick-Affäre. Bis vor einiger Zeit habe ich geglaubt, dass alle Schwüre eingehalten würden, neu anzufangen, sauber zu werden, nicht mehr zu sudeln. Doch das war nur eine Illusion. Alles, was Sie als Journalist erreichen, erreichen Sie nur für den Augenblick – und dann dreht sich die Welt weiter, und die Leute wollen frische Themen haben. Damit müssen Sie leben.

Wie viel Macht oder Ohnmacht haben Sie?
Macht gar nicht. Und Ohnmacht auch nicht, denn die empfindet man ja nur, wenn man sich ganz wichtig nimmt, weil man in Prozesse eingreifen will und in der Wirtschaft oder Politik dazu beitragen möchte, dass der oder der nicht mehr da ist. Diesen Kerbenjournalismus, den es ja gibt, verachte ich. Und wenn manche Kollegen, die wirklich einen Verfolgungswahn haben, sagen: »Den habe ich abgeschossen«, dann finde ich das schon vom Begriff her schrecklich. Man kann nur eins machen: über einen Sachverhalt berichten und dann hoffen, dass die Leute einen Augenblick zuhören.

Sind Sie nur bescheiden geworden, oder ist das Resignation?
Das ist kein Resignieren, das darf es auch nicht sein. Ich habe mit der Zeit nur gelernt, wie relativ alles ist und dass man sich nicht der Illusion hingeben darf, dass durch das eigene Tun irgendetwas gravierend verändert wird. Ich habe viel über Korruption gearbeitet, aber letztlich ist die Korruption wie immer in der Menschheitsgeschichte geblieben. Ich war auch immer dagegen, das, was wir machen, vierte Gewalt zu nennen. Der Journalismus hat schon in der Vergangenheit nicht allzu viel verändert.

Immerhin sind etliche Minister wegen Ihnen zurückgetreten, weshalb Sie den Ruf des Trophäenjägers haben.
Also, den Begriff Trophäenjäger würde ich für mich nicht akzeptieren, aber natürlich hat man auf das Leben anderer Leute Einfluss genommen, was auch manchmal ein Stück erschreckend ist. Vor einiger Zeit traf ich jemanden, über den ich geschrieben hatte, was ich aber gar nicht mehr wusste, und er zog aus seiner Jackentasche plötzlich meinen Artikel und sagte: »Warum haben Sie diesen Satz so geschrieben?« Da zuckte es richtig durch mich hindurch, und ich dachte: »Mein Gott, was hast du da angerichtet, dass dieser Mensch das jetzt offenbar ein Jahr lang mit sich herumgeschleppt hat, bis er dich endlich fragen konnte, warum du das gemacht hast?« Das sind Momente, wo man sich selbst ein Stück in Frage stellt.

Hatten Sie manchmal Mitleid mit den Menschen, deren Affären Sie ans Tageslicht zerrten?
Wenn Sie plötzlich erleben, wie jemand, den Sie lange kennen, darunter leidet, den Posten zu verlieren aufgrund einer Berichterstattung, da kann man nicht in Triumphgeheul ausbrechen, sondern leidet auch mit. Und dann fragt man sich: Durfte man das, war das richtig so? Da gibt es schon Punkte, die ich heute nicht mehr so machen würde. Ich würde nicht mehr so zuspitzen, wie ich zugespitzt habe.

Durch Ihre Enthüllungsgeschichten sind Sie inzwischen fast ein Star geworden. Wie ist das für Sie?
Ein Star bin ich nicht, aber es kann schon passieren, dass Leute einen kennen. Das ist dann irritierend, denn eigentlich habe ich immer in der Vorstellung gelebt, dass ich so ein bisschen Rumpelstilzchen bin und keiner genau weiß, wer man ist. Das ist nicht mehr so, weil ich jetzt selbst in die Öffentlichkeit trete, über den Beruf reflektiere und über verschiedene Sachverhalte rede. Das ist schon sehr, sehr irritierend, wenn man plötzlich anders gehandelt wird und nicht genau weiß, wie man damit umgehen soll.

Sie sind ja immer auf Informationen angewiesen. Steckt man dem Leyendecker, nachdem er so bekannt geworden ist, jetzt mehr zu?
Ich muss genauso laufen wie vorher. Es kann jetzt nur passieren, dass Leute kommen und sagen: »Mensch, toll, ich habe Sie neulich irgendwo gesehen, das war hochinteressant, wir müssen miteinander reden, aber bitte schreiben Sie nie über mich.«

Wie würden Sie reagieren, wenn Sie mal selbst ins Mündungsfeuer der Medien kämen?
Das komme ich ja manchmal, und dann muss ich mir immer wieder sagen: Jetzt um Himmels willen nicht wehleidig sein und protestieren, weil irgendwas ganz rundweg falsch ist! Ich habe mich einmal öffentlich gegen eine falsche Berichterstattung über meine Person gewehrt und bin vor Gericht unterlegen. Die Leute sagten zu Recht: »Guck mal an, der, der mit allen so hart umgeht, ist, wenn es um ihn selbst geht, ein richtiges Sensibelchen.« Das ist dann sozusagen meine Berufspflicht, auch mal – in Tüttelchen – Unrecht hinzunehmen. Und wenn die Leute mich kritisieren, weil ich wirklich Bockmist gebaut habe, dann finde ich das völlig in Ordnung.

Zwei Journalisten haben mir erzählt, dass es für sie geradezu eine Pein mit körperlichen Schmerzen war, als sie in eine Medienkampagne geraten sind. Ist Ihnen einmal Ähnliches widerfahren?
Ja, ich war selbst einmal Gegenstand einer Kampagne, und zwar zu Recht, weil ich einen handwerklichen Fehler gemacht hatte. Am Schlimmsten war, dass es auf meine Kinder ausstrahlte. Sie wurden dauernd gehänselt: »Was hat dein Papa denn da gemacht!« Für die Kinder war das ganz schwierig, weil Kinder in der Regel ihren Vater sehr lieben und finden, dass er irgendwie alles richtig macht, auch wenn sie, weil sie noch klein sind, nicht genau wissen, was er eigentlich treibt, außer dass er viel weg ist. Und wenn die Kinder dann kommen und sagen: »Was war denn da los?«, und du musst dich den Kindern stellen, da fühlt man sich ganz elend.

Was haben Sie aus dieser Erfahrung gelernt?
Wie es auf der anderen Seite der Barriere aussieht, wenn es ganz knüppeldicke kommt, wenn auch Ungerechtigkeiten nur so prasseln. Ich gehe heute an Sachverhalte anders ran. Ich habe früher mehr in Kategorien gedacht, das tue ich heute nicht mehr, weil ich weiß, dass es weder die absolute Gerechtigkeit noch die absolute Ungerechtigkeit,

nicht nur das Gute und das Schlechte, sondern viele Zwischentöne gibt. Ich bin dadurch auch sanfter geworden.

Sie sehen die Welt jetzt mit einem milderen Blick?
Ich bin nicht Papa Gnädig, sonst würde ich ein Stück von meinem Biss verlieren. Der Blick muss auf eine Sache gerichtet sein, denn man will ja gerade das erfahren, was man nicht erfahren soll. Da ist der Blick geblieben, die Intensität muss auch bleiben, sonst kann man dieses Gewerbe gleich aufgeben. Aber die Personen, die darin vorkommen, beispielsweise Dr. Helmut Kohl, sehe ich heute viel differenzierter. Ich sehe ihn auch ganz anders, als er glaubt.

Sie müssen Ihre Quellen pflegen. Wie pflegen die Politiker Sie?
Gar nicht. Ich habe mit den Politikern wenig zu tun, weder mit denen von der einen Seite noch mit denen von der anderen. Es gibt ja unter den Sportberichterstattern manchmal so ein Fandenken, nicht bei der *Süddeutschen Zeitung*, aber bei schwächeren Zeitungen. Da schreiben dann Leute über einen Verein, dessen Fan sie selbst sind. Das gibt es genauso in der Politik. Ich halte es auch für völligen Unfug, wenn Kollegen stolz darauf sind, eingeladen zu werden und am Tisch der Mächtigen zu sitzen, wenn sie stolz sind, selbst wie eine Macht behandelt zu werden. Es gibt dieses verrückte Wort »Ich schreibe in Augenhöhe«, womit ja eigentlich gemeint ist, dass man auf einer Stufe steht. Das ist man aber überhaupt nicht. Journalisten haben eine ganz andere Aufgabe. Sie sind Betrachter, müssen raustreten aus diesen Kreisen und das beschreiben, was da vorgeht. Von daher möchte ich nicht, dass mich irgendeiner, außer meiner Frau, pflegt auf dieser Welt.

Sind Sie wirklich frei von all diesen Gelüsten?
Ja. Ich glaube auch nicht, dass es so attraktiv ist, mit den Herren immer am Tisch zu sitzen. Der Politikbetrieb ist ein sehr anstrengendes Geschäft, denn Sie reden über Sachverhalte, über die Sie schon hundert Mal geredet und 37-mal geschrieben haben. Aber wenn ich einen Sachverhalt recherchiere, dann möchte ich das gar nicht hören, was ich gleich schreibe. Man muss ja den Sprung finden, dass man es noch einigermaßen interessant macht. Vieles ist doch sehr enervierend. Gerade die Politiker sind nur fokussiert auf ihr eigenes Leben, darauf, ob sie jetzt geachtet sind, wie es in der eigenen Partei zugeht. Ich finde, es ist ein sehr schreckliches, enges Leben.

Sind sich Journalisten und Politiker ähnlich?
Wenn Journalisten Politikern ähnlich werden, machen sie einen großen Fehler. Aber es gibt tatsächlich Ähnlichkeiten, zum Beispiel, wie wichtig gewisse Ereignisse genommen werden. Ständig werden ja die letzten Schlachten der Weltgeschichte geschlagen, wenn man manchen glaubt. Aber nach drei Wochen ist das alles längst vergessen. Im September 1999 wurde zum Beispiel darüber philosophiert, wann Rudolf Scharping Bundeskanzler wird, weil natürlich die Wahlen in Schleswig-Holstein und in NRW verloren gehen würden. Da haben erwachsene Menschen tagelang darüber diskutiert, beim Wein genauso wie in den Presseclubs, wie denn der Abgang von Schröder aussehen werde. Und dann ist es ein bisschen anders gekommen, und man wendet sich einem neuen Thema zu, das man mit der gleichen Intensität begleiten kann.

Ich nehme an, wenn der Trophäenjäger Leyendecker zum Interview bittet, schrillen bei manchen Politikern sämtliche Alarmglocken. Ist es leicht für Sie, ein Interview zu bekommen, oder müssen Sie Ihre Fragen vorher einreichen?
Ich mache das nicht, aber es ist weithin eine Unsitte im deutschen Journalismus, dass man, bevor man ein Interview führt, jemandem die Fragen vorlegen muss, damit der sich darauf einstellen kann. Das Interview lebt ja von der Überraschung und dass man sich aufeinander einlässt, dass man miteinander ringt und versucht, sich einem Tatbestand zu nähern. Dies wird kaputt gemacht, wenn man seine Fragen vorher vorlegt. Die zweite Unsitte ist, dass sich hinterher die Referenten, und zwar in der Wirtschaft wie in der Politik, über die Texte hermachen und dann das Wenige, was noch drinsteht an Substanz, wegstreichen oder neutralisieren. Da muss der Journalist eigentlich den Mut haben, Interviews, die so desinfiziert worden sind, wegzuwerfen, anstatt sie zu bringen. Doch an dem Mut fehlt es manchmal.

Haben Sie selbst schon erlebt, dass jemand Ihr Interview so redigiert hat, dass nichts mehr davon übrig blieb?
In meiner Erinnerung gibt es irgendwelche dunklen Momente, in denen man nicht immer Herr der Abläufe war. Aber wenn mir das bei der *Süddeutschen Zeitung* passieren würde und ich sagen würde, das kann man so nicht drucken, dann wird es nicht gedruckt.

Wie kommt es, dass Sie Ihre Fragen nicht vorlegen müssen?
Weil ich es ablehne. Und wenn das einem nicht passt, dann wird das Interview nicht geführt. Das ist eine Frage der Einstellung, also ob man Journalismus als Dienstleistung versteht oder eben nicht. Der Journalismus nähert sich ja auch immer mehr dem PR-Bereich an. In Amerika gibt etwa 150.000 Leute im PR-Bereich und 130.000 Journalisten. In Deutschland haben wir 40.000 Journalisten und 20.000 PR-Leute. Aber ich bin nicht der Dienstleister für irgendeinen Konzern, für irgendeine Partei, für irgendeinen Politiker.

Ludger Reuber, der ehemalige Sprecher von Norbert Blüm, sieht eine große Gefahr darin, dass Journalisten unter dem hohen Zeitdruck der Medienwelt immer öfter das Material der PR-Leute verwenden und nur noch ihren Namen darunter setzen. Ist seine Einschätzung richtig?
Ja, das ist eine der großen Gefahren, die wir haben, da die PR sehr viel intelligenter geworden ist. Es werden heute Regionalzeitungen mit Seiten von Autokonzernen versorgt, die von Beauftragten der Autokonzerne geschrieben

wurden. Darin finden Sie zwar nicht fortwährend den jeweiligen Konzern, aber Sie finden ihn ein bisschen häufiger als auf einer normalen Motorseite. Und die Verleger machen es, weil sie Geld sparen wollen. Guter Journalismus ist teuer. Und wenn ich einem Journalisten 160 Mark dafür gebe, dass er einen Dreispalter, also eine größere Geschichte schreibt und ein Bild macht, dann kann ich von ihm nichts mehr erwarten. Wenn man den Journalismus betrachtet wie jedes beliebige andere Geschäft, dann wird er immer schlechter.

Als in den Reichstagstoiletten Kokainspuren entdeckt wurden, da waren Sie der einsame Rufer in der Wüste, der darauf hingewiesen hat, dass es nicht nur eine Kokaindebatte, sondern auch eine Alkoholdebatte geben müsste. Warum?
Wenn man über Suchtverhalten schreibt, spielt Alkohol eine erkennbar größere Rolle. Gerade im politischen und journalistischen Betrieb ist es ja so, dass da auch viele durch die Angst zu versagen häufiger zur Flasche greifen und dann plötzlich in einer extremen Lebenssituation sind. Wenn man im journalistischen Betrieb ist, sieht man, dass da manchmal erschreckend viele getrunken haben.

Warum wird nicht darüber geschrieben?
Weil man sich sagt, das sind private Dinge, die beleuchten wir nicht, so wie ja auch wenig über das Sexualverhalten der Abgeordneten geschrieben wird, also über die wirkliche Privatsphäre. Das ist in Deutschland anders als in anderen Ländern. Was aber bei der Suchtdebatte zu kurz gekommen ist, ist sozusagen die Sicht darauf, was für ein elendes Leben das sein muss, dass ich es nur mit ganz viel Alkohol ertragen kann. Man ist von der Familie getrennt, man lebt in diesen kleinen Buden der Abgeordneten mit ein, zwei Zimmern, man hockt den ganzen Tag zusammen und versucht, irgendwo auf der Hühnerleiter ein Stück hochzukommen, man hat vielleicht Probleme im Wahlkreis – das alles ist schrecklich, und man kommt häufig nur darüber hinweg, indem man den kleinen Helfer einsetzt.

Ich bin immer wieder erstaunt, dass bestimmte Fakten längst bekannt waren, bevor sie dann gespielt werden und die Affäre hochkommt. Wie wichtig ist der Zeitpunkt, zu dem man mit einer Geschichte an die Öffentlichkeit geht?
Man ist da heute nicht mehr sehr frei, es gibt ein großes Gerenne und Geschubse um Themen. Die Zeiten sind vorbei, da man sich entscheiden konnte, ob man eine Geschichte diese oder nächste Woche platziert. Man ist heute gezwungen, es zu machen, sobald man die Fakten einigermaßen beieinander hat, sonst ist man vielleicht nur der zweite Sieger. Das passiert häufig durch Zufälle, etwa indem man ein Papier oder eine Information bekommt. Plötzlich kann man bestimmte Dinge zusammenfügen, die man vorher nicht so geordnet sah. Aber da ist nicht der große lenkende Arm, der versucht, einen Sachverhalt unter der Decke zu halten, und ihn erst herausholt, wenn es politisch opportun ist. Das wird immer behauptet, auch von der *Bild*, aber das ist nicht der Fall.

Aber gibt es nicht so etwas wie den falschen Zeitpunkt? Man bringt eine Geschichte, und sie zündet nicht in der Öffentlichkeit.
Das muss von der Dramaturgie her passen. Man muss etwas Stückchen für Stückchen transportieren und es dann groß ausbreiten, damit auch die, die es lesen oder sehen, die Wahrnehmung dafür bekommen. Dann hat man die Chance durchzudringen für einen Moment. Und wenn dann noch die andere Seite falsch reagiert, nämlich panikartig oder indem sie Unwahrheiten von sich gibt, dann läuft eine Sache.

Wird da der Rezipient nicht zum Spielball der Medien, wenn seine Wahrnehmung auf diese Weise beeinflusst wird?
Der Rezipient wird durch alles im Medienbereich beeinflusst. Er kann die Abläufe nie einschätzen, nicht mal bei einer schlichten Theaterkritik. Er kennt nicht die Vorlieben des Kritikers, der sich vielleicht in einer heftigen Fehde mit einem anderen Kritiker befindet und es dem zeigen möchte. Der Glaube an die objektive Wahrheit ist ein Irrglaube. Man kann immer nur versuchen, sich der objektiven Wahrheit ein Stück zu nähern. Dicht dran kommt man nicht.

Welche Interessen sind vorhanden, wenn Ihnen jemand zu einer bestimmten Zeit zum Beispiel ein Papier zuspielt?
Der Informant möchte möglicherweise jemandem schaden. Oder er möchte einen Vorgesetzten aus dem Weg räumen. Oder er möchte ein aus seiner Sicht vernünftiges Gesetz hinbekommen. Es sind ganz unterschiedliche Dinge, aber Sie finden nie den altruistischen Informanten, der nur an das Gute und Wahre denkt, sondern Sie finden den, der sich benachteiligt fühlt, der an einer Sache lange gearbeitet hat, die dann aber verwässert wurde in einem Prozess, auch weil finanzielle Gründe da eine Rolle spielten, weil möglicherweise jemand bestochen wurde. Wenn so jemand dann mit seinem Leben nicht zurechtkommt und sich sagt, es ist einfach ungerecht, was mir hier passiert, dann ist es gut, wenn er damit zu jemandem gehen kann.

Das heißt aber auch, dass Sie für bestimmte Ziele benutzt werden?
Ja, die Leute versuchen, einen zu instrumentalisieren. Das ist mir häufiger passiert, wird mir auch wieder passieren, fürchte ich. Man muss gelegentlich erkennen, dass man nur das Kamel ist, das da in die Wüste geschickt werden soll, um etwas zu transportieren. Man kann sich dem überhaupt nicht entziehen, weil man sofort in irgendwelchen Abhängigkeiten steckt, wenn man Spielpartner braucht, um an Informationen oder ein Papier zu kommen. Und wenn sich jemand mit mir gut stellt und mir was sagt oder gibt, dann macht er das schon manchmal aus der Überlegung heraus, dass ich vielleicht anders mit ihm umgehen werde, wenn die Zeiten härter werden. Das ist eine offene Geschichte, da muss man mit sich selbst im Reinen sein und muss den Leuten klarmachen: Wenn es ernst wird, wird es ernst, ganz egal, wie nah man sich ist. Ob das

dann so in die Praxis übertragen werden kann, wenn einer Ihrer Informanten, mit dem Sie seit Jahren zusammenarbeiten, Dinge gemacht hat, die unbedingt raus müssen, ist die Frage. Dann schreibt man das, auch wenn es wehtut. Aber man macht es.

Ein Kollege sagte mir, Journalismus sei für manche Männer so etwas wie Kriegsersatz.
Das ist er. Ich selbst bin Pazifist, weshalb ich nicht in die Gefahr gekommen bin, hier den Krieg zu suchen. Aber viele Männer spielen in der Arbeitswelt Krieg. Männer nehmen sich schrecklich wichtig, Männer sind in Schützengräben, Männer feuern auf andere Männer, Feuer wird erwidert. Diese geschlechtsspezifischen Spiele finden im Journalismus natürlich sehr stark statt, weil dieser Beruf die Gefahr mit sich bringt, dass man sich selbst zu wichtig nimmt. Und von daher zieht man in die nächste Schlacht und erledigt irgendjemanden oder den Kollegen. Männerspiele. Aber damit habe ich hoffentlich nichts zu tun.

Wie sehen die Frauenspiele aus?
Ich glaube, die Frauen, die ja jetzt in diesen Beruf stärker reinkommen, suchen andere Formen der Auseinandersetzung. Die sind nicht weniger heftig als das, was Männer machen, sie werden nur ein bisschen mehr verdeckt. Frauen kämpfen untereinander auch sehr erbittert um ihren Platz. Diese aufstrebenden, jungen Frauen – ich selbst habe vier Töchter – gehen mit einer Intensität in diese Dinge rein, als ginge es um alles oder nichts. Ich glaube schon, dass Frauen auch in der Lage sind, jemanden zu erledigen, auf ihre Weise, vielleicht indem sie ihm eine Prise Arsen geben. Frauen konkurrieren auch die Gegnerinnen zumeist nieder. Ich höre das aus Wirtschaftskreisen. Da gibt es ja dieses böse Wort vom Stutenbeißen, das heißt, Frauen, die ihren Platz erkämpft haben, versuchen, ihn erbitterter zu halten als Männer. Das kann auch damit zusammenhängen, dass Frauen lange Zeit daran gehindert wurden, solche Positionen innezuhaben, dass sie ein Stück haben härter dafür fighten müssen.

Wie sieht das bei den Medienfrauen aus?
Die Frauen im Medienbereich schließen jetzt die ersten Bündnisse, die ersten Seilschaften, die es bei Männern ja immer gegeben hat. Gerade in der Fernsehwelt, die früher eine Männerwelt war, hat es trinkfeste Bündnisse von Männern gegeben, die versucht haben, den Aufstieg anderer Männer zu verhindern. Damit beginnen jetzt auch die Frauen. Und sie spinnen auch ihre feinen Intrigen. Und es gibt Versuche, andere, mit denen man konkurriert, in eine Position zu bringen, in der sie schlechter aussehen.

Was ist dieser Beruf für Sie?
Er gibt mir sehr viel, auch wenn man manchmal verzweifelt und unzufrieden mit sich ist. Ich betrachte mich als einen, der in einer Stafette den Stab übernommen hat. Vor mir gab es viel bessere Journalisten. Auch schon in den 20er Jahren, zum Beispiel beim *Prager Tagblatt*, dessen großer Anhänger ich bin. Eine tolle Zeitung. Da sieht man, wie gut die waren, die vor uns waren. Und jetzt muss ich eben auch das eine oder andere versuchen, um im großen Weltenlauf irgendeine Spur zu hinterlassen. Die wird irgendwann wieder verweht, aber im Moment ist sie noch da.

Welchen Rat würden Sie einem jungen Kollegen mit auf den Weg geben?
Du hast Glück gehabt, dass du in diesen Beruf kommst. Suche nicht zu schnell den Aufstieg, lass dich nicht korrumpieren, und lass dich nicht von den Zynikern verderben, von denen es ganz viele in diesem Beruf gibt!

Sie schreiben jetzt auch im Sportteil, sind als Vortragsreisender über unterschiedliche Themen unterwegs. Kann es sein, dass Ihnen Ihr bisheriger Beruf ein bisschen langweilig geworden ist?
Eigentlich würde ich ganz gerne mal raustreten aus dem Medienbereich und was ganz Neues versuchen. Aber ich habe leider nicht die Gabe, einen ganz anderen Beruf zu ergreifen. Deshalb arbeite ich jetzt an neuen Themen, rede an Universitäten mit jungen Leuten über den Beruf und das Leben. Natürlich hätte ich in meinem Gewerbe auch die Chance, auf die ganz andere Seite zu treten. Ich bekomme immer wieder Angebote, in einen Konzern zu gehen und ihn in Krisen zu beraten. Davon verstehe ich auch etwas, denn ich habe viele Krisen mitgemacht und viele Krisen angezettelt. Und ich würde dafür auch sehr gut bezahlt werden. Aber ich würde das für einen Verrat an der Sache halten, nun gewissermaßen diejenigen mit dem Instrumentarium zu bestücken, mit dem sie die Journalistenbengels abwehren können. Das geht einfach nicht.

Pressekonferenz Schröder

Danksagung

Dem Ideengeber für Film und Buch, Enno Hungerland vom *WDR*, gilt mein besonderer Dank. Lange Zeit hütete er dieses Thema für sich, und dann überzeugte er mich nach längerem Zögern, den gleichnamigen Film zu beginnen. Es begann ein reger Gedankenaustausch, und in vielen, intensiven Gesprächen nahm der Film Gestalt an. Enno Hungerland war immer unterstützend an meiner Seite. Wir mussten feststellen, dass nur ein Bruchteil der so informativen und mit persönlichen Erfahrungen angereicherten Gespräche in den Film Eingang finden würde. So entstand dieses Buch.

Mein Dank gilt auch meinen vielen Gesprächspartnern, die bereit waren, mir Einblicke in ihren journalistischen Alltag zu geben und über ihre Erfahrungen, ihre Einflussmöglichkeiten und ihre Einstellung zu diesem Beruf zu sprechen. Meine Welt wird durch diese Erkenntnisse bereichert.

Ganz besonderen Dank möchte ich auch meinem Lektor Gernot Geurtzen aussprechen, der sich dieses Thema zu eigen gemacht hat und auch völlig eingetaucht ist in die Welt der Journalisten. Es war ein wunderbarer Austausch und eine engagierte Zusammenarbeit.

Herlinde Koelbl

HERLINDE KOELBL ist seit 1976 als Fotografin tätig. Sie arbeitet regelmäßig für bekannte Zeitungen und Zeitschriften im In- und Ausland, wie *Stern*, *Zeit* oder *New York Times*. Ihre Bilder, die seit 1980 regelmäßig in Galerien und Museen ausgestellt werden, betrachten menschliche Lebensweisen auf sensible Art. Dabei ergänzt sie häufig ihre Bildserien durch intensive Interviews, beispielsweise bei ihren »Jüdischen Portraits«. Im Rahmen ihrer Langzeitstudie »Spuren der Macht. Die Verwandlung des Menschen durch das Amt« begleitete Herlinde Koelbl von 1991 bis 1998 Politikerinnen und Politiker sowie Persönlichkeiten der Wirtschaft mit ihrer Kamera. In Fotografien, Filmen und Interviews dokumentierte sie die eindrucksvollen und sichtbaren Persönlichkeitsveränderungen, die durch den Umgang mit der Macht hervorgerufen werden.

© Johannes Rodach

Einzelausstellungen (in Auswahl)
Museum of Modern Literature, Seoul 2001
Haus der Kunst, München 2000
Haus der Geschichte, Bonn 2000
Prinz Gallery, Kyoto 1999
Schirn Kunsthalle, Frankfurt 1998
Suermondt-Ludwig-Museum, Aachen 1998
Lenbachhaus, München 1996
Galerie Tammen & Busch, Berlin 1986/1994/1996
Heidi Reckermann Galerie, Köln 1992/1995
Rudolf Kicken Galerie, Köln 1992
Spertus Museum, Chicago 1991
Museum für Kunst und Gewerbe, Hamburg 1990
Historisches Museum, Wien 1990
Münchner Stadtmuseum, München 1986/1990
Marjorie Neikrug Galerie, New York 1987
Rheinisches Landesmuseum, Bonn 1984/1986
Australian Centre for Photography, Sidney 1983
Kunstverein, München 1980/1981
Künstlerhaus, Wien 1980/1985

Fotografien in öffentlichen Sammlungen
Museum of Fine Arts, Houston
Staatliche Galerie Moritzburg, Halle
Museum of Art, New Orleans
Bibliothèque Nationale, Paris
New York Public Library, New York
Rheinisches Landesmuseum, Bonn
Berlin Museum, Berlin
Museum Ludwig, Köln
Jüdisches Museum, Frankfurt

Publikationen
Spuren der Macht, Knesebeck Verlag, München 1999
Im Schreiben zu Haus, Knesebeck Verlag, München 1998
Starke Frauen, Knesebeck Verlag, München 1996
Opfer, Edition Braus, Heidelberg 1996
Feine Leute, Edition Stemmle, Schaffhausen 1991
Jüdische Portraits, S. Fischer Verlag, Frankfurt 1989
Männer, Bucher, München 1984
Das deutsche Wohnzimmer, Bucher, München 1980

Herlinde Koelbl
Spuren der Macht
Br., 407 S., 118 Fotos in Duoton
DM 98,–/öS 715,–/sFr 90,–
ISBN 3-89660-057-5

»Ein einzigartiges Buch – eine Mischung aus erstklassigem Porträtband, spannender Lebensbeichte und analytischem Essay zur politischen Kultur.«

Süddeutsche Zeitung

»... als säßen sie im Beichtstuhl.«
»Ein spannender und aufregender Report über den Zustand der politischen Klasse.«

Der Spiegel

»Wer über die Bedingungen von Politik in einer Mediendemokratie des ausgehenden Jahrhunderts mitreden will, wird Frau Koelbls Film gesehen und ihr Buch gelesen haben müssen.«

Süddeutsche Zeitung

»Herlinde Koelbl ist der alten Frage ein gutes Stück näher gekommen, was denn die Ausübung der Macht mit den Menschen anstellt.«

Der Tagesspiegel

»Feine und präzise Protokolle von letztlich gelungenen Höhenflügen bis hin zu kaum verwundenen Abstürzen.«

Deutsches Allgemeines Sonntagsblatt

»Ein Band mit eindringlichen Aufnahmen und zum Teil erstaunlich intimen Bekenntnissen.«

manager magazin

»Ein beeindruckender Bildband …, der ein vielseitiges Porträt unserer Gegenwartsliteratur zeichnet.«

Der Tagesspiegel

»Als Fotografin ist sie diskret, als Gesprächspartnerin rückt sie den Porträtierten mit ihren Fragen ungeniert auf den Leib.«

Neue Züricher Zeitung

»Die Schlüssellochperspektive auf den kreativen Akt des Schreibens beleuchtet eine bislang unbekannte Seite bedeutender deutschsprachiger Schriftsteller unserer Zeit, ohne auch nur ansatzweise ins Voyeuristische abzugleiten. Zweifellos eine der wichtigsten Neuerscheinungen für literarisch Interessierte.«

Diners Club Magazin

»Koelbl fragt so klug und knapp, dass ihre Gegenüber sich in ungewöhnlicher Weise öffnen und ins Plaudern kommen.«

Darmstädter Echo

»Ein außergewöhnlich privater, niemals aber indiskreter Blick auf Autoren.«

Bolero

»Schriftsteller zwischen Rage und Verzweiflung, Schreibrausch und Blockade … Mit ungewöhnlichen Fotos und 42 sehr persönlichen Interviews.«

Brigitte

»Ein großartiges Buch.«

Münchner Merkur

Originalausgabe

Dieses Buch erscheint zum gleichnamigen WDR-Fernsehfilm
Die Meute – Macht und Ohnmacht der Medien von Herlinde Koelbl.
Redaktion: Enno Hungerland, WDR.

Die Deutsche Bibliothek – CIP-Einheitsaufnahme
Ein Titeldatensatz für diese Publikation ist bei Der Deutschen Bibliothek erhältlich

Gestaltung: Zembsch' Werkstatt, München/Verlag
Redaktion: Gernot Geurtzen, München
Satz: satz & repro Grieb, München
Druck und Bindung: Pustet, Regensburg
Printed in Germany

ISBN 3-89660-101-6

www.knesebeck-verlag.de